Christine Huovinen-Hufschmid
Martin Schläpfer

Die Pflanzenwelt der Region Basel
19 Exkursionen

Christine Huovinen-Hufschmid
Martin Schläpfer

Die Pflanzenwelt der Region Basel
19 Exkursionen

Christoph Merian Verlag

Die Deutsche Bibliothek – CIP-Einheitsaufnahme:

Huovinen-Hufschmid, Christine:
Die Pflanzenwelt der Region Basel: 19 Exkursionen /
Christine Huovinen-Hufschmid; Martin Schläpfer. –
Basel: Christoph-Merian-Verl., 1998
ISBN 3-85616-076-0

Lektorat: Sophia Müller
Zeichnungen: Corinne Klaus-Hügi
Lithos: Atelier Dillier, Basel
Gestaltung, Karten: Atelier Mühlberg, Basel
Druck: Schwabe & Co. AG, Muttenz / BL
Einband: Grollimund AG, Reinach / BL

© 1998 Christoph Merian Verlag Basel

Inhalt

Geleitwort von Thomas Boller 9

Vorwort 11

Einführung 13

Das Exkursionsgebiet 13
    Klima 13
    Geologie 14

Eine kurze Vegetations-Übersicht der Region Basel 15
    Die Oberrheinische Tiefebene 15
    Das Sundgauer Hügelland 15
    Der Jura 16
    Der Schwarzwald 17
    Die Kalkvorhügel der Vogesen und des Schwarzwaldes 18

Zur Auswahl und zum Aufbau der Exkursionen 18

Exkursionen

Einführende Exkursionen in Basel und Umgebung

Stadt- und Ruderalflora
  1. **Stadt Basel** 21
     Drei Lebensräume in der Stadt

Flusstal-Vegetation
  2. **Rheinstau Märkt und Altrhein** 33
     Vegetation entlang des Rheinlaufs
     in der südlichen Oberrheinebene
  3. **Petite Camargue Alsacienne** 53
     Feucht- und Trockenvegetation in der Rheinaue
  4. **Reinacher Heide** 77
     Trocken- und Feuchtvegetation
     in der Birsebene

Wälder
- 5. **Elsässer Hardt** — 97
  Eichen-Hagebuchenwald in der Oberrheinebene
- 6. **Muttenz–Arlesheim** — 109
  Vier verschiedene Buchenwälder im Jura
- 7. **Olsberger Wald** — 127
  Zwei Buchenwälder und Waldmoor
  auf sauren Böden
- 8. **Chaltbrunnental** — 143
  Zwei Schluchtwälder im Jura
- 9. **Hofstetter Chöpfli** — 155
  Vegetation eines wärmebegünstigten Wald-
  und Felsgebiets im Jura

Kulturland
- 10. **Bruderholz** — 171
  Ackerland und Ackerwildkräuter
  im Sundgauer Hügelland
- 11. **Blauen-Südhang** — 185
  Magerweide, Brache und Fettweide im Jura
- 12. **Tüllinger Hügel** — 203
  Relikte einer traditionellen Kulturlandschaft
  im Markgräfler Hügelland

Exkursionen in die weitere Umgebung von Basel

Nordwestschweiz
- 13. **Chilpen** — 219
  Wechselfeuchte Magerrasen und Föhrenwald
  im Jura
- 14. **Schlossberg Waldenburg–Gerstelflue** — 235
  Gegensätze Nord-/Südhang, Kretenwälder und
  Felsgebiete entlang einer Jurakette
- 15. **Weissenstein–Hasenmatt** — 257
  Vegetation des nördlichen Hochjuras

Elsass
- 16. **Rotläuble und Heiternwald** — 279
  Eichen-Trockenwälder in der Rheinebene

17. Rouffach – Westhalten	297
Kalk-Vorhügel der Vogesen und ihre Vegetation	

Baden-Württemberg

18. Tiefenhäuserner Moos	319
Hochmoor im Schwarzwald	
19. Feldberg	331
Wälder, Weiden, Moore und See in höherer Schwarzwaldlage	

Literatur	353
Bildnachweis	360
Anhang	361
Artenlisten	363
Verzeichnis der Kastentexte	442
Glossar	443
Register Artnamen	453

Geleitwort

> Verwandelt liegt das Land
> Das ich im Sturm verliere
> Es wogen mir entgegen goldene Felder
> Und jede Ähre ist mir zugeneigt   Aus: Paula Ludwig, «Die Wandlung»

Meine Kinder und Bekannten fliegen für Exkursionen in die Natur nach Neuseeland, Borneo oder in den Yellowstone-Park. Im Zeitalter des «Global Village» kennen wir ja das Schönste und Beste der ganzen Welt! Dass die Natur aber auch hier in Basel und seiner Umgebung Aussergewöhnliches zu bieten hat, ist uns, die wir täglich auf Strasse und Schiene achtlos daran vorbeifahren, oft nicht bewusst. Kein Wunder: Für die weltberühmten Reiseziele sind viele Publikationen erhältlich, aber der bisher einzige botanische Exkursionsführer für die Regio Basiliensis, ein wunderbares Werk von Max Moor, ist seit vielen Jahren vergriffen.

Das vorliegende Buch schliesst endlich diese Lücke. Es zeigt, dass es in unserer unmittelbaren Umgebung ein «verwandeltes Land» zu entdecken gilt. Die jungen Autoren, Christine Huovinen-Hufschmid und Martin Schläpfer, haben mit grossem Sachverstand und aussergewöhnlichem Einsatz ein neues, populärwissenschaftliches Standardwerk über die botanischen Schönheiten und Seltenheiten der Region Basel geschaffen. Sie knüpfen in einer zeitgemässen, visuell attraktiven Form an das Buch von Max Moor an und weisen auch immer wieder auf wichtige ökologische Zusammenhänge hin. Dabei gelingt es ihnen aufzuzeigen, dass die Natur ein empfindliches und schützenswertes Gut ist.

Die Basler Botanische Gesellschaft, die das Patronat für diesen Exkursionsführer übernommen hat, wünscht Ihnen bei der Lektüre viel Vergnügen und hofft, dass Ihnen danach die Gegend von Basel, die Sie vielleicht im Sturm des Alltags «verloren» haben, so golden und verwandelt vorkommt, dass Sie ihre Felder und Wälder erneut erwandern und gewinnen möchten.

Im August 1998   Prof. Dr. Thomas Boller
               Präsident der Basler Botanischen Gesellschaft

Vorwort

Naturerlebnisse gehören auch in einer von Technik und materiellem Konsum geprägten Zeit zu den Grundbedürfnissen vieler Menschen. Sie suchen als Ausgleich zu ihrem Alltag die Ruhe und die Schönheiten, die unsere Umwelt auch heute noch zu bieten hat. Dieses Buch soll mit 19 Exkursionen bei dieser Suche behilflich sein und möchte darüber hinaus seine Leser für die Zusammenhänge in unseren Ökosystemen sensibilisieren und ihnen Kenntnis der Lebewesen ihrer Umgebung vermitteln. Es richtet sich an alle wissbegierigen Naturinteressierten.

Die ausserordentlich vielfältige Region Basel gab schon mehrmals Anlass für Regioführer. Unser Exkursionsführer macht in keiner Weise den Anspruch geltend, als Nachfolgewerk des unerreichten, leider vergriffenen Werkes «Einführung in die Vegetationskunde der Umgebung Basels» von Max Moor (1962) zu erscheinen. Er soll vielmehr als eigenständiges, zeitgemässes Buch verstanden sein, das seine Leser auf botanischen Entdeckungsreisen leiten und begleiten möge.

Das vorliegende Werk konnte nur dank der Unterstützung zahlreicher Institutionen und Personen entstehen. Dafür möchten wir allen herzlich danken, vor allem der Christoph Merian Stiftung, welche die Manuskriptbearbeitung massgeblich und die Drucklegung vollumfänglich finanziert hat.
Weitere finanzielle Beiträge leisteten:
- Emilia Guggenheim-Schnurr Stiftung
- Bundesamt für Umwelt, Wald und Landschaft (BUWAL)
- Koordinationsstelle für Umweltschutz Basel-Stadt (KUS)
- Stiftung zur Förderung der Pflanzenkenntnis
- Ciba-Geigy AG
- Jubiläumsstiftung der Kantonalbank Baselland
- Weleda AG
- Basler Versicherung
- Ricola AG
- Genossenschaft Migros Basel

Die Basler Botanische Gesellschaft (BBG) übernahm verdankenswerterweise das Patronat dieses Exkursionsführers.

Für ihre fachliche Hilfe und ihre Anregungen danken wir insbesondere: Örni Akeret, Georg Artmann-Graf, Stefan Birrer, Arno Bogenrieder, Thomas Boller, Thomas Brodtbeck, Andreas Erhardt, Martin Frei, Kurt Füglister, Jean-Nicolas Haas, Christian Heitz, Gregor Klaus, Stefanie Jacomet, Sabine Karg, Ulrich Kienzle, Christian Körner, Dieter Rudin, Heinz Schneider, Ernst Schläpfer, Jürg Stöcklin, Walter Vogt, Armin Wassmer, Michael Witschel, Michael Zemp.

Für das Zurverfügungstellen von Bildmaterial danken wir herzlich: Örni Akeret, Beat Ernst, Kai Huovinen, Stefanie Jacomet, Michael Klaus, Alexander Kocyan, Marlu Kühn, Kunstmuseum Basel, Stefan Schwegler, Michael Zemp.

Auch unserer Zeichnerin, Corinne Klaus-Hügi, möchten wir für ihr Engagement und die gute Zusammenarbeit herzlich danken.

Ein spezieller Dank gebührt dem Christoph Merian Verlag, insbesondere den Herren Beat von Wartburg und Claus Donau sowie Frau Sophia Müller für die konstruktive Zusammenarbeit während des ganzen Entstehungsprozesses, und nicht zuletzt auch Nicholas Mühlberg und Laurence Dubuis vom Grafik-Atelier Mühlberg für ihre sorgfältige Gestaltung und die mitdenkende Arbeitsweise.

Die grösste Unterstützung in allen Phasen unserer Arbeit erhielten wir jedoch von unseren Lebenspartnern!

Im Juli 1998   Die Autoren

Einführung

Die vorliegenden Exkursionen liegen alle im Umkreis von bis zu 75 km um Basel. Dieses klimatisch und geologisch vielfältige Gebiet umfasst die Oberrheinische Tiefebene bis zu den Vorhügeln der Vogesen, das Sundgauer Hügelland, den nördlichen Jura und den Schwarzwald. Insgesamt kommen hier gegen 2000 (!) Pflanzenarten vor.

Das Exkursionsgebiet

Klima
Innerhalb des gemässigten, von den vier Jahreszeiten geprägten Klimas im südlichen Mitteleuropa bewirken Geländerelief und Höhenlage die grössten lokalen und regionalen klimatischen Unterschiede. Nord- und Südhänge weichen infolge der ungleichen Sonnenexposition stark voneinander ab. Südhänge sind zeitweise einer intensiven Strahlung ausgesetzt, starke Temperatur- und Luftfeuchtigkeitsschwankungen treten auf. Nordhänge erhalten wesentlich weniger Sonnenstrahlung, und das Klima ist ausgeglichener, die Luft enthält mehr Feuchtigkeit und weist geringere Durchschnittstemperaturen auf.
Während die Intensität der Sonneneinstrahlung mit der Höhe zunimmt, sinkt die durchschnittliche Temperatur. Am tiefsten liegt die Rheinebene (230 bis 270 m), während Vogesen, Schwarzwald und Jura in unserer Region Höhen bis 1400 m erreichen. Die Vegetationsperiode ist in diesen Hochlagen gegenüber den Tieflagen um bis zu 70 Tage pro Jahr verkürzt.
Die vorherrschenden Westwinde bringen feuchte Luft vom Atlantik heran. In den Gipfelbereichen der Gebirge stauen sich die Wolken, weshalb die höchsten Lagen von Schwarzwald, Vogesen und Jura sehr niederschlagsreich sind. Die östlichen Gebirgsrandgebiete jedoch liegen im Regenschatten. Ganz ausgeprägt trifft dies für die Hügelzone und die Rheinebene entlang der Ostseite der Vogesen zu, wo das niederschlagsärmste Klima unserer Region herrscht.

Geologie

In unserer Region treffen unterschiedliche geologisch-tektonische Formationen aufeinander.

- *Kristallines Grundgebirge:* Schwarzwald und Vogesen
Diese beiden Gebirgszüge sind älter als Alpen und Jura. Die im Erdaltertum und Erdmittelalter abgelagerten Sedimente sind grossteils verwittert; sie bestehen deshalb vorwiegend aus basenarmen Urgesteinen (Granit, Gneis, Porphyre, Schiefer).
- *Gebirge und Hügel aus kalkhaltigen Sedimenten:* Jura und Vorhügel von Schwarzwald und Vogesen
Der Jura ist mehrheitlich aus den geschichteten Meeressedimenten der Trias- und Jura-Zeit (verschiedene Kalke, Tone und Mergel) aufgebaut. Während der Alpenfaltung wurden diese Sedimente gehoben und verfaltet.
- *Schwemmebenen aus Flusssedimenten:* Oberrheinische Tiefebene sowie kleinere Flusstäler
Der Rheintalgraben, begrenzt durch Vogesen und Schwarzwald, entstand als Grabenbruch im Tertiär und ist mit Meeres- und Flusssedimenten gefüllt. Das Relief der Oberrheinischen Tiefebene besteht aus verschiedenen Stufen der Niederterrasse, die aus eiszeitlichen Schottern bestehen, und einer Talaue. Dieses Relief gilt auch für Birs- und Wiesental.
- *Deckenschotter und Lösslehm:* Sundgau und Markgräfler Land (lokal auch Jurarand)
Sundgauer und Markgräfler Hügelland gehören geologisch zum Rheintalgraben. Der Untergrund besteht aus tonigen Meeressedimenten des Tertiärs. Darüber sind Molasse und Deckenschotter abgelagert. Vom Wind verfrachteter feiner Gesteinsstaub aus den eiszeitlichen Kältesteppen und Gletschervorfeldern bildete eine grossflächige Lössschicht im Sundgau und Markgräfler Hügelland sowie Lössinseln am Rand des Juras.

Eine kurze Vegetations-Übersicht der Region Basel

Die Oberrheinische Tiefebene
Bedingt durch die Sommertrockenheit der Böden (warme Sommer im Gebiet relativer Niederschlagsarmut im Lee der Vogesen, durchlässige Schotter) fehlen Buchenwälder in der Oberrheinischen Tiefebene. Eichen-Hagebuchenwälder nehmen ihre Stelle ein. Im trockensten Teil der Rheinebene, südlich von Colmar, wird der Eichen-Hagebuchenwald auf schlechten Böden vom Flaumeichenwald abgelöst. Hier finden sich auch von Natur aus baumfreie Lichtungen mit artenreichen Trockenrasen.

Vor der menschlichen Besiedlung bedeckte der Wald praktisch die ganze Niederterrasse. Heute ist die Landschaft von der Landwirtschaft geprägt: Riesige Felder (vorwiegend Maiskulturen) überziehen die Ebene. Zudem entstanden im 20. Jahrhundert viele Kiesgruben, in denen die Niederterrassenschotter bis unter das Grundwasserniveau abgebaut werden. Hier finden Pionierpflanzen offener Böden ideale Lebensräume – Ersatz für die verlorengegangenen Kiesinseln in der Rheinaue.

Die Vegetation der Talaue war bis in die Mitte des 19. Jahrhunderts vom frei fliessenden Rhein geprägt und wies die für alle Flussgebiete des Tieflands charakteristische Zonierung der Pflanzengemeinschaften auf, von kurzlebigen Pionierpflanzen am Flussufer über Flussröhricht, Weidengebüsch und Weichholz-Aue bis hin zum Hartholz-Auenwald. Auf sehr trockenen Flächen konnten Magerrasen gedeihen. Auch die Talaue wird heute vielfach als Ackerland genutzt, oder es sind grosse Industrieanlagen entstanden. Hier findet man «vergessene» Plätze, die von zahlreichen wärmeliebenden Ruderalpflanzen besiedelt werden. Zu ihnen gehören viele eingeschleppte Arten.

Das Sundgauer Hügelland
Über der Lössschicht aus der letzten Eiszeit bildeten sich tiefgründige, fruchtbare Böden, die teilweise stark sauer reagieren und verlehmt sind. Nahe der Rheinebene dominieren Buchen-Mischwälder mit viel Stiel- und Trauben-Eiche, Hagebuche und Kirsche. Rheinfernere und höhere Lagen, die mehr Niederschläge erhalten, sind von Buchenwald bedeckt. Die Lösslehmböden wirken sich besonders

auf den Unterwuchs aus; tonzeigende Arten sind verbreitet. Entlang der Bäche und in feuchten Muldenlagen wird die Buche von der Esche abgelöst; in letzteren ist auch die Traubenkirsche häufig, und der Boden wird oft vom Seegras überzogen.
Wo der Wald gerodet wurde, finden wir Fettwiesen und Ackerland. Die Wiesenflächen werden wegen der zunehmenden Umstellung von Viehzucht auf Maisanbau ständig kleiner. Lösslehm-Äcker enthalten viele säurezeigende Unkräuter, an vernässten Stellen wachsen vereinzelt besondere, kurzlebige Arten: Pioniere nasser Lehmböden, die heute alle sehr selten geworden sind.

Der Jura

Im Jura herrschen kalkreiche Böden vor, was sich in der Vegetation abzeichnet. Auch er war ursprünglich bis auf wenige Felsgebiete bewaldet. Die Wälder werden seit 5000 Jahren von der Buche dominiert. Ein regelmässig feuchtes Klima und meist durchlässige, gut durchlüftete Böden bieten ihr ideale Bedingungen. Als Pionierbäume, die an lichtreichen Stellen rasch aufwachsen, sind auf Verjüngungsflächen im Buchenwald auch Esche und Berg-Ahorn eingestreut. In warmen Lagen findet man zudem Kirschbaum, Trauben-Eiche und Hagebuche. Mit zunehmender Höhe treten weitere Baumarten als Konkurrenten der Buche hinzu: Die Edel-Tanne vermag sich im feuchteren und kühleren Klima der oberen montanen Stufe neben der Buche zu behaupten. Fichten bilden ganze Bestände auf ruhenden Blockschuttfeldern, ansonsten erscheinen sie eingestreut in den montanen Buchenwald. Ab etwa 1300 m ü. M. bilden Berg-Ahorn und Buche Wälder mit vielen Hochstauden im Unterwuchs.
Das abwechslungsreiche Relief des Juras bietet zahlreiche Spezialstandorte, wo die Buche in ihrer Konkurrenzkraft geschwächt ist und deshalb andere Baumarten vorherrschen. Sonnige, trockene Südhänge unterhalb von 800 m sind Standorte der Flaumeichenwälder. Hier wachsen neben der Flaum-Eiche viele weitere wärmeliebende, submediterrane Arten. Karge Kreten werden von Wald-Föhrenwäldern besiedelt. Wald-Föhren herrschen auch auf wechselfeuchten Mergelböden vor, wo man zudem oft viele Orchideen im Unterwuchs findet. An Stellen mit instabilem Untergrund fehlt die Buche ebenfalls: Herrscht Grobschutt vor, gedeiht der Berg-Ahorn sehr gut. Auf

Feinschutt tritt die Sommer-Linde hinzu. Feuchte, tonreiche Standorte sind besonders häufig von der Esche besiedelt.
Die meisten tiefgründigen, fruchtbaren Böden im Jura sind gerodet worden und dienen als Wies- und Ackerland. Heute waldfreie, flachgründige Böden tragen artenreiche Magerrasen mit der Aufrechten Trespe als wichtigstem Gras.

Der Schwarzwald
Den Untergrund des Schwarzwaldes bilden kristalline Urgesteine. Die Böden reagieren deshalb sauer; kalk- und basenzeigende Pflanzen fehlen oder sind nur lokal verbreitet. Wie im Jura herrschten hier in den letzten 5000 Jahren Buchenwälder vor, denen in tiefen Lagen teilweise Trauben-Eiche, in höhern Lagen dagegen Edel-Tanne, Fichte und Berg-Ahorn beigemischt waren.
Seit 200 Jahren werden grosse Fichtenforste angelegt, so dass mancherorts der Eindruck entstehen kann, die Fichte sei von Natur aus der wichtigste Waldbaum des Schwarzwaldes. In Wirklichkeit verhält es sich mit der Fichte im Schwarzwald ähnlich wie im Jura: Nur an blockig-felsigen Standorten und im Bereich extremer Kaltluftseen (Hochmoorränder) bildet sie grössere Bestände, ansonsten ist sie in den montanen Buchenwald nur eingestreut. Der Wald-Unterwuchs zeigt im Schwarzwald viele Säurezeiger, Moose sind häufig.
Wo der Wald gerodet wurde, erstrecken sich ausgedehnte Berg-Fettwiesen. Auf ehemaligen Waldstandorten kommen aber auch magere Weidrasen vor, in denen Ginster und Besenheide sehr häufig sind.
Im niederschlagsreichen Klima bildeten sich auf wasserundurchlässigen Böden oft Hochmoore (auf den durchlässigen Kalkböden des Tafel- und des Kettenjuras sind sie dagegen sehr selten). Im Südschwarzwald ist die Region Hotzenwald durch besonders viele solche Moore ausgezeichnet.
In den höchsten Lagen des Schwarzwaldes kann man einige eiszeitliche Reliktpflanzen, wie zum Beispiel Grosse Soldanelle oder Moorenzian, finden. Sie haben an waldfreien Stellen (Hangmoore, felsige Hänge) überdauert, und manche von ihnen finden heute auch auf den durch die landwirtschaftliche Nutzung entstandenen grossen Rasenflächen zusagende Lebensräume. Die Schwarzwaldseen Titi-

see und Feldsee beherbergen für Mitteleuropa besonders seltene Wasserpflanzen, die hier ebenfalls als Eiszeitrelikte überlebten.

Die Kalkvorhügel der Vogesen und des Schwarzwaldes

Am Rand der Rheinebene, den Vogesen und dem Schwarzwald vorgelagert, erstrecken sich vorwiegend aus Kalksedimenten aufgebaute Hügel. Ihr natürliches Waldkleid bestand aus Flaumeichen- und lichten Buchenwäldern, die heute bis auf kleine Reste gerodet sind.

Die vor Spätfrösten weitgehend geschützten Hanglagen eignen sich besonders gut für den Weinbau. Wo die Rebberge mit Herbiziden offengehalten werden, wächst eine reichhaltige Wildkrautflora mit vielen bunt blühenden Arten mehrheitlich mediterranen Ursprungs. Ebenere Flächen werden als Acker- oder Wiesland genutzt. Entlang der Wegränder und auf Äckern kommen wärmeliebende Ruderalpflanzen und Ackerunkräuter vor. Auf flachgründigen Böden dehnen sich artenreiche Kalk-Magerrasen aus, die an den trockensten Standorten eine niedere, offene Vegetation mit vielen seltenen Arten aufweisen. Stellenweise sind reichstrukturierte Kulturlandflächen erhalten geblieben, die dank vieler Obstbäume und Hecken bedrohten Tierarten Lebensraum bieten.

Zur Auswahl und zum Aufbau der Exkursionen

Bei der ausgesprochen reichhaltigen Pflanzenwelt der Region Basel können 19 Exkursionen niemals alle botanischen Aspekte abdecken. Mit der getroffenen Auswahl der Exkursionsstandorte wird jedoch versucht, dem Leser einen guten Überblick zu verschaffen. Auf den einführenden Exkursionen in der näheren Umgebung von Basel werden die wichtigsten und häufigsten Lebensräume unserer Region vorgestellt, während die Exkursionen in die weitere Umgebung als Vertiefung dienen und zusätzlich einige Spezialitäten bieten. Da die Publikation nicht als Bestimmungsbuch gedacht ist, empfiehlt es sich, auf die Exkursionen zusätzlich eine Bestimmungshilfe mitzunehmen.

Der Anspruch der Autoren war, das Buch wissenschaftlich korrekt, attraktiv und zugleich leicht verständlich zu gestalten. Sie sind sich bewusst, dass es trotz ihrer hoch gesteckten Ziele nicht allen Anliegen gerecht werden kann. Eine relativ strenge Unterteilung der Exkursionen soll das Lesen und Vergleichen im Feld erleichtern. Der Schwerpunkt der Exkursionen liegt der Vorgabe gemäss bei der Botanik, zoologische Aspekte werden nur als subjektiv ausgewählte Besonderheiten vorgestellt, vor allem aus dem Wirbeltier- und Tagfalterbereich, da diese Tiere am einfachsten zu beobachten sind.

In der Regel werden nur die auffälligsten und/oder charakteristischen Pflanzenarten abgebildet; der Abbildungstext macht auf subjektiv ausgewählte Besonderheiten der Art aufmerksam.

Die Artenlisten im Anhang, auf welche an entsprechender Stelle hingewiesen wird, ergänzen die Beschreibung eines Standortes. Sie sind als Momentaufnahmen zu betrachten, können in den verschiedenen Jahren doch immer wieder kleinere Änderungen im Artenspektrum auftreten. Die Gliederung nach der Blühphänologie erleichtert dem Leser das Erkennen im Feld. Die wissenschaftliche Nomenklatur richtet sich nach dem 1996 erschienenen «Synonymie-Index der Schweizer Flora»; sie wird wahrscheinlich auch in der kommenden Ausgabe der «Schul- und Exkursionsflora für die Schweiz» Verwendung finden. In Fällen, wo die deutschen Namen des Synonymie-Index ungebräuchlich sind, hielten sich die Autoren an die «Flora Helvetica».

Für eine bessere Lesbarkeit wurden Literaturzitate im Text weggelassen. Im Anhang findet sich jedoch eine Gesamtübersicht der verwendeten Literatur.

Auf eine vorwiegend pflanzensoziologisch ausgerichtete Darstellungsweise der einzelnen Standorte wurde bewusst verzichtet, da diese heute in der Wissenschaft zum Teil umstritten ist. Die Ökologie und somit auch ökologisch geprägte Namen der Standorte stehen im vorliegenden Führer im Vordergrund. Trotzdem sollte interessierten Lesern die pflanzensoziologische Nomenklatur dort nicht vorenthalten bleiben, wo eine eindeutige Zuordnung möglich war. Sie stützt sich auf diesbezügliche Standardwerke (zum Beispiel «Süddeutsche Pflanzengesellschaften», 1977–1992, «Waldgesellschaften und Waldstandorte der Schweiz», 1972) oder auf Autoren, die die betreffenden Pflanzengesellschaften in der entsprechenden Region erstmals beschrieben haben. «Charakterarten» werden jedoch nicht ausdrücklich erwähnt.

Exkursion 1

Stadt Basel
Drei Lebensräume in der Stadt

Dauer: ½ Tag

Beste Zeit:
Mai bis September

Anfahrt:
Tramline 2 Bahnhof
SBB bis Wettsteinplatz;
via Theodorsgraben
und Schaffhauser-
rheinweg zur St. Alban-
Fähre

Route

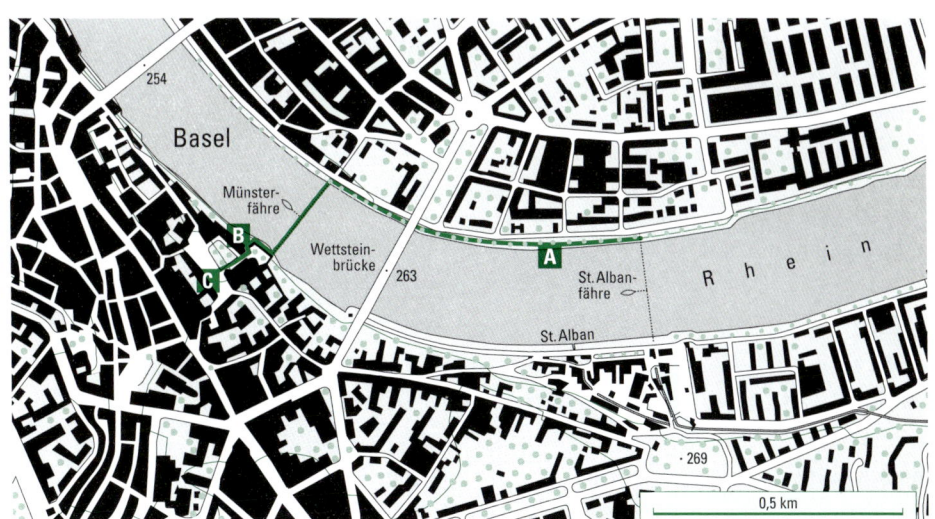

A Vegetation am verbauten Rheinufer
B Mauerfugen-Vegetation
C Pflanzen zwischen Pflastersteinen

1. Stadt Basel

Überblick

Städte beherbergen meist erstaunlich viele Pflanzenarten. Die Standortvielfalt ist gross, und das Stadtklima ist im Jahresvergleich gegenüber dem Umland trockener und milder. Es kommen zahlreiche wärmeliebende Arten vor, die oft durch Handel und Verkehr eingeschleppt oder als Zierpflanzen eingeführt worden sind. Diese Exkursion soll einen Einblick in drei verschiedene Lebensräume geben: Am südexponierten Kleinbasler Rheinufer oberhalb der Wettsteinbrücke entfalten sich farbenprächtige Stauden in den Ritzen der Steinquader; ein alter Mauerteil der Pfalz wird von Spezialisten besiedelt, die in der Naturlandschaft vorwiegend an Kalkfelsen beheimatet sind; auf dem Münsterplatz gedeihen zwischen den Pflastersteinen zwergwüchsige Pflanzen.

> Die Exkursion beginnt beim Kleinbasler Landesteg der St. Alban-Fähre. Wir betrachten die Vegetation an der Uferböschung bis zur Wettsteinbrücke.

A Vegetation am verbauten Rheinufer

Ein Gebüsch bedeckt den freien Boden im obersten Drittel des Abhanges. Das Rheinufer selbst ist mit zahlreichen Granitquadern befestigt. In den Ritzen zwischen den Quadern gedeihen viele Stauden, die im Frühling aufwachsen und während des ganzen Sommers farbenreich blühen. Im August und September prägen die gelben Blütenstände der Kanadischen Goldrute das Bild.

Wichtigste Standortfaktoren

- *Strahlung:* Der südexponierte Standort ist an Schönwettertagen stark der Sonne ausgesetzt. Im Sommer kann die Hitze sehr gross werden.
- *Böden/Chemische Faktoren:* Teile des Ufers werden gelegentlich überflutet, und nährstoffreiches Flusswasser kann durch die Ritzen zwischen den Steinquadern in den Boden eindringen. Die Nährstoffversorgung der Pflanzen ist deshalb relativ gut.

Kleinbasler Ufer
Rheinbord im Spätsommer mit blühenden Kanadischen Goldruten

- *Wasser:* Versiegelte Böden lassen den Grossteil der Niederschläge oberflächlich abfliessen, ihre Wasseraufnahme ist reduziert. Durch die Wölbung der Quader wird hier das Wasser den Ritzen zugeleitet, so dass zumindest ein Teil versickern kann.
- *Mechanische Faktoren:* Das Hochwasser reisst bisweilen Pflanzen und Pflanzenteile weg.

Entstehungsgeschichte
Das Rheinufer war hier ursprünglich bewaldet. Durch die Rodung und Befestigung des Ufers veränderte sich die Vegetation an der Böschung stark. Nur wenige in Auwäldern zu findende Arten sind bis heute erhalten geblieben: zum Beispiel Feld-Ulme, Schlangen-Lauch, Grosse Brennessel und Gemeine Nelkenwurz. Direkt am Wasser änderte sich wenig, hier wachsen weit verbreitete Flussuferpflanzen wie Rohr-Glanzgras und Kriechendes Straussgras.
Die Wurzeln sind in den engen Spalten zwischen den Quadern räumlich eingeschränkt und können sich erst in der Tiefe unterhalb der Steine ausbreiten. Trotzdem haben sich viele neue Arten eingestellt, darunter etliche ursprünglich nicht in unserer Region heimische, die warme Standorte mit schottrigem Untergrund lieben.

Charakteristische Pflanzen

Artenliste S. 363

Zwischen den Steinquadern herrschen hochwüchsige Pflanzen wie Gebräuchlicher Honigklee (*Melilotus officinalis*), Luzerne (*Medicago sativa*), Gemeiner Beifuss (*Artemisia vulgaris*), Feinstrahliges Berufkraut (*Erigeron annuus s.l.*) und Kanadische Goldrute (*Solidago canadensis*) vor. Eingestreut finden sich zum Beispiel Wilder Lattich (*Lactuca serriola*), Schmalblättriger Doppelsame (*Diplotaxis tenuifolia*), Graukresse (*Berteroa incana*) und Schlangen-Lauch (*Allium scorodoprasum*). Diese Arten sind in der Oberrheinebene entlang des Rheinlaufs, auf offenen Flächen in Bahnarealen und an Wegrändern weit verbreitet.

Beachtenswert sind drei Frühjahrs-Geophyten, die unter den Gehölzen entlang des Schaffhauserrheinwegs blühen: Festknolliger

Kanadische Goldrute (*Solidago canadensis*)
Durch Wachstum ihres Rhizomsystems breitet sich die aus Nordamerika stammende Kanadische Goldrute an trockenen, gestörten Standorten rasch aus. Sie kann stellenweise die gesamte Vegetation dominieren.

Feinstrahliges Berufkraut (*Erigeron annuus s.l.*)
Ein weiterer nordamerikanischer Immigrant ist das Feinstrahlige Berufkraut. Ursprünglich als Zierpflanze in Gärten angesät, verwilderte diese Art rasch und besiedelt heute viele Ruderalstandorte und Ufer.

Luzerne
(*Medicago sativa*)
Die Luzerne wird oft angepflanzt, um Böden zu verbessern. Als Leguminose besitzt sie symbiontische Bakterien in den Wurzelknöllchen, die Luftstickstoff fixieren und der Pflanze zur Verfügung stellen.

«Fremde» Pflanzen

Die Vegetation unserer Region ist in stetem Wandel: Neue Arten wandern ein, andere verschwinden. Waren früher Klimaveränderungen wichtigster «Motor» dieser Dynamik, so ist es seit 5000 Jahren der Mensch. Durch Landnutzung und Siedlungstätigkeit entstand eine grössere Lebensraumvielfalt, Handel und Verkehr halfen bei der Einwanderung. In den meisten Gegenden Mitteleuropas erhöhte sich deshalb die Artenvielfalt beträchtlich.

Die heute bei uns vorkommenden Pflanzen werden in drei Kategorien eingeteilt:

- *Indigene (Urwüchsige) Pflanzen:* Arten, die schon vor den ersten sesshaften Menschen in der Region vorkamen. Meist sind sie nach der Eiszeit eingewandert.
- *Archaeophyten (Alteinwanderer):* Arten, die ab der Jungsteinzeit hier Fuss fassen konnten. Die Grenze zwischen «alt» und «neu» wird mit der Entdeckung Amerikas gezogen.
- *Neophyten (Neueinwanderer):* Seit den grossen Entdeckungsreisen eingeführte oder eingeschleppte Arten. Viele sind in den letzten zwei Jahrhunderten aus Gärten verwildert.

Manche Neophyten bilden Massenbestände und verdrängen dabei einheimische Arten. Oft setzen sie sich in Flusslandschaften fest oder an Stellen, die durch menschliche Einflüsse gestört sind. Sie besitzen bei uns praktisch keine natürlichen Feinde (diese blieben in der alten Heimat zurück).

Lerchensporn (*Corydalis solida*), der rechts des Rheins besonders im unteren Wiesental verbreitet ist, im Jura dagegen fehlt; Nickender und Doldiger Milchstern (*Ornithogalum nutans, O. umbellatum*) – beide kommen in den Rebbergen des Tüllinger Hügels vor, sind aber auch in der Stadt hie und da anzutreffen.

Im Hecken-Saum gedeihen unter anderem Taumel-Kerbel (*Chaerophyllum temulum*), Schöllkraut (*Chelidonium majus*), Knoblauchhederich (*Alliaria petiolata*) und Zweihäusige Zaunrübe (*Bryonia dioica*). Diese vier Arten sind in warmen Lagen charakteristisch für Gebüsche und Waldränder auf nährstoffreichen Böden.

Verbreitung in der Region

Pflanzengemeinschaften mit vielen eingeschleppten Arten findet man an den verbauten Rheinufern, in vielen Hafen- und Bahnarealen, entlang von Strassen und auf Schuttplätzen. Die Kanadische Goldrute tritt oft auch in Naturschutzgebieten auf, wo sie wegen ihrer Ausbreitungstendenz allerdings nicht gerne gesehen wird.

Wir überqueren den Rhein mit der Münster-Fähre und stehen auf der Grossbasler Seite direkt unterhalb der Pfalzmauer.

B Mauerfugen-Vegetation

Mauerrautenflur (*Asplenietum trichomano-ruta-murariae*)

Der Grossteil der Pfalzmauer ist renoviert, die Steine sind gesäubert und alle Fugen mit Mörtel verschlossen. Für Pflanzen ist es unmöglich, an einer solchen Mauer zu siedeln. Nur Efeu vermag sich rasch auszubreiten, da er als Kletterpflanze im Boden wurzelt und von dort seine Nährstoffe bezieht.

Der Mauerteil entlang der Treppe hingegen befindet sich noch im alten Zustand. Viele offene Fugen und Ritzen bieten Pflanzenwurzeln Raum, sich zu verankern. In den Ritzen drängen sich Moose und bilden dichte Polster. Weisse und gelbe Tupfer zahlreicher Flechten überziehen die Sandsteinquader. Die filigranen Blätter zweier Farnarten schmücken die Mauer das ganze Jahr über. Weitere Gefässpflanzen fallen besonders zur Blütezeit auf.

Pfalz
Von Pflanzen
besiedelter Teil
der Pfalzmauer

Wichtigste Standortfaktoren
■ *Strahlung:* Die Mauer ist gegen Nordosten orientiert. Sie wird von der Morgensonne erwärmt, ab Mittag steht sie im Schatten. Die Luftfeuchtigkeit ist relativ hoch.
■ *Böden/Chemische Faktoren:* Der basische Mörtel zwischen den Sandsteinquadern beeinflusst den pH-Wert in den durchwurzelten Spalten. Nur basentolerante Arten können hier gedeihen. Das an der Mauer niederfliessende Regenwasser schwemmt geringe Mengen von Nähr-Ionen ein. Der Eintrag von organischem Material erfolgt vorwiegend durch die Zersetzung von abgestorbenen Teilen der Mauerpflanzen.
Diese Nährstoffbedingungen entsprechen in vieler Hinsicht der Situation in Kalk-Felswänden (siehe Exkursion 9, Hofstetter Chöpfli).

Entstehungsgeschichte
Der Mauerteil entlang der Treppe existiert seit 1747 und wurde nach einer Sanierung im Jahre 1866 nur noch kleinflächig ausgebessert. Bis Pflanzen an einer Mauer wachsen können, vergeht viel Zeit, da frischer Mörtel mit einem pH-Wert bis zu 11 für sie toxisch ist. Erst nach rund 40 Jahren sinkt der Basengehalt dank einer Reaktion mit dem Kohlendioxid der Luft auf ein für Pflanzen erträgliches Niveau. Mit der Zeit bröckelt der Mörtel an manchen Stellen ab, Ritzen entstehen, in denen sich etwas Feinerde ansammeln kann. Die Besiedlung wird dadurch erleichtert, dass Mauerpflanzen oft Samen oder

Braunstieliger Streifenfarn (*Asplenium trichomanes*)
Dieser kleine Farn wächst häufig an basenreichen Felsen und besiedelt gerne auch Mauern. Er ist weltweit verbreitet.

Gelber Lerchensporn (*Corydalis lutea*)
Von Mai bis September schmücken die Blüten des aus dem südlichen Alpenraum stammenden Gelben Lerchensporns die Mauer. Als Zierpflanze eingeführt, hält er sich nördlich der Alpen in wintermilden Lagen.

Mauer-Zimbelkraut
(*Cymbalaria muralis*)
Die Fruchtstiele dieser aus dem ostmediterranen Raum stammenden Art wachsen vom Licht weg. Dadurch gelangen die reifen Früchte direkt in die dunklen und feuchten Mauerspalten, wo die besten Keimbedingungen herrschen.

Sporen ausbilden, die durch den Wind oder das Regenwasser verbreitet werden und am Gestein haften können. Ihre ursprünglichen Wuchsorte sind meist Kalkfelsen. Einige stammen nicht aus unserer Region, sondern wurden als Zierpflanzen eingeführt und sind anschliessend verwildert.

Artenliste S. 365

Charakteristische Pflanzen
Charakteristisch für basenreiche Mauerstandorte sind Mauer-Streifenfarn (*Asplenium ruta-muraria*) und Braunstieliger Streifenfarn (*Asplenium trichomanes*). Beide Farne besiedeln stickstoffarme Ritzen und gedeihen vorwiegend an schattigen Mauern. Mauer-Zimbelkraut (*Cymbalaria muralis*) und Gelber Lerchensporn (*Corydalis lutea*) dagegen bevorzugen stickstoffreichere, sonnigere Plätze und kommen nur in Lagen mit mildem Klima vor.
Der schattigste Mauerteil wird vom Efeu (*Hedera helix*), einer wenig Lichtansprüche stellenden Art, überzogen. Die Mauer direkt am Rhein bietet zwei Besonderheiten: Turm-Gänsekresse (*Arabis turrita*) und Niedliche Glockenblume (*Campanula cochleariifolia*). Sie sind im Jura an felsigen Orten verbreitet. Beide Arten müssen schon vor langer Zeit als Schwemmlinge hierher gelangt sein, denn schon zu Beginn des 19. Jahrhunderts war dem Basler Botaniker Hagenbach dieser Standort bekannt!

Verbreitung in der Region
Mauerrautenfluren wachsen an zahlreichen älteren Mauern in milden Lagen. Beispiele in der Stadt Basel findet man an den Mauern beim Zoologischen Institut am Rheinsprung und im St. Alban-Tal. Durch Restaurationen verschwanden viele Standorte. Es ist zu hoffen, dass sich langsam die Einsicht durchzusetzen vermag, dass diese Pflanzen die Mauern meist nicht schädigen. Manche Baufirmen verwenden bereits weichere Mörtel, die rascher verwittern und so eine schnellere Wiederbesiedlung renovierter Stellen ermöglichen.

> Wir steigen die Treppe empor, gelangen auf die Pfalz und zum Münsterplatz. Zwischen den Pflastersteinen wachsen die Pflanzen, denen nun die Aufmerksamkeit gilt.

C Pflanzen zwischen Pflastersteinen

Mastkraut-Trittgesellschaft (*Bryo-Saginetum procumbentis*)

Zwischen den Pflastersteinen scheinen zahlreiche Pflänzchen vor sich hinzukümmern. Sobald man sich bückt und sie aus der Nähe betrachtet, stellt man fest, dass sie sehr wohl Blüten ausbilden und fruchten. Auffälliges Blühen und grosse Farbenpracht allerdings suchen wir vergebens.

Wichtigste Standortfaktoren
■ *Böden/Chemische Faktoren:* Im Gegensatz zu den Pfalzmauern liegt der Boden-pH zwischen den Pflastersteinen auf dem Münsterplatz im sauren Bereich, da die Zwischenräume sandig sind und keinen Mörtel enthalten. Wegen Russ- und Strassenstaub-Ablagerungen ist der Boden reich an Stickstoff, Schwermetallen und organischen Rückständen. Salzstreuung im Winter führt in der Regel zu einer Belastung der Vegetation.
■ *Wasser:* Das Wasserangebot wechselt erheblich. Bei Regen stehen die Pflasterritzen sehr rasch unter Wasser; im Sommer dagegen kann der Boden zwischen den heissen Steinen stark austrocknen. Viele Pflanzen sind deshalb im Schatten von Gebäuden häufiger anzutreffen.

Niederliegendes Mastkraut
(*Sagina procumbens*)
Das trittempfindliche Niederliegende Mastkraut bleibt zwischen den Pflastersteinen geschützt. Es wächst auch auf sauren, feuchten Äckern und Sandböden.

■ *Mechanische Faktoren:* Durch das Betreten und Befahren des Platzes sind die Pflanzen in Gefahr, geschädigt zu werden. Die Zwischenräume der Pflastersteine bieten jedoch einen Schutzraum, wo kleine Pflanzen überleben können.

Entstehungsgeschichte
Die zwischen den Pflastersteinen wachsenden Arten haben ganz unterschiedliche Herkunftsorte. Manche wuchsen bei uns in der Urlandschaft auf offenen, sandigen Stellen im Einzugsbereich der Flüsse. Sie verbreiteten sich oft zunächst auf dem Kulturland, wurden aber nach und nach auch in den Städten heimisch. Vom Niederliegenden Mastkraut beispielsweise datieren frühe Beobachtungen städtischer Vorkommen aus dem ersten Drittel des 19. Jahrhunderts, vorher war diese Art bereits aus feuchten Äckern bekannt. Auf dem Münsterplatz findet man auch aus Südeuropa eingeschleppte Pflanzen, so das Kahle Bruchkraut und das Nagelkraut.

Charakteristische Pflanzen

Artenliste S. 366

Die hier lebenden Arten sind an ihre besondere Umwelt gut angepasst: Ihre Sprosse verzweigen sich in der Nähe des Bodens und liegen diesem auf. Sie bilden auch in kleinwüchsigem Zustand Blüten aus. Bestäuber sind oft Ameisen, und die Samen werden durch Wasser verbreitet oder haften an Schuhen und Fahrzeugreifen. Auch ein erhöhter Salzgehalt des Bodens wird toleriert.

Das Niederliegende Mastkraut (*Sagina procumbens*) ist Beispiel einer trittempfindlichen Pflanze, die hier nur an geschützten Stellen zwischen den Pflastersteinen leben kann. Der Breit-Wegerich (*Plantago major s.l.*) dagegen hat derbe, ledrige Blätter, die gegen Tritt weitgehend resistent sind.

Weitere häufige Arten sind Vogel-Knöterich (*Polygonum aviculare aggr.*), Einjähriges Rispengras (*Poa annua*) und Gemeines Hirtentäschchen (*Capsella bursa-pastoris*).

Als Zeugen der wintermilden und wärmebegünstigten Lage Basels treten Kahles Bruchkraut (*Herniaria glabra*), Nagelkraut (*Polycarpon tetraphyllum*) und Kleines Liebesgras (*Eragrostis minor*) auf. Verbreitet sind auch verschiedene Moose, darunter das Silbermoos (*Bryum argenteum*).

Verbreitung in der Region

Praktisch alle gepflasterten Plätze, Wege und Hinterhöfe werden von Pflanzen der Mastkraut-Trittgesellschaft besiedelt. Sogar über versiegelten Rinnen können sie wachsen, sobald sich etwas Feinerde oder Sand angesammelt hat. Viele dieser Arten kommen heute, vom Menschen verbreitet, auf der ganzen Welt vor.

Exkursion 2

Rheinstau Märkt und Altrhein

Vegetation entlang des Rheinlaufs in der südlichen Oberrheinebene

Dauer: ½ Tag

Beste Zeit:
Juni bis August

Anfahrt:
Mit dem Fahrrad vom Zollübergang Weil-Friedlingen geradeaus bis zum Wegweiser «Rheinhafen». Diesem folgen, die Hafenanlage durchqueren und auf dem Schotterweg parallel zum Rhein nordwärts fahren.

Uferregion des Märkter Staus
Vegetationsstreifen am Wegrand im Hochsommer mit blühender Geruchloser Strandkamille

34   2. Rheinstau Märkt und Altrhein

Route

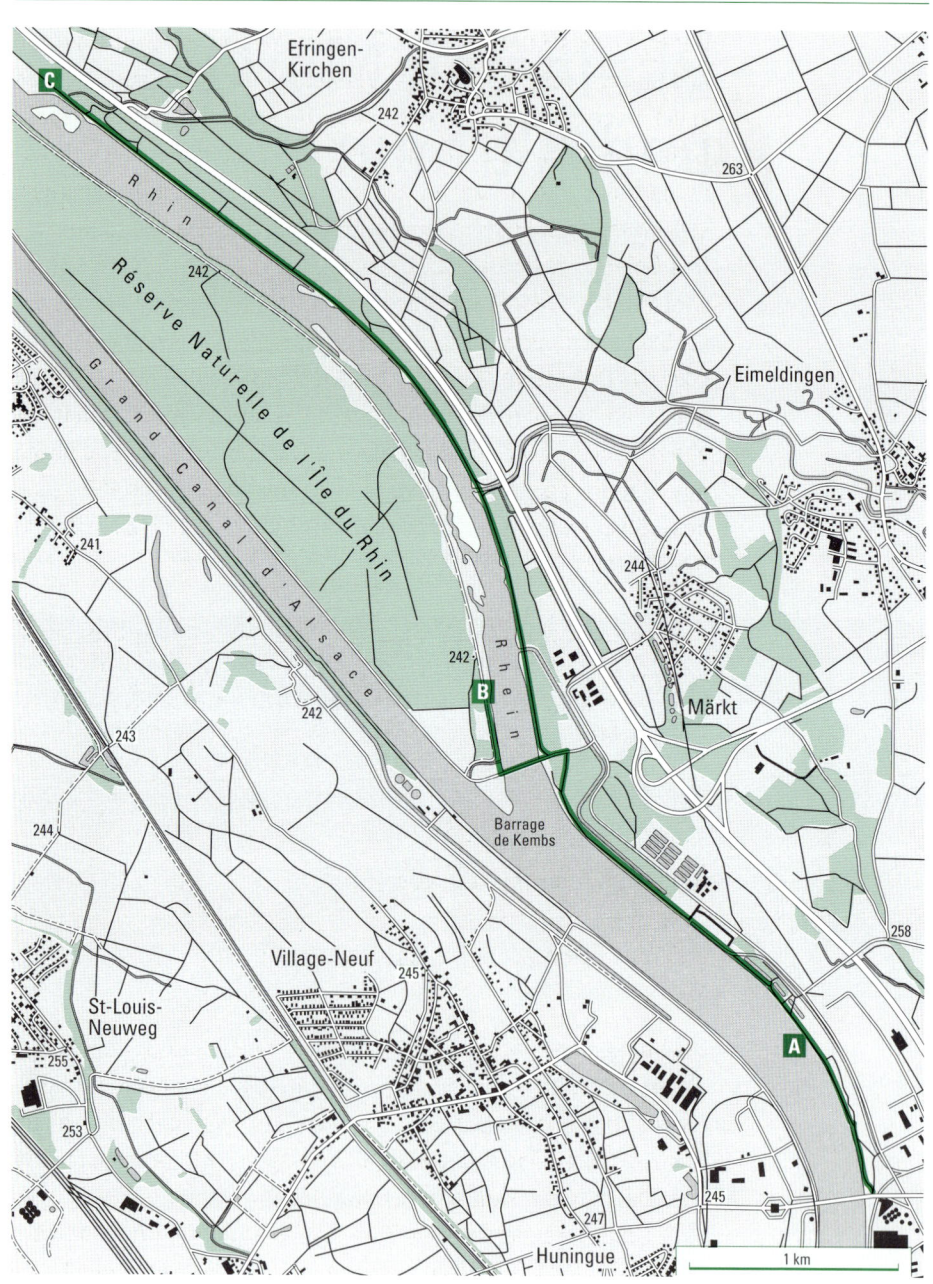

A   Ruderalfluren am Wegrand
B   Weichholz-Auenwald
C   Schotterflächen
    mit Weidengebüsch

Überblick

Der Rhein fliesst unterhalb von Basel in einem Korsett aus Dämmen und Stauwehren. Sein heutiger Verlauf hat mit dem ursprünglichen kaum mehr etwas gemeinsam. Einen Teilersatz für verlorengegangene Pionier-Standorte im Flussbett bieten Schotterflächen an Wegrändern und in Hafenzonen. Sie sind ausserdem zum Lebensraum vieler durch den Menschen eingeschleppter Arten geworden.

Das Gelände zwischen den Dämmen unterhalb des Märkter Staus wird bei Hochwasser alljährlich überflutet. Hier machen wir uns auf die Suche nach Überresten der ursprünglichen Rheinvegetation: Am Fuss der Dämme ist ein Weichholz-Auenwald kleinflächig erhalten geblieben. Buschige Weidengruppen besiedeln die flussnäher liegenden Schotterflächen, Bestände des Rohr-Glanzgrases und Rasen aus Kriechendem Straussgras wachsen am Ufer. Nach Rückgang des Frühjahrshochwassers entfalten sich auf offenen Stellen kurzlebige Kräuter.

> Zuerst betrachten wir die Vegetation am Rheinufer-Weg. Das Ufer selbst ist hier vollständig mit Betonplatten verbaut; wassernahe Risse und Fugen sind mit zahlreichen feuchtigkeitsliebenden Pflanzen bewachsen.

A Ruderalfluren am Wegrand

Möhren-Honigklee-Fluren (*Dauco-Melilotion*) und Rauken-Fluren (*Sisymbrion*)

Die Vegetation entlang des Weges zeigt zwei Aspekte: Im Sommer blühen zahlreiche hochwüchsige Stauden, die mit bunten Blütenfarben von Gelb, Rot, Weiss und Blau den Blick auf sich ziehen. Unscheinbarer sind dagegen manche einjährige Pflanzen während ihrer Hauptblütezeit im April und Mai.

Jedes Jahr verändert sich die Zusammensetzung der Wegrand-Flur, da viele Arten kurzlebig sind und ständig Eingriffe durch den Menschen erfolgen.

2. Rheinstau Märkt und Altrhein

Wichtigste Standortfaktoren

- *Strahlung:* Das gesamte Exkursionsgebiet liegt im Südteil der wärmebegünstigten Oberrheinischen Tiefebene mit einem warmen Sommerklima und relativ milden Wintern.
Die offenen Schotterböden erhitzen sich an Schönwettertagen und kühlen nachts wieder aus; im Tagesverlauf kommt es deshalb oft zu erheblichen Temperaturschwankungen.
- *Böden/Chemische Faktoren:* Beim Bau der Dämme wurde Schotter und Sand aufgeschüttet. Streuabbau und Humusbildung gehen auf den unter Störungseinfluss stehenden, und im Sommer immer wieder austrocknenden, Standorten nur langsam voran. Der Nährstoffgehalt des Bodens ist meist nicht sehr hoch. Gelegentlich trifft man aber auch stickstoffreiche Stellen an.
- *Wasser:* In den obersten Schichten des schottrigen, offenen Bodens wird das Wasser im Hochsommer zeitweise knapp. Ein stark wechselhaftes Wasserangebot ist charakteristisch für viele Ruderalstandorte.
- *Mechanische Faktoren:* Durch Tritt und Verkehr wird die Vegetation hin und wieder gestört oder sogar vernichtet. Bei Pflegemassnahmen werden Gebüsche entfernt und die Pflanzen in den Ritzen zwischen den Betonplatten ausgehackt.

Entstehungsgeschichte

Das Ufer in seiner jetzigen Form wurde beim Bau des Märkter Stauwehrs in den 1930er Jahren angelegt. Unbeabsichtigt entstand hier ein Ersatzlebensraum für einige Pionierpflanzen aus dem Flussbereich: Denn die Standortbedingungen auf den Schotterflächen gleichen teilweise jenen auf offenen Kiesinseln.
Die überwiegende Mehrheit der Ruderalpflanzen stammt jedoch nicht aus Flussgebieten, sondern gelangte durch den Menschen in unsere Region. Mit Transportgütern wurden besonders in den letzten 150 Jahren viele neue Arten eingeschleppt (siehe Kasten «‹Fremde› Pflanzen», S. 25).

Charakteristische Pflanzen Artenliste S. 366

Die Vegetation wird hier gelegentlich durch Eingriffe oder Verkehr gestört. Dafür steht auf den offenen Flächen viel Platz zur Verfügung und es herrscht wenig Konkurrenz zwischen den Pflanzen. Ein- bis zweijährige Arten, die oft viele Samen produzieren, kommen in diesem Lebensraum besonders häufig vor. Als Samen sind sie gegenüber Störungen resistent und können bei günstigen Bedingungen in grosser Zahl keimen. In dichten Beständen, zum Beispiel in Wiesen, sind die meisten von ihnen nicht konkurrenzfähig.

Die Verteilung der Ruderalpflanzen auf der Fläche ändert sich alljährlich. Trotzdem bleibt das Spektrum jener Arten, die den nicht besonders nährstoffreichen Schotterboden besiedeln, erstaunlich konstant. Zu den Einjährigen gehören Frühlings-Hungerblümchen (*Erophila verna aggr.*), Feld-Ehrenpreis (*Veronica arvensis*), Gelber Acker-Klee (*Trifolium campestre*), Dach-Trespe (*Bromus tectorum*),

Graukresse (*Berteroa incana*)
Stengel und Blätter der Graukresse sind von sternförmigen Haaren bedeckt, die ihr ein graugrünes Aussehen verleihen. Ursprünglich im Osten beheimatet, gelangten vor 200 Jahren ihre Samen mit Saatgut in unsere Region. In der warmen Oberrheinebene konnte sie sich daraufhin ausbreiten.

Natterkopf (*Echium vulgare*)
Diese Art verdankt ihren Namen dem gespaltenen Griffel, der wie eine Natternzunge aus der Krone herausragt. Sie ist zweijährig: Im ersten Jahr entsteht eine Blattrosette, im darauffolgenden Jahr bildet sich der Blütenstand aus. Nach der Blüte stirbt die Pflanze meistens ab.

Gebräuchlicher Honigklee (*Melilotus officinalis*)
Der Gebräuchliche Honigklee hat bodenverbessernde Eigenschaften. Wie alle Schmetterlingsblütler besitzt er Knöllchenbakterien im Wurzelbereich, die Stickstoff fixieren.

Wilder Lattich (*Lactuca serriola*)
Diese Pflanze, auch Kompass-Lattich genannt, stellt die Blätter rechtwinklig zur Morgen- und Abendsonne. Die intensive Strahlung am Mittag trifft nur die Blattkanten und kann so keine Blattgewebsschäden verursachen.

Taube Trespe (*Bromus sterilis*), Mäuse-Gerste (*Hordeum murinum s.str.*) und Mäuse-Federschwingel (*Vulpia myuros*). Wenn der Boden in der heissesten Jahreszeit austrocknet, haben sie längst Samen gebildet, und aus der Samenbank im Boden keimen dann im Herbst und im nächsten Frühjahr neue Pflänzchen. Nur wenige Annuelle blühen erst im Sommer: Geruchlose Strandkamille (*Tripleurospermum perforatum*), Kanadisches Berufkraut (*Conyza canadensis*), Wilder Lattich (*Lactuca serriola*) und Weisser Gänsefuss (*Chenopodium album*) sind charakteristische Beispiele.

Die (meist) zweijährigen Arten Natterkopf (*Echium vulgare*), Gebräuchlicher und Weisser Honigklee (*Melilotus officinalis, M. albus*), Graukresse (*Berteroa incana*), Möhre (*Daucus carota*) und Gemeine Nachtkerze (*Oenothera biennis aggr.*) besetzen ihre individuellen

Wuchsplätze bereits deutlich länger. Sie bilden oft ziemlich dauerhafte Bestände, zu denen sich auch einige Mehrjährige gesellen: Wegwarte (*Cichorium intybus*), Gelbe Reseda (*Reseda lutea*), Rispen-Sauerampfer (*Rumex thyrsiflorus*), Eisenkraut (*Verbena officinalis*), Bitterkraut (*Picris hieracioides*) und Schmalblättriger Doppelsame (*Diplotaxis tenuifolia*). Manche unter ihnen ertragen leichte Trittbelastungen.

Besonders auf stickstoffreicheren Stellen mit geringen Störungen breiten sich Kriechende Quecke (*Agropyron repens*), Gemeiner Beifuss (*Artemisia vulgaris*), Gebräuchliches Seifenkraut (*Saponaria officinalis*) und Acker-Winde (*Convolvulus arvensis*) aus. An etwas feuchteren (schattigeren) Orten kommen Grosse Brennessel (*Urtica dioica*), Kletten-Labkraut (*Galium aparine*), Gefleckte Taubnessel (*Lamium maculatum*) und Knoblauchhederich (*Alliaria petiolata*) hinzu – Arten, die ursprünglich aus dem Saum des Auenwaldes stammen.

Verbreitung in der Region
Schotterflächen trifft man entlang des Rheins auf den Dämmen und besonders in Hafenarealen an. Auch Bahnhöfe beherbergen oft eine reichhaltige Ruderalvegetation mit vielen eingeschleppten Arten. Berühmt ist in Basel der Badische Güterbahnhof, wo ein grossflächiges Areal hundert Jahre Bestand hatte, nun aber infolge von Nutzungsänderungen gefährdet ist.

Im milden Klimaraum der Oberrheinebene treten häufig Arten an Ruderalstellen auf, die in benachbarten Regionen selten sind: zum Beispiel Grosser Bocksbart (*Tragopogon dubius*), Borstiger Pippau (*Crepis setosa*) sowie Rispen-Sauerampfer, Graukresse und Mäuse-Federschwingel.

> Der Weg führt weiter zum Stauwehr Märkt, welches das Rheinwasser in den Seitenkanal umlenkt. Radfahrer und Fussgänger können den Übergang zur französischen Seite benutzen. Dort geht es rechts um die eingezäunten Rasenflächen herum und dem Damm der Rheininsel entlang weiter. Beachtenswert sind auf dem Rheindamm Dodonaeus' Weidenröschen (*Epilobium dodonaei*) und Hunds-Braunwurz (*Scrophularia canina*), zwei Arten, die ursprünglich als Pioniere auf Kiesinseln der Auengebiete wuchsen und heute solche trockenen Ersatzstandorte, oft Kiesgruben, besiedeln.

2. Rheinstau Märkt und Altrhein

Am Ufer des Altrheins erstreckt sich ein Pappel- und Weidenbestand. Um hinein zu gelangen, benutzen wir eine der in den Damm eingelassenen Treppen. Alle folgenden Lebensräume werden vom (kontrolliert in den Altrhein geleiteten) Hochwasser alljährlich überflutet. Sie lassen deshalb Vergleiche mit der Situation entlang des unkorrigierten Rheins zu. Die Abbildung auf Seite 46 zeigt die Boden- und Vegetations-Abfolge in der ursprünglichen Rheinaue. Diese ist in der Enge zwischen den beiden Dämmen zwar teilweise vermischt, wir können hier aber trotzdem einen Einblick in die flussnahen Lebensräume gewinnen. (In den Bereich der Randsenke führt die Exkursion 3, Petite Camargue Alsacienne. Vom Hartholz-Auenwald existieren in der südlichsten Oberrheinebene keine nennenswerten Bestände mehr.)

Dodonaeus' Weidenröschen
(*Epilobium dodonaei*)
Dieses im Hochsommer blühende Weidenröschen ist eine Pionierpflanze auf kiesigen Rohböden. Es ist besonders in Kiesgruben zu finden.

Uferzone des Altrheins
Weiden zur Zeit des Laubaustriebs. Im Vordergrund Sand-Rohboden mit Rasenflecken aus Kriechendem Straussgras und einzelnen Rohr-Glanzgras-Beständen.

B Weichholz-Auenwald

Silberweiden-Auenwald (*Salicetum albae*)

Die sandige Fläche ist locker mit Weiden und Pappeln bewachsen, deren untere Äste Spuren des Hochwassers zeigen: Plastiktüten, Stoffreste und andere Zivilisationsabfälle hängen an den vom Wasser gebogenen Zweigen. Manche Bäume stehen schief, andere sind vom Hochwasser gar umgerissen worden. Stellenweise bedecken Staudenbestände und Grasteppiche den Sand.

Wichtigste Standortfaktoren

■ *Strahlung:* Bei Sonnenschein herrscht auf den offenen Flächen, dank Reflektionen der hellen Sand- und Kiesböden, ein grosses Strahlungsangebot. Im lockeren Baumbestand erhält auch der Unterwuchs viel Licht. Die Lufttemperaturen bleiben im in Wassernähe gelegenen Wald ausgeglichener (im Sommer kühler, im Winter milder) als im Umland.

■ *Böden/Chemische Faktoren:* Je nach Fliessgeschwindigkeit des Wassers lagern sich Kies, Sand, Schluff oder Ton in der Überflutungszone ab. Es sind zunächst Böden ohne organisches Material (Rohböden).

Während des Hochwassers ist der Boden sauerstoffarm und die Atmung der Wurzeln behindert. Der Rhein führt mit jeder Überflutung aber auch Nährstoffe zu.
Wo das Hochwasser nicht ständig Sedimente verfrachtet oder neu ablagert, können Bodenbildungsprozesse einsetzen. Abgelagertes organisches Material wird bei den feuchten Verhältnissen rasch abgebaut, und eine fruchtbare Humusschicht entsteht (Auen-Rendzina).

■ *Wasser:* Der Standort liegt zwar oberhalb der mittleren Wasserlinie, wird aber jedes Jahr mehrere Wochen lang überschwemmt: Die Abflussmengen des Rheins schwanken zwischen 500 m^3/s bei Niedrigwasser im Winter und mehr als 4000 m^3/s im Frühsommer, zur Zeit intensiver Regenfälle und der Schneeschmelze in den Alpen. Alle Hochwasserspitzen werden durch den Altrhein abgeleitet.
Die durchlässigen Sedimente können nur wenig Wasser speichern. Während den Spätsommermonaten kann bei tiefem Rheinpegel lokale Bodentrockenheit eintreten.
In Wassernähe herrscht ganzjährig eine hohe Luftfeuchtigkeit.

■ *Mechanische Faktoren:* Das Hochwasser spült Pflanzen und Sedimente weg und lagert sie an anderen Stellen wieder ab.

Entstehungsgeschichte

Der Silberweiden-Auenwald ist die natürliche Vegetation im Einflussbereich regelmässiger Sommerhochwasser entlang von Tiefland-Flüssen Mitteleuropas. Die einzelnen Bestände hatten oft nur eine Lebensdauer von einigen Jahrzehnten, weil besonders kräftige Überschwemmungen die Bäume wegrissen. Diese Fluten führten gleichzeitig zu einem neuen Flussverlauf mit frischen Kies- und Sandinseln, auf denen nach einigen Jahren wieder Silberweiden-Auenwälder heranwachsen konnten. Geriet ein Bestand in eine flussfernere Lage mit nur noch sporadischen Überschwemmungen, so verdrängten aufwachsende Bäume der Hartholz-Aue (zum Beispiel Feld-Ulme, Esche, Stiel-Eiche, Berg-Ahorn) nach und nach den Silberweiden-Auenwald.
Durch Korrektionsmassnahmen hat der Mensch die Dynamik der Auenlandschaft beendet: Der Rhein ist auf einen einzigen, definitiven Flussarm eingeschränkt, die grossen Überschwemmungsflächen sind verloren gegangen. Von den früher ausgedehnten Weichholz-Auen (siehe Abbildung S. 50/51) blieben nur Reste übrig.

Die Vegetationszusammensetzung im Unterwuchs hat sich in den letzten 150 Jahren verändert. Im Einflussbereich der Flüsse wachsen heute etliche fremdländische Pflanzen, die sich auf den vielen offenen Flächen leicht ansiedeln können und vom Wasser rasch weiterverbreitet werden.

Charakteristische Pflanzen
Der nährstoffreiche Boden und die günstigen Lichtverhältnisse auf den zahlreichen offenen Flächen bieten ideale Bedingungen für die drei wichtigsten Baumarten Silber-Weide (*Salix alba*), Bastard-Bruch-Weide (*Salix x rubens*) und Schwarz-Pappel (*Populus nigra s.str.*). Von ihrem raschgewachsenen, leichten Holz leitet sich der Name Weichholz-Aue ab. Die Bastard-Bruch-Weiden sind Hybridformen zwischen der hier nicht vorkommenden Bruch-Weide (*Salix fragilis*) und der Silber-Weide. Sie tragen auf dem Blatt spärlich Haare, während die Silber-Weide unterseits dicht silbrig behaart ist. Alle Bäume der Weichholz-Aue ertragen lange Überflutungszeiten: Silber-Weiden können ohne Schäden rund 170 Tage lang im Wasser stehen.

Die Strauchschicht besteht aus Jungbäumen der erwähnten Arten und der Purpur-Weide (*Salix purpurea*). Letztere ist an den länglichen Blättern erkennbar, die oberhalb der Mitte am breitesten sind.

Wo an Tiefland-Flüssen der Einfluss des Hochwassers gross ist, dominieren meist Weidenarten mit Pioniereigenschaften. Sie sind hervorragend an den sich immer wieder verändernden Lebensraum angepasst:

- Aus Sprossteilen treiben sie sehr rasch Wurzeln. Losgerissene Zweige wachsen so erneut zu ganzen Pflanzen heran.
- Ihre Samen werden in grosser Zahl durch Wind und Wasser verbreitet, bleiben aber meist nur eine ganz kurze Zeit keimfähig.
- Sie sind schnellwüchsig und entwickeln jung Blüten.
- Ihr Holz ist meist biegsam und zugfest. Es kann von den Fluten niedergedrückt werden, ohne sofort zu brechen oder weggerissen zu werden. Die schmalen Blätter bieten dem Wasser zudem wenig Widerstand.
- Das Wurzelwerk ist mit sehr grossen Zellzwischenräumen ausgestattet, über die auch bei längerer Überflutung alle Gewebe mit genügend Sauerstoff versorgt werden.

44 2. Rheinstau Märkt und Altrhein

Die Krautschicht setzt sich mehrheitlich aus stickstoffliebenden Pflanzen zusammen und wird von Rohr-Glanzgras (*Phalaris arundinacea*) und Kriechendem Straussgras (*Agrostis stolonifera*) bestimmt. An vielen Stellen breitet sich auch die aus Nordamerika stammende Spätblühende Goldrute (*Solidago gigantea*) aus. Diese drei Arten vermehren sich, oft von angeschwemmten Individuen ausgehend, meist mit Spross- oder Wurzelausläufern und wachsen so zu grossen Beständen heran.

Das Kriechende Straussgras bildet Rasenflächen, die oft vom Wasser gekämmt werden. Wilde Sumpfkresse (*Rorippa sylvestris*), Krauser und Stumpfblättriger Ampfer (*Rumex crispus, R. obtusifolius*), Gemeine Winterkresse (*Barbarea vulgaris*), Kriechendes und Gänse-Fingerkraut (*Potentilla reptans, P. anserina*) oder Kriechender Hahnenfuss (*Ranunculus repens*) sind darin eingestreut.

Rohr-Glanzgras
(*Phalaris arundinacea*)
Das Rohr-Glanzgras besitzt im Gegensatz zum Schilf (*Phragmites australis*) biegsame Halme, die vom fliessenden Wasser nicht geknickt werden. Es kann deshalb an Ufern raschfliessender Flüsse wachsen.

Auf offenen, konkurrenzfreien Stellen wächst eine Vielzahl von Einjährigen. Beispiele sind verschiedene Knöterich- (*Polygonum mite, P. hydropiper*) und Gänsefuss-Arten (*Chenopodium album, C. polyspermum*) sowie der Schwarze Nachtschatten (*Solanum nigrum*) und das Vielstenglige Schaumkraut (*Cardamine hirsuta*). Wo der Hochwassereinfluss geringer wird und Humusbildung einsetzt, gedeihen neben der Spätblühenden Goldrute Arten wie Zaunwinde (*Calystegia sepium*), Wassermiere (*Myosoton aquaticum*), Grosse Brennessel (*Urtica dioica*), Kletten-Labkraut (*Galium aparine*), Drüsiges Springkraut (*Impatiens glandulifera*) und Hechtblaue Brombeere (*Rubus caesius*).
Viele dieser Pflanzen aus dem Unterwuchs der Weichholz-Aue sind zu Begleitern der Zivilisation geworden und finden auf stickstoffreichen Äckern neue Lebensräume.

Verbreitung in der Region
Silberweiden-Auenwälder säumen alle grösseren Flussläufe ausserhalb der Gebirgsregionen. Sie besiedeln den Bereich von der Mittelwasserlinie bis ein, zwei Meter über dieser Marke. In ganz Europa setzen sie sich mehrheitlich aus den gleichen Arten zusammen. Entlang des Rheins sind diese Auenwälder nur kleinflächig und oftmals mit reduzierter Artenzusammensetzung erhalten geblieben. So fehlen an unserem Standort Grau-Erlen (*Alnus incana*), die im trockeneren Bereich natürlicher Weichholz-Auen des Oberrheins ebenfalls vorkamen. Auch an kleineren Flüssen unserer Region, wie Birs und Wiese, säumt meist nur noch eine einzige Reihe von Silber-Weiden und Bruch- oder Bastard-Bruch-Weiden die Ufer (siehe Exkursion 4, Reinacher Heide).

Zoologische Besonderheiten
Am Altrhein kann man ganzjährig den Eisvogel beobachten, der an Steilufern brütet. Pirol und Nachtigall sind im Frühjahr häufig zu hören. Eine selten gewordene Schmetterlingsart ist der Kleine Schillerfalter, zu dessen Futterpflanzen die Schwarz-Pappel gehört.

Zonierung in der Aue

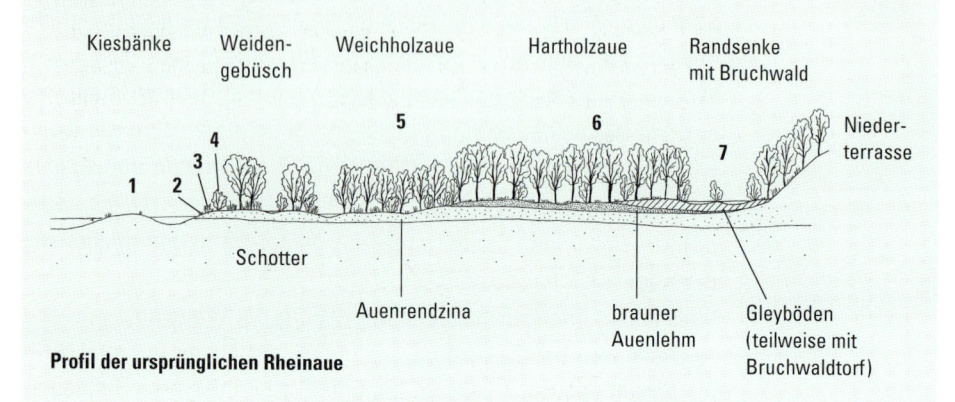

Profil der ursprünglichen Rheinaue

Zonen: Kiesbänke – Weidengebüsch – Weichholzaue – Hartholzaue – Randsenke mit Bruchwald – Niederterrasse

Böden: Schotter – Auenrendzina – brauner Auenlehm – Gleyböden (teilweise mit Bruchwaldtorf)

Entlang aller grösseren Tiefland-Flüsse Europas findet sich eine charakteristische Abfolge verschiedener Pflanzengemeinschaften. Ihre Standorte hängen direkt von der Entfernung zum Fluss ab, denn sie entstehen durch die unterschiedliche Einwirkung des Wassers auf Bodenbildung und Vegetation. Man unterscheidet:

1. Fluren von einjährigen Arten, die sich nach dem Hochwasser auf den offenen Flächen entwickeln
2. Flutrasen mit Kriechendem Straussgras (die Vegetation wird vom strömenden Wasser niedergedrückt)
3. Flussröhricht aus Rohr-Glanzgras, das den Fluten dank seiner Elastizität zu trotzen vermag und wie das Kriechende Straussgras mittels vegetativer Vermehrung Bestände bildet
4. Weidengebüsch als Beginn der Gehölzzone
5. Weichholz-Auenwald (Silberweiden-Auenwald) im Bereich der regelmässig überfluteten Flächen. Das rasch strömende Wasser lagert Feinsande ab, an geschützteren Stellen bildet sich allmählich eine Humusschicht (Auen-Rendzina-Böden).
6. Hartholz-Auenwälder (Ulmen-Eschenwälder) auf nur noch unregelmässig überschwemmten Flächen. Der Auenlehm-Boden entsteht durch die Sedimentation feiner Schlickteile aus dem sehr langsam strömenden Hochwasser.
7. Traubenkirschen-Eschenwald und Schwarzerlen-Bruchwald in der Randsenke im Bereich vieler Quellwasseraustritte am Fuss der Niederterrasse. Hier herrschen staunasse Gley- und Torfböden vor.

Der Weg führt zurück über das Stauwehr auf die badische Seite. Parallel zum Rheinufer, entlang zahlreicher trockener Rasen mit einer artenreichen Vegetation, verläuft der Fahrweg bis zu den Isteiner Schwellen. Beim weissen Kilometerstein 8.1 (nur mit einer «1» gekennzeichnet) benutzen wir die den Damm hinabführende Treppe und gelangen auf die ausgedehnte Schotterfläche unterhalb der Isteiner Schwellen.

C Schotterflächen mit Weidengebüsch

Mandelweiden-Gebüsch (*Salicetum triandrae*)

Die Wucht des Hochwassers lässt hier keine grösseren Sandablagerungen mehr zu. Buschige Weiden und Pappeln stehen in lockeren Beständen beisammen. Zerstreut wachsen Kräuter und Bestände des Rohr-Glanzgrases auf dem Kies.

Direkt an der mittleren Wasserlinie entwickeln sich im Hochsommer einjährige Pflanzen, deren Samen zufällig angeschwemmt wurden.

Isteiner Schwellen
Ausgedehnte Kiesflächen mit Weidengebüsch

2. Rheinstau Märkt und Altrhein

Wichtigste Standortfaktoren

- *Strahlung:* Die Inseln sind der Sonne voll ausgesetzt. Zudem reflektieren die hellen Schotterflächen die Strahlung.
- *Böden/Chemische Faktoren:* Feiner Sand oder gar Ton wird bei den hohen Strömungsgeschwindigkeiten des Hochwassers in unmittelbarer Flussnähe kaum abgelagert. Der Boden ist kiesig und ohne Humus (Rohboden).

Wenn das Hochwasser im Sommer abgeklungen ist, bleiben nährstoffreiche Flächen zurück, auf denen viele kurzlebige Arten wachsen können.

- *Wasser:* In unmittelbarer Nähe des Altrheins ist der Grundwasserspiegel immer auf Flussniveau, und alle Pflanzen werden ausreichend mit Wasser versorgt. Die Schotterflächen trocknen nur oberflächlich aus.
- *Mechanische Faktoren:* Bei Hochwasserflutungen sind die Kiesinseln besonders stark dem reissenden Wasser ausgesetzt. Bäume werden hier weggerissen, die biegsamen Weidengebüsche jedoch vermögen sich zu halten.

Entstehungsgeschichte

Die Mandelweiden-Gebüsche auf den Kiesinseln und am Rand des Silberweiden-Auenwaldes bilden die natürliche Vegetation an relativ nährstoffreichen Flussufern, die bei Hochwasser von kräftig strömendem Wasser überflutet werden. Die Bestände am Altrhein verdanken es den am Märkter Stauwehr abgeleiteten Hochwasserspitzen, dass hier noch offene Schotterflächen existieren. Vor der Korrektion gab es entlang des Rheins einige Gebüschgruppen, in denen die aus dem Alpenraum stammende Deutsche Tamariske (*Myricaria germanica*) vorkam. Sie ist heute, wie viele andere Alpenschwemmlinge, aus dem Gebiet verschwunden.

Charakteristische Pflanzen

Purpur- und Mandel-Weide (*Salix purpurea, S. triandra*) herrschen hier vor, zusammen mit buschig bleibenden Silber-Weiden (*Salix alba*) und Schwarz-Pappeln (*Populus nigra s. str.*).
Bestände des Rohr-Glanzgrases (*Phalaris arundinacea*) bilden das Flussröhricht. Nach dem Hochwasser keimen im Sommer zwischen den Steinen zahlreiche kurzlebige Arten. Die etwas höher gelege-

nen, dammnahen Schotterflächen trocknen im Sommer stärker aus und werden von der Lavendel-Weide (*Salix elaeagnos*) besiedelt. Diese Weidenart ist an den schmalen, unterseits kraus behaarten Blättern zu erkennen.

Verbreitung in der Region
Grössere Weidengebüsche entlang der Flüsse sind heute selten. Eine weitere Art solcher Standorte, die Reif-Weide (*Salix daphnoides*), wächst heute vorwiegend in Kiesgruben, da offene Schotterflächen am Oberrhein kaum mehr vorhanden sind. Kiesgruben erfüllen eine wichtige Funktion als Ersatzlebensräume für die Tier- und Pflanzenarten flussnaher Gebiete.
In den etwas ruhigeren Altarmgebieten des nördlichen Oberrheins und der Donau tritt in den Weidengebüschen die Hanf-Weide (*Salix viminalis*) hinzu. In unserer Region ist sie ebenfalls verbreitet, gilt jedoch als angepflanzte Art (Korbflechterei), die danach verwildert ist.

Die Rheinkorrektionen

Tullasche Rheinkorrektion
Um den Strom besser schiffbar zu machen und an den Ufern Landwirtschaftsland zu gewinnen, begann man um 1830, den Rhein zu begradigen und einzudämmen. Die Arbeiten unter der Führung von Oberst Tulla dauerten zwanzig Jahre und hatten grosse Veränderungen in der Auenlandschaft zur Folge:
- Der frei fliessende, dynamische Rhein wurde auf ein Flussbett eingedämmt, das dem heutigen Altrhein entspricht.
- Das Flussbett wurde vom begradigten und nun wesentlich schneller fliessenden Rhein ausgewaschen. Der Strom grub sich so selber ein und fixierte seinen Lauf.
- Als direkte Folge dieser Eintiefung sank der Grundwasserspiegel in der Rheinaue. Zuvor feuchte Gebiete trockneten aus, und die Landwirtschaft sah sich mit einem neuen Problem konfrontiert: dem Wassermangel.
- Der Hartholz-Auenwald wurde bei Hochwasser nicht mehr überschwemmt. Die auf diese Überschwemmungen angewiesene Vegetation verschwand zusehends.
- Der vom Hochwasser isolierte Auenwald konnte gerodet und fruchtbares Ackerland gewonnen werden.

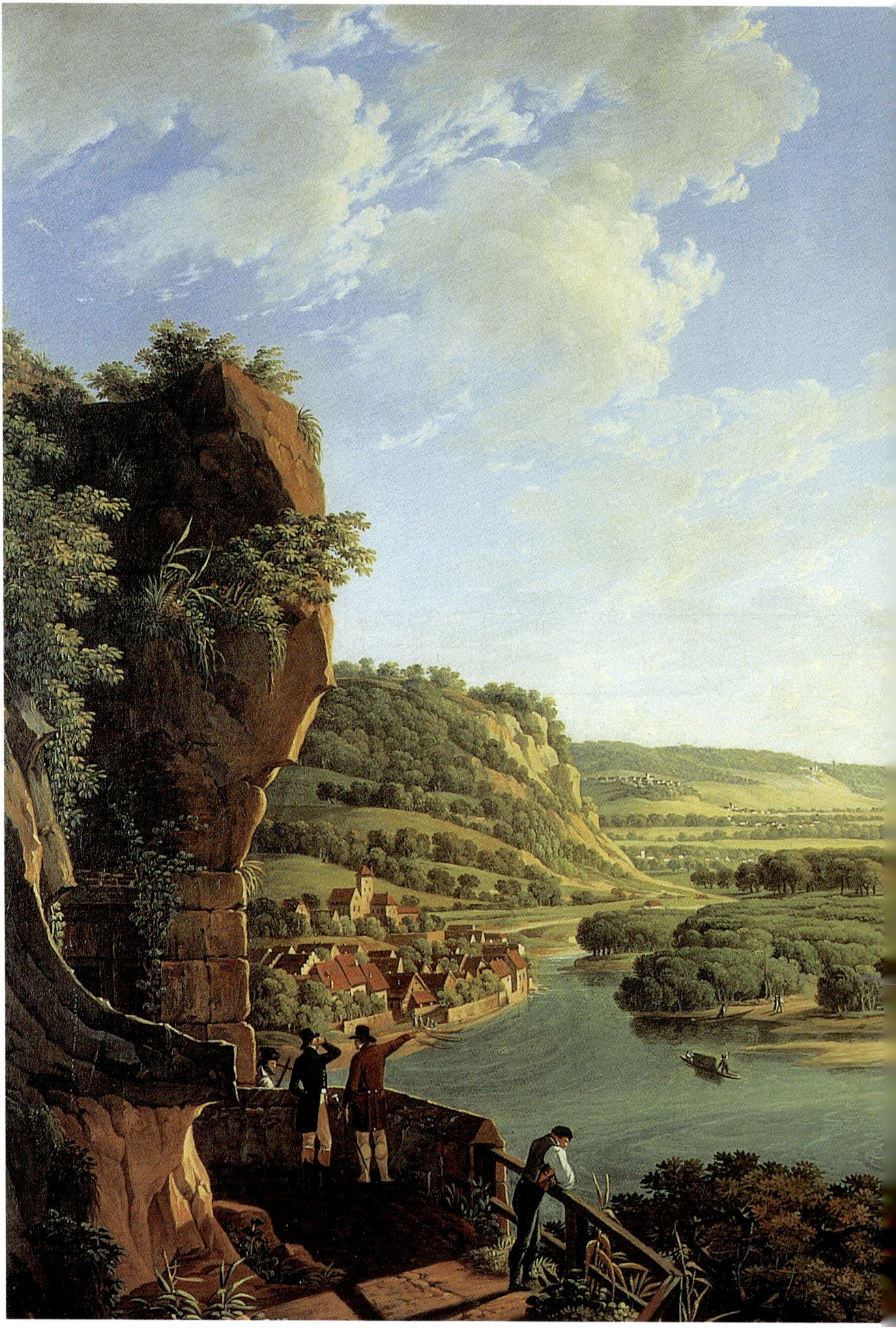

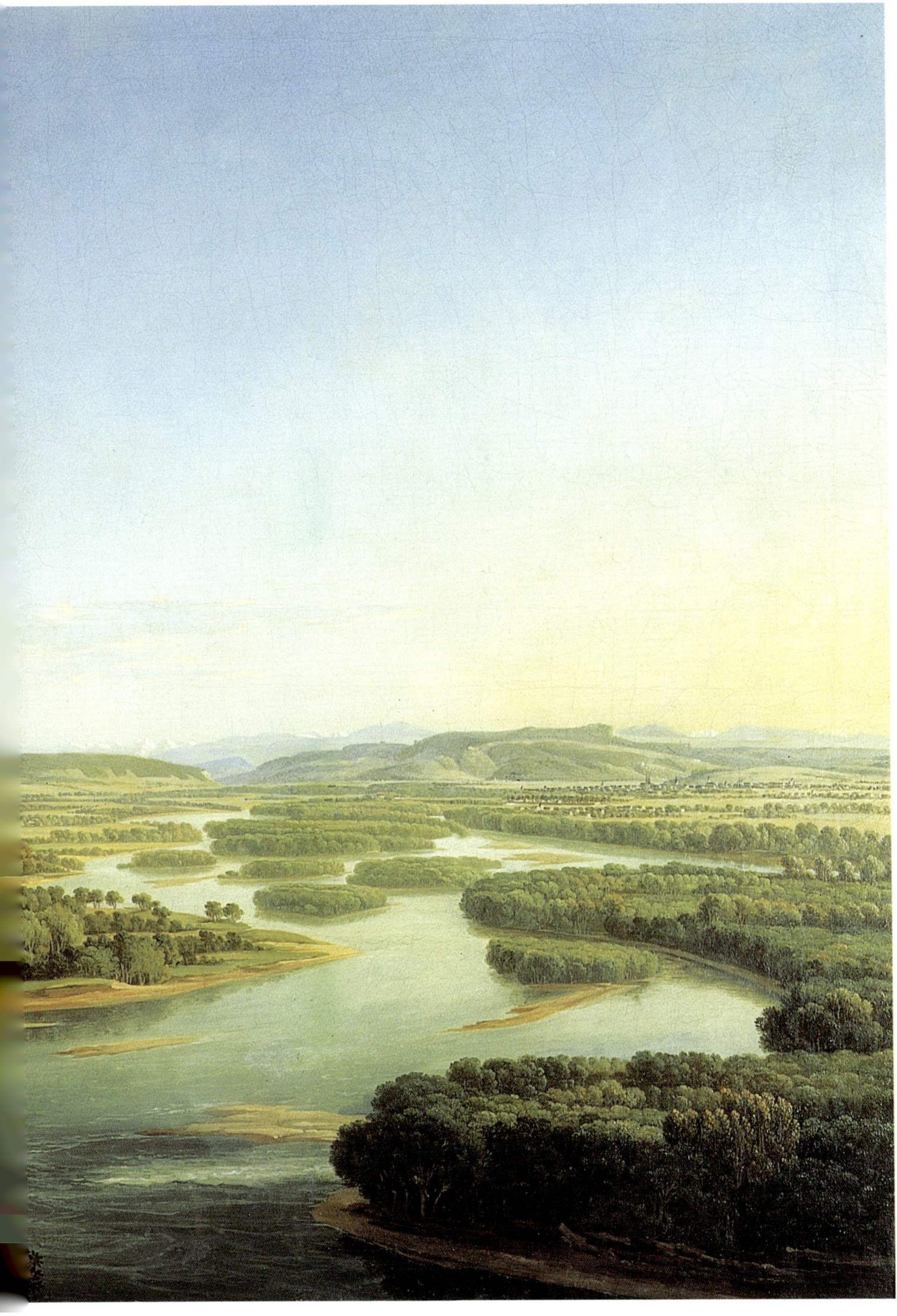

2. Rheinstau Märkt und Altrhein

Nur der unmittelbare Uferbereich blieb fast unverändert. Zwischen den Dämmen überschwemmte der Rhein noch regelmässig. Aber die Eingriffe in die Rheinlandschaft waren noch nicht abgeschlossen...

Bau des Seitenkanals

Im Versailler Vertrag von 1919 trat das besiegte Deutschland alle Rechte zur Nutzung der Wasserkraft des Rheins an Frankreich ab. Die französische Regierung veranlasste daraufhin den Bau eines Kanals, der parallel zum Rhein verläuft und eine Kette von Staustufen enthält. Jede Staustufe treibt ein Kraftwerk. Der ganze Kanal wurde bis auf den Grund betoniert, was jeden Wasseraustausch mit der Umgebung verunmöglicht. Die Folgen für die Rheinaue waren wiederum gross:

- Der Grundwasserspiegel sank weiter. Bei Istein erreichte er einen Tiefenrekord von 11 m unter dem natürlichen Pegel! Auf diesem Niveau steht er bis heute.
- Stör, Lachs und Maifisch verschwanden aus dem Hochrhein. Die Staustufen stellen für diese Arten, die aus dem Meer den Rhein heraufwandern, unüberwindliche Hindernisse dar. Heute sind Bestrebungen im Gange, mit verbesserten Fischtreppen die Wanderung dieser Fische wieder zu ermöglichen.
- Der Altrhein führt den Grossteil des Jahres nur noch eine geringe Restwassermenge. (Die Isteiner Schwellen treten aus dem Wasser und können heute zu Fuss erreicht werden.) Bei Hochwasser wird der Durchfluss beim Märkter Stau reguliert und kurzfristig erhebliche Wassermengen durch den Altrhein geleitet.

Vorangehende Doppelseite:
Der Rhein vor der Korrektion (*Gemälde von Peter Birmann*)
Die Aufgabelung des Stromes in mehrere, durch Inseln getrennte Arme (Furkationen) entsteht durch das Gefälle in der südlichen Rheinebene.
Gut sichtbar sind die zahlreichen vegetationsfreien Kiesbänke und im Vordergrund die Stromschnellen von Istein. Was für eine vielfältige Wasserwelt ist hier vor 150 Jahren verschwunden!

Exkursion 3

Petite Camargue Alsacienne
Feucht- und Trockenvegetation
in der Rheinaue

Route

Dauer: ½ Tag

Beste Zeit:
April bis September

Anfahrt:
- Mit dem Fahrrad entlang des Hüninger Kanals. Bei der Schleuse auf der befestigten Strasse weiter nach St-Louis-Neuweg. Beim Aufstieg zum Dorf beginnt auf der rechten Wegseite das Naturschutzgebiet.
- Alternative: Ab Basel SNCF bis St-Louis-Neuweg

A Junger Wald am Rand der Talaue
B Riedwiese
C Vegetation am Teichufer und Riedwiesenpflanzen
D Magerrasen auf Sand- und Schotterböden

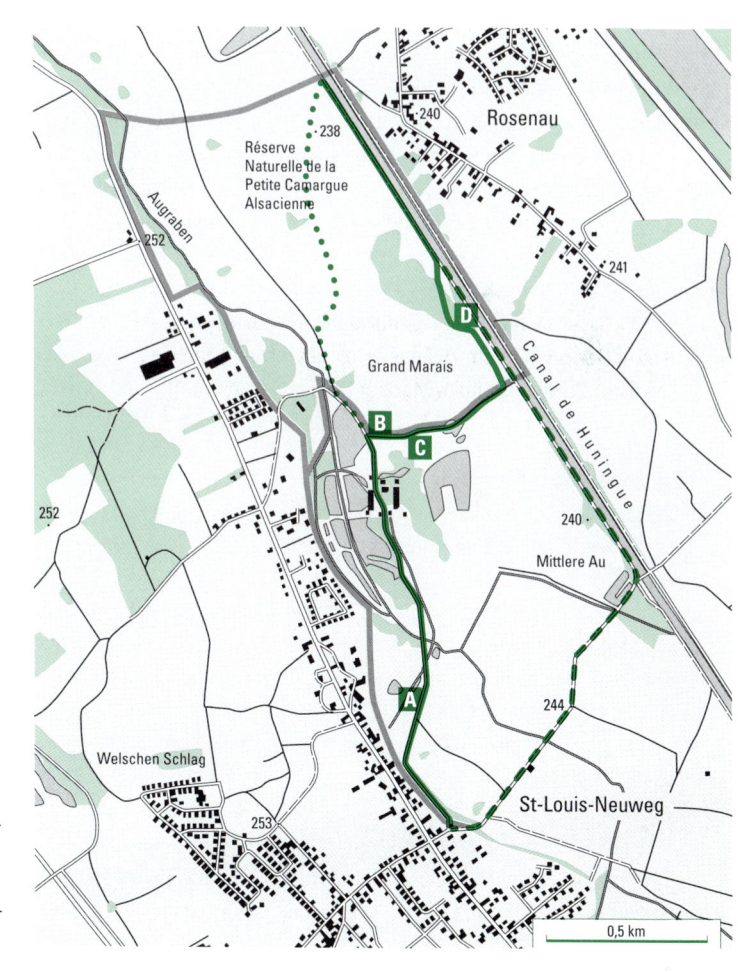

Überblick

Im Naturschutzgebiet «Petite Camargue Alsacienne» haben viele Pflanzen- und Tierarten Zuflucht gefunden, die in der Rheinaue früher verbreitet waren. Auf einem Rundgang können wir unterschiedlichste Lebensräume kennenlernen: Der Weg führt zunächst in ein mit Teichen durchsetztes, feuchtes Waldstück. Im nördlichen Teil des Gebiets erstreckt sich eine ehemalige Streuwiese, in die man von zwei Beobachtungstürmen aus hineinsehen kann. An einem Weiher lassen sich viele Feuchtgebietspflanzen aus der Nähe betrachten. Wir kommen auch an verlandenden Altarmen des Rheins vorbei, die teilweise schon sehr lange vom Strom abgeschnitten sind.

Im Gegensatz zu den feuchten Lebensräumen steht die Magerwiese in der «Heid». Über sandig-kiesigem Untergrund wachsen hier seltene, an Trockenheit angepasste Pflanzen wie Gewöhnliche Küchenschelle und Hügel-Bergfenchel. Dieses enge Nebeneinander von feuchten und trockenen Stellen ist eine Besonderheit der Auenlandschaft. Entstanden ist sie durch die Dynamik des frei fliessenden Rheins, der bei Hochwasser seinen Lauf änderte, neue Inseln aufschob und bestehende abtrug.

Der Weg ins Naturschutzgebiet beginnt bei der Informationstafel an der «Rue de la Pisciculture» und führt zunächst entlang eines Abhanges. Hier beginnt die westliche Niederterrasse der Rheinebene, die aus angeschwemmten Schottern der letzten Eiszeit besteht. Unsere Exkursionsroute verläuft in der tiefer liegenden Talaue. Jene entstand, als am Ende der letzten Eiszeit der wegen der Gletscherschmelze viel Hochwasser führende Rhein sich in seine eigenen Ablagerungen eingrub.

Nach 250 m treffen wir auf der linken Wegseite, hinter der Tafel «Das Grundwasser, ein Bodenschatz», auf einen klaren Bach. Aus mehreren Quellen am Fuss der Niederterrasse tritt das Grundwasser an die Oberfläche und fliesst anschliessend nach Norden. Dieser stete Zufluss mit einer ganzjährig relativ konstanten Temperatur führt zur Anhebung des Grundwasserspiegels im westlichen Teil des Gebietes. So wird ein Teil des Wasserverlusts kompensiert, der durch die Rheinkorrektion in der Talaue eintrat (siehe Kasten «Die Rheinkorrektionen», S. 49 f.). Der klare Quellbach ist leider stark mit Nitraten belastet, die aus dem Landbau auf der Niederterrasse und dem Sundgau stammen.

Die Vegetation ist an der für Besucher einsehbaren Stelle recht spärlich entwickelt. Der Nussfrüchtige Wasserstern (*Callitriche obtusangla*), eine schmutzwassertolerante Art, wurzelt am Grund und bildet Schwimmblatt-Rosetten aus. Sowohl Dreifurchige als auch Kleine Wasserlinse (*Lemna trisulca, L. minor*) schwimmen frei. Erstere flottiert im Wasser, letztere verbreitet sich im Sommerhalbjahr auf der Oberfläche des Baches. Stille, nährstoffreiche Gewässer kann sie durch rasche vegetative Vermehrung mit einem hellgrünen Blatt-Teppich völlig zudecken.

Der Weg führt weiter in ein feuchtes Waldstück, das wir in der Umgebung der grünen Tafel Nr. 8 etwas genauer betrachten.

A Junger Wald am Rand der Talaue

Traubenkirschen-Eschenwald (*Pruno-Fraxinetum*)

Dichtes Unterholz wechselt in diesem Waldstück mit üppig krautigen Flächen und seggenbestandenen Senken ab. Teiche erstrecken sich beiderseits des Weges, an offenen Stellen gedeihen grössere Schilfbestände. Überall wachsen jüngere Gehölze auf, und manche Teiche sind schon stark zugewachsen. Oft erst auf den zweiten Blick erkennt man die den Weg säumenden Alleebäume.

Feuchter Wald
Ausschnitt aus dem mit Schilfgebieten und Teichen durchsetzten feuchten Wald. Die Aufnahme entstand im April.

Wichtigste Standortfaktoren

- *Böden/Chemische Faktoren:* Über den Rhein-Schottern liegen nährstoff- und kalkreiche Auenlehme mit Boden-pH-Werten über 7. Im Untergund, in Senken auch bis an die Oberfläche, bildeten sich wegen des hochstehenden Grundwassers Gleyböden.
- *Wasser:* Das Grundwasser fliesst hier nur wenige Dezimeter unter der Oberfläche. Sein Pegel ist nur geringen Schwankungen unterworfen (er sinkt im Hochsommer und im Winter leicht ab), die Böden trocknen nie aus. Das Relief wurde mit dem Bau von Dämmen und Teichen stark verändert. Es entstand ein Nebeneinander von Stellen mit unterschiedlicher Bodenfeuchte. Senken sind monatelang mit Wasser gefüllt.
- *Bewirtschaftung:* Siehe Entstehungsgeschichte.

Entstehungsgeschichte

Das Gebiet liegt im Bereich der Randsenke (siehe Kasten «Zonierung in der Aue», S. 46). Vor dem Eingriff des Menschen in die Auenlandschaft wuchsen an den oft grösserflächig ständig unter Wasser stehenden Rändern der Talauen Schwarzerlen-Bruchwälder, auf zeitweilig trockeneren Flächen Eschen-Auenwälder.

Weil hier ganzjährig kühles Quellwasser zur Verfügung steht, wurde 1853 an dieser Stelle die erste Forellenzucht Europas angelegt. Entlang der Wege pflanzte man Alleen, deren Bäume heute die ältesten auf der Fläche sind. Da sich die Qualität des Quellwassers im Laufe der Jahre verschlechterte, musste der Betrieb um 1970 eingestellt werden. Seither wachsen Büsche und Bäume auf.

Charakteristische Pflanzen

Die grossen Hybrid-Pappeln (*Populus x canadensis*) und Platanen (*Platanus orientalis*) wurden in Alleen für das Fischzuchtgelände gepflanzt. Alle jüngeren Bäume und die Sträucher dagegen sind spontan aufgekommen. Auf den vom Grundwasser beeinflussten, nährstoff- und basenreichen Lehmböden wachsen Esche (*Fraxinus excelsior*) und Traubenkirsche (*Prunus padus s.str.*), stellenweise auch Stiel-Eiche (*Quercus robur*) und Berg-Ahorn (*Acer pseudoplatanus*) zusammen mit Straucharten wie Hasel (*Corylus avellana*), Hartriegel (*Cornus sanguinea*), Gemeiner Schneeball (*Viburnum opulus*) oder Pfaffenhütchen (*Euonymus europaeus*). Der üppige

Bewuchs mit Grosser Brennessel (*Urtica dioica*), Gemeiner Gundelrebe (*Glechoma hederacea s.str.*), Gemeiner Nelkenwurz (*Geum urbanum*), Moor-Spierstaude (*Filipendula ulmaria*), Gemeinem Hexenkraut (*Circaea lutetiana*) und Zaunwinde (*Calystegia sepium*) weist auf einen feuchten, nährstoffreichen Untergrund hin. Häufig ist auch die aus Nordamerika stammende Spätblühende Goldrute (*Solidago gigantea*). Sie hat sich seit 100 Jahren in feuchten Wäldern und Wiesen stark ausgebreitet.

Staunasse Stellen sowie die Teichufer werden von Schwarz-Erle (*Alnus glutinosa*), Faulbaum (*Frangula alnus*) und Grau-Weide (*Salix cinerea*) besiedelt. Unter den krautigen Pflanzen dienen uns Scharfkantige Segge (*Carex acutiformis*), Blut-Weiderich (*Lythrum salicaria*), Gewöhnlicher Gilbweiderich (*Lysimachia vulgaris*) und die relativ seltene Ufer-Segge (*Carex riparia*) als Anzeiger der nässesten Böden.

Verbreitung in der Region

Die Wälder vernässter Senken am Rand der Rheinaue sind meist nicht erhalten geblieben. Oft grenzen heute Äcker unmittelbar an die Gewässer, oder man legte Pappelkulturen an. In staunassen Geländemulden des Sundgaus sind jedoch feuchte Eschenwälder mit Traubenkirsche und Schwarz-Erle ziemlich verbreitet.

Traubenkirsche
(*Prunus padus s.str.*)
Die Traubenkirsche kommt bei uns in feuchten Wäldern vor. Eine in den Alpen verbreitete Unterart, die Felsen-Traubenkirsche (*Prunus padus ssp. petraea*), gedeiht auf trockenen Böden. Ihre Früchte dienten der Bergbevölkerung in Notzeiten als Obst («Aletschbeeren»).

Ufer-Segge
(*Carex riparia*)
Die Ufer-Segge wächst vorwiegend an Teichrändern. Ihre breiten Blätter und die grossen, gestielten weiblichen Blütenstände (Ährchen) unterscheiden sie von der häufigeren Scharfkantigen Segge.

Zoologische Besonderheiten

Aus den Baumkronen rufen im Frühjahr Pirol, Turteltaube und Kuckuck. Nachtigallen schlagen im Mai/Juni sehr laut in den Gebüschen. Da sie nicht scheu sind, kann man sich ihnen oft bis auf wenige Meter nähern. In warmen Frühlingsnächten ist das Konzert der Laubfroschmännchen nicht zu überhören, denn unser kleinster Frosch besitzt die lauteste Stimme! Wasserfrösche sind tagsüber in den Teichen leicht zu beobachten. Alle vier einheimischen Molcharten kommen im Gebiet der Petite Camargue vor: Teich-, Kamm-, Faden- und Bergmolch. Mit etwas Glück entdeckt man gelegentlich auch eine Ringelnatter.

Der Weg führt über den Augraben, einen mit Abwässern verschmutzten Bach, der aufgrund seiner tiefen Lage der oberflächlichen Entwässerung des Gebiets dient. Er bildet den Sammelkanal für das Quellwasser und fliesst, wo sein Lauf nicht vom Menschen verändert wurde, entlang der Randsenke parallel zur Terrassenkante nach Norden. Nach 400 m erreichen wir die ehemalige Fischzuchtanstalt mit ihren langgestreckten Aufzuchtgebäuden. Hier ist die Verwaltung des Naturschutzgebiets untergebracht. Etwa 100 m weiter nördlich zweigt der «Circuit du Grand Marais» rechts ab. Die Exkursionsroute folgt nun diesem mit dem Laubfroschsignet markierten Weg. Direkt hinter der Abzweigung steht ein Beobachtungsturm, der uns einen Einblick in die ausgedehnte (für Besucher nicht zugängliche) Fläche des Grand Marais ermöglicht. Pflanzen der verschiedenen Zonen in der

Riedwiese können teilweise vom Beobachtungsturm aus mit dem Fernglas entdeckt werden. Beim «Mare aux Tritons» (Standort C) sind einige dieser Arten leicht zu finden.

B Riedwiese

Pfeifengraswiese (*Molinion*)
und Steifseggen-Ried (*Caricetum elatae*)

Grand Marais
Blick vom Beobachtungsturm über die Riedwiese. Im Vordergrund ein Altarm des Rheins.

Direkt unter dem Beobachtungsturm erstreckt sich ein Altarm des Rheins, der 1990 vertieft worden ist. Im Nordosten umschliesst ein weiterer schilfbestandener Altarm die im Zentrum liegende Weide. Die etwas erhöhte Fläche in der Mitte wird von einer Pfeifengraswiese eingenommen. Das Strand-Pfeifengras wächst hier im Hochsommer mannshoch auf und blüht. Im September verfärbt es sich strohgelb. Die tiefer liegenden Randzonen stehen meist ganzjährig unter Wasser und heben sich deutlich von der Pfeifengraswiese ab: Verschiedene Seggen und Binsen verleihen ihnen eine dunkelgrüne Farbe.

Wichtigste Standortfaktoren

■ *Böden/Chemische Faktoren:* Der Untergrund dieser feuchten Wiesen in der Petite Camargue besteht aus basenreichen, kalkhaltigen Auenlehm-Schotterböden. Die Lehmauflage über den Schottern ist relativ dünn und stellenweise stark sandig. Die Böden sind deshalb nährstoffarm, und es kann eine feuchte Magerwiese, die Pfeifengraswiese, gedeihen. In den nassen Senken mit den Binsen- und Grossseggenbeständen herrschen nährstoffreichere Verhältnisse (Flutungen mit Rheinwasser aus dem Hüninger Kanal).

■ *Wasser:* Um den Folgen der Rheinkorrektur entgegenzuwirken, kann das Gebiet des Grand Marais mit Rheinwasser aus dem Hüninger Kanal künstlich bewässert werden. So erhält der Grundwasserkörper bei Bedarf einen Wasserzuschuss und findet sich selbst im trockensten Teil in einer für die Pflanzenwurzeln gut erreichbaren Tiefe von 60 bis 90 cm. Gegen die Altarme hin steht der Grundwasserspiegel wegen des abfallenden Geländes zunehmend dichter an der Oberfläche.

■ *Bewirtschaftung:* Streuwiesen, von denen regelmässig im Herbst die Streu entfernt wird, enthalten den grössten Anteil seltener Riedpflanzen. Der Grand Marais wird seit dreissig Jahren nicht mehr so genutzt. Die Fläche dient heute als Sommerweide für Schottische Hochlandrinder; eine im Vergleich zur Mahd kostengünstige Bewirtschaftungsmethode, deren langfristige Auswirkungen auf die Vegetation jedoch noch nicht genau erforscht sind.

Entstehungsgeschichte

Der Grand Marais war, wie alte Karten belegen, noch 1850 bewaldet. In den folgenden Jahrzehnten wurde der Wald gerodet und die gewonnene Fläche bis in die 1960er Jahre regelmässig im September gemäht. Es entstand eine Riedwiese. Danach lag das Gebiet brach, Schilf breitete sich aus und Gebüsch wuchs auf. Einige Riedwiesenpflanzen verschwanden in dieser Zeit, andere blühten nicht mehr und wurden sehr selten.
Die Reservats-Verwaltung entfernte 1990 die meisten Büsche und lässt seither Hochlandrinder weiden. Da diese Tiere selektiv fressen, werden gemiedene Arten wie der Gewöhnliche Gilbweiderich häufiger.

Charakteristische Pflanzen

Zu den Pflanzen, die an die feuchten, aber nährstoffarmen Verhältnisse angepasst sind, gehören Strand-Pfeifengras (*Molinia arundinacea*), Lungen-Enzian (*Gentiana pneumonanthe*), Lachenals Rebendolde (*Oenanthe lachenalii*), Knollige Kratzdistel (*Cirsium tuberosum*), Silge (*Selinum carvifolia*), Abbisskraut (*Succisa pratensis*), Pracht-Nelke (*Dianthus superbus*) und Gemeine Sumpfwurz (*Epipactis palustris*).

Glänzendfrüchtige und Stumpfblütige Binse (*Juncus articulatus, J. subnodulosus*) formen Bestände in den nassen Senken, oft zusammen mit den oben erwähnten Arten. Auch das Breitblättrige Wollgras (*Eriophorum latifolium*) kommt an manchen Stellen vor.

Direkt am Ufer der Altarme sind zwei grosse Seggenarten häufig: Steife Segge (*Carex elata*) und Scharfkantige Segge (*Carex acutiformis*) bilden zusammen mit der Sumpf-Wolfsmilch (*Euphorbia palustris*) und der Gelben Schwertlilie (*Iris pseudacorus*) Fragmente des Steifseggen-Rieds.

Streu- oder Riedwiesen

Pfeifengras, Schilf, Binsen und Seggen eignen sich schlecht für Futterzwecke. Werden sie erst im Herbst gemäht, liefern sie jedoch eine hervorragende Einstreu für Tierställe.

Der Streubedarf nahm während des 19. Jahrhunderts stark zu: Vieh wurde neu ganzjährig in Ställen gehalten. Zudem rentierte der Ackerbau wegen verschärfter ausländischer Konkurrenz schlecht, und viele Bauern stellten auf Rinderzucht um. Zur Streugewinnung dienten natürliche Seggenbestände an Seeufern. Zusätzlich rodete man feuchte Wälder und bewässerte Kulturland, um Lebensräume für Riedgräser zu schaffen. Wo der Untergrund nährstoffarm war, entstanden dank der regelmässigen Streuschnitte artenreiche Pfeifengraswiesen. Viele hier wachsende Pflanzenarten stammen aus lichten Stellen in Auenwäldern und Uferbereichen, konnten sich aber erst in diesen feuchten Magerwiesen optimal entfalten.

Da Streu in modernen Ställen nur in kleinen Mengen benötigt wird, verloren die Riedwiesen nach 1950 zusehends an Bedeutung. Sie wurden meist aufgegeben oder trockengelegt und anschliessend gedüngt.

Strand-Pfeifengras
(*Molinia arundinacea*)
Das Pfeifengras wächst auf nährstoffarmen, (wechsel-)-feuchten Böden. Im Spätsommer zieht es die Nährstoffe aus dem Blatt- und Stengelgewebe in die in Bodennähe liegende Blattbasis zurück. Deshalb gehen der Pflanze bei der Mahd im September kaum Nährstoffe verloren.

Verbreitung in der Region
Riedwiesen sind im Oberrheingebiet sehr selten geworden. Infolge der Rheinkorrektion sank im 20. Jahrhundert der Grundwasserspiegel so stark, dass viele austrockneten und die Vegetation sich veränderte. Ausserhalb der Petite Camargue existieren in der südlichen Rheinebene keine grösseren Bestände mehr, und sogar im Naturschutzgebiet selbst ist ihre Gesamtfläche wegen fehlender Nutzung seit 1975 um die Hälfte zurückgegangen.
Im Jura findet man Pfeifengraswiesen an wechselfeuchten Mergelhängen (siehe Exkursion 13, Chilpen). Sie zeigen dort Übergänge zu den Trespen-Halbtrockenrasen und sind besonders orchideenreich. Dafür fehlen Arten wie Lungen-Enzian oder Lachenals Rebendolde. Streuwiesen sind auch im Alpen-Vorland verbreitet, dort tritt auf kalkarmen Böden vorwiegend das kleinerwüchsige Blaue Pfeifengras (*Molinia caerulea*) auf.

Zoologische Besonderheiten
In den Schilfbeständen der Altarme im Grand Marais leben Rohrammer, Teichrohrsänger und Rohrschwirl. Im Frühjahr kann man oft die Rohrweihe im Flug über dem Schilf beobachten. Aus dem Gebüsch singt im Mai und Juni der Feldschwirl. Gelegentlich erscheint auch der Eisvogel entlang der Wasserfläche direkt unter dem Turm.
Der Dunkle Moorbläuling, ein in ganz Europa gefährdeter Tagfalter, kommt in der Petite Camargue Alsacienne noch vor. Die jungen Raupen fressen auf Pflanzen des Grossen Wiesenknopfs (*Sanguisorba officinalis*). Sobald sie eine bestimmte Grösse erreicht haben, lassen sie sich von Ameisen ins Nest schleppen und ernähren sich dort bis zur Verpuppung von deren Brut. Nur ganz bestimmte Ameisenarten eignen sich für diesen Brutparasitismus. Verschwinden sie oder die Wirtspflanze, stirbt auch der Moorbläuling aus.

Wir folgen nun dem «Circuit du Grand Marais», der hier im Wald verläuft. Nach 50 m gelangen wir zum Wegweiser «Mare aux Tritons», der uns zu einem Weiher auf der rechten Wegseite führt.

C Vegetation am Teichufer und Riedwiesenpflanzen

Fragmente des Steifseggen-Rieds (*Caricetum elatae*) und der Pfeifengraswiese (*Molinion*)

Der Weiher wurde so angelegt, dass er eine Inselfläche umschliesst. Ein Steg ermöglicht es Besuchern, sowohl die Wasserfläche als auch die Pflanzen auf der Insel aus der Nähe zu betrachten. Das Ufer säumen grosse Seggenhorste und weitere hochwüchsige Arten, während der zentrale Teil der Insel durch eine niedrigere, im Sommer gelbgrün gefärbte Vegetation auffällt. Es wachsen dort meist andere Arten als direkt am Ufer und im Wasser: Eine Zonierung der Vegetation entlang des Feuchtegradienten ist zu erkennen.

Schulweiher Mare aux Tritons
Hochsommer-Aspekt: Im Vordergrund sichtbar sind Schilf, Spätblühende Goldrute und Wasserdost (*Eupatorium cannabinum*). Das Ufer säumen grosse Horste der Steifen Segge.

Wichtigste Standortfaktoren
- *Böden/Chemische Faktoren:* Der Weiher liegt in einem nährstoffarmen Schotterkörper, was die Ansiedlung von seltenen Riedwiesenpflanzen ermöglichte. Wie im gesamten Gebiet ist der Kalkgehalt des Untergrundes relativ hoch.

- **Wasser:** Auf der Insel ist der Boden meist sehr feucht und zeitweise überschwemmt. Der Weiher enthält ständig Grundwasser und kann bei Bedarf zusätzlich mit Wasser aus dem Hüninger-Kanal gefüllt werden. Im Sommer sinkt der Wasserstand und das Ufer fällt trocken.
- **Bewirtschaftung:** Gelegentlich muss im Herbst gemäht und die Streu entfernt werden, da sonst Gebüsch aufwächst.

Entstehungsgeschichte

Der Weiher wurde 1985 als Beobachtungsort für Molche und Frösche angelegt. Bald drangen Sonnenbarsche in das Gewässer ein. Dieser aus Nordamerika stammende Fisch frisst die meisten Amphibienlarven. Entlang der Uferlinie entwickelte sich mit Steifer Segge, Schilf und weiteren Arten spontan die charakteristische Vegetation von Seeufern. Auf der feuchten Schotterfläche im Zentrum der Insel stellten sich rasch Riedwiesenpflanzen aus dem benachbarten Grand Marais ein.

Artenliste S. 369

Charakteristische Pflanzen

Die Pflanzenarten besiedeln je nach Boden-Feuchtigkeit verschiedene Standorte:

Im Weiher finden sich die frei im Wasser schwimmenden, feinen Blätter eines Wasserschlauchs (*Utricularia sp.*).

Am Ufer treffen wir eine «Kleinausgabe» des Grossseggenriedes: Horste der Steifen Segge (*Carex elata*) säumen den Teichrand. Ausserdem gedeihen hier und unmittelbar dahinter Wasser-Minze (*Mentha aquatica*), Sumpf-Labkraut (*Galium palustre*), Gewöhnlicher Gilbweiderich (*Lysimachia vulgaris*), Sumpf-Ziest (*Stachys palustris*) und Scharfkantige Segge (*Carex acutiformis*). Häufig sind auch Rohr-Glanzgras (*Phalaris arundinacea*), Schilf (*Phragmites australis*), Gelbe Schwertlilie (*Iris pseudacorus*) und Gemeiner Froschlöffel (*Alisma plantago-aquatica*). Vereinzelt kommt der Breitblättrige Rohrkolben (*Typha latifolia*) und das seltene Graue Reitgras (*Calamagrostis canescens*) vor. Auffällig ist im Frühsommer das stattliche, gelb blühende Sumpf-Kreuzkraut (*Senecio paludosus*) am östlichen Teichufer. Die Sumpf-Wolfsmilch (*Euphorbia palustris*) wächst am Rand des wegführenden Stegs.

Lachenals Rebendolde (*Oenanthe lachenalii*)
Diese bei uns sehr selten gewordene Art der Pfeifengraswiesen und Binsenbestände wurde vom Basler Botaniker Werner de Lachenal um 1750 in Michelfelden zum ersten Mal gesammelt und 1806 von Carl Gmelin beschrieben, der sie nach ihrem Entdecker benannte

Sibirische Schwertlilie (*Iris sibirica*)
Die Sibirische Schwertlilie wurde in der Petite Camargue wieder angesiedelt. Die eingepflanzten Exemplare stammen aus der südlichen Rheinebene bei Kembs, wo noch wenige Individuen existierten, aus deren Samen die Populationen hier aufgebaut werden konnten.

Der Zentralteil der Insel wird im Frühjahr vom Wasser überschwemmt, steht aber ansonsten etwas trockener. Hier wachsen Arten, die aus der Pfeifengraswiese und den angrenzenden Binsenbeständen des Grand Marais eingewandert sind, wie Lachenals Rebendolde (*Oenanthe lachenalii*), Strand-Pfeifengras (*Molinia arundinacea*), Gelbe und Hirse-Segge (*Carex flava, C. panicea*) sowie Stumpfblütige Binse (*Juncus subnodulosus*). Die Sibirische Schwertlilie (*Iris sibirica*) wurde angesiedelt.

3. Petite Camargue Alsacienne 67

Steife Segge (*Carex elata*)
Die Horste der Steifen Segge können bis 1,2 m hoch werden. Wenn im Sommer der Wasserspiegel absinkt, stehen sie trocken.

Sumpf-Kreuzkraut (*Senecio paludosus*)
Das stattliche Sumpf-Kreuzkraut hält sich meist an grössere Flusstäler und ist entlang des Rheins in Grossseggen- und Schilfbeständen verbreitet. In der südlichen Oberrheinebene ist es allerdings sehr selten.

Profil Teichufer

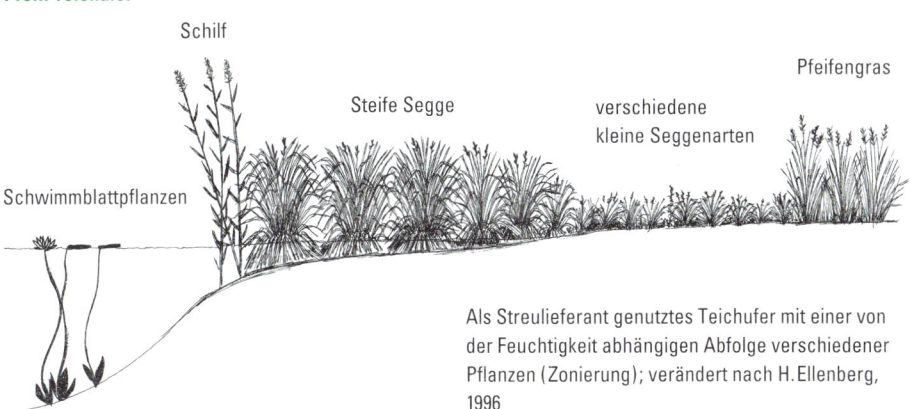

Schilf

Pfeifengras

Steife Segge   verschiedene kleine Seggenarten

Schwimmblattpflanzen

Als Streulieferant genutztes Teichufer mit einer von der Feuchtigkeit abhängigen Abfolge verschiedener Pflanzen (Zonierung); verändert nach H. Ellenberg, 1996

Verbreitung in der Region

In unserer Region gibt es nicht viele Seen und Teiche, auch sind die meisten Altarme des Rheins inzwischen zerstört oder stark verändert worden (Fischweiher). Entsprechend findet man Uferpflanzen stehender Gewässer relativ selten.

Besondere Bedeutung hat die Petite Camargue als letztes grösseres Rückzugsgebiet in der südlichen Rheinebene für Feuchtgebietspflanzen wie Sumpf-Kreuzkraut, Gelbe Wiesenraute (*Thalictrum flavum*), Sumpf-Wolfsmilch, Lachenals Rebendolde, Lungen-Enzian und Sägeried (*Cladium mariscus*). Diese Aufzählung liesse sich noch um mehr als zwanzig weitere Arten ergänzen. Alle waren früher unterhalb Basel verbreitet und kamen teilweise auch im Mündungsgebiet der Birs (bei St. Jakob) vor.

> Der Weg führt weiter entlang des Grand Marais. Im Sommer wird er von hohen Stauden (Spätblühende Goldrute, Wasserdost (*Eupatorium cannabinum*) und Moor-Spierstaude) gesäumt, die sich auf den nährstoffreichen, lehmigen Böden entlang des Weges angesiedelt haben. Die Grau-Weide (*Salix cinerea*), ein Pionierstrauch des Schwarzerlen-Bruchwalds, bildet das Gebüsch in den nassen Senken. Am linken Wegrand können wir eine Gruppe jüngerer Schwarz-Erlen und Hänge-Birken entdecken, die zwischen grossen Seggen aufwachsen (siehe Kasten: «Verlandung von stehenden Gewässern», S. 75).
>
> In einem kleinen Waldstück steht ein zweiter Beobachtungsturm, der abermals einen Einblick in den Grand Marais ermöglicht. Wir finden entlang der Wegstrecke einzelne Bäume, die als Relikte der ehemaligen Weichholzaue am Ufer der Rheinarme sogar noch heute hier wachsen: Silber-Weide (*Salix alba*), Bastard-Bruch-Weide (*Salix x rubens*) und Grau-Erle (*Alnus incana*) (siehe Exkursion 2, Rheinstau Märkt und Altrhein).
>
> Immer den Laubfrosch-Tafeln folgend, gelangen wir auf den Damm des Hüninger Kanals. Nach etwa 150 m zweigt der Weg links ab, durchquert ein Gebüsch und erreicht eine Rasenfläche. Der Name «Heid» (unbebautes Land) für dieses Gebiet erinnert an die Reinacher Heide, auch die Vegetation ist ähnlich (siehe Exkursion 4, Reinacher Heide).

D Magerrasen auf Sand- und Schotterböden

Trespen-Trockenrasen (Xerobrometum) mit Übergängen zum Trespen-Halbtrockenrasen (Mesobrometum)

Die Pflanzendecke schliesst meist dicht, nur wenige schottrige Stellen sind locker bewachsen. Das Aussehen der Fläche ändert im Verlauf des Jahres: Anfangs April leuchten die Gewöhnlichen Küchenschellen mit ihren violett-roten Blüten aus dem braunen Rasen, und in den Lücken der Grasnarbe entfalten sich verschiedene einjährige Pflanzen. Zahlreiche Arten blühen vom Mai bis in den Frühsommer. Im Juli verfärbt sich die Vegetation, Grashalme trocknen aus und die Blütenvielfalt lässt nach. Der Spätsommer bietet wieder ein anderes Bild: Zahlreiche Hügel-Bergfenchel entfalten ihre weissen Dolden.

Wichtigste Standortfaktoren

■ *Böden/Chemische Faktoren:* Kalkreiche Schotter, welche die gesamte Rheinaue durchziehen, stehen hier oberflächlich an. Der sandige Humushorizont ist sehr dünn (etwa 20 cm) und kann nur wenig Nährstoffe speichern.

■ *Wasser:* Die Niederschläge versickern leicht im durchlässigen Schotter, und der Boden trocknet bei Wärme rasch aus. Das Grund-

Magerrasen
Der Rasen im September. Auffällig sind die vielen Blütenstände des Hügel-Bergfenchels.

wasser liegt mehr als 1,5 m tief. In der Sommerhitze ist die Wasserversorgung für viele Pflanzen eingeschränkt.

■ *Bewirtschaftung:* Das Gebiet muss vor Verbuschung bewahrt werden. Deshalb wird die Fläche jeden Herbst gemäht, und die Gehölze werden zurückgeschnitten.

■ *Biotische Faktoren:* Wildschweine graben auf der Suche nach Orchideenknollen den Boden um, wodurch Lücken in der Vegetationsdecke entstehen.

Entstehungsgeschichte
Aussergewöhnliche Hochwasser des unbegradigten Rheins schoben Schotterflächen auf, die danach oft jahre- oder jahrzehntelang nicht mehr überschwemmt wurden. Sie boten zunächst günstige Bedingungen für Rohboden-Pioniere, die dann allmählich von konkurrenzkräftigeren, an die sommerliche Trockenheit angepassten Rasenpflanzen abgelöst wurden. Mit der Zeit wuchs Gebüsch auf, und das Gelände begann sich zu bewalden. Ein erneutes Hochwasser konnte die Vegetation jederzeit vernichten und an einer anderen Stelle eine Trockenfläche schaffen. Da diese Flussdynamik seit der Rheinkorrektion unterbrochen ist, sind die natürlichen Rasen mittlerweile zu Wald geworden.

Dass wir hier einen Magerrasen vorfinden, hat mit der menschlichen Nutzung zu tun: Bereits beim Bau des Hüninger Kanals 1828 wurde die Heid stark verändert. In manchen Teilen entnahm man lange Zeit Kies, und es blieben dadurch grössere Flächen offen. Inzwischen ist aber der Grossteil des Gebiets von Gehölzen überwuchert worden. Nur zwei kleinere Rasen sind erhalten geblieben, möglicherweise dank gelegentlicher Beweidung, die heute durch Mahd ersetzt ist.

Charakteristische Pflanzen Artenliste S. 371
Charakteristisch für Magerrasen sind folgende Arten: Gewöhnliche Küchenschelle (*Pulsatilla vulgaris*), Kleine Orchis (*Orchis morio*), Zypressen- und Warzige Wolfsmilch (*Euphorbia cyparissias, E. verrucosa*), Frühlings-Fingerkraut (*Potentilla neumanniana*) und Rötliches Fingerkraut (*Potentilla heptaphylla*). Letzteres ist hier selten. Dies gilt auch für die Gemeine Kugelblume (*Globularia punctata*), die wie das Gemeine Sonnenröschen (*Helianthemum nummularium s.l.*) für trockene Rasen typisch ist. Wichtigste Gräser sind Aufrechte Trespe

Séguiers Wolfsmilch
(*Euphorbia seguieriana*)
Die Séguiers Wolfsmilch, eine vorwiegend kontinental auftretende Steppenpflanze, ist bei uns nur entlang des Oberrheins verbreitet. Mit ihrer langen Pfahlwurzel dringt sie zum Wasser in tiefen Bodenschichten vor.

(*Bromus erectus s.str.*) und Grossblütige Kammschmiele (*Koeleria macrantha*). Aus den Säumen vor den Gebüschen dringen Berg-Aster (*Aster amellus*) und Ästige Graslilie (*Anthericum ramosum*) in den Rasen ein. Die im Sommer blühende Kleinblütige Hummel-Ragwurz (*Ophrys holosericea ssp. elatior*) kommt in der Rheinebene auf zahlreichen Magerrasen vor, fehlt aber ansonsten in Mitteleuropa[*].
Hügel-Bergfenchel (*Seseli annuum*), Ähriger Ehrenpreis (*Veronica spicata*) und Gemeines Bartgras (*Bothriochloa ischaemum*) findet man in unserer Region nur an wenigen ausgesprochen warm-trockenen Orten.
Pionierfreudige Pflanzen schottriger und sandiger Böden, die zu Zeiten des unbegradigten Rheins wohl zu den frühen Besiedlern neuentstandener trockener Kiesflächen gehörten und welche man

---

[*] Da man diesen Rasen nicht betreten darf, seien dem Orchideenliebhaber die Halbtrockenrasen am Kirchener Kopf (neben dem Rheinseitenkanal gelegen) empfohlen. Diese gehören zum selben Naturschutzgebiet und bieten einen schönen Orchideenbestand: Neben der Kleinblütigen Hummel-Ragwurz kommen zum Beispiel Hummel- und Spinnen-Ragwurz (*Ophrys holosericea s.str., O. sphegodes*), Schwärzliche Orchis (*Orchis ustulata*) und Helm-Orchis (*Orchis militaris*) vor. Auch die Séguiers Wolfsmilch (*Euphorbia seguieriana*) wächst dort direkt am Wegrand und ist leichter als hier zu beobachten.

Küchenschelle (*Pulsatilla vulgaris*)
Der Griffel der Küchenschelle bleibt nach der Blüte mit der Frucht verbunden und wächst zu einem Flugorgan aus. So können die Samen mit dem Wind verbeitet werden. Diese Art erreicht in unserer Region ihre südwestliche Verbreitungsgrenze.

Ähriger Ehrenpreis (*Veronica spicata*)
Im Hochsommer fallen die schlanken Blütenstände des Ährigen Ehrenpreises in der strohig gewordenen Vegetation auf. Diese Art findet sich in unserer Region praktisch nur in der Petite Camargue Alsacienne und in der Trockenzone zwischen Ensisheim und Neuf-Brisach.

heute noch in vielen stromnahen Magerrasen findet, sind zum Beispiel Rheinische Flockenblume (*Centaurea stoebe*), Feld-Beifuss (*Artemisia campestris*), Séguiers Wolfsmilch (*Euphorbia seguieriana*), Gelbe Luzerne (*Medicago falcata*) und Natternkopf (*Echium vulgare*). Hinzu kommen etliche Einjährige. Viele Pioniere sind durch das regelmässige Mähen und fehlende Störungen der Vegetationsdecke seltener geworden.

Verbreitung in der Region
Trockenrasen auf relativ jungen Sedimentböden der Aue sind heute sehr selten. In der südlichen Rheinebene gibt es noch ganz wenige Stellen, und in der Reinacher Heide an der Birs existieren ebenfalls

Rheinische Flockenblume (*Centaurea stoebe*)
Die Rheinische Flockenblume ist als Rohbodenpionier in der Oberrheinebene auf Trockenrasen, aber auch an Wegrändern und auf Schotterflächen verbreitet

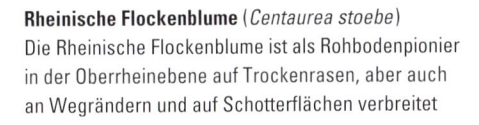

Hügel-Bergfenchel (*Seseli annuum*)
Die im östlichen und südlichen Europa beheimatete Art stirbt nach der Blüte ab. Sie tritt in der Rheinebene und der Vogesen-Vorhügelzone in trockenen Rasen auf.

kleine Flächen. Generell stellt man in den letzten dreissig Jahren fest, dass die Vegetation an diesen Standorten dichter wird und besonders die einjährigen Arten zurückgehen. Die Bestände gleichen sich so mit ihrem Älterwerden mehr und mehr den Halbtrockenrasen an. Gründe dafür sind wohl das Wegfallen von Störungen durch Beweidung, Tritt, Kiesentnahme und eine zunehmende Bodenbildung im Verlauf der Zeit. Zudem gelangen aus der Luft flächendeckend erhebliche Mengen Stickstoff auf die Böden.

Der Weg setzt sich fort durch ein artenreiches, dichtes Gebüsch, das auf dem ehemaligen Kiesgrubenareal wächst. An manchen Stellen gedeiht hier der Sanddorn (*Hippophaë rhamnoides*); weitere bezeichnende Arten dieser Kiesflächen, wo Sträucher in 1 bis 2 m Tiefe mit ihren Wurzeln das Grundwasser erreichen, sind Lavendel-Weide (*Salix elaeagnos*), Purpur-Weide (*Salix purpurea*) und Schwarz-Pappel (*Populus nigra s.str.*). In zahlreichen Lücken und Nischen, die durch Rodungen des Gebüschs entstanden sind, wachsen ausgeprägte Pionierrasen. Sie vermitteln einen Eindruck von den Anfangsstadien der Trockenrasen, auch wenn sie stärker beschattet sind und deshalb einige Arten enthalten, die in Trockenrasen nicht vorkommen.

Der Weg führt hier auch an einem kleinen Grundwasserteich vorbei, in dem alle vier regionalen Molcharten vorkommen. Zahlreiche gelbe Blüten des Südlichen Wasserschlauchs (*Utricularia australis*) entfalten sich im Hochsommer über der Wasseroberfläche.

Nach einem kleinen Trockenrasenfragment gelangen wir erneut auf den Damm und nach kurzer Wegstrecke zum Beobachtungsturm «Belvédère». Er bietet uns einen schönen Ausblick auf einen ehemaligen Seitenarm des Rheins, der seit mindestens 150 Jahren, vermutlich aber schon wesentlich länger, vom Hauptgewässer abgeschnitten ist. Den südlichen Teil bedecken ausgedehnte Schilfbestände. Dazwischen sind Gruppen grosser Seggen-Horste auffällig.

Sanddorn (*Hippophaë rhamnoides*)
Der Sanddorn ist ein Pioniergehölz in Auen von Flüssen aus dem Alpenraum und entwickelt sich bevorzugt an offenen, kiesigen Stellen, die längere Zeit nicht vom Hochwasser beeinflusst werden. Seine Früchte sind essbar und reich an Vitamin C.

Verlandung von stehenden Gewässern

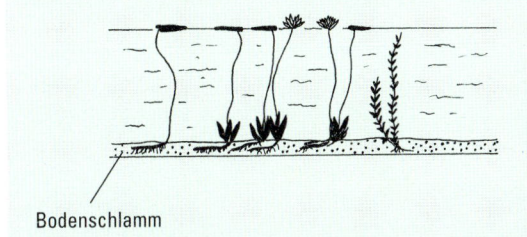

Bodenschlamm

In allen stehenden Gewässern findet als natürlicher Prozess die Verlandung statt. Je nährstoffreicher und wärmer das Wasser, umso grösser ist die Stoffproduktion der Wasserpflanzen. Das abgestorbene organische Material sinkt auf den Grund, wo seine Zersetzung Sauerstoff verbraucht. Fallen grosse Mengen an, entsteht bald ein sauerstoffarmer Bodenschlamm, und ein vollständiger Abbau wird verhindert. Lagen von organischem Material häufen sich an, das Gewässer wird seichter.

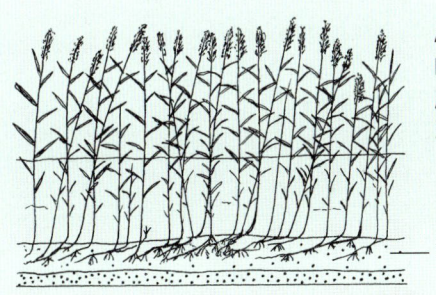

Ab einer bestimmten Wassertiefe kann sich Schilf ansiedeln. Aus Zersetzungsprodukten seiner Streu entsteht Schilftorf.

Schilftorf

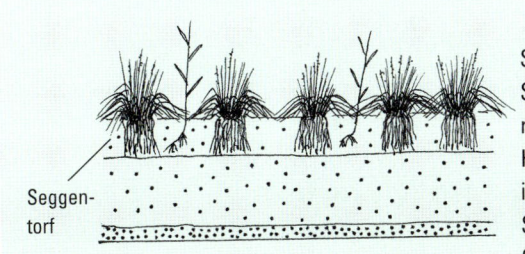

Seggentorf

Später wächst die Steife Segge an Stellen, die bei Niedrigwasser bereits regelmässig trockenliegen. Ihre Horste schliessen sich mit der Zeit immer dichter zusammen, bis der Standort seicht genug ist, um ersten Gehölzen günstige Keimungsbedingungen zu bieten.

Bruch-
wald-
torf

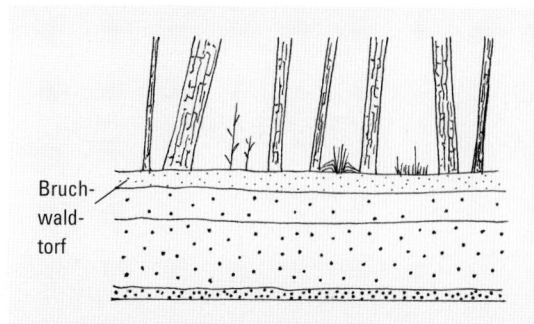

An nährstoff- und basenreichen Gewässern wachsen zunächst Grau-Weiden als Pioniergehölze auf. Zusammen mit der Schwarz-Erle (zum Teil auch Hänge-Birke) bilden sie auf dem ständig nassen, sauerstoffarmen Boden einen Bruchwald.

Diese hier zeitlich dargestellte Abfolge der Verlandung lässt sich an Seeufern auch räumlich verfolgen: Mit zunehmender Wassertiefe treten Steife Segge, Schilf, Seerosen und schliesslich Unterwasserpflanzen auf (siehe auch «Profil Teichufer», S. 67).

Ausserhalb der Vogel-Brutzeit kann man den «Circuit du Grand Marais» weiter fortsetzen und gelangt dann wieder zum Ausgangspunkt beim Beobachtungsturm nördlich der Fischzuchtanstalt. Zwischen April und Juni ist dies jedoch nicht möglich. Man muss auf dem Damm zurückgehen bis zur Schleuse und von dort auf der Fahrstrasse bis zum Ausgangspunkt beim Eingang ins Naturschutzgebiet.

Exkursion 4

Reinacher Heide
Trocken- und Feuchtvegetation
in der Birsebene

Route

Dauer: ½ Tag

Beste Zeit:
April bis September

Anfahrt:
Tram (BLT)
bis Surbaum

A Halbtrockener
   Magerrasen mit
   Trockenstellen
B Artenreiche
   Gebüschgruppe
C Weiterer Aus-
   schnitt aus dem
   Magerrasen
D Fragment eines
   Hartholz-Auen-
   waldes
E Rohbodenzone
   und Fragmente
   eines Weichholz-
   Auenwaldes

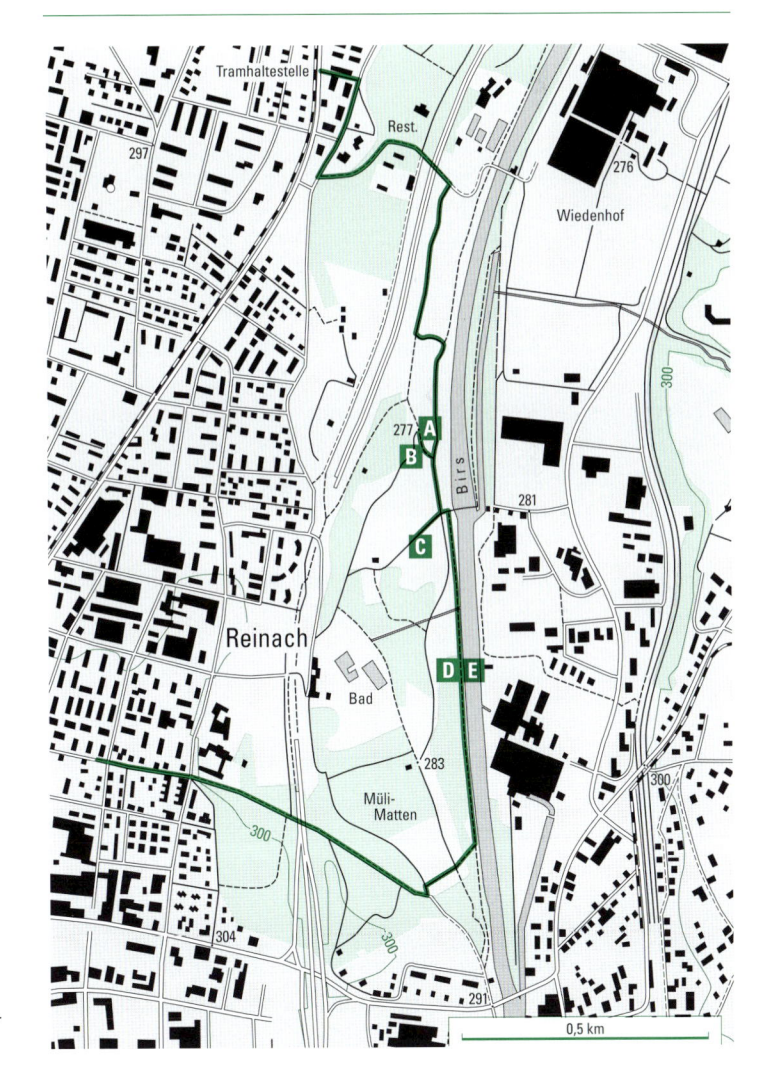

4. Reinacher Heide

Überblick

Als grüne Insel in der städtischen Agglomeration bietet das Naturschutzgebiet Reinacher Heide Platz für viele, zum Teil bedrohte Tier- und Pflanzenarten. Auf engem Raum finden wir extrem gegensätzliche Lebensräume. Eine üppig-grüne Vegetation begleitet den Birslauf, vom reichen Nährstoff- und Wasserangebot der Uferregion profitierend. Daneben wächst auf den Schotterflächen des ehemaligen Überschwemmungsgebietes der Birs ein trockener Magerrasen, der von wärmeliebenden Pflanzen geprägt ist. Mancherorts sind die Rasen von artenreichen Gebüschgruppen durchsetzt. Bei Standort B haben wir so Gelegenheit, die einheimischen Gehölze kennenzulernen.

> Bei der Tramhaltestelle Surbaum wählen wir die Quartierstrasse, die rechtwinklig zur Hauptstrasse in Richtung Birs verläuft. Am Ende dieser Strasse biegen wir nach rechts ab und folgen nach einer Linksabzweigung rund 100 m dem Waldrand. Ca. 150 m weiter führt uns eine Treppe in Richtung Restaurant «Rynacher Hof». Wir passieren die Unterführung der Autobahn und gelangen mit der ersten Abzweigung nach rechts von Norden her ins Naturschutzgebiet Reinacher Heide. Hier führt uns der Weg zuerst durch ein Waldstück und anschliessend entlang von ausgedehnten halbtrockenen Magerrasen. In südlicher Richtung wird der Rasen mancherorts lückiger und zeigt uns die trockensten Stellen der Reinacher Heide an. Hier, unmittelbar nach der Abzweigung eines Feldweges, befindet sich unser erster Standort, der sich entlang des Weges bis zu den nächsten Sträuchergruppen hinzieht.

A Halbtrockener Magerrasen mit Trockenstellen

Trespen-Halbtrockenrasen (*Mesobrometum*)
mit Fragmenten des Trespen-Trockenrasens (*Xerobrometum*)

Der lichte Rasen ist niedrig und bräunlich, im Spätsommer sogar strohig. Obwohl Gräser dominieren, ist die Krautschicht artenreich und bietet uns von März bis September ein abwechslungsreiches Blütenbild.

Halbtrockener Magerrasen mit Trockenstellen
Vorfrühlingsaspekt des Magerrasens

Wichtigste Standortfaktoren

- *Strahlung:* Eine starke Sonneneinstrahlung führt in den Sommermonaten zu hohen Temperaturen und trockenen Böden auf dem Gelände.
- *Böden/Chemische Faktoren:* Der Untergrund besteht aus von der Birs abgelagerten, kalkreichen Jura-Schottern. Die darauf entstandenen feinerdearmen, durchlässigen sowie basenreichen Schotterböden vermögen nur wenig Nährstoffe zu speichern und sind nicht sehr fruchtbar.

Während des Zweiten Weltkriegs nutzte man die jetzigen Magerrasenflächen für Ackerbau. Danach wurde dem Gebiet keine Düngung mehr zugeführt.

- *Wasser:* Die Schotterböden können Wasser schlecht speichern. Die grosse Wärme im Sommer und die starke Abstrahlung der umliegenden überbauten Flächen erhöhen die Verdunstung und tragen zu einer knappen Wasserversorgung während der Sommermonate bei. Der Grundwasserspiegel liegt zwischen 5 und 7 m tief, so dass er von den meisten Pflanzenwurzeln nicht erreicht werden kann.
- *Bewirtschaftung:* Teile der Rasen werden heute regelmässig gemäht, um das Aufkommen von Gebüsch zu verhindern.

4. Reinacher Heide

Entstehungsgeschichte

Vor rund zwei Millionen Jahren begann die Birs, sich in der heutigen Reinacher Heide ihr erstes Flussbett zu schaffen. Während der Eiszeiten reichte die Schleppkraft des Wassers allerdings nicht aus, den aus dem Einzugsgebiet stammenden Verwitterungsschutt abzutransportieren. So füllte sich das zuvor ausgeräumte Tal wieder mit Kalkschotter auf. Da der Fluss seinen Lauf im abgelagerten Schottergebilde mehrfach wechselte, entstand mit der Zeit die heutige Terrassenlandschaft. Der grösste Teil des jetzigen Naturschutzgebietes gehört zur untersten und jüngsten Terrasse, die von der Birs in verschiedenen Läufen durchzogen und bei Hochwasser jeweils ganz überschwemmt wurde. Seit der Birskorrektion 1847 bis 1870 fliesst sie in einem tiefer liegenden, künstlichen Bett. Im Gebiet der ehemaligen Birsaue wachsen nun auf dem durchlässigen Kalkschotter Magerrasen.

Unterirdisch fliesst ein Grundwasserstrom, der für die Wasserversorgung der Region wichtig ist. Um diese Grundwasserreserven vor schädlichen Einflüssen (Düngung, Überbauung) zu schützen, wurde das rund 31 ha umfassende Gebiet 1980 zur Naturschutzzone erklärt. Die Magerrasen der Reinacher Heide sind nur durch menschliches Eingreifen in die ehemalige Auenlandschaft entstanden und bedürfen zu ihrer Erhaltung deshalb regelmässiger Pflege (Zurückschneiden der Gebüsche und Mahd).

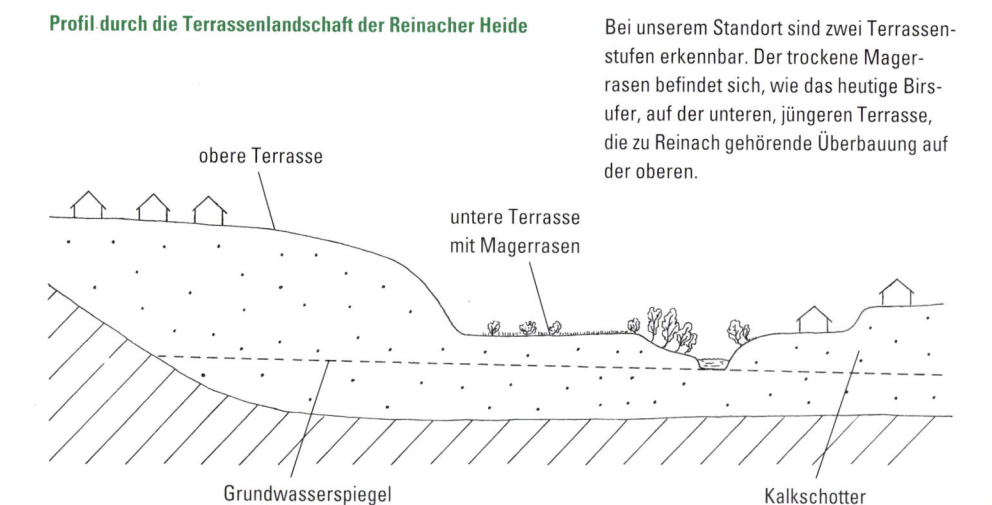

Profil durch die Terrassenlandschaft der Reinacher Heide

Bei unserem Standort sind zwei Terrassenstufen erkennbar. Der trockene Magerrasen befindet sich, wie das heutige Birsufer, auf der unteren, jüngeren Terrasse, die zu Reinach gehörende Überbauung auf der oberen.

obere Terrasse

untere Terrasse mit Magerrasen

Grundwasserspiegel   Kalkschotter

Gemeines Bartgras
(*Bothriochloa ischaemum*)
Die bärtige Bewimperung der Blätter verlieh diesem Gras den Namen. Es gedeiht nur auf den trockensten Stellen der Reinacher Heide.

Artenliste S. 373

Charakteristische Pflanzen

Häufigstes Gras ist die Aufrechte Trespe (*Bromus erectus s.str.*). Im Spätsommer fallen die grossen Bestände des Gemeinen Bartgrases (*Bothriochloa ischaemum*) besonders auf. Wie der Heide-Augentrost (*Euphrasia stricta*) und die Gemeine Kugelblume (*Globularia punctata*) wächst es an den trockensten Stellen des Rasens. Frühlings-Fingerkraut (*Potentilla neumanniana*), Hufeisenklee (*Hippocrepis comosa*), Edel-Gamander (*Teucrium chamaedrys*), Gemeines Sonnenröschen (*Helianthemum nummularium s. l.*) oder Helm-Orchis (*Orchis militaris*) sind einige weitere der zahlreichen Arten. Die Hummel-Ragwurz (*Ophrys holosericea s.str.*) tritt an unserem Standort nicht alljährlich auf, kann aber in den ausgedehnten, etwas feuchteren Trespen-Halbtrockenrasen-Teilen der Reinacher Heide häufig beobachtet werden.

In Nähe des Wegrandes wachsen für das Bestandesinnere atypische Pflanzen. Sie sind in der Artenliste im Anhang besonders hervorgehoben.

Gemeine Kugelblume
(*Globularia punctata*)
Die Gemeine Kugelblume wächst mit Vorliebe auf Kalkböden, sie ist hier auf trockene, offene Stellen beschränkt. Ihre Fruchtstengel sind oft hoch aufgeschossen, wodurch die Samen gut dem Wind ausgesetzt sind und leicht verbreitet werden.

Heide-Augentrost
(*Euphrasia stricta*)
Der Heide-Augentrost ist ein Halbparasit. Er zapft mit seinen Saugwurzeln die Wurzeln anderer Pflanzenarten an und entnimmt ihnen Wasser und Nährstoffe.

Verbreitung in der Region

Trespen-Halbtrockenrasen besitzen ihr Hauptverbreitungsgebiet im Nordwestschweizer Jura und sind daher in der Region recht häufig (siehe Exkursion 11, Blauen-Südhang). Die trockensten Stellen der Reinacher Heide erinnern in ihrer Artenzusammensetzung eher an die Trespen-Trockenrasen der kalkhaltigen Schottergebiete der ehemaligen Rheinaue (siehe Exkursion 3, Petite Camargue Alsacienne) oder der Kalkvorhügel im Regenschatten der Vogesen (siehe Exkursion 17, Rouffach – Westhalten).

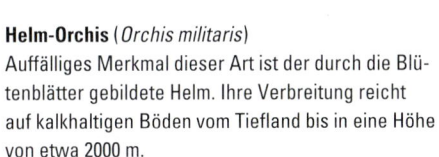

Helm-Orchis (*Orchis militaris*)
Auffälliges Merkmal dieser Art ist der durch die Blütenblätter gebildete Helm. Ihre Verbreitung reicht auf kalkhaltigen Böden vom Tiefland bis in eine Höhe von etwa 2000 m.

Hummel-Ragwurz (*Ophrys holosericea s.str.*)
Die dicht seidene Behaarung ihrer Lippe haben der Hummel-Ragwurz auch die Namen «Samt-Ragwurz» und «La dame en velours» eingetragen. Sie gedeiht in der Region auf halbtrockenen Magerrasen.

Zoologische Besonderheiten

Leider sind in den letzten Jahrzehnten einige typische Heidebewohner wie Wildkaninchen oder Heidelerche vollständig verschwunden, da die offenen, heideartigen Flächen immer kleiner wurden. Doch bietet die Reinacher Heide immer noch verschiedensten Tieren Zuflucht. So sind zum Beispiel rund 25 Tagfalterarten, darunter Schwalbenschwanz, Goldene Acht, Trauermantel oder Himmelblauer Bläuling, anzutreffen. Bei Trockenheit erklimmt die schwarzweiss gestreifte Heide-Schnecke die Halme im Magerrasen, um der Bodenhitze auszuweichen.

Feld-Mannstreu
(*Eryngium campestre*)
Bis zu 9 m lange Wurzeln erlauben dem Feld-Mannstreu, tiefliegende Grundwasserreserven anzuzapfen. Mit seinen dornigen Blättern erinnert dieser Doldenblütler an Disteln und ist wie diese wirksam vor Viehfrass geschützt.

Wir folgen dem Weg in südlicher Richtung und können auf der rechten Seite hinter den aufwachsenden Sträuchern und der einzelnen Eiche einige Pflanzen des Feld-Mannstreus (*Eryngium campestre*) beobachten.
Bei der nächsten Abzweigung biegen wir nach rechts ab und gelangen nach etwa 20 m an eine kleine Lichtung, an die sich links eine Gebüschgruppe – unser zweiter Standort – anschliesst.

B Artenreiche Gebüschgruppe

Ausgedehnte Gebüschgruppen durchsetzen die Magerrasen. Ihr dichter, oft dorniger Wuchs macht sie nahezu undurchdringbar. Die weissen Blüten des Schwarzdorns leuchten als Frühlingsboten, noch bevor die Blätter austreiben. Die Hauptblütezeit der Gebüschgruppe ist im Mai, zur Zeit der Fruchtreife bietet sie jedoch einen nicht minder sehenswerten Anblick.

Wichtigste Standortfaktoren
- *Strahlung:* Siehe Standort A.
- *Böden/Chemische Faktoren/Wasser:* Der Boden weist hier eine genügend grosse Feinerdeschicht auf, um ausreichend Nährstoffe und Wasser zu speichern, die den relativ aufwendigen Aufbau des Holzes von Bäumen und Sträuchern ermöglichen. Auf weiten Teilen der Magerrasen, vor allem aber in Muldenlagen, wären diese Bedingungen für ein Wachstum von höheren Gehölzen ebenfalls erfüllt.
- *Bewirtschaftung:* Regelmässiges Zurückschneiden des Gebüschs verhindert seine Ausbreitung auf offenen Flächen.

Entstehungsgeschichte
Als Folge der Birskorrektion setzte nach dem Ausbleiben periodischer Überflutungen auf den Schotterböden eine Sukzession ein. Pionierpflanzen wurden von geschlossenen Magerrasen abgelöst, die ihrerseits allmählich von wärmeliebenden Gebüschformationen verdrängt wurden. Ohne menschliches Eingreifen wären heute weite Teile der Schotterflächen der Reinacher Heide von Gebüsch überwachsen oder gar bewaldet.

Artenliste S. 375

Charakteristische Pflanzen
Auf engstem Raum gedeihen nebeneinander zwanzig Arten einheimischer Gehölze. Besonders auffällig in Blüte und Frucht sind die verschiedenen Vertreter der Familie der Rosengewächse (*Rosaceae*): Eingriffliger Weissdorn (*Crataegus monogyna aggr.*), Hunds-Rose (*Rosa canina*), Süsskirsche (*Prunus avium*), Schlehe oder Schwarzdorn (*Prunus spinosa*) sowie die besonders wärmeliebende Felsenkirsche (*Prunus mahaleb*).

Auch Berberitze (*Berberis vulgaris*), Gemeiner Kreuzdorn (*Rhamnus cathartica*), Wolliger Schneeball (*Viburnum lantana*) und Liguster (*Ligustrum vulgare*) sind Straucharten, die mit den trockenen, warmen Bedingungen der Reinacher Heide gut zurechtkommen.
Nicht zu übersehen ist im Herbst das Pfaffenhütchen (*Euonymus europaeus*) mit seinen in der Form an einen «Pfaffenhut» erinnernden, rosafarbenen Früchten, die mit ihren Fruchtblättern einen leuchtend orangen Samen umschliessen.

Verbreitung in der Region
In der Schotterebene der ehemaligen Rheinaue (siehe Exkursion 3, Petite Camargue Alsacienne) können ähnliche Gebüschformationen gedeihen. (Ein dort oft vorkommender, charakteristischer Pionierstrauch schottriger Flächen, der Sanddorn (*Hippophaë rhamnoides*), fehlt in der Reinacher Heide). Einzelne wärmeliebende Arten wie Felsenkirsche, Gemeiner Kreuzdorn oder Berberitze sind zudem an sonnigen Jurahängen verbreitet.

Zoologische Besonderheiten
Im Gebüsch brütende Vögel wie Gartengrasmücke, Hänfling oder verschiedene Meisenarten profitieren von den zahlreichen Gehölzgruppen; die Beeren bieten im Herbst und Winter willkommene Nahrung für Kleinsäuger und Vögel.

> Bei der nächsten Wegkreuzung wählen wir die Abweigung in Richtung Südwesten, die gegen Reinach führt. Nach rund 70 m stehen wir – gegenüber der Einmündung eines Feldweges – vor unserem dritten Standort.

C Weiterer Ausschnitt aus dem Magerrasen

Der Pflanzenbewuchs ist hier so lückig, dass an einigen Stellen der kieshaltige Boden sichtbar wird. Eine extrem dünne Feinerdeauflage verunmöglicht einem Teil der vorher beobachteten Arten das Wachstum. Dadurch können zahlreiche, zum Teil seltene einjährige Pflanzen (Annuelle) ihren Lebenszyklus in einer relativ konkurrenzarmen Umgebung vollziehen (siehe Kasten «Lebensformen unserer Land-

4. Reinacher Heide 87

Rauher Klee (*Trifolium scabrum*)
Diese unscheinbare, einjährige Kleeart ist in der Region sehr selten. Ihr Hauptverbreitungsgebiet liegt im Mittelmeerraum; sie befindet sich hier an ihrer nordöstlichen Verbreitungsgrenze.

Gekielter Lauch (*Allium carinatum s. str.*)
Der Gekielte Lauch besiedelt vor allem Wegränder, Äcker und Gebüschsäume. Wie alle Laucharten ist er eine Zwiebelpflanze.

Feld-Thymian (*Thymus serpyllum aggr.*)
Dieser Zwergstrauch ist sehr vielgestaltig; zur Zeit werden acht Kleinarten unterschieden. Seine Blätter sind fast so aromatisch wie diejenigen des Garten-Thymians (*Thymus vulgaris*).

88 4. Reinacher Heide

pflanzen», S.317). Sie prägen vor allem das Frühjahrsbild dieses Magerrasens, im Sommer sind bis auf wenige Ausnahmen nur noch die mehrjährigen Arten ansehnlich.

Wichtigste Standortfaktoren
Siehe Standort A.

Charakteristische Pflanzen
Einjährige Vertreter sind: Sand-Hornkraut (*Cerastium semidecandrum*), Knäuelblütiges Hornkraut (*Cerastium glomeratum*), Heide-Augentrost (*Euphrasia stricta*), Purgier-Lein (*Linum catharticum*), Zwerg-Schneckenklee (*Medicago minima*), Trauben-Gamander (*Teucrium botrys*), Gelber Acker-Klee (*Trifolium campestre*), Rauher Klee (*Trifolium scabrum*), Feld-Ehrenpreis (*Veronica arvensis*), Stengelumfassendes Täschelkraut (*Thlaspi perfoliatum*) und Frühblühendes Hungerblümchen (*Erophila praecox*). Kleinköpfiger Pippau (*Crepis capillaris*), Ackersalat (*Valerianella sp.*) und Graugrüne Borstenhirse (*Setaria pumila*) wachsen vor allem am Wegrand.
In feuchteren Jahren auch mehrjährig sind: Steinquendel (*Acinos arvensis*), Rauhhaarige Gänsekresse (*Arabis hirsuta s.str.*), Golddistel (*Carlina vulgaris*), Blasses Hornkraut (*Cerastium glutinosum*) und Hopfenklee (*Medicago lupulina*).
Im Hochsommer fallen die relativ konkurrenzschwachen Mehrjährigen Feld-Thymian (*Thymus serpyllum aggr.*) und Gekielter Lauch (*Allium carinatum s.str.*) auf.

Verbreitung in der Region
Siehe Standort A.

Wir gehen wieder zurück bis zur Wegkreuzung und wählen den schmalen Pfad, der kurz vor der Brücke hinunter zur Birs führt. Nach rund 300 m umgeht der Pfad einen kleinen Hanganriss. Eine Sitzbank an der rechten Wegseite zeigt uns einige Meter weiter unseren vierten Standort an. Wir betrachten hier die Waldfläche in einem ungefähren Halbkreis von 20 m um die Sitzbank.

Fragment eines Hartholz-Auenwaldes
Üppiger Sommeraspekt der Hartholzaue an der Birs

D Fragment eines Hartholz-Auenwaldes

Zweiblatt-Eschenmischwald (*Ulmo-Fraxinetum listeretosum*)

Obwohl die Birs kanalisiert und teilweise von Granitblöcken eingefasst ist, können wir in der Uferregion mehrere Vegetationszonen beobachten: In Wassernähe sehen wir eine von Gräsern dominierte Rohbodenzone, durchsetzt mit angeschwemmten einjährigen Pflanzen; etwas höher gelegen finden wir auf Sand Ansätze einer Weichholz-Aue, in der Weiden vorherrschen; noch weiter von der Uferlinie entfernt steht ein kleiner Hartholz-Auenwald.

Hochgewachsene Bäume schliessen ihr Kronendach über dem Boden, nur wenig Licht gelangt im Sommerhalbjahr durch die Blätter. Sporadisch jedoch schlagen Wind und Hochwasser Lücken in den Wald und lassen umgestürzte Bäume zurück. Zahlreiche Schlingpflanzen umwinden Bäume und Sträucher, während üppige, saftiggrüne Stauden den Unterwuchs bilden.

4. Reinacher Heide

Wichtigste Standortfaktoren

- *Strahlung:* Durch das dichte Blätterdach der Bäume dringt nur wenig Sonnenstrahlung ins Waldesinnere.
- *Böden/Chemische Faktoren:* Aus den abgelagerten, sandigen Flusssedimenten entstanden lockere, sandig-lehmige Auenböden, die den Untergrund für die Hartholz-Aue bilden. Das bei periodischen Überflutungen reichlich anfallende Schwemmaterial sorgt für eine regelmässige, natürliche Düngung des Standortes.
- *Wasser:* Sporadische Hochwasser durchnässen den Untergrund. Das Grundwasser steht bis 30 cm unter der Oberfläche und bewirkt ganzjährig feuchte Bodenverhältnisse.
- *Mechanische Faktoren:* Trotz des künstlich angelegten Flussbettes kommt es auch heute noch bei Hochwasser zu Überschwemmungen, wobei immer wieder Lücken in die Vegetation gerissen werden.

Entstehungsgeschichte

Durch die Kanalisierung der Birs ging die ursprüngliche (primäre) Aue verloren. Weil der Fluss aber auch sein künstliches Bett sporadisch verlässt, konnten Ansätze von sekundären Hartholz-Auen entstehen.

Charakteristische Pflanzen Artenliste S. 376

Häufige Gehölze sind Esche (*Fraxinus excelsior*), Berg-Ulme (*Ulmus glabra*) und Trauben-Eiche (*Quercus petraea*). Als Vertreter der Schlingpflanzen wachsen Efeu (*Hedera helix*) und Gemeine Waldrebe (*Clematis vitalba*) zahlreich. In der Krautschicht finden wir nebst dem Gelben Windröschen (*Anemone ranunculoides*) Nährstoff- und/oder Lehmzeiger wie zum Beispiel Grosse Brennnessel (*Urtica dioica*), Gefleckte Taubnessel (*Lamium maculatum*), Berg-Goldnessel (*Lamium galeobdolon ssp. montanum*), Kleinblütiges Springkraut (*Impatiens parviflora*) oder Geissfuss (*Aegopodium podagraria*).

Zoologische Besonderheiten

Kleinspecht, Pirol und Weidenmeise sind Charaktervögel des Auenwaldes und können in der Reinacher Heide manchmal beobachtet werden.

Gelbes Windröschen (*Anemone ranunculoides*)
Das Gelbe Windröschen liebt nährstoffreiche, eher feuchte und basenreiche Lehm- und Tonböden. Diese typische Auenwaldpflanze wächst in der Region auch an anderen Uferstellen der Birs, am Rhein unterhalb von Basel sowie, in grosser Zahl, in den Langen Erlen.

Gefleckte Taubnessel (*Lamium maculatum*)
Die Gefleckte Taubnessel wächst häufig in Auenwäldern und feuchten Eichen-Hagebuchen- sowie Eschenwäldern, selten auch in Buchenwäldern. Ihre Hauptblütezeit ist von März bis Juni, teilweise blüht sie jedoch bis in den Herbst oder Winter hinein.

Verbreitung in der Region

Natürliche Auen sind in der Region als Folge der Begradigung und Kanalisierung aller grösseren Flüsse bis auf letzte Reste verschwunden. Nebst kleinen Teilstücken am Birslauf bietet nur noch der Altrhein Gelegenheit, Fragmente einer Auenzonierung zu beobachten (siehe Kasten «Zonierung in der Aue», S. 46).

> Der Weg führt weiter entlang der Birs. Unsere Aufmerksamkeit gilt über eine Strecke von 400 m dem schmalen Uferstreifen zwischen Weg und Fluss.

4. Reinacher Heide

E Rohbodenzone und Fragmente eines Weichholz-Auenwaldes

Rohbodenzone und Silberweiden-Auenwald (*Salicetum albae*)

Birsufer
Mehrstämmige Silber-Weiden säumen den Birslauf

Auf dem sandigen Rohboden direkt über der Wasserlinie gedeihen vorwiegend Grasarten. Dazwischen spriessen vereinzelt krautige Pflanzen, die entweder als Samen oder als Pflanzenteile von der Birs angeschwemmt wurden. Zwischen dieser Rohbodenzone und dem Weg wächst vor allem Weidengebüsch, das sich oft aus mehreren Weidenarten zusammensetzt. Dank ihrer Biegsamkeit sowie der effizienten Vermehrung über «natürliche Stecklinge» sind sie bei den regelmässigen Überflutungen vielen Arten überlegen.

Wichtigste Standortfaktoren
Siehe Exkursion 2, Rheinstau Märkt und Altrhein.

Entstehungsgeschichte
Siehe Standort D.

Gemeine Pestwurz
(*Petasites hybridus*)
Der Wurzelstock der
Gemeinen Pestwurz
wurde im Mittelalter
als Heilmittel gegen
die Pest verwendet.
Ihr weitverzweigtes
Wurzelwerk hält
den Untergrund fest
und schützt das Ufer.
Die grossen Laubblätter erscheinen erst
nach der Blütezeit.

Wassermiere
(*Myosoton aquaticum*)
Die Wassermiere
wächst gerne an Ufern
von Fliessgewässern,
auf Waldwegen
oder in den Staudenfluren von Auenlandschaften. Sie ist
auf nährstoffreiche,
feuchte Böden angewiesen.

Ross-Minze
(*Mentha longifolia*)
Die Ross-Minze unterscheidet sich von der
im Gebiet ebenfalls
vorkommenden Bach-Minze (*Mentha aquatica*) durch sitzende,
längliche Blätter. Beide Arten bevorzugen
nasse, nährstoff- und
basenreiche Standorte.

Charakteristische Pflanzen

Artenliste S. 378

Charakteristisch für die Weichholz-Aue entlang des Weges sind verschiedene Weidenarten wie Silber-Weide (*Salix alba*), Bastard-Bruch-Weide (*Salix x rubens*) und Purpur-Weide (*Salix purpurea*) sowie die Schwarz-Pappel (*Populus nigra s.str.*). In der Rohbodenzone wachsen häufig Rohr-Glanzgras (*Phalaris arundinacea*) und Kriechendes Straussgras (*Agrostis stolonifera*). Dazwischen gedeihen einjährige Pflanzen aus angeschwemmten Samen, wie zum Beispiel Ampferblättriger Knöterich (*Polygonum lapathifolium s.str.*). Welche Arten der letztgenannten Gruppe anzutreffen sind, hängt oftmals vom Zufall ab.

Auch einige Neophyten sind verbreitet. So wachsen hier zum Beispiel das aus Ostindien und dem Himalayagebiet stammende Drüsige Springkraut (*Impatiens glandulifera*) oder die in Nordamerika beheimateten Topinambur oder Knollen-Sonnenblume (*Helianthus tuberosus*) und Spätblühende Goldrute (*Solidago gigantea*). Daneben fallen einheimische Arten wie die schon im März blühende Gemeine Pestwurz (*Petasites hybridus*) oder im Hochsommer die Wassermiere (*Myosoton aquaticum*) und die Ross-Minze (*Mentha longifolia*) auf.

Verbreitung in der Region
Siehe Standort D.

Zoologische Besonderheiten
Bergstelze und Wasseramsel brüten regelmässig entlang des Birslaufes. Der Eisvogel taucht in der Birs nach Fischen, und im Wasser schwimmt die Bisamratte.

Nachdem der Pfad das Birsufer verlassen hat, passieren wir einen Rastplatz und biegen danach in die Austrasse ab (zweite Abzweigung nach rechts). Diese führt uns nach gut einem Kilometer direkt zur Tramhaltestelle Landererstrasse im Zentrum von Reinach.

Vergleich Trocken- und Feuchtstandort

Rasen	Aue
Standortfaktoren für den Unterwuchs:	
nährstoffarm	nährstoffreich
trocken	feucht
hohe Sonneneinstrahlung	geringe Sonneneinstrahlung
starke Temperaturschwankungen mit hohen Maximalwerten im Sommer	gemässigte, ausgeglichene Temperaturen
Habitus einer Pflanze trockener Standorte	*Habitus einer Pflanze feuchter Standorte*

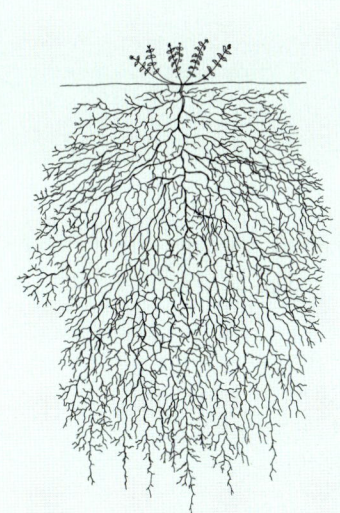

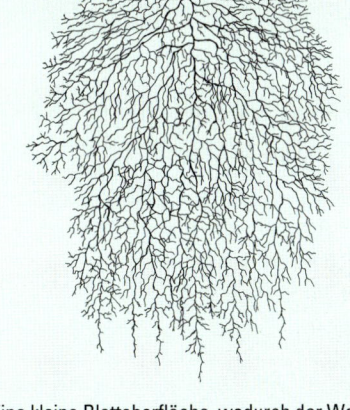

Eine kleine Blattoberfläche, wodurch der Wasserverlust durch Verdunstung gering gehalten wird. Ein grosses Wurzelwerk, dank welchem die spärlichen Wasservorräte im Boden optimal erschlossen werden können.

Eine grosse Blattoberfläche, um möglichst viel des spärlich einfallenden Lichts aufzufangen. Ein kleines Wurzelwerk, da die Wasserversorgung kein Problem darstellt.

Blattquerschnitt einer Pflanze trockener Standorte

(Cuticula, Haar, Epidermis, Abschlussgewebe, Palisadenparenchym, Schwammparenchym, Spaltöffnung, wasserdampfgefüllter Raum)

Blattquerschnitt einer Pflanze feuchter Standorte

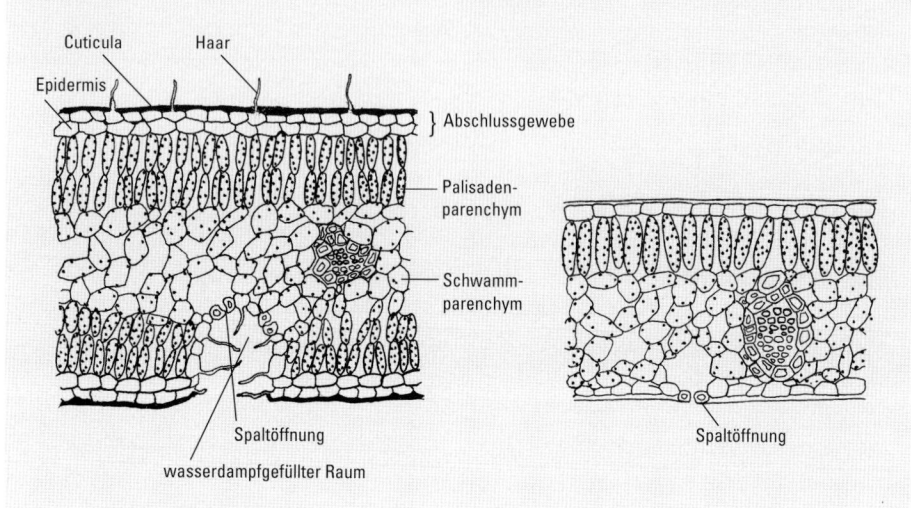

(Spaltöffnung)

Haare schützen vor zu starker, schädlich wirkender Sonneneinstrahlung (vor allem UV-Strahlung).

Schützende Haare sind keine vorhanden, da die durch das Blätterdach eindringende Sonneneinstrahlung relativ gering ist.

Dicke Abschlussgewebe (Cuticula, Epidermis) schützen vor zu grossem Wasserverlust durch Verdunstung.

Die Abschlussgewebe sind dünn, da die Pflanze sich nicht vor Wasserverlust schützen muss.

Mehrschichtiges, chlorophyllhaltiges Gewebe (Palisadenparenchym) absorbiert das einfallende Licht gut. Mit Hilfe eines dicken Blattes kann die Pflanze die starke Sonneneinstrahlung effizient nutzen.

Das Palisadenparenchym ist einschichtig, da sich bei der hier schwachen Sonneneinstrahlung die Bildung eines dicken Blattes nicht lohnt (Sonnenlicht dringt gar nicht in die untersten Blattschichten vor – muss mit grösserer Blattfläche aufgefangen werden).

Durch Einsenken sind die Spaltöffnungen (Austrittstellen für die Wasserverdunstung) vor dem austrocknenden Wind geschützt; dabei entstehen von Wasserdampf gefüllte, windstille Räume. Durch die Spaltöffnungen wird so weniger Wasser verdunstet, was die Pflanzen vor zu grossem Wasserverlust schützt.

Die Spaltöffnungen sind nicht eingesenkt, da genügend Wasser vorhanden ist.

Exkursion 5

Elsässer Hardt
Eichen-Hagebuchenwald
in der Oberrheinebene

Route

Dauer: ½ Tag

Beste Zeit:
April bis Juni

Anfahrt:
- Mit dem Fahrrad vom Hüninger Zoll bis zum Hüninger Kanal, entlang des Kanals bis Rosenau, dort D21 I in Richtung Bartenheim-la-Chaussée, dann Strasse Richtung Bartenheim/Autobahn; direkt vor Autobahnauffahrt «Mulhouse» autofreie Waldstrasse rechts in den «Forêt de la Hardt»
- Alternative: Basel SNCF bis Bartenheim; zu Fuss in Richtung Bartenheim-la-Chaussée

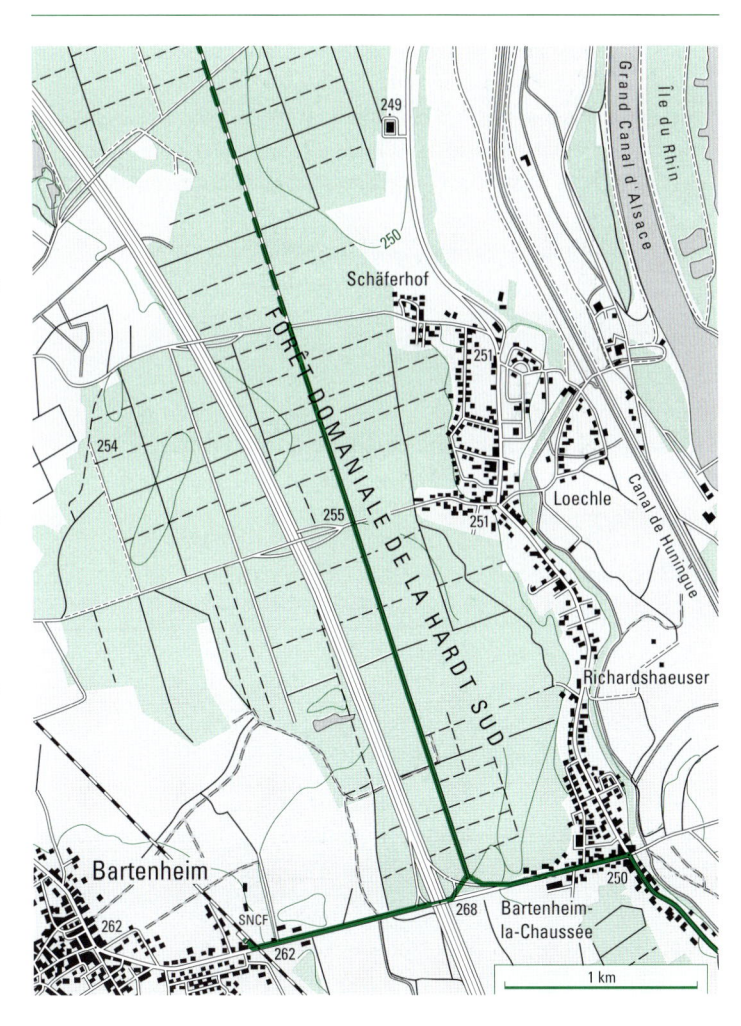

Überblick

Diese Exkursion führt in das grösste zusammenhängende Waldgebiet der südlichen Rheinebene. Über rund 130 km² Fläche erstreckt sich ein hauptsächlich aus Hagebuchen und Eichen bestehender, reich strukturierter Wald. Auf verschiedenen, über eiszeitlichen Flusssedimenten entstandenen Böden wächst eine üppige, artenreiche Krautschicht.

Besonders schön ist der Hardtwald zur Zeit des Laubaustriebs im April, wenn die Grossblumige Sternmiere blüht und weite Waldgebiete mit einem weissen Teppich überzieht.

> Der auf der Karte eingezeichnete Waldweg ist mit dem Rad befahrbar und führt an vielen interessanten Waldabschnitten vorbei. (Die Artenliste im Anhang wurde 1995 im Waldstück auf der rechten Wegseite nach der ersten Wegkreuzung, 1,8 km nach der Einfahrt in die Hardt, aufgenommen. Man kann diese Pflanzen aber auch an vielen anderen Stellen finden.) Die Vegetationszusammensetzung eines Standorts kann entsprechend der Waldbewirtschaftung jederzeit ändern. Es lässt sich deshalb nur schwer eine bestimmte Stelle angeben. Im folgenden wird die Hardt in ihrer optimalen Ausprägung beschrieben.

Eichen-Hagebuchenwald auf der Rhein-Niederterrasse

Eichen-Hagebuchenwald (*Carpinion*)

Der Baumbestand teilt sich in zwei Grössenklassen, die dem Wald seine charakteristische Struktur verleihen: Dickstämmige Eichen überragen die schlankeren Hagebuchen und Linden. Vereinzelt stossen auch Kirschbäume und Eschen bis auf die Höhe der Eichen vor. Rotbuchen fehlen hier vollständig. Während die belaubten Kronen der Eichen viel Licht durchdringen lassen, schliessen die Hagebuchen dichter. So entsteht ein Mosaik aus lichtreichen und dunkleren Stellen im Unterwuchs. Jüngere Hagebuchen prägen die relativ eintönige Strauchschicht, die Krautschicht dagegen ist sehr artenreich. An aufgelichteten Orten gedeihen üppige Bestände der Grossblumigen Sternmiere und verschiedener Gräser. An lichtarmen Stellen dagegen bedecken nur wenige Pflanzen den Waldboden.

Eichen-Hagebuchenwald
Frühlingsaspekt des Eichen-Hagebuchenwaldes mit Massenbeständen der Grossblumigen Sternmiere

Wichtigste Standortfaktoren

■ *Böden/Chemische Faktoren:* Die Böden der Hardt entstanden auf eiszeitlichen Ablagerungen (Kies, Sand, Schluff und Ton) des Rheins, dessen Dynamik am Geländerelief mit seinen sanften Hügeln und Mulden deutlich ablesbar ist. Alle Kuppen bestehen aus durchlässigem Kies, aus dem der Kalk im Verlauf der Jahrtausende durch das Regenwasser ausgewaschen wurde. Der pH-Wert des Bodens liegt deshalb meist im sauren Bereich, und viele säureanzeigende Pflanzenarten wachsen im Gebiet. In den tonigen Mulden war die Auswaschung geringer, und der pH-Wert ist etwas höher (leicht sauer bis neutral). Hier sammeln sich im Gegensatz zu den Kiesböden Nährstoffe an. Ebenfalls nährstoffreich sind die Waldschläge, da dort der Boden durch die Zersetzung von Totholz und Wurzeln angereichert wird.

■ *Wasser:* Die Niederschlagsmenge in der Rheinebene nimmt von Basel in Richtung Colmar ab. Im südlichen Hardtwald fallen zwischen 540 und 720 mm Regen im Jahr; das sind im langjährigen Mittel knapp 100 mm weniger als in Basel. Da der Grundwasserspiegel tief liegt, ist die Bodenfeuchte ausschliesslich von den Niederschlägen abhängig. Die Kiesböden können im Sommer austrocknen, während tonreiche Stellen Feuchtigkeit zurückhalten. Nicht selten findet sich auf kleinem Raum ein Mosaik von rasch austrocknenden Kiesrücken, ausgeglicheneren humusreichen Braunerden und lehmigtonigen Mulden, in denen sich gelegentlich Staunässe bildet.

■ *Bewirtschaftung:* Der Hardtwald ist geprägt von der früheren Nutzung als Mittelwald (siehe Kasten «Waldnutzungsformen», S.107), die heute nur noch teilweise erfolgt. Oft trifft man dagegen auf grosse Kahlschläge, auf welchen in Reih und Glied ausgerichtete, manchmal standortfremde Baumarten wie Lärchen und Fichten aufgeforstet werden.

Entstehungsgeschichte
Eichen-Hagebuchenwälder sind im Verlauf der vergangenen vier Jahrtausende entstanden, denn die Hagebuche wanderte nach der letzten Eiszeit erst sehr spät in Mitteleuropa ein (ca. 2000 v. Chr.). Eichen wuchsen damals bereits seit 5000 Jahren wieder in unserer Region. Das heutige Aussehen und die Artenzusammensetzung der Eichen-Hagebuchenwälder wurde durch den Menschen mitgeprägt. Die im Mittelalter zunehmend intensivere Holznutzung begünstigte die Hagebuche, da sie gut aus dem Stock ausschlagen und nachwachsen kann. Viele Wälder wurden durch die damals weitverbreitete Waldweide offener, was lichtliebende Krautpflanzen begünstigte.

Als im Gefolge des Dreissigjährigen Krieges das Elsass 1648 an Frankreich überging, wurde die Hardt zum Staatswald erklärt und ihre Bewirtschaftung reglementiert. Seit dem 19. Jahrhundert pflegte man sie als Mittelwald, was die Struktur des Eichen-Hagebuchenwaldes ideal erhielt. Heute wird meist auf diese aufwendige Nutzung verzichtet. Die Artenvielfalt ist deshalb längerfristig bedroht.

Charakteristische Pflanzen Artenliste S. 381
Die Baumschicht besteht vor allem aus Trauben-Eiche (*Quercus petraea*), Stiel-Eiche (*Quercus robur*) und Hagebuche (*Carpinus betulus*). Die Trauben-Eiche wächst auf eher trockenen, skelettreichen, die Stiel-Eiche auf feuchteren, tiefgründigen Böden. Regelmässig treten auch Süsskirsche (*Prunus avium*), Elsbeerbaum (*Sorbus torminalis*), Feld-Ahorn (*Acer campestre*), Wald-Föhre (*Pinus sylvestris*) und Winter-Linde (*Tilia cordata*) auf. Feuchte Waldstellen werden von Esche (*Fraxinus excelsior*), Traubenkirsche (*Prunus padus s.str.*) und Schwarz-Erle (*Alnus glutinosa*) besiedelt. Die Buche (*Fagus sylvatica*) kommt im Hardtwald praktisch nicht vor. Einerseits

ist es ihr in vielen Gebieten der Oberrheinebene im Sommer zu trokken, andererseits wurde ihre Verbreitung durch die Mittelwald-Bewirtschaftung eingeschränkt, da sie sich verhältnismässig schlecht aus Stöcken regenerieren kann.

Sträucher gedeihen besonders an durch Holzschlag geöffneten, lichtreichen Stellen. Verbreitet finden sich Hasel (*Corylus avellana*) und Zweigriffliger Weissdorn (*Crataegus laevigata*).

In der Krautschicht blühen vor dem Laubaustrieb der Bäume Erdbeer-Fingerkraut (*Potentilla sterilis*), Dunkelgrünes Lungenkraut (*Pulmonaria obscura*), Busch-Windröschen (*Anemone nemorosa*), Gold-Hahnenfuss (*Ranunculus auricomus aggr.*) und vereinzelt an etwas schattigeren Stellen die Schatten-Segge (*Carex umbrosa*). Oft in Massenbeständen anzutreffen und charakteristisch für die Krautschicht vieler Eichen-Hagebuchenwälder ist die Grossblumige Sternmiere (*Stellaria holostea*). Typische Gräser sind der Verschiedenblättrige Schwingel (*Festuca heterophylla*), das häufige Chaix' Rispengras (*Poa chaixii*) und Aschersons Knäuelgras (*Dactylis polygama*), welches seltener auftritt.

Die verschiedenen Böden auf kleinem Raum zeichnen sich in der Krautschicht ab. Es lassen sich Artengruppen mit Präferenzen für bestimmte Bodeneigenschaften ermitteln:

- Auf saure Böden weisen hin: Weissliche, Behaarte und Forsters Hainsimse (*Luzula luzuloides, L. pilosa, L. forsteri*), Gebräuchlicher Ehrenpreis (*Veronica officinalis*), Berg-Platterbse (*Lathyrus linifolius*), Salbeiblättriger Gamander (*Teucrium scorodonia*), Heide-Wachtelweizen (*Melampyrum pratense*), Chaix' Rispengras (*Poa chaixii*) und Aschersons Knäuelgras (*Dactylis polygama*).
- Auf basenreichen Bodenstellen wachsen die Mandelblättrige Wolfsmilch (*Euphorbia amygdaloides*), das Nickende Perlgras (*Melica nutans*) und das Dunkelgrüne Lungenkraut (*Pulmonaria obscura*).
- Auf nährstoffreichen Tonböden finden sich oft Massenbestände des Scharbockskrauts (*Ranunculus ficaria*), zusammen mit Gemeinem Aronstab (*Arum maculatum*), Wald-Schlüsselblume (*Primula elatior s.str.*), Gemeinem Wurmfarn (*Dryopteris filix-mas*), Bisamkraut (*Adoxa moschatellina*) und Gemeinem Hexenkraut (*Circaea lutetiana*).

Oben links:
Grossblumige Sternmiere (*Stellaria holostea*)
Dieses Nelkengewächs breitet sich vorzugsweise an lichtreichen Stellen aus und bildet auffällige Bestände. Die Grossblumige Sternmiere ist in der Rheinebene sehr häufig, wird jedoch im Hardwald bei Birsfelden seltener und ist im Jura nur noch vereinzelt anzutreffen.

Oben rechts:
Erdbeer-Fingerkraut (*Potentilla sterilis*)
An etwas offeneren Stellen im Wald blüht im April und Mai das Erdbeer-Fingerkraut. Es kommt in Eichen-Hagebuchenwäldern besonders häufig vor, gedeiht aber auch in vielen Buchenwäldern und sogar in Magerwiesen.

Gold-Hahnenfuss (*Ranunculus auricomus aggr.*)
Von dem bei uns in verschiedensten Wäldern verbreiteten Gold-Hahnenfuss wurden viele Kleinarten beschrieben. Zwei davon, Gefälliger Gold-Hahnenfuss (*Ranunculus gratiosus*) und Sphinx-Gold-Hahnenfuss (*Ranunculus sphinx*), sind in der Region bisher nur aus der Elsässer Hardt bekannt.

Vegetationsprofil Eichen-Hagebuchenwald

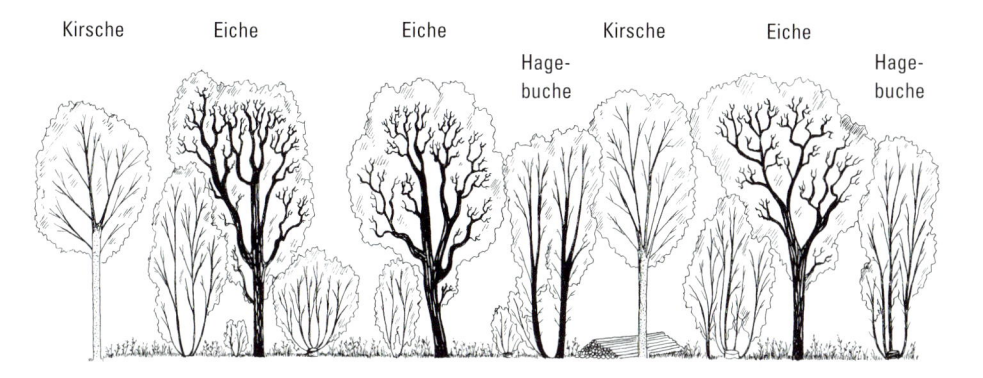

Kirsche Eiche Eiche Kirsche Eiche
Hage- Hage-
buche buche

Die Struktur des Eichen-Hagebuchenwaldes ist von Baumarten unterschiedlicher Grösse (obere und untere Baumschicht) geprägt. Zur oberen Baumschicht gehören lichtbedürftige Arten wie Trauben- und Stiel-Eiche, Kirsche und Esche. Schattentolerantere Arten wie Hagebuche, Winter-Linde und Feld-Ahorn bilden die untere Baumschicht, die bei der Mittelwald-Bewirtschaftung alle 20 bis 30 Jahre als Brennholz genutzt wird und nachher aus Stockausschlägen nachwächst. Die Strauchschicht besteht vorwiegend aus jungen Bäumen und enthält nur wenige Arten. Eine üppige Krautschicht zeichnet sich durch grosse Vielfalt aus.

Einfluss der Laubbäume auf die Krautschicht

- *Sonnenstrahlung:* Die Baumkronen schwächen die Strahlung ab, besonders stark während der belaubten Zeit. Bei Sonnenschein dringen dann die Strahlen nur fleckenweise bis zum Waldboden vor, und diese Lichtpunkte wandern im Verlauf eines Tages mit dem Sonnenstand. Innerhalb weniger Minuten können die Bodenpflanzen vom Halbschatten ins volle Licht geraten.
Im Herbst decken die gefallenen Blätter die Krautschicht zu, und die Pflanzen erhalten nicht mehr genügend Licht für die Photosynthese.
- *Temperatur und Luftfeuchtigkeit:* Der Luftaustausch mit der Umgebung wird durch das Kronendach gehemmt. Die Boden- und Lufttemperaturen sind deshalb im Jahresverlauf gleichmässiger als im Freiland. Auch die Luftfeuchte bleibt im Bestand ausgeglichener als ausserhalb, da die Baumkronen isolierend wirken und zudem den Wind abhalten.
- *Wasserversorgung:* Das Regenwasser benetzt zuerst die Blätter der Bäume, erst danach fällt es zur Erde. Ein Teil gelangt gar nie bis auf den Waldboden. Allen Waldpflanzen steht deshalb weniger Niederschlagswasser zur Verfügung als der Vegetation des Freilandes.

Chaix' Rispengras
(*Poa chaixii*)
Das dank seinen grossen Horsten auffällige Rispengras bevorzugt im Hardtwald kieshaltige Stellen. Ansonsten wächst es in höheren Lagen des Schwarzwaldes (siehe Exkursion 19, Feldberg) und der Vogesen.

Bisamkraut (*Adoxa moschatellina*)
Die Blüten des auf der Nordhalbkugel der Erde beheimateten Bisamkrauts strömen einen starken Fäulnisgeruch aus, der Fliegen als Bestäuber anlockt. Die Pflanze liebt tonreiche, bodenfeuchte Stellen; sie wächst deshalb auch in Auenwäldern.

Rivinus' Veilchen (*Viola riviniana*)
Wir finden in der Elsässer Hardt zwei sehr ähnliche Veilchen, das Rivinus' und das Wald-Veilchen (*Viola reichenbachiana*). Während ersteres nur auf kalk- und basenarmen Waldböden gedeiht, ist letzteres in der Region in vielen Wäldern verbreitet.

Verbreitung in der Region

Der Eichen-Hagebuchenwald ist in der Oberrheinischen Tiefebene auf den Niederterrassen der vorherrschende Waldtyp. Im Wissgrien bei Reinach existiert zudem ein kleiner Bestand auf Kalkschotterböden der Birsterrasse, der als Besonderheit den Pyrenäen-Milchstern (*Ornithogalum pyrenaicum*) beherbergt. Bis vor dreissig Jahren waren Eichen-Hagebuchenwälder auch in tieferen Lagen des Sundgaus und des Juras weit verbreitet. Das Ende der Mittelwald-Bewirtschaftung führte dazu, dass in vielen dieser Wälder wieder Buchen wachsen konnten und Buchen-Mischwälder entstanden. Offenbar hatte diese Art der Nutzung die Buche früher verdrängt.

Zoologische Besonderheiten

Eichen-Hagebuchenwälder beherbergen eine artenreiche Tierwelt. Am auffälligsten sind die Vögel: Der eng an Eichenvorkommen gebundene Mittelspecht ist in der Elsässer Hardt häufig. Auch Klein- und Buntspecht – seine nahen Verwandten – sind regelmässig anzutreffen. Der Ruf des Kuckucks, im angrenzenden Schweizer Gebiet kaum noch zu vernehmen, ertönt jeden Frühling.

Schwarze Rapunzel
(*Phyteuma nigrum*)
Die Schwarze Rapunzel ist im mittleren und nördlichen Teil der Elsässer Hardt, in den Mittelgebirgen Deutschlands und in den Vogesen verbreitet. In der Schweiz fehlt sie.

Waldnutzungsformen
- *Waldweide und Schweinemast:*
Man treibt das Vieh in die Wälder, damit es sich vom Unterwuchs und von Früchten ernähren kann. Eicheln und Bucheckern werden besonders von Schweinen gerne gefressen. Da Jungbäume bei intensiver Beweidung kaum noch aufwachsen können, lichtet sich der Bestand zusehends, und eine Parklandschaft entsteht. Zum Schutz des Waldes ist die Waldweide heute in vielen Gebieten verboten.
- *Schneitelwirtschaft:*
Junge, beblätterte Zweige werden von den Bäumen (Eschen, Ahorne) geschnitten, in der «Laube» getrocknet und im Winter an das Vieh verfüttert. In unserer Region schneitelt heute niemand mehr.
- *Holznutzung:*
Niederwald: Niederwälder liefern vorwiegend Brennholz. Spätestens alle 25 bis 30 Jahre werden die Bäume gefällt; danach schlagen die Stöcke wieder aus. Der Wald erweckt den Eindruck eines grossflächigen Gebüschs. Diese Bewirtschaftungsweise fördert Baumarten mit einer guten Regenerationsfähigkeit, wie Hagebuche und Linde; Buchen und Eichen gehen zurück.
Niederwälder waren bei uns bis in die zweite Hälfte des 19. Jh. verbreitet. Später gelangte mit der Eisenbahn billige Steinkohle in unsere Region und löste zunehmend das Holz als Brennstoff ab. Strenge Forstgesetze zum Schutz der Holzvorräte führten gleichzeitig dazu, dass die Niederwaldnutzung praktisch überall aufgegeben wurde.

Mittelwald: Hier soll der Wald Brenn- und Bauholz liefern. Eichen-Hagebuchenwälder eignen sich besonders dafür: Die Hagebuche dient als Brennholzlieferant. Sobald die Stämme eine gewisse Dicke erreicht haben, werden die Bäume auf den Stock gesetzt, aus dem sie erneut austreiben. Eichen dagegen lassen sich gut für Bauzwecke einsetzen – die vielen Riegelhäuser im Sundgau und der Rheinebene zeugen davon. Der Förster lässt sie deshalb stehen, bis der Stamm kräftig ausgebildet ist. Es entwickelt sich ein zweistöckiger, lichter Wald, der eine reiche Krautschicht beherbergt.

Hochwald: Heute ist es allgemein üblich, die Nutzbäume zu stattlicher Grösse heranwachsen zu lassen. Im Bestandesinnern herrscht nach dem Laubaustrieb meist Lichtmangel, so dass sich viele Pflanzen des Waldbodens im zeitigen Frühling entfalten. Von den Bedingungen im Hochwald profitiert in unserer Region die Buche: Wo sie nicht aus klimatischen Gründen fehlt, wächst sie trotz des oft spärlichen Lichtangebotes im Unterwuchs heran und verdrängt nach und nach andere Baumarten, die viel Licht benötigen.

Mit dem Fahrrad lässt sich die Exkursion nach Norden ausdehnen. Je weiter nordwärts wir uns begeben, desto geringer wird die durchschnittliche Niederschlagsmenge und desto ausgeprägter der Einfluss der trockenen, warmen Sommer auf die Vegetation. Am Strassenrand können wir die Schwarze Rapunzel (*Phyteuma nigrum*) entdecken. Auch einige wärmeliebende Pflanzen wie Blauer Steinsame (*Buglossoides purpurocaerulea*) und Dunkle Platterbse (*Lathyrus niger*) treten vermehrt auf. In der Gegend von Habsheim kommen Weisses Fingerkraut (*Potentilla alba*), Hügel-Klee (*Trifolium alpestre*) und nördlich von Mulhouse das Felsen-Fingerkraut (*Potentilla rupestris*) hinzu. Diese Arten sind auch charakteristisch für die trockenen Eichenwälder in der Region zwischen Ensisheim und Neuf-Brisach (siehe Exkursion 16, Rotläuble und Heiternwald), die ursprünglich mit der Elsässer Hardt verbunden waren.

Als Besonderheit wächst in der Hardt bei Rixheim die Fritschs Segge (*Carex fritschii*), eine isoliert vorkommende Art, die sich erst auf der Alpensüdseite wieder findet. In den Waldsäumen trifft man unter anderem auf Echte Bergminze (*Calamintha menthifolia*), Schwarze Flockenblume (*Centaurea nemoralis*), Pracht-Nelke (*Dianthus superbus*), Hecken-Wicke (*Vicia dumentorum*) und Bärenschote (*Astragalus glycyphyllos*).

Exkursion 6

Muttenz–Arlesheim
Vier verschiedene Buchenwälder im Jura

Route

Dauer: 1/2 Tag

Beste Zeit:
April bis Juni

Anfahrt:
Tram (BLT)
bis Hofmatt

A Buchenwald in Kuppenlage auf saurem Deckenschotter
B Buchenwald an feuchtem Hangfuss auf Kalk
C Buchenwald in frischer Hanglage auf Kalk
D Buchenwald in trockener Hanglage auf Kalk

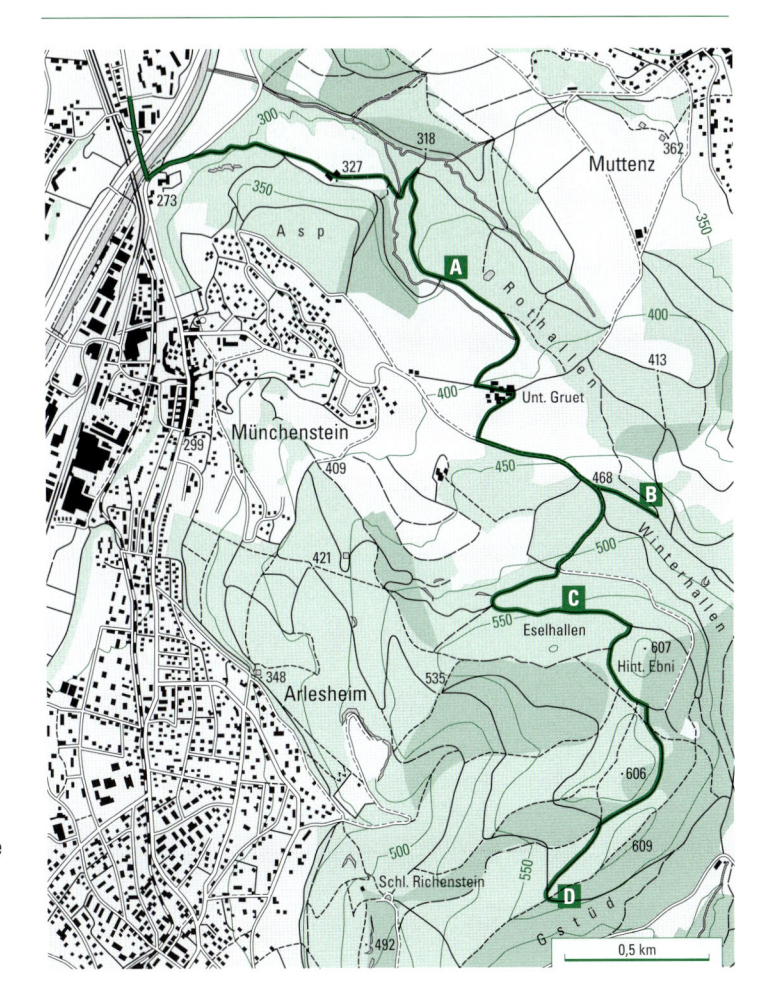

Überblick

Diese Exkursion führt uns eindrücklich die grosse Überlegenheit der Buche unter verschiedensten ökologischen Bedingungen vor Augen. Sowohl auf dem sauren Schotterboden in einer Kuppenlage als auch auf den basenreichen Böden des feuchten Hangfusses, des schattig-kühlen Nord- und des warmen Südhanges bestimmt sie das Waldbild. Die Artenzusammensetzung des Unterwuchses hingegen unterscheidet sich bei allen vier Buchenbeständen.

Unsere Exkursion beginnt bei der Tramhaltestelle Hofmatt. Nach der Überquerung der Birs wählen wir die links abzweigende, breite Strasse und biegen nach rund 150 m in den Wanderweg Richtung Schönmatt ein. Nach etwa 600 m gelangen wir zum Asphof. Zwischen Stall und Wohngebäude hindurch führt der Weg weiter, in den Wald hinein. Bei der nächsten Wegkreuzung biegen wir nach rechts ab und folgen nach rund 100 m einem schmalen Pfad, der links abzweigt und aufs Plateau führt. Auf der Anhöhe des Rothallengebietes wächst beidseits des Weges ein hoher Buchenbestand. Ihm gilt bei unserem ersten Standort die Aufmerksamkeit.

A Buchenwald in Kuppenlage auf saurem Deckenschotter

Wald-Hainsimsen-Buchenwald (*Luzulo-Fagetum*)

Auf der Kuppe des Rothallengebietes stehen hohe Buchen mit dicht schliessendem Kronendach. Ihre Stämme sind meist gerade gewachsen und verzweigen sich erst in grosser Höhe. Eine Strauchschicht ist kaum vorhanden. Dies vermittelt dem Besucher den Eindruck, in einer hohen, leeren Halle zu wandeln («Hallenbuchenwald»). Der oft vegetationslose, stellenweise aber mit üppigen Moosteppichen überzogene Waldboden weist auf besondere geologische Verhältnisse hin.

Wichtigste Standortfaktoren

■ *Strahlung:* Das Sonnenlicht kann durch das dicht schliessende Kronendach der Buchen nur spärlich bis zur Bodenoberfläche vordringen.

6. Muttenz–Arlesheim

Buchenwald Rothallen
Kahler Hallenbuchenwald zur Zeit des Laubaustriebs im April

■ *Böden/Chemische Faktoren:* Wir befinden uns auf einer der Schotterdecken, die der Rhein während der Eiszeiten im Jura inselartig abgelagert hat. Diese Flusssedimente enthalten keinen Kalk mehr und reagieren demzufolge sauer. Sie werden von sauren Braunerdeböden mit einer charakteristischen, säuretoleranten Vegetation bedeckt. Da im Jura nur lokal begrenzt verbreitet, stellen sie eine Besonderheit unserer Region dar.
(Zu weiteren Standortfaktoren siehe auch Exkursion 7, Olsberger Wald.)

Entstehungsgeschichte
Siehe Exkursion 7, Olsberger Wald.

Charakteristische Pflanzen
Einige typische Säurezeigerarten des Gebietes sind: Wald-Hainsimse oder Grosse Hainsimse (*Luzula sylvatica*), Weissliche Hainsimse (*Luzula luzuloides*) und Behaarte Hainsimse (*Luzula pilosa*) sowie Besenheide (*Calluna vulgaris*), Berg-Platterbse (*Lathyrus linifolius*), Heide-Wachtelweizen (*Melampyrum pratense*) und Gebräuchlicher Ehrenpreis (*Veronica officinalis*).

Verbreitung in der Region
Siehe Exkursion 7, Olsberger Wald.

> Der Südwest-Abhang des Gebietes weist eine andere Vegetation auf. Hier ist die Grenze der Schotterdecke erreicht, und der darunterliegende Jurakalk bestimmt die Bodenbeschaffenheit. Die Buche ist zwar noch immer die wichtigste Baumart, die Strauchschicht ist jedoch üppiger ausgebildet. Kahle Bodenstellen sind selten, und typische Säurezeiger fehlen. Arten wie Mandelblättrige Wolfsmilch (*Euphorbia amygdaloides*), Frühlings-Platterbse (*Lathyrus vernus s.str.*) oder Dunkelgrünes Lungenkraut (*Pulmonaria obscura*) deuten auf den kalkhaltigen Untergrund hin. Die Andersartigkeit der Vegetation ist jedoch nicht allein auf den Untergrund zurückzuführen, sondern auch auf die unterschiedliche Hangneigung und Exposition. Zudem wird der flache, bodensaure Teil häufiger von Spaziergängern betreten.
>
> Wir folgen dem schmalen Pfad vorbei an einem kleinen Waldweiher, bis wir auf einen breiteren Weg treffen, der uns zwischen Kulturland und Waldrand zum Bauerngut Untere Gruet führt. Unser Weg beschreibt nach dem letzten Gebäude eine scharfe Rechtskurve und mündet bei der nächsten Kreuzung in eine geteerte Strasse ein. Wir folgen ihr hangaufwärts und wählen bei der Verzweigung im Wald den Wanderweg in Richtung Schauenburgfluh. Nach rund 200 m biegt linkerhand ein schmaler Pfad ab; hier beginnt unser zweiter Standort. Er erstreckt sich über eine Länge von ungefähr 30 m und wird in der Breite von einem weiteren schmalen Weg begrenzt.

B Buchenwald an feuchtem Hangfuss auf Kalk

Aronstab-Buchenwald (*Aro-Fagetum*)

Wie auf der Kuppe des Rothallengebietes bildet die Buche auch am feuchten Hangfuss einen Hallenwald mit nur spärlicher Strauchschicht. Die Krautschicht wird im Frühjahr beinahe vollständig vom kräftig riechenden Bärlauch gebildet, dessen glänzend grüne Blätter den ganzen Waldboden überziehen. Dazwischen finden nur noch wenige andere Pflanzen Raum. Nach dem Austrieb der Buchenblätter entfalten sich die weissen Blütenköpfe des Bärlauchs. Bereits ab Ende Mai jedoch beginnen seine Blätter zu vergilben, und schon bald ist von der im Frühjahr so dominanten Art nichts mehr zu sehen. Oft bleibt ein kahler Boden zurück. Erst im Herbst verleihen

Buchenwald an feuchtem Hangfuss
Frühlingsaspekt eines Aronstab-Buchenwaldes mit Massenbestand des blühenden Bärlauchs

die roten Früchte des Gemeinen Aronstabes der Krautschicht wieder etwas leuchtendere Farben.

Wichtigste Standortfaktoren

- *Strahlung:* Das Sonnenlicht kann durch das dicht schliessende Kronendach der Buchen nur spärlich bis zur Krautschicht vordringen, so dass dort fast nur Frühblüher (siehe Kasten «Frühjahrsgeophyten», S. 118) wachsen.
- *Böden/Chemische Faktoren:* Die tiefgründigen, tonreichen Böden (Mullbraunerden) vermögen Nährstoffe sehr gut zu speichern und sind basenreich. Die durch die Feuchtigkeit begünstigten Bodenlebewesen sorgen mit ihrer intensiven Aktivität für einen schnellen Streuabbau. Die Laubstreu wird meist noch im selben Jahr zersetzt, wodurch Nährstoffe für die Pflanzen schnell wieder verfügbar sind.
- *Wasser:* Abfliessendes Hangwasser bewirkt einen steten Wassereintrag, der von den Mullbraunerden gut gespeichert wird.

Entstehungsgeschichte

Seit der Rückkehr der Buche und der weiteren Arten des Aronstab-Buchenwaldes aus den eiszeitlichen Refugien bildet dieser Waldtyp unter den jetzigen klimatischen Verhältnissen bei geeigneten Standortbedingungen in der Region die natürliche Vegetation.

6. Muttenz–Arlesheim

Charakteristische Pflanzen   Artenliste S. 385

Buche (*Fagus sylvatica*), Berg-Ahorn (*Acer pseudoplatanus*) und Esche (*Fraxinus excelsior*) sind hier die häufigsten Baumarten. Als Zeiger feuchter, nährstoffreicher Verhältnisse sind zwischen dem dicht schliessenden Bärlauch (*Allium ursinum*) regelmässig anzutreffen: Gemeiner Aronstab (*Arum maculatum*), Busch-Windröschen (*Anemone nemorosa*), Einbeere (*Paris quadrifolia*), Berg-Goldnessel (*Lamium galeobdolon ssp. montanum*) und Wald-Schlüsselblume (*Primula elatior s. str.*). Entlang eines schmalen Weges finden sich eine Reihe weiterer Arten, die für das Waldesinnere nicht charakteristisch sind.

Die Buche (*Fagus sylvatica*)
Die Buche ist heute der weitaus häufigste Laubbaum in Mitteleuropa. Während der Eiszeiten ins Balkangebiet zurückgedrängt, begann vor rund 7500 Jahren ihre Rückkehr. Ihre heutige Vormachtstellung zeigt, dass sie unter verschiedensten ökologischen Bedingungen auf Dauer anderen Baumarten überlegen ist. Sie kann in Mitteleuropa bis in die montane Stufe hinein fast überall gedeihen, ausser bei anhaltender Staunässe, Spät- und extremen Winterfrösten, starker Trockenheit (unter 500 bis 600 mm Jahresniederschlag oder durchlässigen Böden in Südlage) oder beweglichem Steinschutt. Die einstige natürliche Verbreitung der Buche können wir heute nurmehr erahnen, da viele der ursprünglichen Buchenwälder land- oder forstwirtschaftlichen Zwecken weichen mussten. Denn die Buche war und ist ein beliebter Nutzbaum: Ihr Holz hat einen hohen Brennwert und deshalb grosse Bedeutung als Energielieferant; daneben wird es zunehmend zur Möbelherstellung verwendet. Die stark ölhaltigen Bucheckern dienten früher zur Schweinemast, wurden in Notzeiten aber auch vom Menschen gegessen.
Zwei alltägliche Begriffe unserer Sprache zeugen von der jahrtausendealten Bedeutung der Buche für den Menschen: Aus dem altgermanischen Ritus, wonach der Priester das Los-Orakel mit Hilfe von Buchenholzstäben befragte, in welche magische Zeichen (Runen) eingekerbt waren, leitet sich das Wort «Buchstaben» her; auf das Zusammenheften von Schreibtafeln aus Buchenholz ist das Wort «Buch» zurückzuführen.

6. Muttenz–Arlesheim

Bärlauch (*Allium ursinum*)
Der Bärlauch tritt in feuchten, schattigen, humusreichen Laubwäldern oft in Massenbeständen auf. Den Bären diente er als Frühjahrswurmkur, vom Menschen werden junge Blätter heute noch als Salat oder Gemüse genossen.

Gemeiner Aronstab (*Arum maculatum*)
Mit dem Urin-Geruch seiner Blüten lockt diese Art kleine Fliegen und Käfer an, die auf der öligglatten Oberfläche in den Grund der Blüte gleiten («Kesselfallenblüte»). Nach der Bestäubung welkt die Gleitfläche, und die Tiere können wieder hinausklettern.

Einbeere
(*Paris quadrifolia*)
Nicht selten trägt der Stengel statt der 4 charakteristisch angeordneten Laubblätter 3, 5, 6 oder gar 7 Blätter. Alle Teile der Einbeere sind giftig. In der Volksmedizin spielte sie eine grosse Rolle als Schutzmittel gegen ansteckende Krankheiten («Pestbeere»).

Verbreitung in der Region

Der Aronstab-Buchenwald ist in der Submontanstufe im Jura über Kalkgestein häufig anzutreffen, oft aber nur in kleinen Flächen, da nährstoffreiche Böden gerne von der Landwirtschaft oder für Fichtenaufforstungen genutzt werden.

> Wir kehren zur letzten Wegkreuzung zurück und folgen der geteerten Strasse in Richtung Schönmatt bis zu einer Linkskurve, wo wir die geradeaus verlaufende Naturstrasse wählen. Nach einer scharfen Linksbiegung sehen wir nach rund 250 m auf der rechten Wegseite einen kleinen Hanganriss. Unmittelbar dahinter beginnt unser dritter Standort. Wir betrachten beiderseits des Weges einen Buchenwald auf einer Breite von etwa 15 m.

Berg-Goldnessel
(*Lamium galeobdolon ssp. montanum*)
Die Goldnessel ist in Laubmischwäldern auf mässig feuchten, meist nährstoff- und basenreichen Böden weit verbreitet.
Je nach Standort und Jahreszeit kann sie ein sehr unterschiedliches Aussehen zeigen.

Buchenwald in frischer Hanglage

Blühende Fiederblättrige Zahnwurz im Unterwuchs des austreibenden Buchenwaldes

C Buchenwald in frischer Hanglage auf Kalk

Zahnwurz-Buchenwald (*Dentario-Fagetum*)

Auch an unserem dritten Standort befinden wir uns in einem typischen Hallenbuchenwald mit nur spärlicher Strauch- und Krautschicht. Bereits im April erscheinen zahlreiche weisse oder blasslila Blüten der Fiederblättrigen Zahnwurz. Der Bärlauch ist nur noch vereinzelt anzutreffen. Ab August, wenn auch die Blätter der Fiederblättrigen Zahnwurz abgestorben sind, wirkt der Waldboden oft besonders leer und karg.

Wichtigste Standortfaktoren

■ *Strahlung:* Den nordexponierten, steilen Hang trifft vergleichsweise wenig Sonneneinstrahlung. Sie wird zudem vom dicht schliessenden Kronendach zusätzlich gemindert.

■ *Böden / Chemische Faktoren:* Skelettreiche, mässig tonhaltige Mullrendzinaböden gewährleisten eine für das Buchenwachstum ausreichende, wenn auch nicht reichliche Nährstoffversorgung. Die

Aktivität der Bodenlebewesen ist wegen der geringeren Wasserversorgung deutlich niedriger als am Hangfuss (vorhergehender Standort). Da die anfallende Streu deshalb nicht mehr im selben Jahr abgebaut wird, bildet sich eine mehrere Zentimeter dicke Streuauflage.

■ *Wasser:* Die mittlere Speicherfähigkeit des Mullrendzinabodens und die als Folge der schattigen Hanglage relativ hohe Luftfeuchtigkeit führen zu einem regelmässigen, jedoch geringeren Wassereintrag als bei den tiefgründigen Mullbraunerdeböden des vorhergehenden Standortes.

Entstehungsgeschichte
Siehe Standort B.

Charakteristische Pflanzen Artenliste S. 386

Nebst der Buche (*Fagus sylvatica*) finden wir in der Baumschicht vereinzelt Berg-Ahorn (*Acer pseudoplatanus*) und Esche (*Fraxinus excelsior*). Auffälligste Krautpflanze ist die Fiederblättrige Zahnwurz (*Cardamine heptaphylla*). Daneben wachsen aber zum Beispiel auch das Busch-Windröschen (*Anemone nemorosa*), der Gemeine Aronstab (*Arum maculatum*) oder das Ausdauernde Bingelkraut (*Mercurialis perennis*). Moose können wegen der geschlossenen Streudecke kaum gedeihen.

Frühjahrsgeophyten
Mit unter den ersten Frühlingsboten überziehen unzählige Busch-Windröschen oder Bärlauchblätter den sonst noch braunen Waldboden unserer Laubwälder. Sie nutzen die kurze Zeit, in der das Licht vor dem Blattaustrieb der Bäume zum Boden vordringt, für die Ausbildung von Spross, Blättern und Blüten. Schon bald nach dem Schliessen des Kronendaches sterben die oberirdischen Teile dieser Krautpflanzen ab. In einem unterirdischen Spross (Rhizom) oder in Zwiebeln sammeln sie Nährstoffe und können so im nächsten Frühling rasch austreiben. Pflanzen mit dieser Art Lebensform werden als Frühjahrsgeophyten bezeichnet. Weitere Beispiele dafür sind Vielblütige Weisswurz (*Polygonatum multiflorum*), Hohlknolliger Lerchensporn (*Corydalis cava*) oder Einbeere.

Fiederblättrige Zahnwurz (*Cardamine heptaphylla*)
Die Fiederblättrige Zahnwurz wächst vor allem in schattigen Buchen- oder Buchen-Tannenwäldern auf regelmässig feuchten, kalk- und nährstoffreichen Böden. Kennzeichnend für diese Art sind ein waagrecht kriechendes, dicht mit zahnförmigen Schuppen besetztes Rhizom («Zahnwurz») und die meist 7teiligen Blätter («heptaphylla»).

Ausdauerndes Bingelkraut (*Mercurialis perennis*)
Das Ausdauernde Bingelkraut ist in verschiedensten Laubwäldern heimisch, selten jedoch in Gebieten mit nährstoffarmen oder sauren Böden. Es ist in der Regel zweihäusig, d.h. männliche und weibliche Blüten befinden sich auf verschiedenen Pflanzen.

Busch-Windröschen
(*Anemone nemorosa*)
Das Busch-Windröschen entfaltet sich bereits ab März und oft massenweise in unseren Wäldern. Es ist in Europa ausser in den südlichsten Teilen überall verbreitet, sowohl in Laub- und Nadelwäldern als auch in Gebüschen oder auf Bergwiesen.

Verbreitung in der Region

Der Zahnwurz-Buchenwald hat seine Hauptverbreitung in der unteren Montanstufe, gelegentlich gedeiht er aber auch schon ab 400 m. Er ist er in oberen Juralagen häufig anzutreffen.

Der Zahnwurz-Buchenwald kann vor allem in höheren Gebieten in allen Expositionen auf regelmässig feuchten Böden vorkommen, die typische, zahnwurzreiche Ausbildung beschränkt sich allerdings auf Schatthänge.

Bei der nächsten Weggabelung zweigen wir nach rechts ab und überqueren das Plateau. Die vorher so häufig anzutreffende Fiederblättrige Zahnwurz wird immer seltener, dafür treten andere Arten, beispielsweise der Echte Waldmeister (*Galium odoratum*), stärker in Erscheinung.

Bei der nächsten grossen Wegverzweigung nach rund 200 m biegen wir rechts ab und gelangen auf die Südseite der Juratafel. Nach dem Wegweiser «Gspänig» beginnt, ausgangs einer scharfen Rechtskurve, unser vierter Standort. Wir betrachten das Waldstück zwischen Kretenweg und unterer Strasse auf einer Breite von etwa 100 m.

Echter Waldmeister
(*Galium odoratum*)
Der Echte Waldmeister wächst mit Vorliebe in Buchenwäldern. Sein Kraut enthält in reichlicher Menge den wohlriechenden Inhaltsstoff Cumarin und ist deswegen beliebt zur Herstellung der «Maibowle». Dieses Getränk wird zubereitet, indem man eine Handvoll kurz vor dem Erblühen gesammelten Waldmeister ein paar Stunden in leicht versüsstem Wein ziehen lässt.

Buchenwald in trockener Hanglage

Lichter Buchenwald am Südhang mit Seggenbeständen im Unterwuchs

D Buchenwald in trockener Hanglage auf Kalk

Weissseggen-Buchenwald (*Carici-Fagetum*)

Krummwüchsige, oft schon an der Basis verzweigte Buchen stehen auf diesem Sonnenhang. Sie wachsen nicht mehr so hoch wie in den anderen drei betrachteten Beständen, und zwischen ihren Kronen gibt es Lücken. Das ins Unterholz einfallende Sonnenlicht verleiht dem Standort einen hellen, lichten Charakter. Sträucher gedeihen hier üppiger, auf dem Waldboden bestimmen zahlreiche Seggen das Bild.

Wichtigste Standortfaktoren

■ *Strahlung:* Der südexponierte Hang erhält im Gegensatz zum Nordhang viel Sonneneinstrahlung. Zudem gelangt durch das offene Kronendach der Bäume deutlich mehr Licht in die unteren Bestandesschichten als bei allen drei vorangehenden Standorten.

■ *Böden/Chemische Faktoren:* Der Boden ist nährstoffarm, weil die flachgründige Rendzina über ruhendem Hangschutt nur geringe

Mengen an Nährstoffen zu speichern vermag. Die herrschende Trockenheit trägt zusätzlich zur Nährstoffarmut bei, da sie die zersetzende Aktivität der Bodenlebewesen hemmt. Die Laubstreu bleibt daher oft mehrere Jahre liegen.

■ *Wasser:* Die Böden haben eine geringe Wasserspeicherkapazität und trocknen, vor allem im Sommer, gerne aus. Die relativ starke Sonneneinstrahlung am Südhang erwärmt die Bodenoberfläche beträchtlich und trägt mit zur Austrocknung bei.

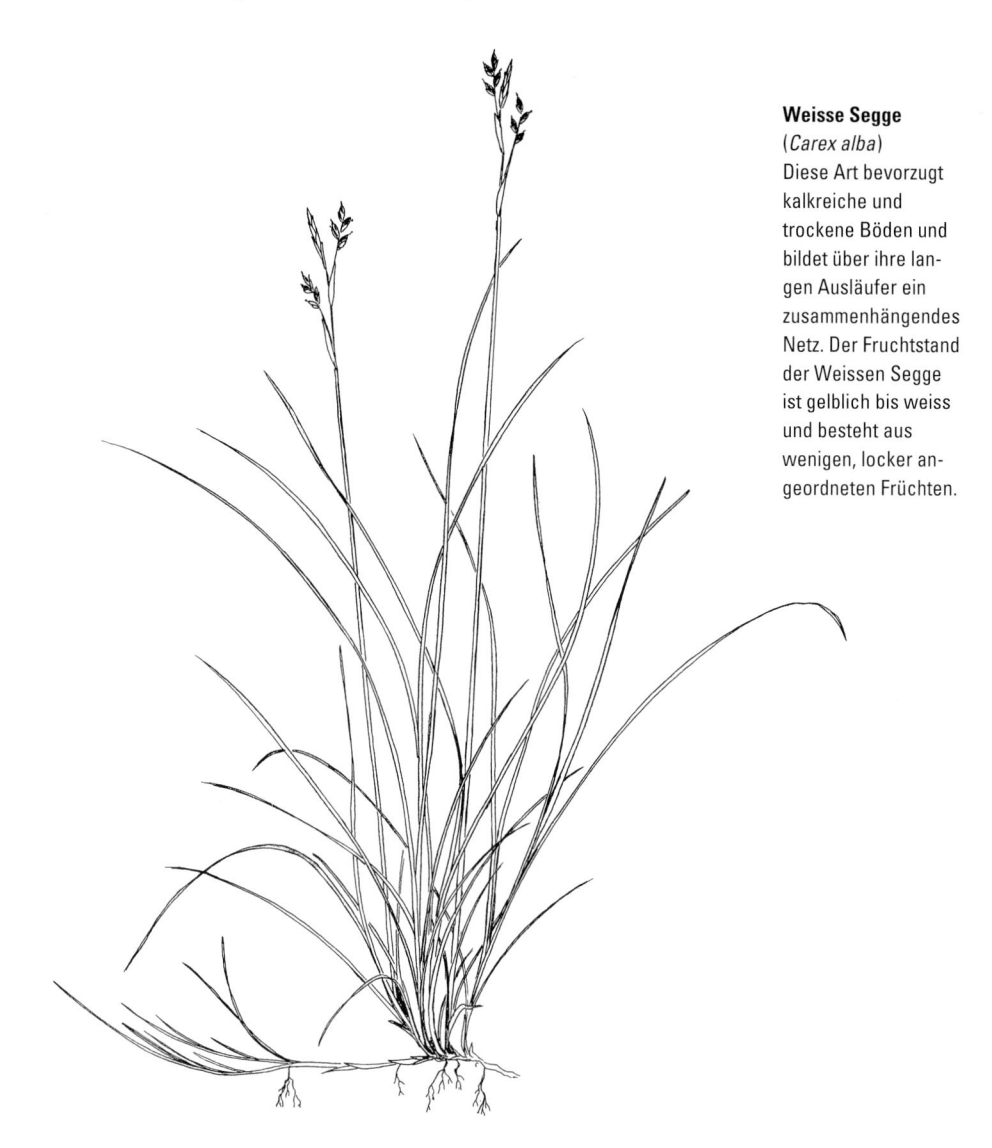

Weisse Segge
(*Carex alba*)
Diese Art bevorzugt kalkreiche und trockene Böden und bildet über ihre langen Ausläufer ein zusammenhängendes Netz. Der Fruchtstand der Weissen Segge ist gelblich bis weiss und besteht aus wenigen, locker angeordneten Früchten.

Entstehungsgeschichte
Siehe Standort B.

Artenliste S. 387

Charakteristische Pflanzen
Trotz der zeitweiligen Sommertrockenheit können Buchen (*Fagus sylvatica*) immer noch gedeihen. Ihre krummen, oft schon an der Basis verzweigten Stämme und die relativ geringe Wuchshöhe zeugen jedoch von den Schwierigkeiten, mit denen sie hier zu kämpfen haben. Da durch das lockere Kronendach relativ viel Licht zur Bodenoberfläche gelangt, können sich zahlreiche licht- und wärmebedürftige

Maiglöckchen
(*Convallaria majalis*)
Das Maiglöckchen gedeiht oft gesellig in lichten Laub-, seltener auch in Nadelwäldern, Gebüschen, Holzschlägen oder auf Bergwiesen. Die in allen Teilen giftige Art ist auch eine beliebte Gartenpflanze.

Oben links:
Immenblatt (*Melittis melissophyllum*)
Das Immenblatt stammt aus dem süd- bis mitteleuropäischen Raum und bevorzugt warme Laubwälder oder Gebüsche. Die Farbe der grossen, nach Honig duftenden Blüten variiert zwischen Weiss und Rot.

Oben rechts:
Rotes Waldvögelein (*Cephalanthera rubra*)
Das Rote Waldvögelein wächst meist auf trockenen, kalkhaltigen Böden in lichten Wäldern. An seinen Wurzeln sprossen Knospen, aus denen neue Pflanzen entstehen.

Stinkende Nieswurz (*Helleborus foetidus*)
Die Blüten der Stinkenden Nieswurz gehören zu den ersten Frühlingsboten in unseren Laubwäldern. Ihr unangenehmer Geruch verlieh der Pflanze den Namen. In der Region wächst diese kalkliebende Art fast nur im Jura.

Vergleich Buchenwald am Schatt- und am Sonnhang

Schatthang

Sonnhang

Ein hallenartiger Buchenwald mit dicht schliessendem Kronendach bedeckt den Schatthang. Die Buchen wachsen hoch und gerade, Strauch- und Krautschicht sind spärlich ausgebildet.
Am Sonnhang stehen krummwüchsige, oft schon an der Basis verzweigte, niedere Buchen; Strauch- und Krautschicht können sich unter dem lichten Blätterdach gut entwickeln.

Arten entwickeln: So wachsen beispielsweise Gehölze wie Mehlbeerbaum (*Sorbus aria*) oder Trauben-Eiche (*Quercus petraea*) zwischen den Buchen. In der Krautschicht gedeihen unter anderem die Arten Weisse Segge (*Carex alba*), Maiglöckchen (*Convallaria majalis*), Immenblatt (*Melittis melissophyllum*), Stinkende Nieswurz (*Helleborus foetidus*) und Schwalbenwurz (*Vincetoxicum hirundinaria*). Dazwischen lässt sich das Rote Waldvögelein (*Cephalanthera rubra*) in wenigen Exemplaren finden. An ausgesprochen trockenen, steinigen Stellen entlang des oberen Wegrands trifft man gelegentlich auf das Blaugras (*Sesleria caerulea*).

Verbreitung in der Region
Der Weissseggen-Buchenwald ist an warmtrockenen Kalkhängen im Jura häufig anzutreffen. Sein Verbreitungsschwerpunkt liegt in der submontanen Stufe, an stark sonnenexponierten Hängen kann er aber auch auf 900 m noch gedeihen.

Ein Blick auf die Vegetation der Geländerippe zeigt, dass dort andere Standortbedingungen herrschen. Der Boden ist noch flachgründiger und deshalb trockener und nährstoffärmer. Die Buche erreicht hier ihre Trockengrenze und wird von Eichen abgelöst (siehe Exkursion 9, Hofstetter Chöpfli und 14, Schlossberg Waldenburg–Gerstelflue). Als auffällige Krautpflanze basenreicher, trocken-warmer Stellen wächst bei der unteren Wegbiegung der Blaue Steinsame (*Buglossoides purpurocaerulea*) in einem schönen Bestand.

Der Wegweiser «Gspänig» zeigt uns mögliche Rückwege nach Arlesheim oder Münchenstein an. Entlang des längeren Weges in Richtung Arlesheim finden wir vereinzelt eine weitere wärmeliebende Art, den Schneeballblättrigen Ahorn (*Acer opalus*). Dieser Baum erreicht beim Grenzacher Horn seine nördliche Verbreitungsgrenze.

Exkursion 7

Olsberger Wald

Zwei Buchenwälder und Waldmoor
auf sauren Böden

Dauer: ½ Tag

Beste Zeit:
April bis August

Anfahrt:
Zug ab Basel SBB bis
Rheinfelden SBB

Route

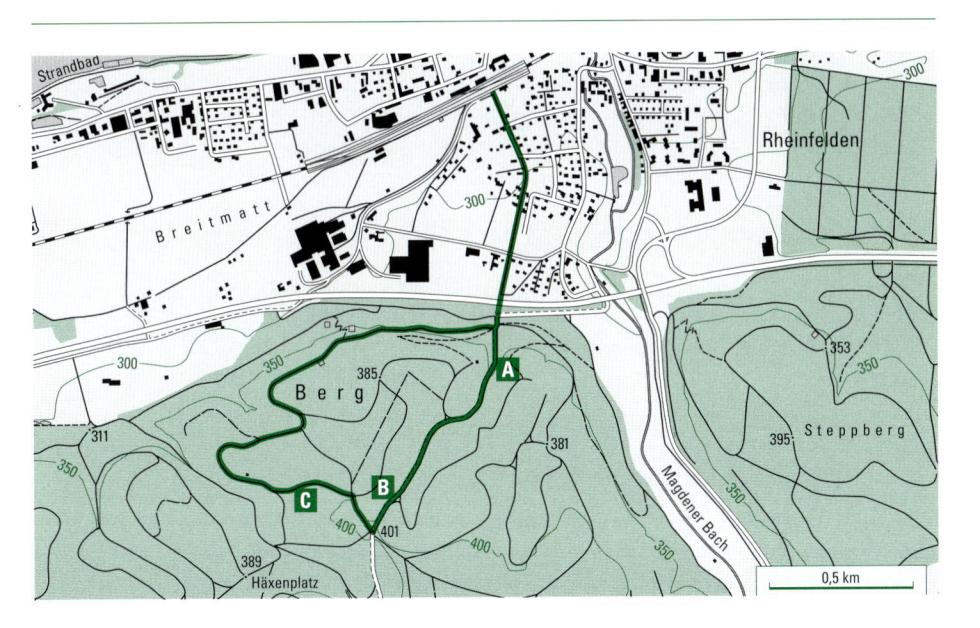

A Buchenwald auf saurem Boden
B Bodensaurer Buchenwald mit Seegras
C Waldmoor

7. Olsberger Wald

Überblick

Eine für den Jura eher ungewöhnliche Situation erwartet uns im Olsberger Wald: Über dem Jura-Kalk liegen Schotterdecken, die einen sauren Boden zur Folge haben. Der Unterwuchs erinnert in seiner Artenzusammensetzung an die ebenfalls auf sauren Böden wachsenden Wälder im Schwarzwald und in den Vogesen oder im Sundgauer Hügelland. So gedeiht hier beispielsweise die Heidelbeere, und ausgedehnte Moospolster bedecken den Untergrund. Stellenweise überziehen üppige Seegraswiesen den Waldboden. Charakteristisch für den Olsberger Wald sind die vielen Farne; nicht weniger als 18 Arten sind zu finden. Gegen Ende des Rundganges treffen wir, eingebettet zwischen Fichtenaufforstungen, auf ein rund 4500 Jahre altes, kleines Waldmoor.

Ab Bahnhof Rheinfelden führt uns der Weg in Richtung Süden über den Kapuzinerberg zu einer langgestreckten Allee («Alleeweg»). Dem Alleeweg folgend überqueren wir nach rund 500 m die Theophil Roniger Strasse und etwas später die Autobahn und erreichen den Platz der «Bundeseiche», wo unser Exkursionsgebiet beginnt. Hier gehen wir auf der Teerstrasse in Richtung Waldhaus weiter und sehen nach ungefähr 250 m auf der linken Strassenseite einen geologischen Aufschluss. Eine schmale Holzstiege gleich daneben führt zu unserem ersten Standort. Er erstreckt sich von der linken Wegseite bis hinauf auf das Plateau und wird dort vom einsetzenden Fichtenwald begrenzt.

A Buchenwald auf saurem Boden

Wald-Hainsimsen-Buchenwald (*Luzulo-Fagetum*)

Auf kleiner Fläche bilden hohe Buchen die Baumschicht. Sträucher sind kaum vorhanden, und die Krautschicht besteht nur aus wenigen, für saure Böden charakteristischen Arten. An manchen Stellen fehlt sie gar vollständig. Üppiggrüne Moospolster bedecken teilweise den Boden. Ganz im Gegensatz zu Buchenbeständen auf Kalk gedeihen hier praktisch keine der farbenprächtigen Frühjahrsblüher (siehe Kasten «Frühjahrsgeophyten», S.118). Überall umgeben ange-

Buchenwald auf saurem Boden
Austreibender Buchenwald auf einer Geländekuppe, im Unterwuchs viele Heidelbeeren

pflanzte Fichten unseren Standort. Hier, wie auch an vielen anderen Stellen im Olsberger Wald, mussten die natürlichen Buchenbestände den rascherwüchsigen Nadelhölzern weichen. Ein Aufschluss entlang der Strasse gibt Einblick in die geologischen Verhältnisse des Standorts.

Wichtigste Standortfaktoren
- *Strahlung:* Nur wenig Licht dringt durch das Kronendach der Buchen auf die Bodenoberfläche.
- *Böden/Chemische Faktoren:* Die in den Eiszeiten vom Rhein über dem Muschelkalk abgelagerten Deckenschotter wurden über lange Zeiträume hinweg durch Niederschläge ausgewaschen; ein saurer Braunerdeboden (pH 3,5–4) ist die Folge.
- *Wasser:* Da unser Standort sich auf einer Geländekuppe befindet, ist der Boden relativ trocken.

Entstehungsgeschichte
Seit der Rückkehr der Buche (Beginn vor 7500 Jahren) und der weiteren Arten des Wald-Hainsimsen-Buchenwaldes aus den eiszeitlichen Refugien bildet dieser Waldtyp unter den jetzigen klimatischen Verhältnissen in Mitteleuropa bei geeigneten Standortbedingungen die natürliche Vegetation.

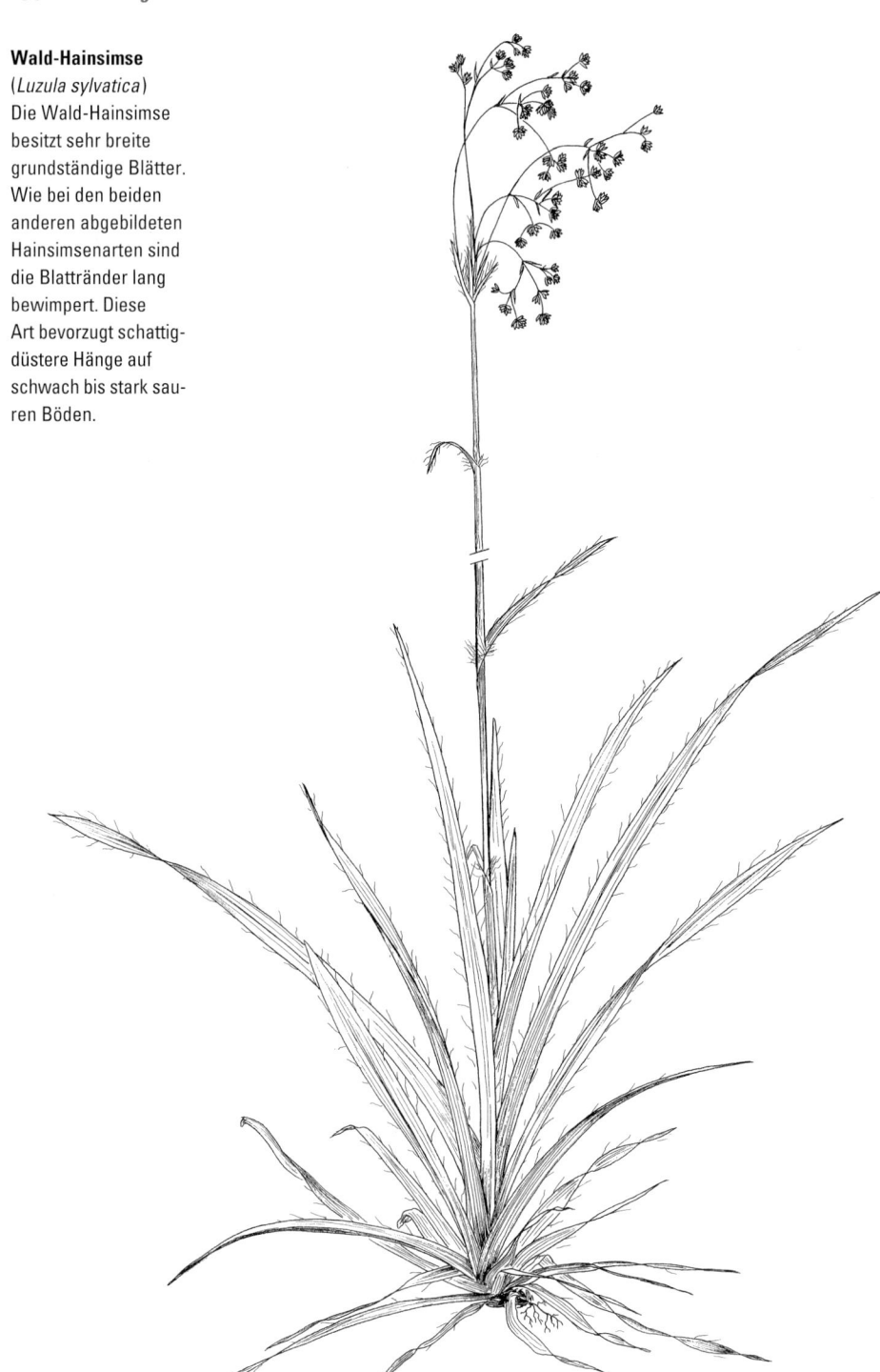

Wald-Hainsimse
(*Luzula sylvatica*)
Die Wald-Hainsimse besitzt sehr breite grundständige Blätter. Wie bei den beiden anderen abgebildeten Hainsimsenarten sind die Blattränder lang bewimpert. Diese Art bevorzugt schattig-düstere Hänge auf schwach bis stark sauren Böden.

7. Olsberger Wald 131

Behaarte Hainsimse (*Luzula pilosa*)
Die Blüten der Behaarten Hainsimse sitzen meist einzeln auf langen Stielen. Diese Art kann auch auf lehmigen Böden mit fast neutralem pH gut gedeihen.

Weissliche Hainsimse
(*Luzula luzuloides*)
Die grundständigen Blätter der Weisslichen Hainsimse sind bedeutend schmaler als diejenigen der Wald-Hainsimse. Im Gegensatz zur Wald-Hainsimse wächst sie auch an sonnigen, eher trockenen Südhängen auf schwach sauren Böden.

7. Olsberger Wald

Geologischer Aufschluss

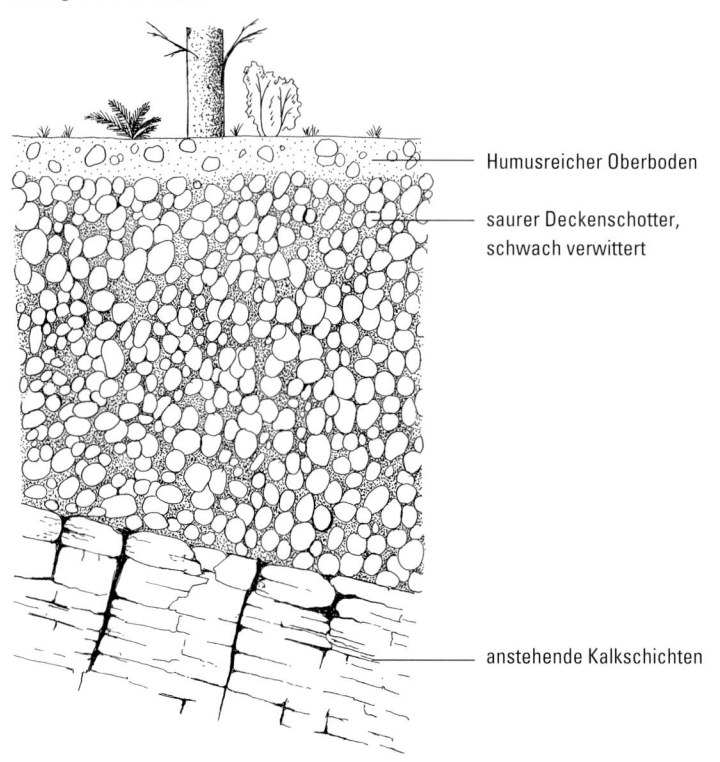

Humusreicher Oberboden

saurer Deckenschotter, schwach verwittert

anstehende Kalkschichten

Der geologische Aufschluss bei unserem Standort gibt einen Einblick in die abgelagerten Deckenschotter über den anstehenden Kalkschichten

Charakteristische Pflanzen   Artenliste S. 388

Die Buchen (*Fagus sylvatica*) gedeihen auch auf saurem Untergrund gut und bilden ein mehr oder weniger geschlossenes Kronendach. In der Krautschicht, die oft lückenhaft bleibt, wachsen nur säuretolerante Arten. Typische Säurezeiger und deshalb charakteristisch für diesen Standort sind: die drei Hainsimsenarten Wald-Hainsimse, Behaarte Hainsimse und Weissliche Hainsimse (*Luzula sylvatica, L. pilosa, L. luzuloides*) sowie Heide-Wachtelweizen (*Melampyrum pratense*), Heidelbeere (*Vaccinium myrtillus*), Schattenblume (*Maianthemum bifolium*), Besenheide (*Calluna vulgaris*), Gemeiner Sauerklee (*Oxalis acetosella*), Schönes Johanniskraut (*Hypericum pulchrum*), Berg-Platterbse (*Lathyrus linifolius*), Gebräuchlicher Ehrenpreis (*Veronica officinalis*), Pillentragende Segge (*Carex pilulifera*) und Drahtschmiele (*Avenella flexuosa*). Mit etwas Glück kann man ab Juni den bei uns seltenen schmarotzenden Behaarten Fichtenspargel (*Monotropa hypopitys*) beobachten.

Behaarter Fichtenspargel (*Monotropa hypopitys*)
Dem gelbbraunen Fichtenspargel fehlt das für die Photosynthese unerlässliche Blattgrün (Chlorophyll), weshalb er auf externe Zuckerquellen angewiesen ist und auf anderen Pflanzenarten schmarotzt. Mit Hilfe seiner Wurzeln entnimmt er ihnen Wasser und sowohl anorganische als auch organische Nährstoffe (zum Beispiel Zucker).

Gemeiner Sauerklee (*Oxalis acetosella*)
Er ist zwar nicht mit ihnen verwandt, die Form seiner Blätter hat aber Ähnlichkeit mit verschiedenen Kleearten. An der Basis der Blattfiederchen sitzen Gelenke, die Klappbewegungen ermöglichen. Der Gemeine Sauerklee wächst auf basenarmen bis mässig basenreichen, bevorzugt kalkfreien Böden an schattiger Lage.

Heide-Wachtelweizen
(*Melampyrum pratense*)
Der Heide-Wachtelweizen ist ein Halbparasit, der mit seinen Saugwurzeln Wasser und anorganische Nährstoffe von anderen Pflanzen bezieht. Organische Stoffe kann er selbst produzieren. Er wächst nicht nur in Wäldern, sondern auch in Hainen, Holzschlägen oder auf Mooren.

Verbreitung in der Region

Wald-Hainsimsen-Buchenwälder sind auf sauren Böden in submontaner Lage verbreitet. Ausser im Schwarzwald und in den Vogesen kann man sie auch im Schweizer Mittelland finden. Viele Bestände mussten jedoch künstlichen Fichtenforsten weichen, die auf diesen Böden schnell und gut wachsen. Im Basler Jura trifft man nur selten auf Wald-Hainsimsen-Buchenwälder, beispielsweise in der Rütihard bei Muttenz (siehe Exkursion 6, Muttenz–Arlesheim) und in Arisdorf.

> Wir folgen der geteerten Strasse rund 600 m bis zur nächsten Linksabzweigung, der gegenüber uns ein schmaler Reiterweg ins Waldesinnere führt. Auf diesem Pfad gelangen wir über einen Graben zum Plateau, unserem zweiten Standort. Er erstreckt sich rechts des Pfades über eine Breite von ca. 30 m und wird in der Länge vom Graben sowie einem weiteren, querverlaufenden Reiterweg begrenzt.

B Bodensaurer Buchenwald mit Seegras

Waldmeister-Buchenwald, Wald-Seegras-Ausbildung
(*Galio odorati-Fagetum, Carex brizoides*-Ausbildung)

Hohe Buchen schliessen ihr Kronendach über einem dichten, grünen Bestand aus Seegras, dessen Sprosse durch unterirdische Ausläufer weitgehend miteinander verbunden sind. Sie lassen kaum Raum für andere Arten, so dass nur wenige Kräuter und Sträucher dazwischen gedeihen können.

Wichtigste Standortfaktoren

- *Strahlung:* Siehe Standort A.
- *Böden/Chemische Faktoren:* Den Deckenschotter überlagert hier eine Lössschicht, die durch Niederschläge entkalkt wurde. Folge davon ist ein tiefer pH (4–6).
- *Wasser:* Der Boden zeigt eine Tendenz zu Staunässe, da Niederschläge nicht nur zu einer Entkalkung, sondern auch zu einer Verlehmung des Untergrundes geführt haben.

Entstehungsgeschichte
Siehe Standort A.

Artenliste S. 390

Charakteristische Pflanzen

Das Wachstum der Buche (*Fagus sylvatica*) wird durch den sauren Untergrund und die zeitweilig auftretende Staunässe kaum beeinträchtigt, hingegen widerspiegelt die Zusammensetzung der Krautschicht die feuchten und sauren Bodenverhältnisse. Seegras (*Carex brizoides*), Wald-Lysimachie (*Lysimachia nemorum*) und Wald-Springkraut oder Rührmichnichtan (*Impatiens noli-tangere*) sind charakteristisch für das Gebiet. Der für die Gesellschaft namengebende Echte Waldmeister (*Galium odoratum*) wächst zerstreut. (Entlang des oberen Waldweges finden sich einige für das Waldesinnere nicht typische Arten; sie wurden deshalb in der Artenliste nicht berücksichtigt.)

Verbreitung in der Region

Waldmeister-Buchenwälder mit Seegras haben ihre Hauptverbreitung in der submontanen Stufe auf stark verlehmten, leicht sauren Böden. Im Nordwestschweizer Jura sind sie selten, in den Lösslehmgebieten des Sundgaus kommen sie jedoch recht häufig vor. Dagegen sind Typische Waldmeister-Buchenwälder (ohne Seegras) vor allem im Schweizerischen Mittelland, aber auch auf den Hoch-

Bodensaurer Buchenwald mit Seegras
Von einem Seegrasteppich umgebene Buchen

Seegras (*Carex brizoides*)
Mit seinen unterirdischen Ausläufern kann sich das Seegras sehr effizient ausbreiten. Es wächst bevorzugt auf wasserzügigen, lehmigen Böden in Laubmisch- und Auenwäldern oder auf Kahlschlägen. Seine Blätter wurden früher gerne zum Stopfen von Seesäcken oder Matratzen verwendet.

Wald-Springkraut oder Rührmichnichtan
(*Impatiens noli-tangere*)
Diese Art verdankt ihren Namen dem speziellen Verbreitungsmechanismus ihrer Samen: Bei Berührung oder spontan rollen sich die einzelnen Fruchtblätter einer reifen Frucht blitzartig nach innen ein und schlagen heftig gegen die Samen, die dann bis zu 7 m weit hinausgeschleudert werden.

Wald-Lysimachie
(*Lysimachia nemorum*)
Die Wald-Lysimachie bevorzugt feuchte, saure Böden. Oft siedelt sie sich an feuchten Wegrändern an, wo sie sich mit ihrem nieder liegenden Stengel kriechend ausbreitet.

flächen des Tafeljuras oft zu finden. Im Gegensatz zum Typischen Waldmeister-Buchenwald mit Seegras wachsen sie auf annähernd pH-neutralen, weniger stark verlehmten Mullbraunerden.

Wir kehren auf die geteerte Strasse zurück und folgen ihr bis zur Wegkreuzung (Spielplatz). Dort wählen wir die rechts abzweigende Tobelgass und biegen bei der nächsten Gabelung links in den Hohenweg ein. Nach rund 200 m erblicken wir auf der linken Wegseite ein kleines Waldmoor. Um die Vegetation nicht zu schädigen, sollte das Moor nicht betreten werden.

Farne im Olsberger Wald

Die schattig-feuchten Tälchen des Olsberger Waldes bieten ideale Wachstumsbedingungen für eine reichhaltige Farnvegetation. Insgesamt wurden 18 Arten gefunden:

Adlerfarn	(*Pteridium aquilinum*)
Bergfarn	(*Oreopteris limbosperma*)
Borstiger Schildfarn	(*Polystichum setiferum*)
Braunstieliger Streifenfarn	(*Asplenium trichomanes*)
Breiter Wurmfarn	(*Dryopteris dilatata*)
Buchenfarn	(*Phegopteris connectilis*)
Dorniger Wurmfarn	(*Dryopteris carthusiana*)
Eichenfarn	(*Gymnocarpion dryopteris*)
Gelappter Schildfarn	(*Polystichum aculeatum*)
Gemeiner Blasenfarn	(*Cystopteris fragilis*)
Gemeiner Tüpfelfarn	(*Polypodium vulgare*)
Gemeiner Waldfarn	(*Athyrium filix-femina*)
Gemeiner Wurmfarn	(*Dryopteris filix-mas*)
Grünstieliger Streifenfarn	(*Asplenium viride*)
Hirschzunge	(*Phyllitis scolopendrium*)
Mauer-Streifenfarn	(*Asplenium ruta-muraria*)
Rippenfarn	(*Blechnum spicant*)
Schuppiger Wurmfarn	(*Dryopteris affinis*)

Der in der Region seltene Borstige Schildfarn (*Polystichum setiferum*) ist in Europa vorwiegend im Süden und im ozeanisch-atlantischen Gebiet heimisch. Im Olsberger Wald liegt einer seiner nordöstlichsten Wuchsplätze. Weitere Vorkommen gibt es am Rheinufer zwischen Rheinfelden und Kaiseraugst sowie südlich von Courgenay und im Südschwarzwald.

Saure Böden
Der pH-Wert:
Der Säuregehalt eines Bodens wird in Boden-pH-Werten ausgedrückt, einem Mass für die Aktivität der freien Wasserstoffionen in der Bodenlösung ($pH = -\log[H^+]$). Die pH-Werte in natürlichen Böden schwanken zwischen etwa 2,5 bis 10. Bei Werten unter 7 spricht man von einem sauren, bei Werten über 7 von einem basischen Boden. pH 7 ist neutral und entspricht demjenigen von destilliertem Wasser. Der pH der meisten Böden liegt zwischen 4 und 8. Werte darüber oder darunter werden von vielen Pflanzenarten schlecht vertragen.

Ursachen einer pH-Absenkung im Boden (Versauerung):
- Verwitterung von saurem Grundgestein, zum Beispiel saurem Deckenschotter
- Auswaschung des Kalks und der Basen durch Niederschläge
- saurer Regen
- Zufuhr von Huminstoffen
- Zufuhr von sauer wirkendem Dünger
- Nährstoffaufnahme durch Pflanzenwurzel (tauscht Nährstoffe wie Kalium- (K^+), Calcium- (Ca^{2+}) gegen Wasserstoffionen (H^+) ein)
- Atmung der Bodenlebewesen ($CO_2 + H_2O \rightarrow H_2CO_3 \rightarrow HCO_3^- + H^+$)

Mögliche Wirkungen einer pH-Absenkung im Boden:
- Zunahme der chemischen Verwitterung
- Abnahme der Zersetzungsaktivität der Bodenlebewesen
- Abnahme der Mineralisierung
- Zunahme der Humifizierung
- Abnahme der Verfügbarkeit der Nährstoffe wie Kaliumionen (K^+), Calciumionen (Ca^{2+}), Phosphat (PO_4^{3-}), Nitrat (NO^{3-})
- Zunahme der Toxizität von zum Beispiel Aluminium (Al)-Verbindungen oder Hydroxiden (H-OH)

C Waldmoor

Seggen-Schwarzerlenbruch
(*Carici elongatae-Alnetum glutinosae*)

Umgeben von Fichtenaufforstungen befindet sich in einer Geländevertiefung ein kleines Waldmoor. Das im Sommerhalbjahr durch das Blätterdach fleckenweise einfallende Licht verleiht dem Standort

7. Olsberger Wald 139

Waldmoor
Seggen-Schwarzerlenbruch im Olsberger Wald vor dem Laubaustrieb Anfang April

eine geheimnisvolle Atmosphäre. Vegetationsfreies Wasser und hochmoorartige Stellen wechseln sich ab. Nur wenige Baumarten, wie beispielsweise die charakteristische Schwarz-Erle, vertragen den ständig feuchten Untergrund.

Wichtigste Standortfaktoren

■ *Böden/Chemische Faktoren:* Sauerstoffarmes, kühles Wasser hemmt die Aktivität zersetzender Bodenlebewesen, die absterbende Pflanzen in wieder verfügbare Nährstoffe abbauen. Ein saures Bodenmilieu (pH teilweise unter 5) beeinträchtigt zusätzlich das Nährstoffrecycling, so dass die Torfböden sehr nährstoffarm sind. Die Torfschicht unter dem Bruchwald misst rund 10 bis 20 cm und wird von den Baumwurzeln, die ihre Nährstoffe aus dem Grundwasser beziehen, durchwachsen. Bei den hochmoorartigen Stellen, die eine mächtigere Torfschicht aufweisen, erfolgt die Nährstoffversorgung ausschliesslich durch Regenwasser oder Staubpartikel, da den Pflanzenwurzeln der Zugang zum nährstoffhaltigen Grundwasser verunmöglicht ist.

■ *Wasser:* Oberflächennahes Grundwasser sowie die Wasserspeicherfähigkeit der Torfmoose führen zu einem dauernd nassen Boden. In tieferen Schichten ist das Wasser kalt und sauerstoffarm.

(Ausführlichere Informationen zu Mooren siehe auch Exkursion 18, Tiefenhäuserner Moos.)

Entstehungsgeschichte
Über die genaue Entstehung dieses Moores ist nichts bekannt. Mit grösster Wahrscheinlichkeit hat es sich in einer Doline gebildet, deren Boden von tonigen Sedimenten bedeckt sein dürfte, die ein Abfliessen des Wassers erschweren. Durch den so entstandenen Luftabschluss wurden abgestorbene Pflanzenreste zu Torf (siehe Kasten «Moore – Spiegel der Vergangenheit», S. 142, sowie Exkursion 18, Tiefenhäuserner Moos).

Charakteristische Pflanzen
Auffälligste Gehölze sind Schwarz-Erle (*Alnus glutinosa*), Moor-Birke (*Betula pubescens*) sowie Faulbaum (*Frangula alnus*) und Grau- und Ohr-Weide (*Salix cinerea, S. aurita*). Die Schwarz-Erle bildet mit Pilzen eine Symbiose und erhält so Stickstoff. Sie kommt deshalb mit den nährstoffarmen Verhältnissen am Standort besonders gut zurecht. Auch das zu den Nachtschattengewächsen gehörende Bittersüss (*Solanum dulcamara*) mit blauen Blüten und unten verholztem Stengel ist häufig. Nicht zu übersehen sind in der Krautschicht die Horste der teilweise im Wasser stehenden Langährigen Segge (*Carex elongata*), die nicht-horstförmige, häufige Schnabel-Segge (*Carex rostrata*) sowie die hellgrünen Torfmoospolster (*Sphagnum sp.*). Offene Wasserflächen werden oft von der Kleinen Wasserlinse (*Lemna minor*) bedeckt. In der unmittelbaren Umgebung des Moores finden wir verschiedene Säurezeiger, die wir bereits an den beiden vorhergehenden Standorten antreffen konnten, wie Schönes Johanniskraut (*Hypericum pulchrum*), Schattenblume (*Maianthemum bifolium*) oder Gemeiner Sauerklee (*Oxalis acetosella*).

Verbreitung in der Region
Seggen-Schwarzerlenbruchwälder können in Mitteleuropa bei geeigneten Bedingungen in Höhen von 200 m bis 600 m vorkommen. In

unserer Region sind sie jedoch eine Rarität (ein anderer Standort liegt beispielsweise bei Arisdorf) und nur kleinflächig ausgebildet, da die Böden vielerorts entwässert wurden. Man sollte diese Wälder deshalb möglichst unberührt erhalten.

Langährige Segge (*Carex elongata*)
Diese horstbildende Segge bevorzugt nasse, torfige oder lehmige Böden. In unserer Region sind solche Standorte selten, und diese Segge ist eine Besonderheit.

Zoologische Besonderheiten

Der Grasfrosch sucht den Moortümpel regelmässig als Laichgewässer auf. So sind im Frühjahr unzählige Kaulquappen und später die frisch entwickelten Jungfrösche zu beobachten. Der Rand des Moores wird von Wildschweinen zum Suhlen benutzt.

> Um wieder an unseren Ausgangspunkt zu gelangen, bleiben wir auf dem Hohenweg, münden dann in den Lierweg ein und gehen auch bei der nächsten Wegverzweigung beim Grellhüttli immer in Richtung Autobahn. Nach rund einem Kilometer erreichen wir wieder den Platz der «Bundeseiche».

Moore – Spiegel der Vergangenheit

Wer hat nicht schon von Moorleichen gehört, die nach Jahrtausenden im Moor in kaum verändertem Zustand aufgefunden wurden? Berühmt wegen seines Erhaltungszustandes ist der um Christi Geburt erdrosselte und im Moor «begrabene» Mann von Tollund (Dänemark). Die sauerstofffreien Verhältnisse im Torfkörper verhindern die Zersetzung von Lebewesen. Auch pflanzliche Reste wie Samen und Pollen bleiben im Moorkörper erstaunlich gut erhalten. Anhand gefundener Reste kann man die Vegetationsgeschichte der Umgebung des Moores rekonstruieren.

Auch im Olsberger Waldmoor wurden diesbezüglich Studien durchgeführt: Aufgrund der Torfmächtigkeit muss das Moor mindestens 4500 Jahre alt sein. Der umgebende Wald war zur Zeit der Moorentstehung (siehe Kasten «Entstehung und Nutzung der Hochmoore», S. 323) ein von Buchen dominierter Mischwald, in dem zahlreiche Eichen standen. Edel-Tanne und Fichte waren selten. Die grösste Veränderung des Waldbildes erfolgte durch die Ausweitung der Landnutzung im Mittelalter: Starkes Abholzen lichtete den Waldbestand, und Hagebuche sowie Fichte breiteten sich aus.

Bestimmte Torfmoos-Reste weisen darauf hin, dass schon seit Beginn der Moorbildung hochmoorartige Stellen vorhanden waren. Es wurden auch verschiedene Reste von einst im Moor ansässigen Pflanzenarten gefunden, die heute verschwunden sind. So deutet zum Beispiel das einstige Vorkommen des lichtliebenden Wasserschlauchs (*Utricularia sp.*) darauf hin, dass hier früher ein lichterer Wald als heute wuchs.

Exkursion 8

Chaltbrunnental
Zwei Schluchtwälder im Jura

Dauer: ½ Tag

Beste Zeit:
Februar bis Oktober

Anfahrt:
Zug ab Basel SBB
bis Grellingen

Route

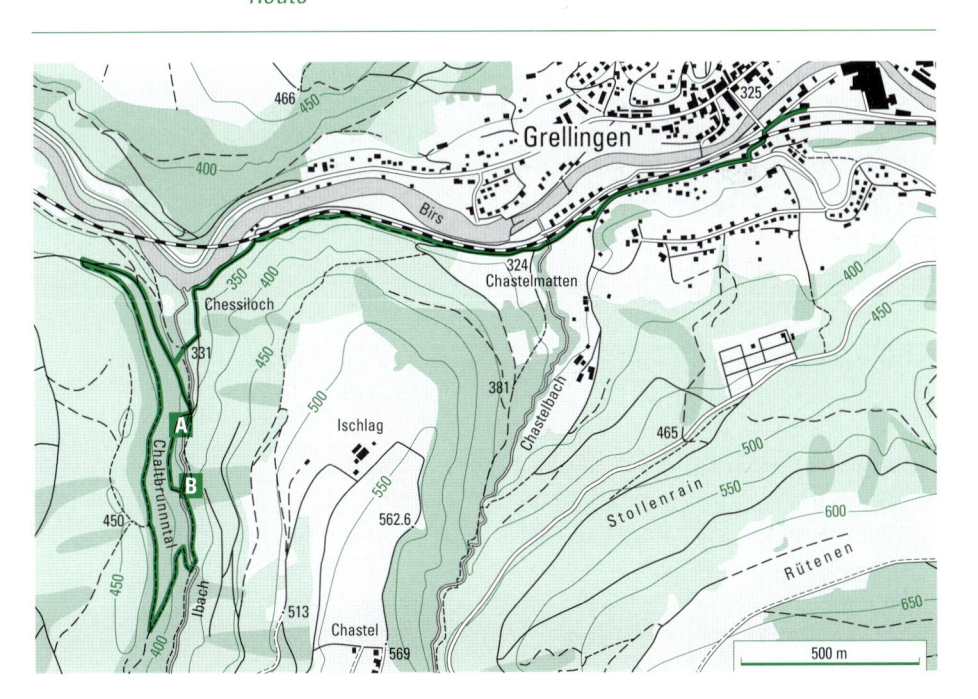

A Ahornwald auf Blockschutt
B Ahorn-Eschenwald auf feuchten Böden

8. Chaltbrunnental

Überblick

Das Chaltbrunnental zeigt auch heute noch seinen ursprünglichen und teilweise wilden Charakter. Grosse, moosüberzogene Felsblöcke und steile Felswände säumen den schmalen Pfad, der den schäumenden Ibach begleitet. Die Lufttemperaturen bleiben in der Schlucht auch an Sonnentagen verhältnismässig kühl, die Luftfeuchtigkeit hoch. Im unteren Teil des Chaltbrunnentales wurden insgesamt über 70 (!) Moosarten nachgewiesen. Zusammen mit immergrünen Farnen verleihen sie der Schlucht auch im Winter ein grünes Aussehen.

Unsere Exkursion gilt zwei Baumbeständen, in denen die im Jura sonst so häufige Buche fast ganz fehlt. Auf beweglichem Blockschutt wächst ein Ahornwald, in dem die Hirschzunge die Felsblöcke schmückt. Entlang des Bachlaufes stehen auf feuchtem, ebenem Boden vor allem Berg-Ahorne und Eschen, umgeben von einer üppig entwickelten Krautschicht.

> Vom Bahnhof Grellingen folgen wir den Wanderwegzeichen in Richtung Chaltbrunnental. Nach Überqueren des Ibachs können wir entlang des Bachlaufs mit etwas Glück die schmarotzende Schuppenwurz (*Lathraea squamaria*) finden. Sie blüht zwischen Ende März und Anfang Mai. Wir bleiben auf der rechten Seite des Bachlaufs, steigen eine Steintreppe empor und kommen zum Wegweiser «Chaltbrunnental». Hier beginnt unser erster Standort; er erstreckt sich auf einer Länge von rund 60 m zwischen Weg und Felswand.

Schuppenwurz
(*Lathraea squamaria*)
Die blattgrünlose Schuppenwurz schmarotzt vorwiegend auf Laubhölzern, denen sie mit ihren Saugwurzeln Wasser und Nährstoffe entzieht. Bis sie zum ersten Mal blüht, vergehen nahezu zehn Jahre.

Ahornwald auf Blockschutt
Auf Kalk-Blockschutt wachsende Hirschzungen, im Hintergrund Berg-Ahorn-Stämme

A Ahornwald auf Blockschutt

Hirschzungen-Ahornwald (*Phyllitido-Aceretum*)

Der moosüberzogene Untergrund dieses Standorts erweist sich beim Betreten als instabil; er besteht aus bis zu fussballgrossen, beweglichen Steinbrocken. Die Baumschicht wird vom Berg-Ahorn beherrscht, Buchen finden sich hier kaum. In der Krautschicht fallen die glänzend grünen Farnblätter der an tropische Gewächse erinnernden Hirschzunge auf. Sogar an den steilsten Felspartien können verschiedene Krautpflanzen Fuss fassen.

Wichtigste Standortfaktoren

■ *Strahlung:* Nur wenig Sonnenstrahlung erreicht den Schluchtabhang. Das dadurch entstehende gemässigte Lokalklima (siehe Kasten «Das Schluchtklima des Chaltbrunnentals», S.153) erlaubt es vielen Pflanzen, hier früher als ausserhalb der Schlucht auszutreiben. Im Sommer hingegen erfolgt die Blütenbildung oft später.

■ *Böden/Chemische Faktoren:* Basenreiche Feinerde und somit Nährstoffe können sich vor allem in den Hohlräumen zwischen den Steinblöcken ansammeln, wo für Pflanzen jedoch nur eingeschränkte Keimungs- und Wachstumschancen bestehen. Moose und Flechten ermöglichen auf den sonst nackten Steinblöcken eine geringe Feinerdeanreicherung (kaum entwickelte Kalkrendzina), die eine Vegetationsentwicklung (Sukzession) bis hin zum Hirschzungen-Ahornwald erlaubt. (Zum Thema «Sukzession» siehe Kasten «Sukzession», S.233.)

■ *Wasser:* Der feinerdearme Boden vermag Wasser nur mässig zu speichern, die hohe Luftfeuchtigkeit dieser Schluchtlage sorgt jedoch für geringe Verdunstungsverluste der Pflanzen (siehe Kasten «Das Schluchtklima des Chaltbrunnentals», S.153).

■ *Mechanische Faktoren:* Grober, beweglicher Blockschutt führt oft zu mechanischen Verletzungen der Vegetation. Von den Kalksteinwänden fallen zudem immer wieder Steinblöcke auf den Schluchtboden und hemmen so die Weiterentwicklung dieser pionierartigen Waldgesellschaft hin zu einem Buchenwald.

Entstehungsgeschichte

Seit der Etablierung der Arten nach der Eiszeit bildet der Hirschzungen-Ahornwald unter den jetzigen klimatischen Verhältnissen in Mitteleuropa bei geeigneten Standortbedingungen die natürliche Vegetation.

Charakteristische Pflanzen

Artenliste S.391

Häufigste Baumart ist der Berg-Ahorn (*Acer pseudoplatanus*), dazwischen gedeiht vereinzelt die Sommer-Linde (*Tilia platyphyllos*). Diese Baumarten kommen mit den mechanischen Störungen durch die Steinbrocken und den geringen Feinerdeansammlungen besser zurecht als die Buche (*Fagus sylvatica*), die deshalb kaum anzutreffen ist. In der Krautschicht ist die für luftfeuchte, schattige Stellen charakteristische Hirschzunge (*Phyllitis scolopendrium*) verbreitet. Daneben wachsen sieben weitere Farnarten und eine reichhaltige Moosflora. Schon im zeitigen Frühjahr blüht das Märzenglöckchen (*Leucojum vernum*). An den Felspartien fallen die zierlichen Polster der Moos-Nabelmiere (*Moehringia muscosa*), die Blattrosetten der weiss blühenden Alpen-Gänsekresse (*Arabis alpina s.str.*) sowie die blassrosa blühenden Sand-Schaumkressen (*Cardaminopsis arenosa ssp. borbasii*) auf.

Verbreitung in der Region

Der Hirschzungen-Ahornwald ist streng an die oben genannten Standortbedingungen gebunden und wächst deshalb nur sehr lokal und oft kleinflächig. Seine Verbreitung reicht von der collinen bis in die hochmontane Höhenstufe.

Hirschzunge (*Phyllitis scolopendrium*)
Auf der Unterseite der zungenförmigen, immergrünen Blätter können wir streifig angeordnete Sporenbehälter beobachten. Diese Farnart wächst auch an schattigen Mauern und ist in der Region auf Kalk verbreitet.

Alpen-Gänsekresse (*Arabis alpina s.str.*)
Die Alpen-Gänsekresse ist in den Alpen in felsigem Gelände auf Kalk recht häufig anzutreffen. Im Tiefland kann man ihr in feucht-kühlen Schluchten begegnen. Nur aus einem Teil der charakteristischen Blattrosetten entfalten sich im Frühling blühende Triebe.

8. Chaltbrunnental

Moos-Nabelmiere (*Moehringia muscosa*)
Mit ihren zarten Stengeln und den schmalen Blättern erinnert die Moos-Nabelmiere an Moospolster. Sie wächst an schattigen und feuchten Felswänden sowohl in den Alpen als auch im Jura.

Märzenglöckchen (*Leucojum vernum*)
Diese beliebte Gartenpflanze ist in schattig-feuchten Laubwäldern, Obstgärten, aber auch auf Berg- oder Sumpfwiesen beheimatet. Als Frühlingsgeophyt treibt das Märzenglöckchen im zeitigen Frühjahr aus einer Zwiebel aus, bevor das Blätterdach der Laubbäume den Lichteinfall vermindert.

Die für Hirschzungen-Ahornwälder charakteristische Wilde Mondviole (*Lunaria rediviva*) fehlt im Chaltbrunnental. Man kann sie aber zum Beispiel am Mückenberg bei Pfeffingen (BL) in einem schönen Bestand finden.

> Wir folgen weiter dem Wanderweg, überqueren eine Brücke und wechseln so die Bachseite. Dort, auf der Ebene zwischen Bachlauf und Felswand, befindet sich unser zweiter Standort. Er ist sowohl in südlicher als auch in nördlicher Richtung von einem schmalen Pfad begrenzt.

B Ahorn-Eschenwald auf feuchten Böden

Ahorn-Eschenwald (Aceri-Fraxinetum)

Schlanke, hochgewachsene Berg-Ahorne und Eschen bilden die Baumschicht über einem feuchten Untergrund. Steine und Geröll finden sich nur am Rand des Bestandes. Im Frühjahr ist der Boden mit einem dichten grünen Bärlauchteppich bedeckt, aus dem einige wenige Frühblüher hervorleuchten. Erst gegen Mitte Mai treiben die Blätter der Esche aus. In den nun dunkleren unteren Bestandesschichten wachsen jetzt höher aufschiessende, teilweise grossblättrige Stauden.

Wichtigste Standortfaktoren
- *Strahlung:* Siehe Standort A.
- *Böden/Chemische Faktoren:* Der basenreiche tiefgründige Mullbraunerdeboden vermag die durch das Wasser eingebrachten Nährstoffe gut zu speichern. Zudem sind die zersetzenden Bodenorganismen bei permanenter Feuchtigkeit und relativ milden Bodentemperaturen sehr aktiv, wodurch anfallende Streu noch im selben Jahr abgebaut wird und eine gute Nährstoffnachlieferung für die

Ahorn-Eschenwald
Mai-Aspekt des
Ahorn-Eschenwaldes
mit Bärlauchteppich

wachsende Vegetation gewährleistet ist. Dies führt zu sehr produktiven Verhältnissen, so dass in relativ kurzer Zeit hohe Bestände eines Ahorn-Eschenwaldes heranwachsen können.

- *Wasser:* Ein hoher Grundwasserspiegel sowie rieselndes Hangwasser sorgen für eine ständige Durchfeuchtung des wasserspeicherfähigen Bodens. Trotzdem neigt dieser Bodentyp nicht zur Staunässe und wird immer wieder ausreichend durchlüftet. Die hohe Luftfeuchtigkeit der Schluchtlage ist auch hier dem Wasserhaushalt der Pflanzen nützlich.

Entstehungsgeschichte
Siehe Standort A.

Charakteristische Pflanzen   Artenliste S. 393
In der Baumschicht gedeihen vorwiegend Berg-Ahorn (*Acer pseudoplatanus*) und Esche (*Fraxinus excelsior*). Der hohe Feuchtigkeitsgehalt des Bodens hindert die Buche in ihrem Wachstum; sie ist deshalb nur vereinzelt anzutreffen. Die Krautschicht wird im April vom Bärlauch (*Allium ursinum*) dominiert. An einer stark durchnässten Stelle leuchten die gelben Blüten der Dotterblume (*Caltha palustris*). Ab Mai bestimmen Geissfuss (*Aegopodium podagraria*), Gefleckte Taubnessel (*Lamium maculatum*) und Rote Waldnelke (*Silene dioica*) das Bild und weisen mit ihrer Anwesenheit auf die feuchten, nährstoffreichen Verhältnisse hin. Entlang des Bachlaufes können beide Milzkraut-Arten, das Wechselblättrige und das Gegenblättrige Milzkraut (*Chrysosplenium alternifolium, Chr. oppositifolium*) beobachtet werden.
Am Rande des Hangfusses herrschen etwas andere Bodenverhältnisse vor. Der Untergrund ist zwar immer noch feucht und nährstoffreich, besteht aber aus beweglichem Feinschutt. Die Steine sind viel kleiner als im Hirschzungen-Ahornwald. Im zeitigen Frühjahr gedeiht hier nebst dem Märzenglöckchen (*Leucojum vernum*) auch der Hohlknollige Lerchensporn (*Corydalis cava*). Beide Arten überdauern den Winter mit Hilfe von unterirdischen Nährstoffspeicherorganen (Zwiebeln, Knollen).

8. Chaltbrunnental 151

Dotterblume
(*Caltha palustris*)
Die Dotterblume wächst auf nassen, nährstoff- und basenreichen Sumpf-, Lehm- oder Tonböden. Besonders verbreitet ist sie in nassen Wirtschaftswiesen.

Rote Waldnelke (*Silene dioica*)
Die Rote Waldnelke ist zweihäusig, d.h. es befinden sich entweder nur männliche oder nur weibliche Blüten auf einer Pflanze. Sie gedeiht auf nährstoffreichen Böden sowohl in Wäldern als auch auf Fettwiesen oder in Hochstaudenfluren.

Hohlknolliger Lerchensporn (*Corydalis cava*)
Der vor allem in Kalkgebieten verbreitete Hohlknollige Lerchensporn tritt in Wäldern oft in individuenreichen Beständen auf. Ein unterirdischer Speicherknollen ermöglicht ihm den Austrieb im zeitigen Frühjahr.

Wechselblättriges Milzkraut
(*Chrysosplenium alternifolium*)
Das Wechselblättrige Milzkraut unterscheidet sich von dem im Chaltbrunnental ebenfalls vorkommenden, sonst aber in der Region eher seltenen Gegenblättrigen Milzkraut (*Chrysosplenium oppositifolium*) durch wechselständige Laubblätter

Verbreitung in der Region
Der Ahorn-Eschenwald ist in Höhen zwischen 400 und 800 m anzutreffen. In der Schweiz liegt sein Hauptverbreitungsgebiet im Mittelland. Er ist jedoch vielerorts nur noch kleinflächig ausgebildet, da die fruchtbaren Standorte schon früh gerodet wurden.

Das Schluchtklima des Chaltbrunnentals

Das Relief des Chaltbrunnentales beeinflusst das Lokalklima spürbar: Durch die schmale Schluchtöffnung, die zusätzlich von Frühjahr bis Herbst von beblätterten Baumkronen abgeschirmt wird, erreichen nur wenige Sonnenstrahlen den Schluchtboden, und Winde können nur abgeschwächt in das Tal eindringen. Temperatur und Luftfeuchtigkeit unterscheiden sich deshalb vor allem während der Zeit der Belaubung und an Schönwettertagen deutlich vom umgebenden Freiland. Die Temperaturdifferenz kann im Sommer bis zu 10°C betragen; bei bedecktem Himmel sind dagegen die Unterschiede zu allen Jahreszeiten klein. Die Tages-Mittelwerte sind in der Schlucht niedrig, die Temperaturschwankungen schwach. Die spärliche Sonneneinstrahlung und die hohe Eigenfeuchtigkeit der Quellböden in Bachnähe bewirken eine gleichmässige und hohe Luftfeuchtigkeit. Sogar an heissen Sommertagen liegt sie meist über 80%, so dass die Verdunstung im Bestand gering bleibt. Sie entspricht nur etwa einem Fünftel des über einer Wiese im Freiland gemessenen Wertes.

Im Winter mindert das Schluchtrelief die nächtliche Wärmeabstrahlung des Bodens, Fröste sind deshalb selten.

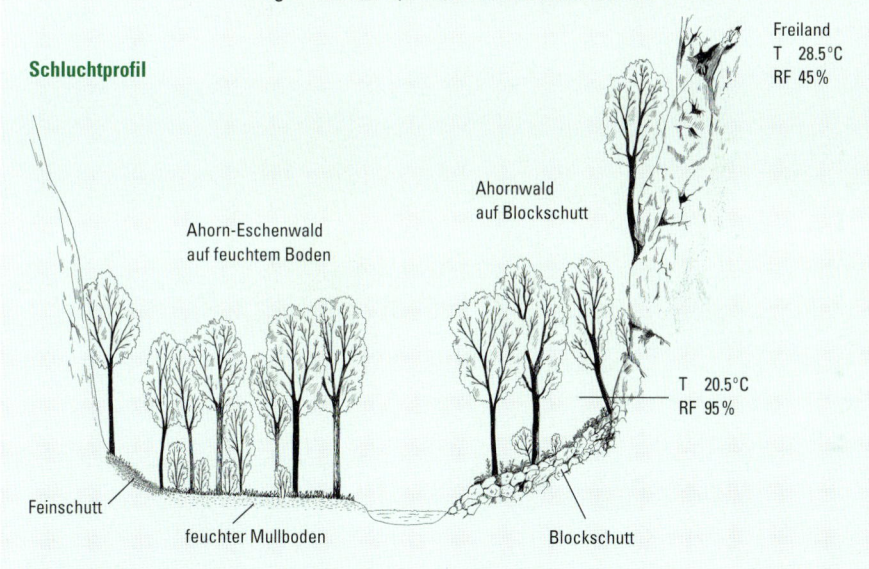

Schluchtprofil

Freiland
T 28.5°C
RF 45%

Ahornwald
auf Blockschutt

Ahorn-Eschenwald
auf feuchtem Boden

T 20.5°C
RF 95%

Feinschutt

feuchter Mullboden

Blockschutt

In der Abbildung sind die in der Schlucht örtlich voneinander getrennt liegenden Standorte A und B zusammengefügt. Die Klimadaten (T = Temperatur, RF = relative Luftfeuchtigkeit) wurden an einem Sonnentag im Juli um 14 Uhr erhoben (Michael Zemp, 1984). Der Ahornwald auf Blockschutt (Standort A) weist im Vergleich zum Freiland eine um 8°C niedrigere Temperatur und eine 50% höhere Luftfeuchtigkeit auf.

Als möglicher Rückweg zweigt nach rund 200 m ein schmaler Pfad rechts vom Hauptweg ab und bringt uns, nach mehreren Serpentinen, parallel zum Steilhang zum Taleingang zurück. Auf stabileren Böden und bei weniger ausgeprägtem Schluchtklima treffen wir vermehrt auf Buchen und Sommer-Linden.

Auf dem Plateau oberhalb des Weges ändern sich die geologischen Verhältnisse: der Hartkalk ist von einer Schicht Löss bedeckt. Niederschläge sorgten für eine Auswaschung dieser Schicht, ein saureres Bodenmilieu ist die Folge. Oft wachsen dort gepflanzte Fichtenforste.

Exkursion 9

Hofstetter Chöpfli

Vegetation eines wärmebegünstigten
Wald- und Felsgebiets im Jura

Dauer: ½ Tag

Beste Zeit:
April bis September

Anfahrt:
Tram (BLT) bis Flüh

Route

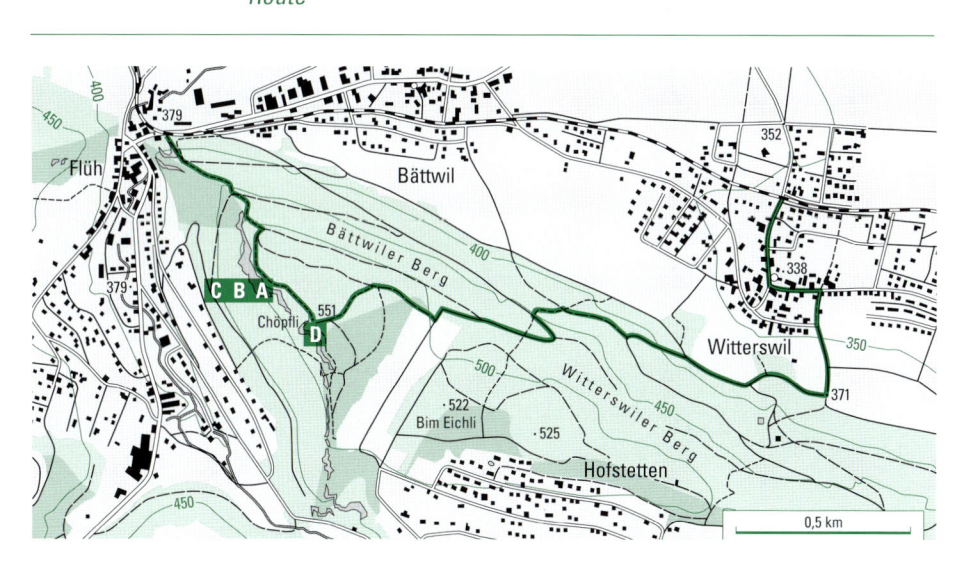

A Flaumeichenwald in südexponierter Juralage
B Gebüschmantel mit vorgelagertem Krautsaum
C Felsrasen
D Pflanzen der Kalkfelsen

9. Hofstetter Chöpfli

Überblick

In aussichtsreicher Lage oberhalb Flüh liegt das südwestexponierte Hofstetter Chöpfli. Das trocken-warme Lokalklima ermöglicht hier eine besondere Vegetation: Ein südlich anmutender Flaumeichenwald erstreckt sich entlang der Geländekante. Flaumeichenwälder sind die bodentrockensten Laubwälder unserer Region und beherbergen viele wärmeliebende Pflanzen. Die Eichen bleiben wegen der vorherrschenden Wasser- und Nährstoffknappheit meist niedrig und knorrig. Mehrere Felsköpfe ragen aus dem Wald heraus. In Spalten gedeihen einige auffällige Arten wie das seltene Berg-Steinkraut. Die nächste Umgebung der Felsen ist zu trocken für Wald: Hier wächst ein artenreicher Rasen.

Hinter dem Parkplatz gegenüber der Tramstation Flüh führt der Weg hangwärts (Wegweiser «Hofstetten») und durchquert schon nach wenigen Metern einen Wald, der durch seinen Lindenreichtum auffällt. Der Boden ist stellenweise instabil und mit Feinschutt bedeckt – ein Standort für die Sommer-Linde (*Tilia platyphyllos*), da die ansonsten konkurrenzkräftigere Buche (*Fagus sylvatica*) unter solchen Bedingungen geschwächt ist. Nach einem 200 m langen, steilen Aufstieg durch den vom Buchenwald geprägten Nordhang erreichen wir eine Krete. Auf ihrer Südseite wächst ein artenreicher Eichenwald.

A Flaumeichenwald in südexponierter Juralage

Flaumeichen-Mischwald (*Quercetum pubescenti-petraeae*)

Knorrige Eichen und schlanke Mehlbeerbäume prägen den Wald. Die Bäume erreichen nur eine Höhe von maximal 12 m. Durch das Kronendach der Eichen dringt relativ viel Licht in den Wald ein. Strauch- und Krautschicht können sich deshalb gut entfalten.

Wichtigste Standortfaktoren
■ *Strahlung:* Der nach Südwesten ausgerichtete Hang ist bei Schönwetter intensiver Sonnenstrahlung ausgesetzt, was im Sommerhalbjahr zu einer starken Erwärmung der bodennahen Luftschichten führt. Vor dem Laubaustrieb der Bäume dringt die Sonnenstrahlung unge-

9. Hofstetter Chöpfli

Flaumeichenwald
Herbstaspekt des
Flaumeichenwaldes
mit Gebüschmantel
und Felsköpfen

hindert bis zum Waldboden vor. Dieser erwärmt sich, und das Wachstum der Vegetation kann schon früh im Jahr einsetzen.

■ *Böden/Chemische Faktoren:* An der Geländekante wird der Boden (Rendzina) über dem Kalkgestein in Richtung der Felsköpfe immer flachgründiger. Seine Fähigkeit, Nährstoffe und Wasser zu speichern, nimmt deshalb in der gleichen Richtung ab (siehe Profil).

Profil Hofstetter Chöpfli

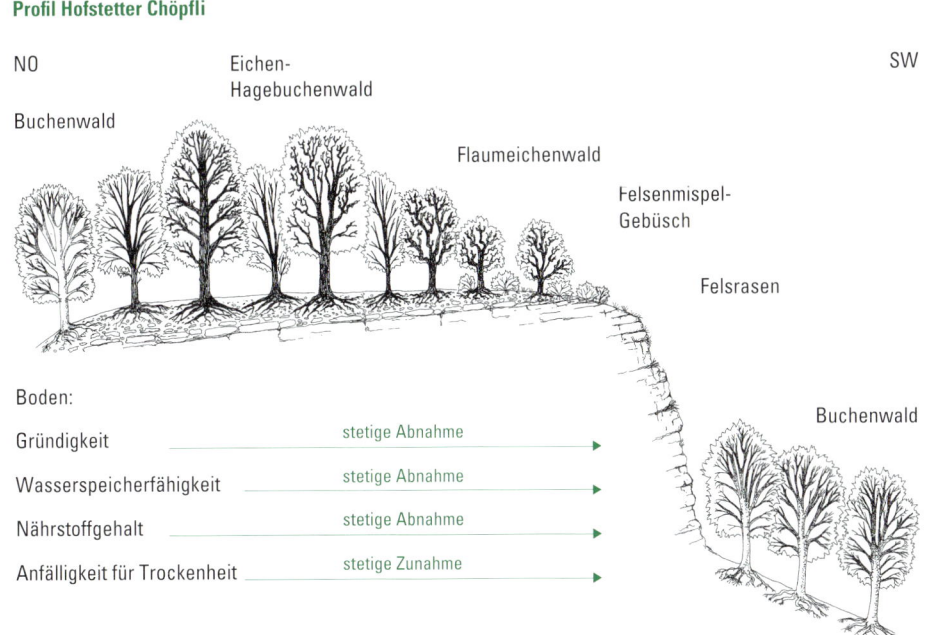

NO — Buchenwald — Eichen-Hagebuchenwald — Flaumeichenwald — Felsenmispel-Gebüsch — Felsrasen — Buchenwald — SW

Boden:
- Gründigkeit — stetige Abnahme
- Wasserspeicherfähigkeit — stetige Abnahme
- Nährstoffgehalt — stetige Abnahme
- Anfälligkeit für Trockenheit — stetige Zunahme

Der Basengehalt des karbonatreichen Bodens ist an sämtlichen Standorten dieser Exkursion hoch.
- *Wasser:* Das Niederschlagswasser versickert rasch im felsigen Untergrund. In der sommerlichen Hitze trocknet der Boden stark aus, so dass die Aktivität der Bodenorganismen eingeschränkt wird.

Entstehungsgeschichte

In unserer Region enthalten Flaumeichenwälder viele Pflanzen, die als Relikte aus einer Wärmezeit an solchen Stellen überlebten. Unter den gegenwärtigen Klimabedingungen sind diese Arten hauptsächlich im Übergangsbereich zum Mittelmeerraum (submediterrane Arten) oder im Osten Europas (subkontinentale Arten) verbreitet. Diese Wärmeperiode (Atlantikum) prägte vor 7500 bis 4500 Jahren unser Klima. Damals waren Eichenwälder auch an Standorten weit verbreitet, die heute vorwiegend von Buchenwäldern besiedelt werden. Die ersten Buchen kehrten während dieser Zeit in unsere Region zurück, nachdem sie die letzte Eiszeit in Südfrankreich und auf dem Balkan überdauert hatten. Im Verlauf der Jungsteinzeit erlangten sie ihre Vormachtstellung als häufigste Waldbäume. Eichenwälder konnten sich nur noch auf Extremstandorten halten, wo Buchen wegen der sommerlichen Bodentrockenheit nicht mehr gedeihen. Dem Menschen dienten Flaumeichenwälder vorwiegend als Brennholzlieferanten. Heute werden sie kaum mehr genutzt, da der Holzertrag gering ist. Eine wichtige Funktion erfüllen sie als Schutzwälder, denn das Wurzelwerk der Bäume verhindert ein Abschwemmen des Erdreichs.

Charakteristische Pflanzen   Artenliste S. 395

Die Baumschicht wird von der Flaum-Eiche (*Quercus pubescens*), erkennbar an den stark behaarten Jungtrieben, und der Trauben-Eiche (*Quercus petraea*) geprägt. Zwischen beiden Arten existieren viele intermediäre Formen, die durch Kreuzungen entstanden sind. Im Nordjura kommt die Flaum-Eiche (zusammen mit den Zwischenformen) nur in trocken-warmen Lagen vor, während die Trauben-Eiche eine viel weitere Verbreitung zeigt. Auch der Mehlbeerbaum (*Sorbus aria*), erkennbar an den mehlig-weissen Blattunterseiten, und der Elsbeerbaum (*Sorbus torminalis*) sind wärmeliebend. Vereinzelt finden sich zudem Eschen (*Fraxinus excelsior*) im Bestand.

9. Hofstetter Chöpfli

Über zwanzig Straucharten wachsen im Unterholz. Manche erhalten allerdings im Waldesinneren zu wenig Licht, um Blüten und Früchte zu bilden.
Im April stechen die gelben Blüten der Frühlings-Schlüsselblume (*Primula veris s.l.*) sowie das Rauhhaarige Veilchen (*Viola hirta*) und das Berg-Täschelkraut (*Thlaspi montanum*) ins Auge, später blühen Echtes Salomonssiegel (*Polygonatum odoratum*), Immenblatt (*Melittis melissophyllum*), Schwalbenwurz (*Vincetoxicum hirundinaria*), Berg-Johanniskraut (*Hypericum montanum*), Pfirsichblättrige Glockenblume (*Campanula persicifolia*) und im Hochsommer der Edel-Gamander (*Teucrium chamaedrys*). Die Weisse Segge (*Carex alba*) ist in der

Berg-Täschelkraut (*Thlaspi montanum*)
Das im nördlichen Jura an felsigen Orten weitverbreitete Berg-Täschelkraut gedeiht an unserem Standort an flachgründigen, aber im Sommer nicht zu stark austrocknenden Stellen im Flaumeichenwald und am Fuss der Felsköpfe

Pfirsichblättrige Glockenblume
(*Campanula persicifolia*)
Als «Halbschattenpflanze» wächst die Pfirsichblättrige Glockenblume an lichtreichen Plätzen im Flaumeichenwald und zwischen Sträuchern am Waldrand. Wegen ihrer grossen Blüten ist sie als Gartenpflanze beliebt.

artenreichen Krautschicht überall häufig vertreten, während die Niedrige Segge (*Carex humilis*) nur an besonders trockenen und lichtreichen Stellen gedeiht.

Verbreitung in der Region
Flaumeichenwälder sind besonders im submediterranen Raum häufig. Nach Norden werden sie stetig seltener. Am Jurahang oberhalb des Neuenburger- und des Bielersees existieren noch ausgedehnte Bestände, während sie im Nordjura nur lokal an flachgründigen, südexponierten Stellen bis zu einer Höhe von 800 m ü.M. vorkommen. In unserer Region findet man sie auch in der Vorhügelzone von Vogesen und Schwarzwald sowie am Kaiserstuhl. Da sich die Standorte des Flaumeichenwaldes für den Rebbau eignen, sind sie vielfach gerodet worden.

Zoologische Besonderheiten
Der warme und strukturreiche Flaumeichenwald bietet vielen Insekten Lebensraum. Beispiele sind verschiedene Bockkäfer, Blauer Eichenzipfelfalter und Eichenkarmin. Charaktervogel der steilen Südlagen ist der Berglaubsänger, dessen weicher Triller im Frühjahr oft zu hören ist.

> Der Weg führt entlang der Geländekante. Auf der linken Seite erstreckt sich ein Eichen-Hagebuchenwald, gegenüber der Flaumeichenwald. Gelegentlich zweigen Pfade rechts ab. Sie führen alle hinaus zu den Felsköpfen, wo man jeweils eine schöne Aussicht geniesst. Dem Gebüschmantel am Waldrand und anschliessend den vorgelagerten Krautsäumen gilt nun die Aufmerksamkeit.

B Gebüschmantel mit vorgelagertem Krautsaum

Felsenmispel-Gebüsch (*Cotoneastro-Amelanchieretum*) und Hirschwurz-Saum (*Geranio-Peucedanetum cervariae*)

Ein lockeres Gebüsch schliesst den Flaumeichenwald ab. Dieser Gebüschmantel setzt sich aus wärmeliebenden Sträuchern zusammen, von denen viele auch im Waldesinnern gedeihen, wo sie jedoch aus Lichtmangel oft steril bleiben.

Einige Stauden entfalten sich besonders üppig im halbschattigen, windgeschützten Übergangsbereich vom Wald zum Offenland. Sie bilden dort einen an den Gebüschmantel anschliessenden Saum, der allerdings nicht scharf abgrenzbar ist. Oft wachsen diese Saumpflanzen auch an lichtreichen Stellen im Flaumeichenwald und im vorgelagerten Felsrasen. Am Gebüschrand gedeihen sie aber am besten.

Wichtigste Standortfaktoren
■ *Strahlung:* Die Sonneneinstrahlung ist höher als im Waldesinnern, zufolge der zeitweiligen Beschattung durch die Bäume jedoch tiefer als auf dem vorgelagerten Rasen. Im Windschutz der Gehölze kommt es oft zu höheren Temperaturen als im Umland.
■ *Böden/Chemische Faktoren:* Der Boden wird hier so flachgründig, dass ein Baumwachstum wegen des Nährstoffmangels und der Wasserknappheit im Sommer nicht mehr möglich ist. Auch für grössere Sträucher bestehen nur noch in einem begrenzten Bereich günstige Bedingungen (siehe «Profil Hofstetter Chöpfli», S.157).
■ *Wasser:* Siehe «Böden/Chemische Faktoren» und «Profil Hofstetter Chöpfli», S.157.

Entstehungsgeschichte
Siehe Standort A.

Artenliste zu Sträuchern S.396

Charakteristische Pflanzen
Die meistvertretene Art des Gebüschmantels ist die sogar noch in tiefen Spalten der Felswände wachsende Felsenmispel (*Amelanchier ovalis*). Häufig sind zudem Felsenkirsche (*Prunus mahaleb*), Alpen-Kreuzdorn (*Rhamnus alpina*), Wolliger Schneeball (*Viburnum lantana*) und verschiedene Rosen. Seltener findet man: Gemeiner Kreuzdorn (*Rhamnus cathartica*), Berberitze (*Berberis vulgaris*) sowie die Gewöhnliche Steinmispel (*Cotoneaster integerrimus*).
Typische Arten des Krautsaums sind: Hirschwurz (*Peucedanum cervaria*), Sichelblättriges Hasenohr (*Bupleurum falcatum s.str.*), Ästige Graslilie (*Anthericum ramosum*), Dost (*Origanum vulgare*) und Reichstachlige Rose (*Rosa pimpinellifolia*). Letztere gedeiht zudem im Rasen und zwischen den Felsen. Sie treten zusammen mit auch im Flaumeichenwald wachsenden Arten wie Pfirsichblättrige Glocken-

Felsenmispel
(*Amelanchier ovalis*)
Die Felsenmispel bildet essbare Früchte, die schon Ende Juni ausreifen. Junge Blätter schützen sich vor der Sonnenstrahlung durch einen grauen Haarfilz.

Reichstachlige Rose
(*Rosa pimpinellifolia*)
Im Jura gedeiht diese kleinwüchsige Rose häufig an sonnigen steilen Abhängen und Felsen. Sie blüht nur, wenn sie genügend Licht erhält. Dank der Kombination von meist 9 Teilblättern pro Blatt und weissen Blüten ist sie, im Gegensatz zu vielen anderen Rosen, leicht bestimmbar.

blume (*Campanula persicifolia*), Echtes Salomonssiegel (*Polygonatum odoratum*) und Schwalbenwurz (*Vincetoxicum hirundinaria*) auf.

Verbreitung in der Region

Das Felsenmispel-Gebüsch ist an warmen felsigen Lagen im Jura verbreitet. An der Trockengrenze für Waldwuchs können Gebüsche beständig sein, da sie hier nicht in Konkurrenz zu den Bäumen treten müssen. Ausserhalb von Fluss-, Fels- oder Lawinengebieten existieren sie meist nur für eine gewisse Zeit; sie werden bei der Wiederbewaldung offener Flächen von den aufkommenden Bäumen verdrängt (siehe Kasten «Sukzession», S. 233).

9. Hofstetter Chöpfli 163

Schwalbenwurz (*Vincetoxicum hirundinaria*)
Die Blüten der Schwalbenwurz besitzen einen Klemm-Mechanismus, mit dem sie die Saugrüssel der Bestäuber festhalten. Befreit sich das Insekt gewaltsam, so bleibt ein Pollenpaket am Rüssel haften. Beim nächsten Blütenbesuch gerät dieses Paket in eine Narbengrube, wo es stecken bleibt. Ist ein Insekt nicht kräftig genug, um sich wieder loszureissen, stirbt es.

Sichelblättriges Hasenohr (*Bupleurum falcatum s.str.*)
Das zierliche Hasenohr kommt in sonnigen Krautsäumen vor und hat für Doldengewächse ungewöhnliche, an einkeimblättrige Pflanzen erinnernde Blätter

Hirschwurz-Säume treten häufig zusammen mit dem Felsenmispel-Gebüsch auf. Man findet sie aber auch an anderen wärmebegünstigten Waldrändern, oft angrenzend an Magerrasen.
Auf der Gobenmatt bei Arlesheim wachsen als zusätzliche attraktive Arten dieser Säume Berg-Kronwicke (*Coronilla coronata*), Straussblütige Margerite (*Tanacetum corymbosum*) und Kamm-Wachtelweizen (*Melampyrum cristatum*), am Südhang des Pfeffinger Schlossbergs der Blutrote Storchschnabel (*Geranium sanguineum*).

C Felsrasen

Kronwicken-Felstreppenrasen (*Coronillo-Caricetum humilis*)

Fliessend geht der Saum in einen artenreichen Rasen über, der die kargen Schuttböden im Bereich der Felsköpfe bedeckt. An steileren Hangpartien weist er Lücken auf und besteht nur noch aus treppenförmigen Bändern. Auffällig sind im Frühjahr neben zahlreichen bunt blühenden Arten die vielen Fruchtstände des Blaugrases.

Felsrasen
Treppenförmig aufgebauter Rasen auf kargen Kalkschuttböden

Wichtigste Standortfaktoren
- *Strahlung:* Die Sonneneinstrahlung ist am Südhang hoch, der Boden kann sich im Sommer tagsüber bis auf 60°C erwärmen. Nachts kühlen die exponierten, lückig bewachsenen Stellen stark ab. Eine dichte Pflanzendecke, die die nächtliche Wärmeabstrahlung mindern könnte, fehlt weitgehend.
- *Böden/Chemische Faktoren:* Siehe «Profil Hofstetter Chöpfli», S.157.
- *Wasser:* Siehe «Profil Hofstetter Chöpfli», S.157.

Entstehungsgeschichte
Ähnlich wie die Flaumeichenwälder, ihre Gebüschmäntel und Krautsäume enthalten auch Felsrasen viele Relikte aus früheren Klimaperioden. Arten wie die Langstielige Distel und der Gemeine Bergflachs (*Thesium alpinum*) sind heute hauptsächlich in den Alpen verbreitet. Man vermutet deshalb, dass sie während der letzten Eiszeit, als in unserer Region ein alpines Klima herrschte, hierher gelangten. Als die Temperaturen anstiegen, blieben sie an exponierten, waldfreien Standorten «sitzen» und haben als Glazialrelikte (siehe Kasten «Eiszeitrelikte», S.352) bis heute überdauert. Später, während des warmen Atlantikums, setzten sich in unserer Region auch viele submediterrane Arten fest, die nach anschliessender Klimaverschlechterung auf wärmebegünstigte Orte wie zum Beispiel das Hofstetter Chöpfli eingeschränkt wurden. Besonders diese Pflanzen sind von solchen Felsgebieten aus auch in die Magerrasen eingewandert, die der Mensch viel später geschaffen hat.
Das Plateau des Hofstetter Chöpflis wurde schon in vorgeschichtlicher Zeit besiedelt. Durch Beweidung und Holznutzung haben sich die natürlichen Rasenflächen an den Hängen vergrössert.

Artenliste S.397

Charakteristische Pflanzen
Blaugras (*Sesleria caerulea*) und Niedrige Segge (*Carex humilis*) festigen mit ihrem dichten Wurzelgeflecht den Boden und wirken schuttstauend. So entsteht an steileren Stellen eine treppige Geländestruktur. Hangseitig sammelt sich hinter den Grashorsten Feinerde an, in der andere Pflanzen siedeln können.
Häufig sind Arten trockener, nährstoffarmer Standorte wie Gemeines Sonnenröschen (*Helianthemum nummularium s.l.*), Hufeisenklee (*Hippocrepis comosa*), Gemeine Kugelblume (*Globularia punc-

9. Hofstetter Chöpfli

Niedrige Segge (*Carex humilis*) und **Blaugras** (*Sesleria caerulea*)
Beide Arten wachsen auf nährstoffarmen, aber kalkreichen Böden, die im Sommer gelegentlich austrocknen können

Hufeisenklee (*Hippocrepis comosa*)
Dieser auffällige Klee besitzt hufeisenförmige Früchte, die ihm seinen Namen verliehen. Er wächst in den meisten Magerrasen der Region und ist ein Beispiel für Arten felsiger Orte, die in nährstoffarmen Wiesen und Weiden ihnen zusagende Lebensräume gefunden haben.

Langstielige Distel (*Carduus defloratus s.str.*)
Das Hauptverbreitungsgebiet der Langstieligen Distel ist der Alpenraum. Im Jura gilt sie als Reliktpflanze aus der Eiszeit und ist an besonnten felsigen Abhängen häufig zu finden. Ihr weitverzweigtes Wurzelwerk erlaubt ihr, auf humusarmen Steinböden zu wachsen, und befestigt gleichzeitig den Gesteinsschutt.

Berg-Gamander
(*Teucrium montanum*)
Der Berg-Gamander ist ein gut an trockene Standorte angepasster Zwergstrauch. Er besitzt schmale, ledrige, auf der Unterseite weiss behaarte Blätter. Diese kalkliebende Art trifft man im ganzen Jura an felsigen Stellen.

tata), Skabiosen-Flockenblume (*Centaurea scabiosa s.l.*), Berg-Gamander (*Teucrium montanum*) und Hügel-Waldmeister (*Asperula cynanchica*). Der vorwiegend in Westeuropa verbreitete Behaarte Ginster (*Genista pilosa*) ist auch im Bereich des Birstals in vielen Felsgebieten anzutreffen.

Ausgesprochene Rohbodenpioniere sind Langstielige Distel (*Carduus defloratus s.str.*) und Bewimpertes Perlgras (*Melica ciliata*). Letzteres besiedelt neben sonnigen Felsgebieten auch Sekundärstandorte wie Lesesteinhaufen (siehe Exkursion 17, Rouffach–Westhalten).

Verbreitung in der Region

Kronwicken-Felstreppenrasen sind an vielen waldfreien südexponierten Felsstandorten im Jura anzutreffen. Die namengebende Scheiden-Kronwicke (*Coronilla vaginalis*) fehlt am Hofstetter Chöpfli, ist aber in den sonnigen Felsrasen der höheren Juralagen weit verbreitet. Stellenweise tritt, wie zum Beispiel am Schlossberg von Pfeffingen oder im Gerstel bei Waldenburg, das Berg-Laserkraut (*Laserpitium siler*), ein auffälliges weisses Doldengewächs, hinzu.

> Unterhalb des grossen Picknickplatzes führt ein schmaler Weg an kleineren Felspartien vorbei. Hier lassen sich die Felspflanzen leicht (und gefahrlos) betrachten.

D Pflanzen der Kalkfelsen

Habichtskraut-Felsflur (*Potentillo-Hieracietum humilis*)

Nur wenige Arten können in den Spalten der Kalkfelsen wurzeln. Ihre oft auffälligen Blüten kontrastieren mit dem grauweissen Gestein. Sie sind selten ausschliesslich an Felsen gebunden, sondern gedeihen auch in ihrer nahen Umgebung.

Wichtigste Standortfaktoren
- *Strahlung:* Das südexponierte Gestein erhitzt sich bei Sonnenschein und strahlt die Wärme in der Nacht ab. Dank seiner grossen Wärmespeicherkapazität kühlt das Gestein verzögert aus, und der Fels bleibt zunächst wärmer als die Luft. Trotzdem kommt es oft zu ausgeprägten Temperaturschwankungen im Tages- und Jahresverlauf, da die Felsstandorte Wind und Wetter stark exponiert sind.
- *Böden/Chemische Faktoren:* Der Wurzelraum ist durch das Spaltenvolumen beschränkt. Damit höheres Pflanzenleben in den Felsritzen möglich ist, muss darin ein ausreichendes Nährstoffangebot vorhanden sein (angesammelte Feinerde). Das Milieu ist basisch und reich an Ionen aus gelöstem Kalkgestein.
- *Wasser:* Das Wasserangebot hängt von der Grösse und Tiefe der Spalten ab.

Entstehungsgeschichte
Felswände gehören zu denjenigen Biotopen, die seit dem Ende der letzten Eiszeit den geringsten Veränderungen unterworfen waren. Auch menschliche Eingriffe unterblieben bis in die jüngste Zeit vollständig. So konnten Pflanzenarten darin überleben, die aus der letzten Eiszeit oder sogar aus noch weiter zurückliegenden Perioden stammen.

Charakteristische Pflanzen   Artenliste S. 399
Bereits im Februar schmücken die gelben Blüten des Immergrünen Hungerblümchens (*Draba aizoides*) die Felsköpfe. Später erblühen Berg-Steinkraut (*Alyssum montanum*), Niedriges und Stengelumfassendes Habichtskraut (*Hieracium humile, H. amplexicaule*) sowie Weisser Mauerpfeffer (*Sedum album*). Mancherorts halten sich

auch Horste des Blaugrases (*Sesleria caerulea*) und in grösseren Spalten sogar kleine Eschen (*Fraxinus excelsior*). Drei Farnarten wachsen im Kalkgestein: der Braunstielige Streifenfarn (*Asplenium trichomanes*), der Mauer-Streifenfarn (*Asplenium ruta-muraria*) und, an einem Felskopf gegen Hofstetten, der Jura-Streifenfarn (*Asplenium fontanum*).

Verbreitung in der Region

Die meisten hier wachsenden Felspflanzen sind an basenreiches Gestein gebunden, wachsen vorwiegend auf Kalk und sind im Jura weit verbreitet. In der Blauenkette und im Birstal kommen im Bereich der Felsen und Felsrasen weitere attraktive Pflanzen vor: Aurikel

Stengelumfassendes Habichtskraut
(*Hieracium amplexicaule*)
Dieses Habichtskraut besitzt zahlreiche Drüsen und fühlt sich deshalb klebrig an. Das Öl der Drüsen ist von leicht ranzigem Geruch. Wie das Niedrige Habichtskraut (*Hieracium humile*) kommt diese Pflanze auch in Kalkfelsen der Alpen vor.

Weisser Mauerpfeffer (*Sedum album*)
Der Weisse Mauerpfeffer gehört zu den Dickblattgewächsen mit wasserspeicherndem Blattgewebe: Die Blätter haben einen runden Querschnitt und sind fleischig. Er kann deshalb an oft austrocknenden Stellen wachsen.

9. Hofstetter Chöpfli

Berg-Steinkraut
(*Alyssum montanum*)
Das seltene Berg-Steinkraut gedeiht in unserer Region nur an wenigen Orten (Isteiner Klotz, Reichenstein, Pfeffinger Schlossberg). An einigen weiteren Stellen wurde es angesiedelt (Landsberg, Sissacher Fluh). Seine Wurzeln können bis 90 cm lang werden, um tief in Felsspalten Feuchtigkeit zu erschliessen.

(*Primula auricula*), Leberbalsam (*Erinus alpinus*), Flaumiger Seidelbast (*Daphne cneorum*) und Grenobler Nelke (*Dianthus gratianopolitanus*).

Anpassungen der Felspflanzen an ihren Lebensraum

- Felspflanzen besitzen mit ihrer Felsspalte einen eigenen «Blumentopf»: Sie wurzeln in einem kleinen Raum mit begrenzter Wasser- und Nährstoffspeicherfähigkeit. Da die Zufuhr von aussen sehr gering ist; müssen alle nährstoffliefernden Materialien möglichst am Ort bleiben. Viele Felspflanzen unterhalten sozusagen ihren eigenen «Komposthaufen»: Abgestorbene Blätter und totes organisches Material verbleiben unter dem Dach der lebenden Pflanzenteile, wo ein günstiges Klima für humusbildende Organismen herrscht. Sie bauen alles tote Material ab, und es werden Nährstoffe frei, die von den Wurzeln wieder aufgenommen werden.
- In grösseren Ritzen bleibt die Wurzel relativ kompakt, in engen Spalten dagegen bilden die Pflanzen ein feines Wurzelnetz aus, um möglichst alle Haarrisse zu erschliessen.
- Südexponiert wachsende Pflanzen sind oft durch ein Haarkleid oder eine dicke Wachsschicht vor der intensiven Strahlung und vor Austrocknung geschützt.

Der Rückweg führt am Nordhang hinunter nach Witterswil, wo das Tram (BLT) zurück nach Basel fährt. Die hier wachsenden hohen Buchen kontrastieren auffällig mit den Eichen des Südwesthangs.

Exkursion 10

Bruderholz

Ackerland und Ackerwildkräuter
im Sundgauer Hügelland

Dauer: ½ Tag

Beste Zeit:
Mai bis September

Anfahrt:
Tram (BVB) bis
Bruderholz
oder Tram (BLT)
bis Binningen

Route

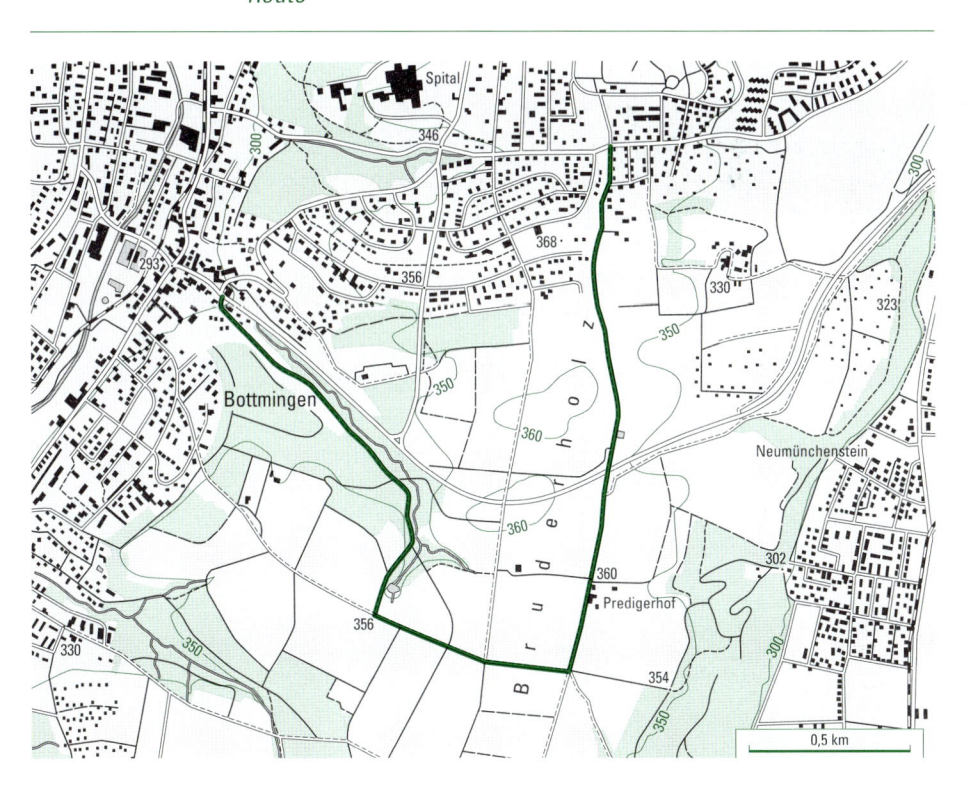

10. Bruderholz

Überblick

Die fruchtbaren Lösslehm-Böden auf dem Bruderholzplateau werden vorwiegend ackerbaulich genutzt. Am häufigsten trifft man Weizen, Gerste und Mais, seltener auch Hafer und Roggen an. Daneben existieren grössere Gemüsekulturen.
Auf dem Ackerland gedeiht eine Gruppe von Überlebenskünstlern: die Ackerwildkräuter («Unkräuter»). Sie wachsen schnell, blühen und bilden rasch Samen. Alle Einjährigen sterben danach ab, Mehrjährige überstehen die Kultivierungsmassnahmen. Charakteristisch für den Sundgau sind etliche Arten, die nur auf basenarmen Böden vorkommen. Bunte Vertreter sind heute leider nicht mehr häufig. Viele sind stark bedroht und manche schon vor Jahrzehnten verschwunden. Immerhin kann man noch gelegentlich Klatsch-Mohn, Echte Kamille oder Acker-Stiefmütterchen finden.

> Da die Kulturen wegen der Fruchtfolge von Jahr zu Jahr ändern, lassen sich keine Standorte angeben. Der auf der Karte eingezeichnete Routenvorschlag führt durch ein abwechslungsreiches Gebiet.

A Ackerland

Felder überziehen weite Flächen des intensiv bewirtschafteten Kulturlandes. Vereinzelt sind Wiesen mit alten Obstbäumen sowie Baumschulen dazwischen eingestreut.
Die Landschaft verändert ihr Aussehen während des Jahres: Anfangs April blühen die Obstbäume. Im Mai wachsen die Getreidefelder auf, sie verfärben sich Ende Juni strohgelb. Maiskulturen dagegen schiessen im Hochsommer in die Höhe, wenn das übrige Getreide bereits geschnitten wird. Im Spätsommer und Herbst wird der Boden umgebrochen und Wintergetreide angesät.

Wichtigste Standortfaktoren
- *Strahlung:* Auf dem frisch bestellten Acker sind keimende Kulturpflanzen und Wildkräuter dem Sonnenlicht voll ausgesetzt. Das einfallende Licht soll möglichst optimal für die Photosynthese der Feldfrüchte genutzt werden, deshalb schliesst das Blattwerk moderner

Bruderholz
Goldgelbes Weizenfeld kurz vor der Ernte im Hochsommer

Züchtungen rasch sehr dicht. Kleine Wildkräuter können darunter wegen Lichtmangels kaum mehr weiterwachsen.

■ *Böden/Chemische Faktoren:* Ackerland finden wir meist an Stellen mit tiefgründigen, fruchtbaren Böden. Auf dem Bruderholz herrschen Lösslehm-Braunerden vor. Die oberen Bodenschichten sind durch die Niederschläge seit der letzten Eiszeit entkalkt und verlehmt, der Boden-pH liegt deshalb meist im sauren Bereich (zwischen 4,5 und 6).

■ *Wasser:* Lössböden speichern das Niederschlagswasser gut, so dass die Pflanzen bei normalen Verhältnissen ganzjährig ausreichend mit Wasser versorgt sind. In Muldenlagen und an durch Landwirtschaftsmaschinen verdichteten Stellen kann es wegen des hohen Lehmgehalts zu Staunässe kommen, die das Wachstum der Kulturpflanzen beeinträchtigt.

■ *Bewirtschaftung:* Das Umpflügen nach der Ernte schafft die offene Ackerfläche und lockert den Boden. Gleichzeitig zerstört es aber seine Schichtung und bringt das Bodenökosystem durcheinander. Einige Wildkräutersamen gelangen in die Tiefe des Erdreichs, andere an die Oberfläche. Mit der Egge wird das Saatbeet bereitet und gleichzeitig werden bereits gekeimte Wildpflanzen ausgeharkt. Düngergaben fügen dem Boden Nährstoffe zu und fördern das

Pflanzenwachstum. «Unkräuter», aber auch Pilze und Insekten, werden mit chemischen Mitteln vernichtet. Die im Ackerbau eingesetzten Herbizide sind selektiv und wirken vor allem gegen zweikeimblättrige Pflanzen im Jugendstadium. Schwieriger lassen sich die verschiedenen Wildgräser bekämpfen, da sie mit dem Getreide nahe verwandt sind.

Getreidekulturen

Je nach Anbautermin unterscheidet man zwischen Winter- und Sommerfrucht. Die Wintergetreidesaat erfolgt im Frühherbst. In der kalten Jahreszeit sind die Blätter der Jungpflanzen sichtbar. Sommergetreide wird im Frühjahr gesät und reift einige Wochen später als das Wintergetreide.

Der systematische Getreideanbau begann in Vorderasien zwischen 10 000 und 7000 v.Chr. Ein wichtiger Schritt bei der Kultivierung war neben der Vergrösserung der Samen die Zucht einer stabilen Ährenspindel: So fallen die einzelnen Ährchen bei Berührung nicht sofort ab, und die Ähren können als Ganzes geerntet werden.

Die aus Eurasien stammenden Arten entstanden alle in Klimaten mit trockenen Sommern. Ihre Wildvorfahren überdauern die heisse Jahreszeit als Samen: Im Frühsommer fruchten die Mutterpflanzen und sterben ab. Dieses genetische Programm behielt das Getreide trotz aller Züchtung bis heute bei. Unabhängig vom Wasserangebot im Boden färben sich die Felder im Frühsommer gelb und die Samen beginnen zu reifen. Der Hochsommer ist deshalb für die Getreideproduktion nicht nutzbar. Eine Ausnahme bildet nur der Mais, der aus dem immerfeuchten, tropischen Amerika eingeführt wurde.

Saat-Weizen (*Triticum aestivum*)
Saat-Weizen ist heute weltweit das wichtigste Getreide, obwohl er die höchsten Ansprüche an die Bodenfruchtbarkeit stellt.
Da sein Mehl einen grossen Klebergehalt aufweist, eignet es sich hervorragend zum Backen.
Die Wildformen des Weizens sind in Vorderasien zu finden.
Dinkel (*Triticum spelta*) und Hart-Weizen (*Triticum durum*) sind weitere Weizenarten, die noch regelmässig angebaut werden, wenn auch in bescheidenerem Umfang.

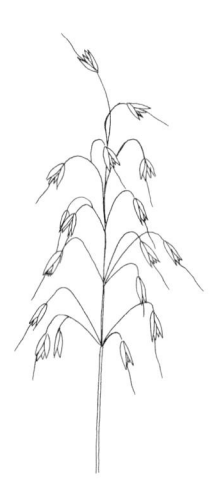

Hafer (Avena sativa)

Der Hafer stammt aus dem Mittelmeerraum. Er ist frostempfindlich und wird deshalb als Sommerfrucht angebaut. Man vermutet, dass der Wildhafer einst als Unkraut in den steinzeitlichen Getreidefeldern des Orients auftauchte und mitgeerntet wurde. Im Verlauf der Zeit passte sich die Korngrösse an diejenige des Kulturgetreides an: Die jeweils grösseren Samen waren schwerer vom Saatgut zu trennen und wurden deshalb eher wieder angesät als die kleineren.
Im Mittelalter und in der frühen Neuzeit war dieses wichtige Pferdefutter eine der verbreitetsten Getreidesorten. Im 20. Jahrhundert sank mit dem Rückgang der Pferdehaltung auch die Anbaufläche.

Gerste (Hordeum vulgare)

Die anspruchslose Gerste ist wie die Weizenarten seit der Jungsteinzeit bekannt. Sie stammt ebenfalls aus dem Vorderen Orient.
Bei uns werden zwei verschiedene Gersten kultiviert: die vorwiegend zum Bierbrauen verwendete Zweizeilige Gerste (Hordeum distichon) und die als Tierfutter dienende Saat-Gerste (Hordeum vulgare).

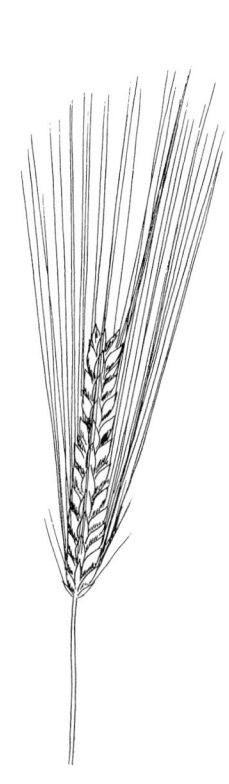

Roggen (Secale cereale)

Der gegenüber Trockenheit, Nässe und Winterkälte unempfindliche Roggen dient als Brotfrucht. Wildroggen war ein Unkraut auf den Äckern Kleinasiens und wurde mit dem Getreide geerntet und wieder ausgesät. Durch diese unfreiwillige Zuchtwahl entstand der Kulturroggen, den die Römer bei uns verbreiteten.
Nach einem nassen Frühjahr mit darauffolgendem trockenem Sommer wächst das giftige Mutterkorn auf Roggenähren. In früheren Zeiten kam es manchmal zu schweren Vergiftungen. Heute kann dieser Pilz mit Pflanzenschutzmitteln bekämpft werden.

Mais (*Zea mais*)
Der Mais stammt aus Mittelamerika und wird in Europa seit dem 17. Jahrhundert kultiviert. In den letzten Jahrzehnten nahm seine Anbaufläche im Sundgau und in der Rheinebene gewaltig zu. Maiskulturen geben wenig Arbeit und lassen sich mehrere Jahre in Folge auf der gleichen Fläche anbauen.
Die Körner der bis 2,5 m hoch wachsenden Pflanze werden erst im Mai ausgesät. Daher bleibt der Boden lange unbedeckt und ist besonders erosionsgefährdet. Im Spätherbst wird geerntet, die ganze Pflanze anschliessend gehäckselt, siliert und als Viehfutter verwendet.

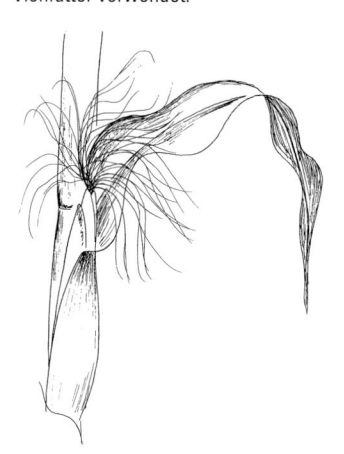

Geschichte des Getreideanbaus in der Region
In unserer Region wurde der Feldbau zuerst in den fruchtbaren Lössgebieten betrieben. Auch auf dem Bruderholz existierte vor rund 7000 Jahren eine Siedlung der ersten Ackerbaukultur Mitteleuropas (Bandkeramik).
Im frühen Mittelalter setzte sich die Dreifelderwirtschaft durch, die bis ins 18. Jahrhundert Bestand hatte: auf Wintergetreide (Dinkel, Roggen, Einkorn, Emmer) folgte Sommerfrucht (Hafer, Gerste, Hirse). Im dritten Jahr wurde nur geweidet, und der Boden konnte sich erholen. Dinkel war das Getreide der wohlhabenden Leute, Roggen (-brot) dagegen die Speise ärmerer Bevölkerungsschichten.
Zu Beginn der Neuzeit im 16. Jahrhundert gewann Dinkel dank höheren Erträgen und zunehmender Beliebtheit gegenüber Roggen an Bedeutung. Nachdem der Anbau dieser beiden Getreidesorten im 20. Jahrhundert zunächst stark zurückgegangen war, nimmt die Nach-

frage heute wieder zu, vor allem für die «biologische» Ernährung. Saat-Weizen wurde erst seit der Einführung des Kunstdüngers in diesem Jahrhundert zum wichtigsten Brotgetreide.

B Ackerwildkräuter

Ackerfrauenmantel-Kamillen-Gesellschaft
(*Aphano-Matricarietum*) und Gänsefuss-Steifsauerklee-
Gesellschaft (*Chenopodio-Oxalidetum fontanae*)

Auf den Wintergetreide-Feldern erscheinen bereits im Vorfrühling zahlreiche Wildkräuter; andere Äcker dagegen sind umgebrochen und noch kahl. Die beste Zeit, um diese blühen zu sehen, ist von Anfang Juni bis Mitte Juli. «Schöne» Arten finden wir allerdings nur noch selten. Das Bild farbenprächtiger Getreidefelder im Frühsommer, mit zahlreichen roten Mohnblüten, weiss-gelben Kamillen und blauen Kornblumen, gehört der Vergangenheit an. Oft wachsen die Wildkräuter nur noch an den Ackerrändern.

Geschichte unserer Ackerwildkräuter
Manche auf Ackerland wachsende Arten kamen bereits in der Urlandschaft Mitteleuropas auf offenen, stickstoffreichen Flächen in Überschwemmungszonen von Flüssen, auf Waldlichtungen und an Seeufern vor.
Viele Wildkräuter stammen jedoch wie das Getreide aus dem Mittelmeergebiet oder aus Kleinasien und wurden zusammen mit dem Ackerbau in ganz Europa heimisch. Die Verbreitung erfolgte oft direkt mit dem Saatgut oder mit wanderndem Weidvieh (Dreifelderwirtschaft). Im Verlaufe der Zeit wurden immer mehr Arten eingeschleppt; eine Entwicklung, die bis heute nicht abgeschlossen ist.
In der Zeit nach dem Zweiten Weltkrieg setzten radikale Veränderungen ein, die für viele Ackerwildkräuter das Ende bedeuteten: Mit Herbiziden werden sie auf dem Acker bekämpft, und es ist gelungen, das Saatgut von ihren Samen zu reinigen.

Artenliste S. 399

Charakteristische Pflanzen
Ackerwildkräuter benötigen einen Lichtreiz und je nach Art einen bestimmten Temperaturbereich, um zu keimen. Den Lichtreiz erhal-

Lebensstrategien der Ackerwildkräuter
Einjährige: Die meisten Ackerwildkräuter sind einjährig. Manche Arten wachsen schnell und bilden Früchte vor der Erntezeit. Andere bleiben bis nach der Ernte klein, entwickeln sich dann rasch beim grösseren Lichtangebot und fruchten, bevor der Bodenumbruch erfolgt. Die Einjährigen produzieren meist viele Samen, die auch bei optimalen Bedingungen nicht alle gleichzeitig keimen. Fällt einmal eine ganze Generation aus, so sind für die folgenden Jahre immer noch genügend Reserven im Boden vorhanden. Manche Samen überdauern sogar Jahrzehnte!
Einige Getreideunkräuter haben Samengrösse und Reifezeit dem Getreide angepasst, zum Beispiel die Kornrade (*Agrostemma githago*). Sie werden mitgeerntet und mit dem Saatgut zusammen wieder ausgesät. Seit einigen Jahrzehnten ist die Saatgutreinigung jedoch so effizient, dass praktisch alle Unkrautsamen entfernt werden können.
Mehrjährige: Da die Äcker mindestens einmal im Jahr umgebrochen werden, müssen langlebige Wildkräuter Organe besitzen, die Pflug und Hacke widerstehen können. So hat der Acker-Schachtelhalm (*Equisetum arvense*) sehr tief im Boden liegende Rhizome, die beim Pflügen nicht erreicht werden. Das Rhizom der Acker-Winde (*Convolvulus arvensis*) kann zerstückelt werden und treibt aus den Bruchstücken wieder aus. Gleiches gilt für die Speicherwurzeln der Ackerdistel (*Cirsium arvense*) und der Acker-Gänsedistel (*Sonchus arvensis s.str.*).

ten sie bei der Bodenbearbeitung oder auf dem offenen Boden des frischen Feldes. Wird ein Acker im Herbst bestellt (Wintergetreide), fällt dieser Reiz mit tiefen Temperaturen zusammen; es keimen nur jene Arten, deren Keimoptimum bei 2 bis 15°C liegt. Wird das Feld im Frühling oder Sommer angelegt (Sommergetreide und Hackfruchtkulturen), dann reagieren bei Wärme keimende auf das Licht. Da es auch im Wintergetreide zur wärmeren Jahreszeit immer vereinzelt offene Stellen gibt, findet man diese Arten praktisch überall.
Die Artenzusammensetzung der Ackerwildflora wird zudem vom Basengehalt und der Beschaffenheit des Bodens beeinflusst. Auf den basenarmen Lösslehm-Böden des Bruderholzes wachsen deshalb einige andere Arten als beispielsweise im kalkreichen Birstal.
Weit verbreitete Kältekeimer sind: Acker-Fuchsschwanz (*Alopecurus myosuroides*), Viersamige und Rauhhaarige Wicke (*Vicia tetra-*

sperma, V. hirsuta), Acker-Vergissmeinnicht (*Myosotis arvensis*), Acker-Stiefmütterchen (*Viola arvensis*) und Klatsch-Mohn (*Papaver rhoeas*). Echte Kamille (*Matricaria recutita*), Gemeiner Windhalm (*Apera spica-venti*) und Ackerfrauenmantel (*Aphanes arvensis*) kommen vorwiegend auf bodensauren Äckern vor.

Typische Wärmekeimer auf den sauren Lösslehm-Böden sind: Vielsamiger Gänsefuss (*Chenopodium polyspermum*), Aufrechter Sauerklee (*Oxalis fontana*) und Knäuelblütiges Hornkraut (*Cerastium glomeratum*).

Stickstoffliebende Arten wie Hühnerdarm (*Stellaria media s.str.*), Acker-Taubnessel (*Lamium purpureum*), Persischer Ehrenpreis (*Veronica persica*) und Kletten-Labkraut (*Galium aparine*) werden durch den modernen, düngerintensiven Anbau gefördert. Man findet sie fast das ganze Jahr über in Äckern und auch in Gemüsekulturen.

Echte Kamille (*Matricaria recutita*)
Die Kamille liebt kalkfreie, basenreiche Lehmböden mit guter Nährstoffversorgung. Seit dem Altertum ist sie als Heilpflanze geschätzt, zum Beispiel als Tee gegen Magen-Darm-Krankheiten, aber auch als antiseptisches und schmerzstillendes Mittel.

Acker-Winde (*Convolvulus arvensis*)
Um ans Licht zu gelangen, rankt sich die Acker-Winde an den Getreidehalmen empor und wächst mit ihnen in die Höhe. Ihre Rhizome überstehen die Bodenbearbeitungsmassnahmen, was es dieser mehrjährigen Art ermöglicht, auf Äckern zu überleben.

Gemeiner Windhalm
(*Apera spica-venti*)
In Wintergetreide-Äckern auf sauren Böden kann dieses Gras sehr häufig sein. Es keimt im Herbst zusammen mit dem Getreide und ist wegen der nahen Verwandtschaft zu diesem nur schwer mit Herbiziden zu bekämpfen.

Klatsch-Mohn (*Papaver rhoeas*)
Die auffälligen Blüten des Klatsch-Mohns sind Pollenblumen.
Sie enthalten keinen Nektar, dafür aber reichlich Pollen, der von manchen Insekten gefressen wird. Die vielen kleinen Samen werden bei starken Bewegungen der Kapsel ausgestreut.

Ackerfrauenmantel
(*Aphanes arvensis*)
Heute kann man den Ackerfrauenmantel auf dem Bruderholz wegen der Herbizideinsätze nur noch vereinzelt finden. Er ist charakteristisch für saure Ackerböden, fehlt dagegen auf kalkreichen Äckern.

Verbreitung der Ackerwildkräuter in der Region

Viele Arten, die auf dem Bruderholz schon seit Jahrzehnten verschollen sind oder nur noch von Zeit zu Zeit auftauchen, können im elsässischen Sundgau und in der Rheinebene auch heute noch regelmässig gefunden werden. Beispiele sind: Kornblume (*Centaurea cyanus*), Hasen-Klee (*Trifolium arvense*), Farbwechselndes Vergissmeinnicht (*Myosotis discolor*), Acker-Ziest (*Stachys arvensis*), Gras-Platterbse (*Lathyrus nissolia*) und Einjähriger Knäuel (*Scleranthus annuus s.str.*). (Besonders vielfältig ist das Ochsenfeld südlich von Cernay, wo zusätzlich einige atlantische Arten wachsen, die in der Schweiz nur sehr selten oder überhaupt nicht vorkommen: Lämmerlattich (*Arnoscris minima*), Nacktstieliger Bauernsenf (*Teesdalia nudicaulis*) und Kleinfrüchtiger Ackerfrauenmantel (*Aphanes inexpectata*)).

Das untere Birstal war früher berühmt für seinen Reichtum an Ackerwildkräutern. Man fand auffällig blühende Arten kalkreicher Böden wie Gemeiner Venusspiegel (*Legousia speculum-veneris*), Sommer-Blutströpfchen (*Adonis aestivalis*), Acker-Rittersporn (*Consolida regalis*), Acker-Wachtelweizen (*Melampyrum arvense*), Venuskamm (*Scandix pecten-veneris*), Möhren-Haftdolde (*Caucalis platycarpos*) und Erdkastanie (*Bunium bulbocastanum*) – heute sind dies in ganz Mitteleuropa Seltenheiten. Im Gebiet der Reinacher Heide wurden als Naturschutzmassnahme Äcker angelegt und versucht, mit Einsaaten die einstige Vielfalt wiederherzustellen.

C Zwerg-Pflanzen feuchter Stellen in Lehm-Äckern

Fragmente der Lebermoos-Kleinlingsgesellschaft
(*Centunculo-Anthocerotetum*)

Auf während langer Zeit feucht bleibenden Stellen in Ackerfurchen und Gräben gedeihen einige besondere Arten. Meist sind es unauffällige, kurzlebige Gefässpflanzen sowie Lebermoose der Gattungen *Anthoceros* und *Riccia*.
Nach trockenen Jahren fehlen sie oft, während sie in feuchten Sommern und bei fehlendem Herbizideinsatz plötzlich auftauchen können. Sie sind kleinwüchsig und kommen heute nur noch zerstreut vor, so dass man sie nicht leicht findet. Am besten sucht man auf den Stoppelfeldern oder in Baumschulen nach ihnen.

Entstehungsgeschichte
Die Arten feuchter Ackerstellen sind keine typischen Ackerwildkräuter sondern unstete Pioniere, die dort auftreten, wo sie günstige Bedingungen (offene und lichtreiche, während der Samenkeimung feuchte Stellen) antreffen. Ihre ursprünglichen Wuchsorte sind schlammige Uferbänke, Wildschweinsuhlen und Wildwechsel. Mit dem Ackerbau auf lehmigen Böden erhielten sie neue geeignete Lebensräume. Wenige Arten wanderten erst später nach Mitteleuropa ein.

Steinquendelblättriger Ehrenpreis
(*Veronica acinifolia*)
Früher war diese aus dem Mittelmeerraum stammende Pflanze auf dem Bruderholz weit verbreitet. Heute kommt sie hier praktisch ausschliesslich in Baumschulen vor.

Früher traten diese Spezialisten in grösserer Artenvielfalt auf engem Raum in Ackergräben auf. Durch die Intensivierung der Landwirtschaft setzte ab 1950 ein massiver Rückgang ein. Lichtmangel unter den Kulturpflanzen, Herbizide und ein oft rasch nach der Ernte erfolgender Bodenumbruch brachten viele Arten ganz zum Verschwinden.

Charakteristische Pflanzen
Fast alljährlich findet man Kröten-Binse (*Juncus bufonius*), Steinquendelblättriger Ehrenpreis (*Veronica acinifolia*), Niederliegendes Johanniskraut (*Hypericum humifusum*), Sumpf-Ruhrkraut (*Gnaphalium uliginosum*), Niederliegendes Mastkraut (*Sagina procumbens*) und Acker-Gipskraut (*Gypsophila muralis*). Selten, und nur in günstigen Jahren, erscheinen zudem Kleinling (*Anagallis minima*), Ysop-Weiderich (*Lythrum hyssopifolia*), Kronblattloses Mastkraut (*Sagina apetala s.l.*) und Kleines Tausendgüldenkraut (*Centaurium pulchellum*). Als Pioniere produzieren alle Arten viele sehr kleine Samen, die durch Vögel, Wasser und Wind verbreitet werden. Sie meiden basenreiche Standorte.

Verbreitung in der Region
Die Lebermoos-Kleinlingsgesellschaft ist in ganz Mitteuropa verbreitet, aber überall sehr selten. Bei uns ist sie besonders charakteristisch für die Lösslehm-Äcker des Sundgaus. Zahlreiche Arten wurden allerdings schon seit Jahren auf dem Bruderholz nirgends mehr gefunden. (Beispiele sind: Getreidemiere (*Spergularia segetalis*), Moorried (*Isolepis setacea*), Lössacker-Binse (*Juncus capitatus*), Mäuseschwanz (*Myosurus minimus*) und Acker-Quellkraut (*Montia fontana ssp. chondrosperma*). Auch im angrenzenden französischen Sundgau muss man oft lange nach ihnen suchen – die besten Gebiete liegen zwischen Grandvillars und Seppois. In nassen Radspuren auf Waldwegen findet man im Sundgau ebenfalls Bestände kleinwüchsiger Pflanzen. Sie enthalten viele auch in Lehmäckern vorkommende Arten wie Sumpfquendel (*Lythrum portula*), Moorried, Kleinling und zusätzlich die Moor-Sternmiere (*Stellaria alsine*). Mit der Kleinlingsgesellschaft teilen sich auch die Zwergbinsenbestände auf austrocknenden Teichböden viele Arten. Im westlichen Sundgau bieten sporadisch abgelassene Karpfenweiher grösste Sel-

10. Bruderholz

Niederliegendes Johanniskraut
(*Hypericum humifusum*)
Das Niederliegende Johanniskraut kommt in feuchten Karrengeleisen in Wäldern sowie in Gräben und Äckern vor. Die Böden sind an seinen Wuchsplätzen meist lehmig und basenarm.

Sumpf-Ruhrkraut
(*Gnaphalium uliginosum*)
Das unscheinbare «Bruderholz-Edelweiss» benötigt zur Samenkeimung einen nassen Boden. Es wächst deshalb auf feuchten Ackerstellen.

tenheiten: Kleefarn (*Marsilea quadrifolia*), Böhmische Segge (*Carex bohemica*), Eiförmiges Sumpfried (*Eleocharis ovata*) und Tännel (*Elatine sp.*) sind Beispiele).

Exkursion 11

Blauen-Südhang
Magerweide, Brache und Fettweide im Jura

Dauer: ½ Tag

Beste Zeit:
April bis September

Anfahrt:
Zug ab Basel SBB
bis Zwingen oder
Laufen, danach
PTT-Bus bis Blauen
Dorfplatz

Route

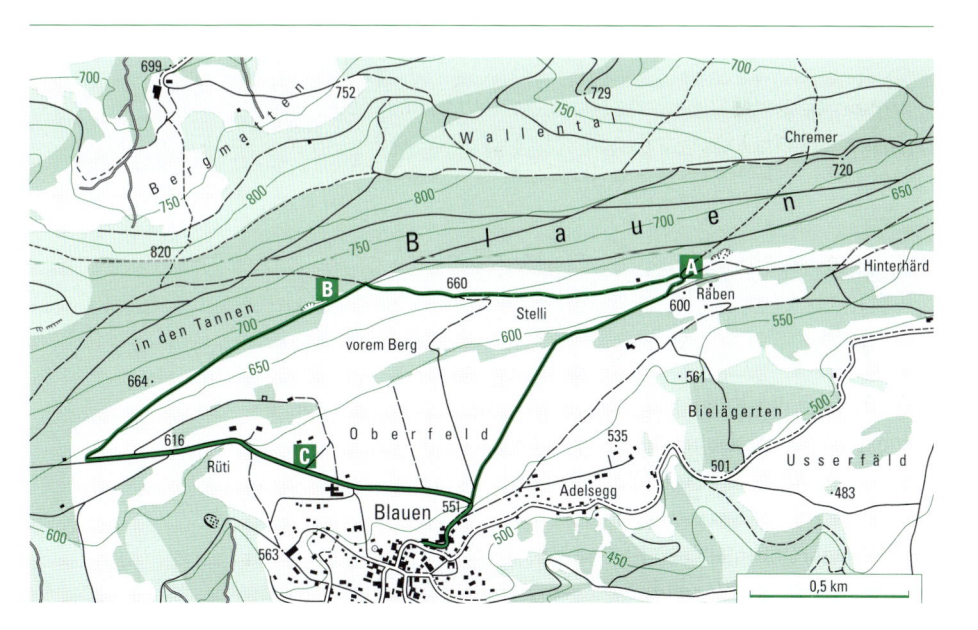

A Halbtrockene Magerweide
B Verbrachender Magerrasen
C Fettweide

11. Blauen-Südhang

Überblick

Der sonnige Blauen-Südhang bietet nicht nur einen herrlichen Ausblick in den Jura, sondern auch eine ausgesprochen bunte und vielfältige Vegetation. Auf ausgedehnten Magerweiden wachsen über 200 Pflanzenarten – mehr als in jedem anderen Lebensraum unserer Region! Voraussetzung für diesen Reichtum ist ein Mosaik aus mageren und gelegentlich auch etwas nährstoffreicheren Böden, felsigen Partien, Gebüschgruppen und Waldsäumen.

Am oberen Rand der Magerweiden erstreckt sich ein Magerrasen, der heute nicht mehr bewirtschaftet wird; dementsprechend verändert hat sich sein Aussehen und die Vegetationszusammensetzung. Im Kontrast zur Blütenpracht der Magerrasen stehen die fetteren Weiden, die sich am Hangfuss anschliessen.

> Von der PTT-Haltestelle «Blauen Dorfplatz» folgen wir dem Wanderweg in Richtung Blattenpass. Nach dem Dorfende sehen wir bereits den Blauen-Südhang, der sich in seiner ganzen Länge vor uns erstreckt. Bei der nächsten Weggabelung nach rund einem Kilometer wählen wir den nach links führenden Weg in Richtung Blauenpass und stehen nach etwa 100 m vor einem weiteren Wegweiser. Hier beginnt unser erster Standort: die Fläche zwischen Wanderweg und Waldsaum, die in östlicher Richtung vom Föhrengürtel, im Westen vom Viehzaun begrenzt wird.

A Halbtrockene Magerweide

Trespen-Halbtrockenrasen (*Teucrio-Mesobrometum*)

Der Grossteil des Geländes ist von einem ziemlich geschlossenen, gelbgrünen, artenreichen Rasen bedeckt. Dazwischen sind aber auch sehr lückenhaft bewachsene, steinige Stellen zu finden. Nur von spärlichem Pflanzenwuchs sind zudem die Weganrisse. An flacheren, nährstoffreicheren Partien hingegen liegt eine dichte, von Gräsern dominierte Vegetationsdecke. Zahlreiche Gebüschgruppen durchsetzen den Rasen. In den Sommermonaten fliegen viele Tagfalter, und häufig ertönen laute Grillenkonzerte.

Halbtrockene Magerweide
Blühende Magerweide vor der Viehbestossung im Mai

Wichtigste Standortfaktoren
- *Strahlung:* Aufgrund der Südlage herrscht eine hohe Sonneneinstrahlung. Die Vegetationsperiode beginnt schon früh und ermöglicht vielen Pflanzen, bereits im zeitigen Frühjahr bei noch guter Wasserversorgung zu wachsen. Im Sommer erreicht die Temperatur an der Bodenoberfläche bei Sonnenschein sehr hohe Werte.
- *Böden/Chemische Faktoren:* Der Kalk- und Basengehalt des Rendzina-Bodens über den anstehenden Jura-Hartkalken (Hauptrogenstein) ist hoch und beeinflusst die Zusammensetzung der Vegetation entscheidend. An einzelnen Stellen ist der Boden durch Niederschläge ausgewaschen und leicht sauer. Auswaschung und jahrhundertelange Beweidung haben dem nicht sehr speicherfähigen Boden auch Nährstoffe entzogen. An Lägerstellen des Viehs und im östlichen Teil des Gebiets sind etwas nährstoffreichere Verhältnisse anzutreffen.
- *Wasser:* Die durchlässigen Rendzinaböden und hohe Verdunstungsverluste des Bodenwassers lassen die Wasserversorgung während der Sommermonate knapp werden.
- *Bewirtschaftung:* Erheblich beeinflusst wird die Vegetation durch die Weidewirtschaft. Arten, die vom Vieh nicht zu stark beeinträchtigt werden, können sich ausbreiten (siehe Kasten «Einflüsse einer Beweidung auf die Vegetationsdecke», S. 202).

Viehwege, Lägerstellen, Felspartien, unterschiedliche Geländeneigung, Einzelbäume oder Gebüschgruppen schaffen eine Vielfalt kleinräumiger Strukturen.

11. Blauen-Südhang

Zusammenspiel der wichtigsten Standortfaktoren einer Magerweide auf Kalksteinböden

- Beweidung
- selektiver Frass und Trittwirkung
- Sonneneinstrahlung — dank Südlage hoch
- Artenzusammensetzung
- Verlust wegen starker Verdunstung im Sommer hoch
- permanenter Entzug
- Nährstoffe
- Bodenwasser — im Sommer knapp
- Karbonatgehalt — hoch
- Boden (Kalkstein-Rendzina)
- Verlust wegen Bodendurchlässigkeit

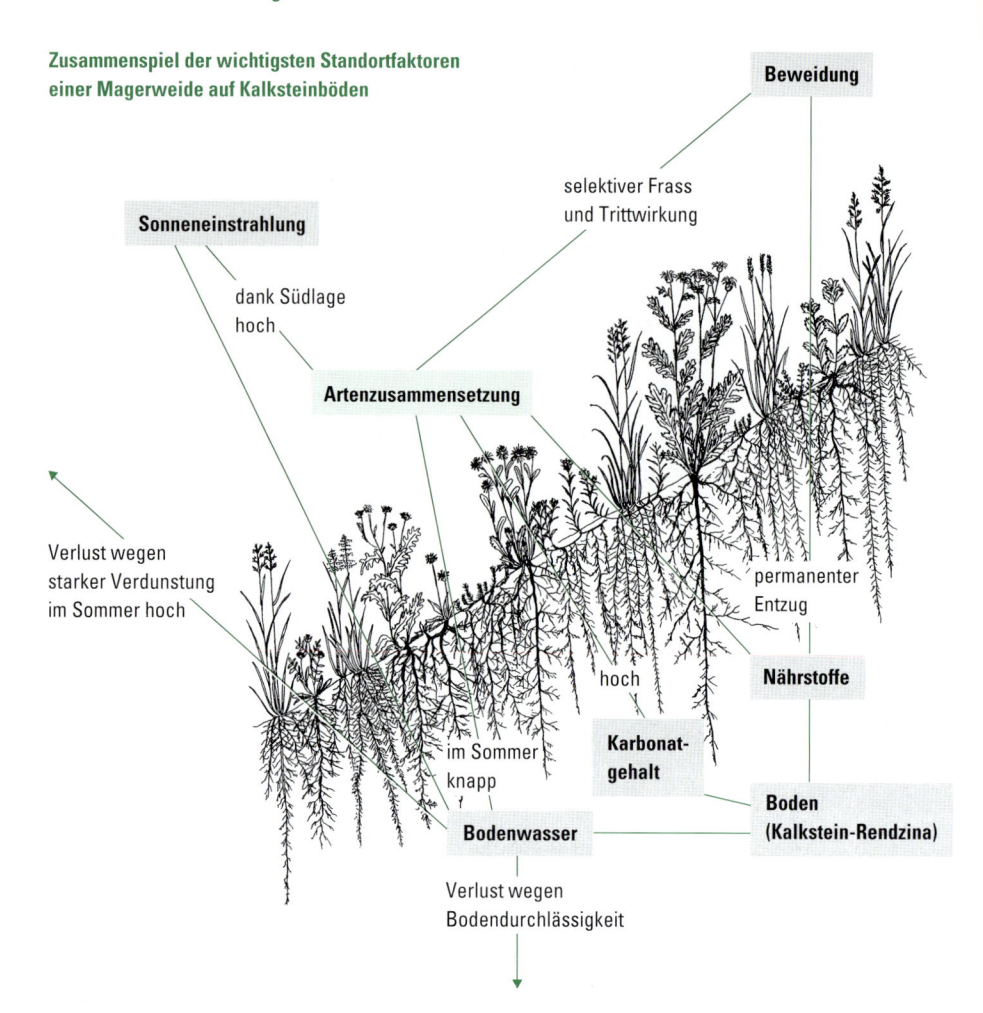

Entstehungsgeschichte

Dieses Gelände wäre natürlicherweise von einem lichten Buchenwald bewachsen. Wie es entwaldet wurde, ist nicht genau bekannt. Wahrscheinlich betrieben die Siedler früher eine Kombination von Waldweide und Holzschlag, bis schliesslich nur noch einzelne Bäume übrig blieben. Mit dem Verschwinden der schützenden Baumschicht änderte sich das Klima auf dem Waldboden. Die Sonnenstrahlen drangen bis auf den Grund, tagsüber wurde es heller, wärmer und trockener. Die nächtliche Abstrahlung nahm zu, so dass die Temperatur im Tagesverlauf stärker schwankte. Die Pflanzen waren zudem ungeschützt den Winden ausgesetzt. Ausserdem hat eine jahrhundertelange Beweidung ohne zusätzliche Düngerzufuhr den

Böden Nährstoffe entzogen. Viele Waldpflanzen konnten nicht mehr gedeihen; Graslandarten hielten Einzug, deren ursprüngliche Lebensräume Felsen, Steppenrasen in Osteuropa, das Mittelmeergebiet, Trockenwälder und alpine Rasen waren.

Die Magerweiden des Blauen-Südhanges stehen heute unter Naturschutz. Für ihre Nutzung sind Bewirtschaftungsverträge abgeschlossen, die eine moderate Beweidung ohne zusätzliche Düngerzufuhr gestatten. Gebüsche müssen periodisch zurückgeschnitten werden.

Artenliste S. 401

Charakteristische Pflanzen

Halbtrockene Magerrasen sind Gemeinschaften relativ konkurrenzschwacher Arten. Topfversuche zeigen, dass viele der hier wachsenden Arten besser auf nährstoffreicheren und feuchteren Böden gedeihen würden. In der Natur aber sind sie bei solchen Bedingungen den konkurrenzstärkeren Fettwiesenpflanzen unterlegen und werden auf trockenere und magerere Böden verdrängt, wo jene nicht mehr existieren können.

An unserem Standort wachsen rund 120 Pflanzenarten, was ungefähr 60 % aller auf den Weiden am Blauen-Südhang zu findenden Arten entspricht. Häufigstes Gras ist die Aufrechte Trespe (*Bromus erectus s.str.*). Weitere typische Blütenpflanzen sind Frühlings-Schlüsselblume (*Primula veris s.str.*), Knolliger Hahnenfuss (*Ranunculus bulbosus*), Echter Wundklee (*Anthyllis vulneraria s.l.*), Genfer Günsel (*Ajuga genevensis*), Berg-Klee (*Trifolium montanum*), Kleine Orchis (*Orchis morio*), Aufrechter Ziest (*Stachys recta s.str.*), Grossblütige Brunelle (*Prunella grandiflora*), Knäuelblütige Glockenblume (*Campanula glomerata s.str.*), Stengellose Kratzdistel (*Cirsium acaule*) und Gemeine Skabiose (*Scabiosa columbaria s.l.*). Herden von Zottigem Klappertopf (*Rhinanthus alectorolophus*), Flaum-Wiesenhafer (*Helictotrichon pubescens*) oder Glatthafer (*Arrhenatherum elatius*) verweisen auf nährstoffreichere Stellen. In der Nähe von Waldrändern und Gebüschen machen sich mit Berg-Aster (*Aster amellus*), Echter Bergminze (*Calamintha menthifolia*) sowie Dost (*Origanum vulgare*) Saumarten und wegen der geringeren Beweidungsintensität auch Verbrachungszeiger breit. An lückigen Stellen gedeiht der Gewöhnliche Bitterling (*Blackstonia perfoliata*) in zahlreichen Exemplaren. Der Adlerfarn (*Pteridium aquilinum*) wird vom Vieh strikt gemieden und kann sich deshalb auf der Weide über

Kleine Orchis (*Orchis morio*)
Die Kleine Orchis entfaltet ihre charakteristisch violetten, grüngeaderten Blüten bereits im April und gehört somit zu den bei uns am frühesten blühenden Orchideen. Vereinzelt kommen auch weissblühende Individuen vor.

Genfer Günsel (*Ajuga genevensis*)
Diese tief dunkelblaue Pflanze wurde das erste Mal im 16. Jahrhundert in Genf gesammelt und als eigene Art beschrieben. Im Gegensatz zum Kriechenden Günsel (*Ajuga reptans*) besitzt sie keine oberirdischen Ausläufer, sondern Wurzelknospen.

seine unterirdischen Ausläufer stark vermehren. An Stellen geringer Beweidung wachsen verschiedene Sträucher.

Zoologische Besonderheiten

Nebst unzähligen Grillen und Heuschrecken finden wir hier eine grosse Anzahl Schmetterlinge. Insgesamt wurden am Blauen-Südhang 35 Tagfalterarten beobachtet. Darunter befinden sich Schwalbenschwanz, Weisser Waldportier und Arionbläuling.
Dieser Insektenreichtum ist eine Voraussetzung für das Vorkommen von Neuntöter und Baumpieper, zweier insektenfressender Brutvogelarten. Insbesondere der Neuntöter profitiert auch von den zahllosen Gebüschgruppen, die ihm als Nistplätze dienen. Dank dem

vielfältigen Angebot an Nahrungs- und Nistgelegenheiten erreicht er hier die höchste Bestandesdichte des Kantons Baselland. Auch die Goldammer ist im Gebiet häufig.

Verbreitung in der Region
Magerweiden mit einer ähnlichen Artenzusammensetzung sind an südexponierten Hängen im Nordwestschweizer Jura recht verbreitet. Seit 1950 ist allerdings ein massiver Rückgang dieser Habitate um ca. 70 % zu verzeichnen. Diese Abnahme steht im Zusammenhang mit der Intensivierung und Modernisierung der Landwirtschaft: Einesteils versuchten die Bauern, durch Düngung höhere Erträge zu erzielen, andernteils wurden viele der unrentablen Flächen aufgeforstet oder der Verbrachung überlassen (siehe Standort B).

Herbst-Wendelähre
(*Spiranthes spiralis*)
Die kleinen, weissen Blüten der Herbst-Wendelähre sind spiralig um die Blütenachse angeordnet. Sie erscheinen erst ab August.

Aufrechter Ziest (*Stachys recta s.str.*)
Der Aufrechte Ziest ist an sonnigen, mageren Standorten in Kalkgebieten verbreitet. Dank seiner langen Pfahlwurzel kann er auch tief liegende Wasserreserven nutzen.

Berg-Klee (*Trifolium montanum*)
Diese dicht behaarte Kleeart wächst vorwiegend in Magerwiesen oder lichten Wäldern, zum Teil auch an trockenen Hängen und Wegböschungen. Dabei zeigt sie eine Vorliebe für kalkhaltige und basenreiche Böden.

Echter Wundklee
(*Anthyllis vulneraria s.l.*)
Der Echte Wundklee gedeiht nicht nur auf Magerrasen, sondern auch in lichten Kiefernwäldern, auf Felsköpfen, an Strassenböschungen oder Bahndämmen. Das getrocknete Kraut und die Blüten werden als Aufguss verwendet zur Behandlung schlechtheilender Wunden.

11. Blauen-Südhang 193

Aufrechte Trespe
(*Bromus erectus s.str.*)
Die Aufrechte Trespe
ist das häufigste Gras
in halbtrockenen und
trockenen Magerrasen.
In Mitteleuropa gilt
sie als Kalkpflanze, im
Süden kann sie auch
auf sauren Granit-
oder Gneisunterlagen
ausgedehnte Bestände
bilden.

Oben links:
Grossblütige Brunelle (*Prunella grandiflora*)
Von der im Gebiet ebenfalls zu findenden Gemeinen Brunelle (*Prunella vulgaris*) unterscheidet sich diese Art durch den vom obersten Stengelblattpaar abgesetzten Blütenstand. Im Gegensatz zu ihr bevorzugt sie nährstoffarme Böden.

Oben rechts:
Gewöhnlicher Bitterling (*Blackstonia perfoliata*)
Der bei uns seltene Gewöhnliche Bitterling enthält Bitterstoffe, die ihn vor Viehfrass schützen. Als einjährige Art kann er sich auf offenen Flächen gut entwickeln.

Stengellose Kratzdistel (*Cirsium acaule*)
Wegen ihrer stachligen, in einer Rosette angeordneten Blätter wird die Stengellose Kratzdistel vom Vieh gemieden. Sie ist deshalb auf Magerweiden häufig.

Der Weg zum nächsten Standort führt über ausgedehnte Weideflächen. Viele Gebüschgruppen säumen den Weg. Dort sitzen im Sommerhalbjahr oft Neuntöter und Goldammer.
Im Gebiet «Stelli» wachsen weitere Orchideenarten: Herbst-Wendelähre (*Spiranthes spiralis*), Helm-Orchis (*Orchis militaris*), Stattliche Orchis (*Orchis mascula*), Schwärzliche Orchis (*Orchis ustulata*) sowie Weisses und Grünliches Breitkölbchen (*Platanthera bifolia, P. chlorantha*). Dazu gesellt sich das zu den Enziangewächsen gehörende Gemeine Tausendgüldenkraut (*Centaurium erythraea*).
Nach rund einem Kilometer verlässt der Weg die Naturschutzzone, und wir folgen der breiten Naturstrasse, die nach links abzweigt. Nach etwa 100 m treffen wir auf unseren zweiten Standort – eine waldfreie Fläche am Hang, die von einem schmalen Felsband gesäumt wird.

B Verbrachender Magerrasen

Fieder-Zwenken-Rasen (Origano-Brachypodietum)

Auf dem steinigen, warmen Hang fällt die angesammelte Streu letztjähriger Pflanzen auf. Sie wird im Winter vom Schnee niedergedrückt und verleiht im Frühling dem Gelände ein verwildertes Aussehen.
Unter den blühenden Pflanzen dominieren hochwüchsige Arten. Verschiedene Büsche und Bäume durchsetzen den Bestand. An den Rändern wachsen zahlreiche Föhren.

Wichtigste Standortfaktoren

- *Strahlung:* Die Sonneneinstrahlung wird im Vergleich zum ersten Standort vom angrenzenden, schattenwerfenden Wald abgeschwächt. Trotzdem ist sie wegen der Südlage hoch.
- *Böden/Chemische Faktoren:* Siehe Standort A.
- *Wasser:* Infolge der abgeschwächten Strahlung ist die Bodenwasserverdunstung geringer als bei Standort A.
- *Bewirtschaftung:* Die ehemals beweidete Fläche wird seit längerer Zeit nicht mehr bewirtschaftet. Die gesamte jährlich produzierte Pflanzenmasse bleibt am Standort; es werden ihm also keine Nährstoffe mehr entzogen. Die absterbenden Pflanzenteile sammeln sich

11. Blauen-Südhang

Verbrachender Magerrasen
Herbstaspekt des brachliegenden Rasens, im Vordergrund anstehendes Kalkgestein

als deutlich sichtbare Streudecke an, die eine Veränderung der Artenzusammensetzung bewirkt: Da Samen hier infolge des verminderten Lichteinfalls auf die Bodenoberfläche schlecht keimen, haben Arten Konkurrenzvorteile, die sich vegetativ über Ausläufer vermehren können. Dasselbe gilt für Pflanzen mit unterirdisch gespeicherten Reservestoffen, da sie die Streudecke besser zu durchwachsen vermögen. Weil das Regenwasser zwar durchdringt, nicht aber Licht und Wind, treten feuchtebedürftige, hochwüchsige Arten häufiger auf, während niederwüchsige Rosettenpflanzen und stark lichtbedürftige Arten benachteiligt sind. Gehölze, die schon vor dem Brachfallen vorhanden waren, können sich vermehren, da sie nicht mehr vom Vieh dezimiert werden. Eine Vegetationsentwicklung ist eingeleitet, die Schritt für Schritt zu einem geschlossenen Wald führt.

11. Blauen-Südhang 197

Fieder-Zwenke
(*Brachypodium pinnatum*)
Die Fieder-Zwenke kann sich über ihre unterirdischen Rhizome effektiv ausbreiten. Sie gilt als typischer Verbrachungszeiger. Auch Brände vermögen sie nicht zu beeinträchtigen.

Berg-Aster
(*Aster amellus*)
Die Berg-Aster ist eine Kalkpflanze warmer und trockener Standorte, die sich besonders in Waldsäumen gut entwickelt. Ihre Blütenköpfe duften schwach nach Vanille.

Spitz- oder Pyramidenorchis
(*Anacamptis pyramidalis*)
Die pyramidenartige Form ihres Blütenstandes war für die Pflanze namengebend. Der Nektar in den bis zu 15 mm langen, dünnen Spornen ist nur für langrüsslige Tagfalter zugänglich. Zwei aufrechte Leisten vor dem Sporneingang führen den Schmetterlingsrüssel zur Nahrungsquelle.

Flügelginster (*Genista sagittalis*)
Diese Art ist an ihren breit geflügelten Stengeln leicht zu erkennen und gedeiht auch auf kalkarmen Böden. Eine zu starke Wasserverdunstung kann sie durch einen frühzeitigen Blattfall eindämmen – die grünen Stengel übernehmen dann die Aufgabe der Photosynthese.

Entstehungsgeschichte

In günstig gelegenen Gebieten mit ertragsreichen Böden intensivierten die Bauern seit dem Zweiten Weltkrieg die Bewirtschaftung ständig. Auf schwer zugänglichen, ertragsarmen Flächen jedoch wurde die Arbeit oft eingestellt. So entstanden Brachflächen (sogenannte Sozialbrachen) wie hier am Blauen-Südhang.

Charakteristische Pflanzen

Artenliste S. 405

Verbrachungszeiger und Saumpflanzen, wie die hochwüchsigen Arten Dost (*Origanum vulgare*), Sichelblättriges Hasenohr (*Bupleurum falcatum s. str.*), Schwalbenwurz (*Vincetoxicum hirundinaria*), Ästige Graslilie (*Anthericum ramosum*) und Hirschwurz (*Peucedanum cer-*

varia) sowie die kleinerwüchsigen Arten Mittlerer Klee (*Trifolium medium*) oder Gamanderartiger Ehrenpreis (*Veronica teucrium*) herrschen vor. Häufigstes Gras ist die Fieder-Zwenke (*Brachypodium pinnatum*). Da sie sich über ihre weitreichenden unterirdischen Rhizome gut ausbreiten kann und zudem Halbschatten erträgt, ist sie als Brachlanderoberer der Aufrechten Trespe (*Bromus erectus s.str.*) überlegen, die sich nur mittels Samen vermehren kann.
Auffällig blühen im Juni Flügelginster (*Genista sagittalis*) und Spitz- oder Pyramidenorchis (*Anacamptis pyramidalis*). Zahlreiche Berg-Astern (*Aster amellus*) verschönern im September den Hang.
Arten wie Aufrechte Trespe (*Bromus erectus s.str.*), Knolliger Hahnenfuss (*Ranunculus bulbosus*), Grossblütige Brunelle (*Prunella grandiflora*) oder Hornklee (*Lotus corniculatus aggr.*), die bereits am vorherigen Standort zu sehen waren, zeugen noch von einem früher bewirtschafteten Halbtrockenrasen.

Verbreitung in der Region
Im Nordwestschweizer Jura sind heute viele der ehemals beweideten oder gemähten Magerrasen zur Brache geworden. Aus naturschützerischen Motiven wird inzwischen versucht, einige dieser Gebiete wieder in artenreichere Magerrasen zurückzuführen.

Wir folgen der Naturstrasse rund einen Kilometer weit. Der Weg durchquert nun ein Stück Weissseggen-Buchenwald (siehe Exkursion 6, Muttenz–Arlesheim). Wir erhalten hier einen Eindruck von der Waldvegetation, die ohne die Viehbeweidung den gesamten Südhang des Blauen bedecken würde. Auffällige Arten sind: Immenblatt (*Melittis melissophyllum*), Gemeine Akelei (*Aquilegia vulgaris*) und Weisse Segge (*Carex alba*).
Nach einer scharfen Linkskurve mündet die Strasse in einen Wanderweg in Richtung Blauen Dorf. Nach rund 600 m säumt eine Nussbaumallee den Weg. An unserem dritten Standort betrachten wir die Weidefläche, welche sich zwischen dem vierten und dem fünften Nussbaum auf der linken Seite in rund 10 m Breite erstreckt.

C Fettweide

Im Gegensatz zur Vielfalt und Blütenpracht der vorigen Standorte treffen wir hier einen einförmigeren, grünen Rasen an. Er weist kaum Lücken auf und wird von trittfesten Gräsern beherrscht. Dazwischen blühen Kriechender Klee und Pfaffenröhrlein sowie vereinzelt auch Arten der Magerrasen.

Wichtigste Standortfaktoren

■ *Strahlung:* Bei der geringeren Hangneigung ist die Sonneneinstrahlung schwächer als an den andern beiden Standorten.
■ *Böden/Chemische Faktoren:* Zusätzlich zum Kot des Weideviehs wird hier Dünger zugeführt, was die Entwicklung einiger weniger konkurrenzstarker Arten fördert. Der im Vergleich zum ersten Standort tiefgründigere Boden kann die Nährstoffe gut auffangen.
■ *Wasser:* Als Folge des speicherfähigeren Bodens ist die Wasserversorgung deutlich besser als bei Standort A. Zudem ist durch die schwächere Sonneneinstrahlung auch die Verdunstung geringer.
■ *Bewirtschaftung:* Der Viehbestand ist auf Fettweiden höher als auf Magerweiden und wirkt sich deshalb viel stärker auf die Vegetation aus. Auch wird der Boden mehr verdichtet und somit porenärmer.

Kriechender Klee
(*Trifolium repens*)
Der Kriechende Klee wird oft angebaut und ist deshalb unsere häufigste Kleeart. Er ist sehr tritt- und mähresistent, da er viele Ausläufer bildet.

Gemeines Kammgras
(*Cynosurus cristatus*)
Die nach ihrer kammförmig gestalteten Rispe benannte Art ist eine beliebte Nahrung des Viehs und wird durch Düngung stark gefördert.

Artenliste S. 408

Charakteristische Pflanzen
Trittfeste und regenerationsfähige Arten dominieren. Besonders häufig sind Gemeines Kammgras (*Cynosurus cristatus*), Englisches Raigras (*Lolium perenne*), Kriechender Klee (*Trifolium repens*) und am Wegrand Breit-Wegerich (*Plantago major s. l.*). Im Herbst ist der Herbst-Löwenzahn (*Leontodon autumnalis*) auffällig.
An wenigen, flachgründigen Stellen wachsen Arten der Magerrasen: Aufrechte Trespe (*Bromus erectus s. str.*), Kleiner Wiesenknopf (*Sanguisorba minor s. str.*), Mittlerer Wegerich (*Plantago media*) und Kriechende Hauhechel (*Ononis repens*).

Verbreitung in der Region
Fettweiden sind in der Region häufig. Oftmals fehlen jedoch die an unserem Standort zusätzlich vorhandenen Magerkeitszeiger, so dass die Bestände noch artenärmer sind.

Wir folgen weiterhin dem Wanderweg, der uns an den Ausgangspunkt der Exkursion zurückführt.

Einflüsse einer Beweidung auf die Vegetationsdecke

Grössere Weidetiere wie Kühe, Rinder oder Schafe beeinflussen die Vegetationsdecke in verschiedener Weise. Durch Abfressen von ganzen Pflanzen oder Pflanzenteilen zerstören sie diese entweder vollständig oder schwächen sie. Huftritte können Pflanzen ebenfalls starke Schäden zufügen. Zudem führt intensives Beweiden zu Verdichtungen des Bodens oder gar zu Geländeveränderungen; deutliche Terrassierungen an Hanglagen sind sichtbare Folgen davon. Auf Weiden können sich Arten ausbreiten, die bestimmte Anpassungen an diesen Bewirtschaftungstyp aufweisen. Im Verlauf der Evolution kristallisierten sich zwei verschiedene Typen von Anpassungen heraus:

- *Schadenstoleranz:* Pflanzen können trotz einer Schädigung durch die Weidetiere überleben. Voraussetzung dazu ist ein gutes Regenerationsvermögen. Eine schnelle, erfolgreiche Regeneration kann jedoch nur dann erfolgen, wenn auch nach der Schädigung noch genügend Speicherstoffe und Wachstumsgewebe zur Verfügung stehen, um eine Neubildung der beeinträchtigten Organe zu gewährleisten. Diese sind deshalb oft an geschützte Orte, entweder unter die Erde oder dicht dem Boden anliegend, verlagert. Da sich beispielsweise das Wachstumsgewebe aller Gräser in bodennaher Lage befindet, wird es vom Viehfrass kaum beschädigt, weshalb sich Gräser in Weiden gut behaupten können.

- *Vermeidung von Schäden:* Bei vielen Pflanzen entstehen gar nicht erst Schäden, da sie wirksam gegen Frass geschützt sind. So halten sich beispielsweise Rosen (*Rosa sp.*) oder Schwarzdorn (*Prunus spinosa*) Weidetiere mittels Stacheln oder Dornen vom Leibe. Andere Arten haben Bitter- oder Giftstoffe im Pflanzenkörper eingelagert (zum Beispiel viele Enziangewächse und Lippenblütler). Auch unscheinbare, niederwüchsige Pflanzen haben eine Chance, da sie vom Vieh gerne übersehen oder nicht erreicht werden (zum Beispiel grundständige Blattrosetten des Mittleren Wegerichs).

Pflanzen, die nicht an die Belastungen einer permanenten Beweidung angepasst sind, verschwinden bei intensiver Beweidung langsam zu Gunsten der angepassten Arten.

Exkursion 12

Tüllinger Hügel
Relikte einer traditionellen Kulturlandschaft
im Markgräfler Hügelland

Dauer: ½ Tag

Beste Zeit:
März bis Juni

Anfahrt:
Tram (BVB) bis Weil-
strasse (anschliessend
zu Fuss rund 800 m
rechtwinklig zur Haupt-
strasse Richtung
Weil bis zum Übergang
der Wiese)

Route

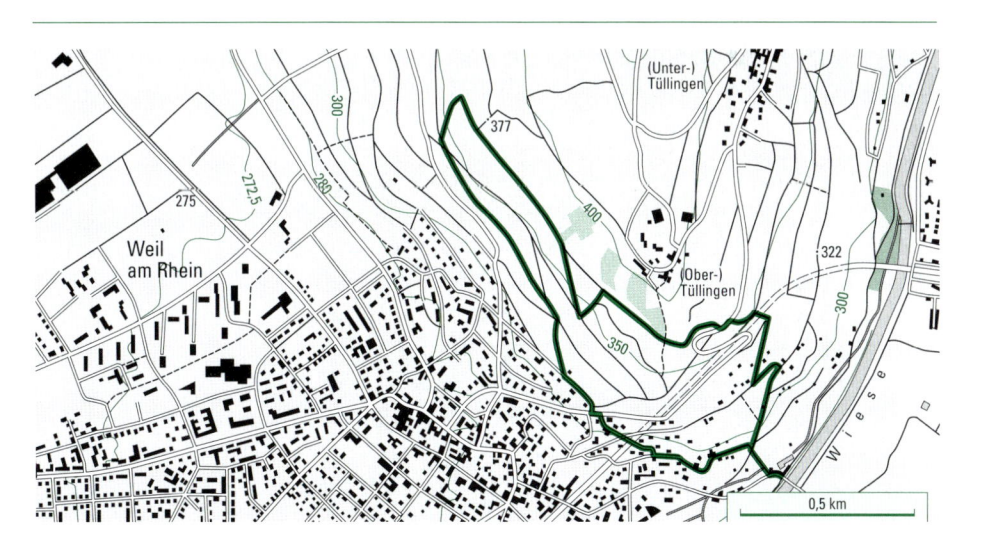

12. Tüllinger Hügel

Überblick

Vom sonnenverwöhnten Tüllinger Hügel bietet sich eine herrliche Aussicht über ganz Basel und bis zu den Vogesen. Der Hügel gliedert sich in zahlreiche verschiedene Kulturlandschaftselemente: Rebberge, Gartenland, Obstgärten, Hecken, extensive Mähwiesen sowie ungenutzte, verbrachende oder verbuschende Flächen grenzen auf kleinem Raum aneinander. Nebst botanischen Kostbarkeiten, wie selten gewordenen Rebbergwildkräutern, lockt eine reichhaltige Vogelwelt zu einem Besuch.

Um der Vielfalt des Gebietes gerecht zu werden, weicht diese Exkursion vom Schema der übrigen Ausflüge ab: Da die Beschreibung einzelner Standorte nur ein unvollständiges Bild der Artenvielfalt bieten würde, werden statt dessen einige typische Lebensräume mit ihren Arten dargestellt, die der Leser bei einem Rundgang selbst ausfindig machen kann. Der Kartenausschnitt schlägt eine mögliche Route durch das Gelände vor.

A Rebberge

Fragmente der Weinberg-Lauch-Gesellschaft (*Geranio-Allietum*)

Der untere Teil des Tüllinger Hügels wird von Rebbergen eingenommen. Die einzelnen Winzer bewirtschaften ihre Parzellen auf unterschiedlichste Weise; dementsprechend vielfältig ist auch die Wildkrautflora: Begrünte, von Gräsern dominierte Parzellen herrschen vor; aus einzelnen Rebbergen leuchten jedoch im Frühjahr farbenprächtige Zwiebelpflanzen, wie beispielsweise die Weinberg-Tulpe.

Wichtigste Standortfaktoren

■ *Strahlung:* Mit seiner hohen Sonneneinstrahlung ist der südwestexponierte Tüllinger Hügel ein vorzügliches Weinbaugebiet. Der Rebbau befindet sich in unserer Region im nördlichen Teil seines Verbreitungsgebietes und ist hier für gute Erträge auf klimatisch günstige Lagen beschränkt. Darunter versteht man süd-, südwest-

Rebberg
Rebparzelle im April
mit blühenden
Weinberg-Tulpen

oder südostexponierte Hänge meist unter 400 m ü.M., die kaum Spätfrösten ausgesetzt sind.
■ *Böden/Chemische Faktoren:* Der Untergrund des Tüllinger Hügels besteht aus Verwitterungslehm kalkiger oder mergeliger Schichten. Ein Teil des Gebietes ist von einer tiefgründigen Lössschicht bedeckt, die dank ihrer Fruchtbarkeit gute Erträge erlaubt.
Rebbau ist jedoch selbst auf kargen Böden möglich, da die Rebe diesbezüglich keine hohen Ansprüche an ihren Untergrund stellt.
■ *Wasser:* Im Gebiet fallen nur 720 bis 900 mm Niederschläge im Jahr, was im Sommer zu trockenen Bodenverhältnissen führen kann.

Der Tüllinger Hügel
als Relikt einer traditionellen Kulturlandschaft

Seit frühesten Zeiten trachtet der Mensch danach, eine möglichst reiche Ernte zu erzielen. Da ihm bis vor wenigen Jahrzehnten die technischen Hilfsmittel unserer Generation nicht zur Verfügung standen, war er gezwungen, seine Felder im Einklang mit der Natur zu bestellen. Über Jahrhunderte hinweg erfolgte die Bewirtschaftung in einer Weise, die heute als «extensiv» und «naturnah» bezeichnet wird. Die offene Kulturlandschaft war ein Mosaik verschiedenster kleinparzelliger Kulturen; einzelne Felder und Wegränder lagen brach, Hekken und Bäume säumten die Acker-, Wiesen- und Weideflächen. Hochstämmige Obstbäume gehörten praktisch zu jeder Siedlung.

Die heutige Situation sieht anders aus: Riesige Monokulturen, deren Existenz ohne Zugabe chemischer Produkte undenkbar wäre, beherrschen das Bild. Häufig wird in diesem Zusammenhang von «Agrarwüste» gesprochen. Der Tüllinger Hügel bildet eine Ausnahme: Das Land ist auf eine Vielzahl von Grundbesitzern aufgeteilt, die es auf unterschiedlichste Weise bearbeiten oder auch ungenutzt lassen. Folge davon ist eine abwechslungsreiche, aus verschiedenartigsten, oft extensiv genutzten, kleineren Flächen bestehende Kulturlandschaft, die gewissermassen ein Relikt aus früheren Zeiten darstellt. Solche Lebensräume bieten Platz für zahlreiche Tiere und Pflanzen: In der Kulturlandschaft ist die Artenvielfalt immer dort am höchsten, wo unterschiedliche Lebensräume eng beieinander liegen.

■ *Bewirtschaftung:* Die traditionelle Bewirtschaftungsform der Rebberge in unserer Region ist der Stickelbau. Von Stickeln (Stecken) gestützt, wachsen die Rebstöcke in einem Abstand von 0,8 bis 1 m zueinander. Durch diesen dichten Anbau wird im Sommerhalbjahr der Boden unter den Reben stark beschattet; er trocknet kaum aus und erodiert selten. Wildkräutern steht nur wenig Licht zur Verfügung. Um sie gänzlich zurückzubinden, wird der Untergrund zwei- bis dreimal jährlich gehackt.

Ab 1950 begann sich der Drahtbau durchzusetzen. Die Rebstöcke werden in einem Abstand von rund 2,4 m gepflanzt und die Reben entlang von zwei Drähten gezogen. So gelangt die volle Sonneneinstrahlung auf den Boden und trocknet ihn zeitweilig aus: Bodenerosion ist die Folge, und die ausgewaschenen Nährstoffe müssen durch Kunstdünger ersetzt werden. Der Bodenerosion versucht man

heute meist durch eine gezielte Dauerbegrünung mit ausgewählten Arten entgegenzuwirken (Gerste, Ölrettich, Chinakohlrüpse, Buchweizen). Die im Sonnenlicht gut gedeihenden Wildkräuter werden mit einer Bodenfräse (maschinelles Umdrehen des Bodens) oder mit Unkrautvertilgungsmitteln (Herbiziden) bekämpft.
Auf dem Tüllinger Hügel herrscht der Drahtbau vor. Dabei sind sowohl von Hand als auch maschinell gehackte Rebberge sowie gespritzte oder mit Einsaaten versehene Bestände zu finden (siehe auch Kasten «Wildkräuter der Rebberge», S. 209).

Entstehungsgeschichte
Die Wildrebe (*Vitis vinifera var. sylvestris*) war in den Auenlandschaften der Rheinebene beheimatet, heute wächst sie im Oberrheingebiet nur noch in 30 bis 40 Exemplaren und gehört somit zu unseren gefährdetsten Gefässpflanzen.
Die Kulturrebe (*Vitis vinifera var. sativa*) brachten die Römer in unsere Region mit. Bis vor 100 Jahren galt der Wein als Alltagsgetränk; daneben wurde er zur Desinfektion des häufig verschmutzten Wassers eingesetzt.
Mit dem Aufkommen der Eisenbahn ging der einheimische Rebbau erheblich zurück, da günstigere Weine aus Italien importiert werden konnten. Aber auch Krankheitserreger aus Übersee (Mehltau, Reblaus), die in den Rebbergen grossen Schaden anrichteten, wurden eingeschleppt.
Erst der Einsatz chemischer Spritzmittel sowie veränderte Bewirtschaftungsmethoden verhalfen dem Rebbau zu einem neuen Aufschwung. In den letzten Jahren ist wieder eine deutliche Zunahme der Rebfläche in der Region zu verzeichnen.

Charakteristische Pflanzen
Folgende frühblühende Zwiebelpflanzen können in den Rebbergen entdeckt werden: Doldiger Milchstern und gegen Haltingen zu auch Nickender Milchstern (*Ornithogalum umbellatum, O. nutans*), Weinberg-Tulpe (*Tulipa sylvestris s. str.*), Gemeine Bisam- oder Traubenhyazinthe (*Muscari racemosum*), Hohlknolliger und Festknolliger Lerchensporn (*Corydalis solida, C. cava*), Weinberg-Lauch (*Allium vineale*) sowie im «Schlipf» Winterling (*Eranthis hyemalis*). Werden sie durch eine veränderte Bewirtschaftung aus Rebbergen ver-

Gemeine Bisam- oder Traubenhyazinthe
(*Muscari racemosum*)
Die Blüten dieser auch als Gartenpflanze beliebten Art duften intensiv nach Pflaumen. Die obersten sind unfruchtbar.

drängt, finden sie oft in extensiven Wiesen auf früheren Rebparzellen ein Ersatzbiotop.
Als einjährige Pflanzenarten wachsen in den Rebbergen des Tüllinger Hügels beispielsweise Gemeiner Reiherschnabel (*Erodium cicutarium*), Weicher und Rundblättriger Storchschnabel (*Geranium molle, G. rotundifolium*), Gebräuchlicher Erdrauch (*Fumaria officinalis s.l.*), Einjähriges Bingelkraut (*Mercurialis annua*), Hühnerdarm (*Stellaria media aggr.*), Persischer und Efeublättriger Ehrenpreis (*Veronica persica, V. hederifolia s.l.*) sowie verschiedene Amarant-Arten (*Amaranthus sp.*).

Wildkräuter der Rebberge

Ein Wildkraut kann neben Kulturpflanzen nur bestehen, wenn seine Ansprüche an Klima und Bodenbeschaffenheit die selben sind und seine Wachstums- und Regenerationsfähigkeit durch die Bearbeitungsmassnahmen am Standort nicht zerstört wird.

Wie die Kulturreben bevorzugen auch die Wildkräuter der Rebberge wärmere Gebiete mit milden Wintern. Viele dieser Arten wurden mit den Kulturpflanzen aus dem Mittelmeergebiet eingeschleppt, andere konnten als Relikte einer früheren Wärmeperiode in den für sie klimatisch günstigen Rebberggebieten überdauern.

Traditionelle Bewirtschaftungsweise von Rebbergen ist ein mehrmaliges Hacken im Sommer. Gut damit zurecht kommen:

- Wildkräuter, deren Samenkeimung, Blütenbildung und Fruchtreife sich zwischen den jeweiligen Hackereignissen vollziehen (einjährige Pflanzenarten wie Einjähriges Bingelkraut (*Mercurialis annua*), Acker-Taubnessel (*Lamium purpureum*) oder Persischer Ehrenpreis (*Veronica persica*))
- frühblühende Geophyten, die vor dem Hacken und vor dem Austreiben der Rebe genügend Nährstoffe in unterirdischen Speicherknollen anlegen, um im darauffolgenden Jahr wieder aufzuwachsen. Auch wenn die Speicherknollen von der Hacke getroffen werden, sterben die Pflanzen nicht ab. Sie vermehren sich im Gegenteil noch stärker, da auch aus geteilten Knollen neue Individuen entstehen können (zum Beispiel Doldiger Milchstern, Weinberg-Tulpe, Gemeine Bisam- oder Traubenhyazinthe)
- ausläuferbildende Pflanzen, wenn einzelne Ausläufer wieder anwurzeln können.

Maschinelle Bearbeitung führt zu einer Bodenverdichtung: Verdichtungszeiger wie der Kriechende Hahnenfuss (*Ranunculus repens*) werden dadurch gefördert.

Herbizide verursachen ein Verdorren der Vegetation. Durch ihren Einsatz in kurzen Abständen während der Vegetationsperiode werden zuerst die einjährigen Wildkräuter dezimiert. Bei längerfristiger Behandlung sind auch mehrjährige Pflanzen gefährdet. Einige wenige resistente Arten überleben und breiten sich übermässig aus. Wird nur im April gespritzt, sind Frühjahrsgeophyten nicht beeinträchtigt. Ihre Tochterzwiebeln sind um diese Zeit bereits so weit entwickelt, dass der Verlust der Laubblätter der Mutterpflanze toleriert wird. Ein erneuter Herbizideinsatz im Sommer verringert zusätzlich die Konkurrenz für die erst im Herbst oder Winter austreibenden Geophyten. Die farbenprächtigen und reichhaltigen Rebberge im Elsass (siehe Exkursion 17, Rouffach – Westhalten) bezeugen, dass Geophytenwachstum unter diesen Verhältnissen sehr wohl möglich ist.

Einsaaten zur Bodenbegrünung verändern die Konkurrenzverhältnisse zwischen den einzelnen Arten. Dabei werden einige wenige Arten absichtlich gefördert, die kaum Licht und Raum für andere übriglassen. Als Folge davon verschwinden die früher so typischen Geophyten und Einjährigen immer mehr aus unseren Rebbergen. Sie werden durch eine oft arten- und individuenreichere, jedoch weniger farbenprächtige Wildkrautflora verdrängt.

Doldiger Milchstern (*Ornithogalum umbellatum*)
Die sternförmigen, milchweissen Blüten des Doldigen Milchsterns sind nur tagsüber geöffnet; am Abend schliessen sie sich. Die Pflanze wurde oft in Gärten als Zierpflanze gezogen und von dort auf Äcker verschleppt; ihre ursprüngliche Verbreitung ist daher nicht eindeutig festzustellen.

Weinberg-Tulpe (*Tulipa sylvestris s. str.*)
Die Weinberg-Tulpe stammt aus dem südlichen Europa. Nachts und bei feuchtem Wetter bleiben ihre gelben Blüten geschlossen. Oft gelangen viele Pflanzen nicht zum Blühen und entwickeln nur ein einziges, langscheidiges Laubblatt.

Zoologische Besonderheiten
In einigen Rebparzellen brütet die Zaunammer. Sie überwintert im Gebiet, und ihr Gesang ist schon zeitig im Frühjahr zu hören. Gerne halten sich Hänflinge in den Rebbergen auf. Zaun- und Mauereidechsen lieben besonnte, offene Flächen.

Verbreitung in der Region
Das Verbreitungszentrum der traditionellen Rebberg-Wildkrautflora (*Geranio-Allietum*) liegt in der Oberrheinischen Tiefebene. Heute ist diese Gesellschaft vor allem im Oberelsass (siehe Exkursion 17, Rouffach–Westhalten), aber auch im südbadischen Raum (Kaiserstuhl, Istein, Markgräflerland) verbreitet. Auf Schweizer Seite existieren nur bei Muttenz/Pratteln und Arlesheim noch wenige Bestände.

B Obstgärten

Zahlreiche Obstgärten duchsetzen den Tüllinger Hügel. Viele ihrer Bäume sind alt, die Borke ist rissig, und die Stämme weisen oft Baumhöhlen auf. Die hellrosafarbenen Blüten vereinzelter Pfirsichbäume eröffnen im März die Blühsaison, gefolgt von strahlendweissen Kirschblüten im April. Der Boden unter den Obstbäumen ist meist grasbewachsen.

Obstgärten am Tüllinger Hügel
Blick über blühende Obstbäume in Richtung Haltingen

12. Tüllinger Hügel

Wichtigste Standortfaktoren
Siehe A.
■ *Bewirtschaftung:* Viele der Obstbäume am Tüllinger Hügel werden regelmässig geschnitten, und ein Teil davon wird mit chemischen Spritzmitteln behandelt. Oft nutzt der Besitzer die Wiesen im Untergrund nur extensiv.

Entstehungsgeschichte
Wildformen unserer Obstbäume wuchsen in der Region schon zur Zeit der Kelten. Grossfrüchtige Sorten haben die Römer bei uns eingeführt. Durch Veredeln von Wildformen werden auch heute immer wieder neue Varietäten gezüchtet.
Noch vor wenigen Jahrzehnten gehörten hochstämmige Obstbäume (Stammhöhe etwa 180 cm) zum Ortsbild der meisten Bauerndörfer. Durch den Import von fremdländischen Früchten änderten sich jedoch die Essgewohnheiten der Bevölkerung. Einheimisches Obst, zumal oft teurer als importiertes, verlor an Beliebtheit. Nur noch optisch makellose, billige Früchte haben auf dem Markt eine Chance.
Um den Ertrag zu steigern und die Ernte zu vereinfachen, stellte man auf intensiv bewirtschaftete Niederstammkulturen um. In der Schweiz wurden Fällaktionen von hochstämmigen Obstbäumen zugunsten von Niederstammkulturen vom Staat subventioniert. So verschwanden viele Hochstammobstgärten aus unserer Region. Die verbliebenen Bestände wurden mittels chemischer Spritzmittel sowie häufiger Mahd und Düngung der Wiesen im Untergrund viel intensiver bewirtschaftet als früher.
In neuerer Zeit begann man jedoch den ökologischen Wert extensiv genutzter Hochstammobstgärten zu erkennen. Über Direktzahlungen fördert zum Beispiel der Schweizer Staat den Anbau von Hochstammobstbäumen nun wieder.

Charakteristische Pflanzen
Dank der grossen Wärme gedeihen hier viele Obstsorten. Besonders gut bekommt das Klima der Kirsche, da sie Trockenheit besser erträgt als andere Obstbäume.
An kultivierten Obstbäumen wachsen ausserdem auf dem Tüllinger Hügel: Kultur-Apfelbaum (*Malus domestica*), Birnbaum (*Pyrus com-*

munis), Zwetschgenbaum (*Prunus domestica*), Pflaumenbaum (*Prunus insititia*), Pfirsichbaum (*Prunus persica*) und Nussbaum (*Juglans regia*).
Im meist extensiv genutzten Unterwuchs gedeihen verschiedene Mähwiesenarten (siehe C), wie Glatthafer (*Arrhenatherum elatius*), Kleiner Wiesenknopf (*Sanguisorba minor*) oder Pfaffenröhrlein (*Taraxacum officinale aggr.*). Aus den Rebbergen haben gelegentlich hier Zuflucht gefunden: Doldiger Milchstern (*Ornithogalum umbellatum*), Weinberg-Tulpe (*Tulipa sylvestris s.str.*), Gemeine Bisamoder Traubenhyazinthe (*Muscari racemosum*) und Festknolliger Lerchensporn (*Corydalis solida*).

Zoologische Besonderheiten
Mit ihrer strukturellen Vielfalt bieten die Obstgärten Lebensraum für unzählige Tierarten. Ihre Früchte sind zum Beispiel für Vögel und Insekten eine beliebte Nahrungsquelle. In den Rissen der Baumrinden hausen Kleintiere, die grösseren Arten als Nahrung dienen. Baumhöhlen werden von Bienen- oder Hornissen, aber auch von Vögeln oder kleinen Säugern bewohnt. In den extensiv genutzten Wiesen unter den Obstbäumen leben zahlreiche Insekten, die wiederum Futter für andere Lebewesen sind.
Auf dem Tüllinger Hügel gibt es auch heute noch einen reichen Bestand an extensiv genutzten Obstkulturen mit alten, hochstämmigen Bäumen, die nicht mit chemischen Mitteln behandelt werden: Eine artenreiche Vogelwelt ist eine gut sichtbare Folge. Einige gefährdete Vogelarten profitieren von den Nistgelegenheiten in den Obstgärten und finden in den extensiv bewirtschafteten Wiesen unter den Bäumen auch genügend Nahrung. So sind Gartenrotschwanz, Wendehals, Grau- und Grünspecht im Gebiet häufig zu beobachten.

Verbreitung in der Region
Obwohl die hochstämmigen Obstbaumbestände seit den fünziger Jahren deutlich zurückgegangen sind, gibt es in unserer Region immer noch ausgedehnte Kulturen. Bekannt ist sie vor allem für die zahlreichen Kirschbäume. In vielen Fällen werden die Bestände jedoch gespritzt und/oder der Untergrund intensiv genutzt, was den ökologischen Wert der Obstgärten mindert.

Glatthaferwiese am Tüllinger Hügel
Blühende Glatthaferwiese Anfang Juni kurz vor der Mahd

C Wenig gedüngte Mähwiesen

Glatthaferwiesen (*Arrhenatheretum elatioris*)

Auf dem Tüllinger Hügel existieren noch einige Flächen dieser früher weitverbreiteten, farbenprächtigen Mähwiesen, die vielerorts ertragsreicheren, artenärmeren Beständen weichen mussten. Im Vergleich zu Magerrasen sind Glatthaferwiesen deutlich produktiver; ihr Anteil an Kräutern und somit die Artenvielfalt ist zwar geringer, doch stehen sie in ihrer Farbenpracht den Magerrasen in nichts nach.

Wichtigste Standortfaktoren

- **Böden/Chemische Faktoren:** Die Böden unter Glatthaferwiesen sind in der Regel relativ nährstoffreich und tiefgründig (meist Braunerden).
- **Bewirtschaftung:** Glatthaferwiesen werden regelmässig massvoll gedüngt und ein- bis dreimal pro Jahr gemäht. Am artenreichsten sind Glatthaferwiesen dort, wo nur zweimal jährlich gemäht und mit Stallmist gedüngt wird. Stärkere Düngung, verbunden mit einer häufigeren Mahd, fördert vor allem das Wachstum der Futtergräser und damit den Ertrag, bringt aber die Blütenvielfalt zum Verschwinden.

Entstehungsgeschichte

Der Tüllinger Hügel war ursprünglich von Wald bedeckt. Mit der Entwaldung verloren viele der angestammten Pflanzen ihren Lebensraum, und Graslandarten hielten von ihren ursprünglichen Verbreitungsgebieten her Einzug (siehe Exkursion 11, Blauen-Südhang). Als dann die Viehhaltung in Ställen aufkam, wurde die Konservierung von Gras nötig. Erste Anzeichen einer Heuwirtschaft stammen aus der Eisenzeit, wobei die Heuwiesen oft auch beweidet wurden. Eigentliche Mähwiesen mit einer Artenzusammensetzung, wie wir sie auf dem Tüllinger Hügel finden, entstanden erst nach der vollständigen Trennung von Heu- und Weidewirtschaft in der Neuzeit (etwa ab 17. Jahrhundert).

Charakteristische Pflanzen

Auch in schwach gedüngten Mähwiesen bilden hohe Gräser den Hauptanteil der Pflanzendecke. Charakteristisches und häufiges Gras ist der Glatthafer (*Arrhenatherum elatius*); daneben wachsen zum Beispiel Gemeines Knäuelgras (*Dactylis glomerata*), Goldhafer (*Trisetum flavescens*) oder Englisches Raigras (*Lolium perenne*). Zwischen den Gräsern finden sich aber immer wieder hohe Kräuter ein: Vor der ersten Mahd erblühen zum Beispiel Östlicher Bocksbart (*Tragopogon pratensis ssp. orientalis*), Pfaffenröhrlein (*Taraxacum officinale aggr.*), Gemeine Margerite (*Leucanthemum vulgare aggr.*), Zottiger Klappertopf (*Rhinanthus alectorolophus*) und Wiesen-Salbei (*Salvia pratensis*); vor der zweiten Mahd dominieren vor allem Doldengewächse wie Wiesen-Bärenklau (*Heracleum sphondylium s.str.*) oder der zu den Korbblütlern gehörende Wiesen-Pippau (*Cre-*

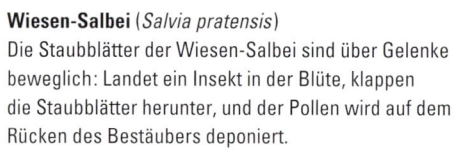

Wiesen-Salbei (*Salvia pratensis*)
Die Staubblätter der Wiesen-Salbei sind über Gelenke beweglich: Landet ein Insekt in der Blüte, klappen die Staubblätter herunter, und der Pollen wird auf dem Rücken des Bestäubers deponiert.

Zottiger Klappertopf (*Rhinanthus alectorolophus*)
Sein Kelch ist von zottigen, weissen Haaren bedeckt. Beim Bewegen der Pflanze nach der Samenreife ertönt aus ihm ein klapperndes Geräusch («Klappertopf»).

pis biennis). Auffällig sind im Juni in manchen Wiesen die grossen violettblauen Blüten des Wiesen-Storchschnabels (*Geranium pratense*). Diese Art gedeiht im Schweizer Teil der Region kaum; seine Verbreitung endet praktisch an der schweizerischen Landesgrenze. Kleinwüchsige Pflanzen wie Massliebchen (*Bellis perennis*), Kriechender Günsel (*Ajuga reptans*) oder Gamander-Ehrenpreis (*Veronica chamaedrys*) erhalten nur in der ersten Zeit nach einem Schnitt genügend Licht für ihr Wachstum.

Verbreitung in der Region

Glatthaferwiesen waren früher bei mittleren Niederschlägen und Temperaturen bis in die submontane Stufe hinauf überall weit verbreitet. Nach dem Aufkommen von Kunstdünger mussten sie an den

meisten Orten ertragsreicheren Kunstwiesen oder sonstigen Ackerkulturen weichen.
Heute werden die artenreichen Glatthaferwiesen in der Schweiz mittels Direktzahlungen gefördert und sind deshalb mancherorts wieder vermehrt anzutreffen.

D Hecken, Büsche und Feldgehölze

Der ganze Tüllinger Hügel ist von zahlreichen Hecken und Gebüschgruppen geprägt, deren Aussehen mit jeder Jahreszeit wechselt: Während sie im Frühling von Blüten übersät, im Sommer dicht grün belaubt und im Herbst mit leuchtenden Früchten behangen sind, sehen wir im Winter nur noch ihre nackten Zweige.

Wichtigste Standortfaktoren
- *Strahlung:* Siehe A. Im Windschutz der Bäume kommt es oft zu höheren Temperaturen als im Freiland. Die Sonneneinstrahlung ist höher als im Wald und geringer als in Rasen (Halbschatten).
- *Böden/Chemische Faktoren/Wasser:* Siehe A und B. Hecken, Büsche und Feldgehölze können auf den verschiedensten Böden wachsen, solange Nährstoff- und Wasserangebot ausreichen, um die relativ aufwendige Holzproduktion zu ermöglichen (siehe Exkursion 4, Reinacher Heide). Ihre Artenzusammensetzung ist allerdings stark von den unterschiedlichen Bodenbedingungen abhängig.
- *Bewirtschaftung:* Viele der Hecken, Büsche oder Feldgehölze des Tüllinger Hügels werden periodisch geschnitten oder auf den Stock gesetzt.

Entstehungsgeschichte
Im Gegensatz zu natürlichem Gebüsch, das nur an Grenzstandorten für Waldwuchs vorkommt (siehe Exkursion 9, Hofstetter Chöpfli), entstanden die Gehölzgruppen unserer Kulturlandschaft erst nach der Rodung von Wäldern und hätten auf die Dauer ohne periodische Pflege keinen Bestand.

Charakteristische Pflanzen

Wichtige Straucharten in Hecken auf dem Tüllinger Hügel sind Schwarzdorn (*Prunus spinosa*), Ein- und Zweigriffliger Weissdorn (*Crataegus monogyna aggr., C. laevigata*), Hartriegel (*Cornus sanguinea*), Liguster (*Ligustrum vulgare*) und verschiedene Rosen und Brombeeren (*Rosa sp., Rubus sp.*).
Werden Hecken über lange Zeit sich selbst überlassen, können einzelne Bäume emporwachsen. Am Ende dieser natürlichen Vegetationsentwicklung steht ein geschlossener Wald.

Zoologische Besonderheiten

Die Tierartenvielfalt in Hecken, Büschen oder Feldgehölzen ist abhängig von ihrer Struktur, den Baum- und Straucharten und von der Nutzung ihrer Umgebung. Sie bieten nebst Nahrung auch Unterschlupf, Schutz oder Wohnstätten. Davon profitieren Insekten, Säugetiere wie Igel, Wiesel, Fuchs oder Feldhase sowie Vögel. Charaktervögel der Hecken sind die Goldammer und der Neuntöter, die am Tüllinger Hügel regelmässig beobachtet werden können.

Verbreitung in der Region

Früher bildeten Hecken oder Feldgehölze vielfach Grenzen zwischen Nachbarparzellen oder dienten als Zäune im Weidland, wo sie vom Vieh gerne als Unterstand benutzt wurden. In den letzten Jahrzehnten fielen sie jedoch immer mehr einer grossflächigen Bewirtschaftung zum Opfer, so dass ausgedehnte Bestände in der Region selten wurden. Da sie Lebensraum für verschiedene Organismen bieten, stellt man sie heute oft unter Schutz oder fördert sie durch Anpflanzungen.

Exkursion 13

Chilpen

Wechselfeuchte Magerrasen
und Föhrenwald im Jura

Dauer: ½ Tag

Beste Zeit:
April bis September

Anfahrt:
Zug ab Basel SBB bis
Sissach, danach Bus
bis Diegten «Hirschen»

Route

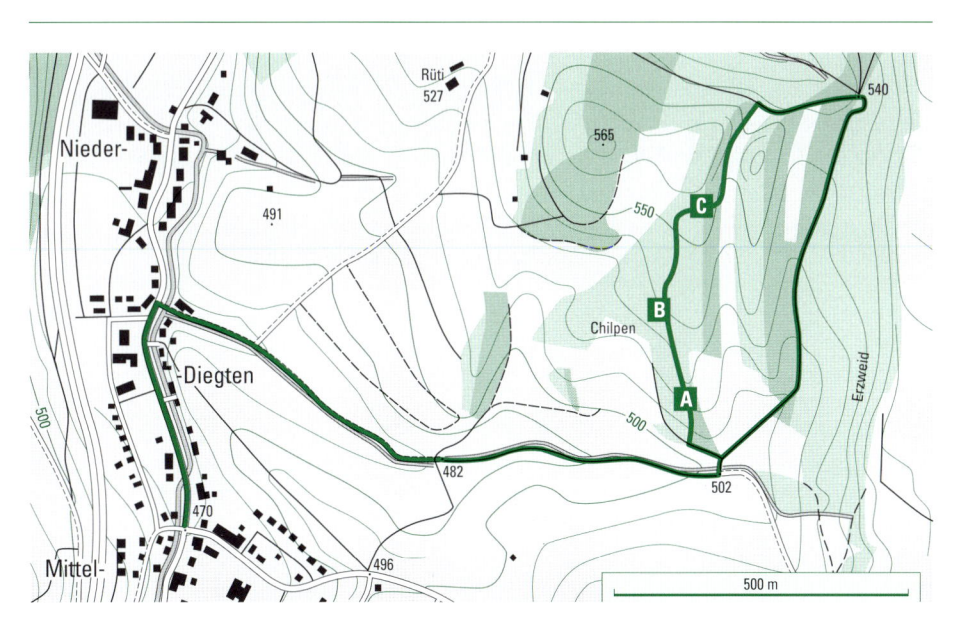

A Offener wechselfeuchter Magerrasen
B Geschlossener wechselfeuchter Magerrasen
C Föhrenwald auf wechselfeuchtem Untergrund

13. Chilpen

Überblick

Das Naturschutzgebiet Chilpen liegt im Baselbieter Tafeljura, inmitten von intensiv bewirtschaftetem Kulturland. Es ist eines der orchideenreichsten Reservate unserer Region: insgesamt 27 Arten wurden hier aufgefunden. Ausflüge ins Gebiet lohnen sich jedoch nicht nur ihretwegen; die Magerrasen bieten uns vom April bis weit in den September hinein ein stetig wechselndes Bild mit einer grossen Arten- und Blütenvielfalt. Interessant ist auch die Zusammensetzung der Arten. Infolge der besonderen Bodenverhältnisse wachsen hier Trockenheits- und Feuchtigkeitszeiger eng beieinander. Zudem haben wir auf unserem Rundgang Gelegenheit, eine natürliche Vegetationsabfolge (Sukzessionsreihe) kennenzulernen: Ausgehend von einem offenen und besonders artenreichen Magerrasen, erreichen wir über eine im Spätsommer von meterhohem Pfeifengras dominierte Fläche schliesslich einen Föhrenwald.

Von der Haltestelle Diegten «Hirschen» folgen wir der Hauptstrasse rund 300 m nach Norden. Bei der Abzweigung Stampbachweg überqueren wir den Diegter Bach. Der Weg führt nun rund einen Kilometer einem kleinen Bächlein entlang zu einem Wegweiser «Waldpfad». Wir folgen ihm und biegen nach ungefähr 20 m bei der Tafel «Naturschutzgebiet» links ab. Auf einem kleinen, von einer Sitzbank ausgehenden Trampelpfad gelangen wir an unseren ersten Standort. Er beginnt bei der zweiten Verzweigung des Pfades und umfasst auf einer Länge von ca. 40 m die von dieser Weggabelung umschlossene Fläche.

A Offener wechselfeuchter Magerrasen

Offene Spargelerbsen-Pfeifengraswiese
(*Tetragonolobo-Molinietum*)

Die Vegetation ist lückig, und fast überall schimmert die helle Farbe des Mergeluntergrunds durch. Seine Konsistenz hängt stark von der Witterung ab: An heissen Sommertagen kann er steinhart und rissig sein, nach Regenwetter jedoch ist er glitschig, beinahe sumpfig. Der Blütenaspekt der Pflanzendecke zeigt von Monat zu Monat einen anderen Charakter. Ihre grösste Pracht entfaltet sie im Juni und Juli.

13. Chilpen

Offener wechselfeuchter Magerrasen
Hochsommeraspekt des Magerrasens. Auf den Pfaden zeichnet sich deutlich der helle Mergelboden ab.

Wichtigste Standortfaktoren

■ *Strahlung:* Die nach Südwesten orientierten Partien trifft relativ viel Sonneneinstrahlung.

■ *Böden/Chemische Faktoren:* Durch die Verwitterung der tonigweichen Kalkschichten (Effingerschichten) entstand hier ein tonreicher Mergelboden ohne Krümelstruktur – eine sogenannte Mergelrendzina. Der Oberboden ist an den meisten Stellen von einer sehr dünnen Humusauflage bedeckt, einige wenige Partien sind noch im Rohbodenstadium. Ein hoher Basengehalt bis in die obersten Schichten (pH 7,5 im Oberboden), Nährstoffarmut sowie spezielle Wasserverhältnisse (siehe unten) kennzeichnen diesen Bodentyp.

■ *Wasser:* Nach starken Niederschlägen neigt der Mergelboden wegen des hohen Tongehaltes zur Vernässung. An steileren Stellen kommt es dadurch oft zu Rutschungen. Bei hoher Sonneneinstrahlung im Sommer jedoch trocknet der Oberboden rasch aus und wird zu einer harten, rissigen Kruste.

■ *Bewirtschaftung:* Durch Beweidung ohne kompensierende Düngerzufuhr und durch Mergelentnahme entzogen die Bauern dem Boden früher über längere Zeit hinweg Nährstoffe. Der stetige Mergelabtrag bis zu Beginn unseres Jahrhunderts schuf immer wieder grössere vegetationsfreie Zonen, in denen die natürliche Vegetations-

entwicklung bis hin zur Wiederbewaldung neu beginnen konnte (siehe Kasten «Sukzession», S. 233). Heute entstehen solche vegetationsfreien Zonen nur noch kleinflächig bei lokalen Rutschungen des vernässten Mergelbodens.
Um die offenen, artenreichsten Flächen erhalten oder allenfalls vergrössern zu können, sind regelmässiger Schnitt der Rasenvegetation im Herbst und ein Zurückschneiden der Büsche notwendig. Sporadisch werden auch wieder Löcher ausgehoben, um einer Pioniervegetation Raum zu schaffen.

Entstehungsgeschichte
Das heute offene Gelände war ursprünglich bewaldet. Bereits im 17. Jahrhundert jedoch rodeten die Bauern grosse Flächen, auf denen sie ihr Vieh weiden liessen. Oftmals trugen sie ausserdem oberste Mergelschichten ab, um sie als Kalkdüngung auf die Felder auszubringen oder zum Bau von Häuserböden zu verwenden. In Notzeiten wurde im Gebiet sogar Ackerbau betrieben: Die Bauern pflügten auch wenig ergiebige Böden und säten darauf Getreide an. Nachdem die Erde erschöpft war, liessen sie sie wieder brachliegen («Ägertenwirtschaft»). 1950 endete die letzte Nutzung im Gebiet, seit 1979 ist es ein offizielles Naturschutzreservat.

Charakteristische Pflanzen   Artenliste S. 410
Dank der relativ hohen Sonneneinstrahlung besiedeln zahlreiche licht- und wärmebedürftige Pflanzenarten unseren Standort. Dazu gehören Kleine Spinnen-Ragwurz (*Ophrys araneola*), Fliegen-Ragwurz (*Ophrys insectifera*), Langspornige Handwurz (*Gymnadenia conopsea*), Stengellose Kratzdistel (*Cirsium acaule*), Weidenblättriges Rindsauge (*Buphthalmum salicifolium*) oder der erst im September blühende Deutsche Enzian (*Gentiana germanica*). Ausserdem prägen die wechselfeuchten Bodenverhältnisse die Vegetationszusammensetzung sehr. So wachsen neben trockenheitsertragenden Arten auf engstem Raum feuchtetolerante Pflanzen, die auch in Sumpfwiesen vorkommen (siehe Exkursion 3, Petite Camargue Alsacienne und 19, Feldberg), wie zum Beispiel Strand-Pfeifengras (*Molinia arundinacea*), Gemeine Simsenlilie (*Tofieldia calyculata*), Gemeine Sumpfwurz (*Epipactis palustris*), Abbisskraut (*Succisa pratensis*) und Herzblatt (*Parnassia palustris*).

An besonders offenen, trockenen Stellen gedeihen mit Feinblättrigem Lein (*Linum tenuifolium*), Herzblättriger und Gemeiner Kugelblume (*Globularia cordifolia, G. punctata*) und Florentiner Habichtskraut (*Hieracium piloselloides*) konkurrenzschwache Pflanzen. Nach ihrer Ansiedlung entstehen auf den ehemaligen Rohböden allmählich Feinerdeansammlungen, die das Wachstum konkurrenzstärkerer, aber in bezug auf Nährstoffreichtum und Wasserhaushalt anspruchsvollerer Arten ermöglicht. Auf Stellen mit einer grösseren Feinerdebasis siedeln sich bereits erste Sträucher wie Filzige Steinmispel (*Cotoneaster tomentosus*) oder Berberitze (*Berberis vulgaris*) an.

Kleine Spinnen-Ragwurz (*Ophrys araneola*)
Die Kleine Spinnen-Ragwurz blüht oft schon im April als erste unserer Ragwurz-Arten. Bei der ausgedehnten Population am Chilpen handelt es sich um eine der grössten Ansammlungen dieser seltenen Art im ganzen Jura.

Fliegen-Ragwurz (*Ophrys insectifera*)
Wie alle Ragwurze stammt sie ursprünglich aus dem Mittelmeerraum und ist vor allem dort verbreitet. Mit einer der Fliege täuschend ähnlichen Gestalt und Struktur ihrer Lippe lockt sie Fliegenmännchen an, die sich mit dem vermeintlichen Weibchen paaren möchten und dabei die Pflanze bestäuben.

Gemeine Simsenlilie (*Tofieldia calyculata*)
Die Gemeine Simsenlilie ist ein ausgesprochener Magerkeitszeiger kalk- oder basenhaltiger Böden und bevorzugt wechselfeuchte oder feuchte Standorte. Sie wächst vom Tiefland bis auf über 2000 m, ist in der Region ziemlich selten, im Alpengebiet aber weit verbreitet.

Langspornige Handwurz (*Gymnadenia conopsea*)
Der längere Sporn unterscheidet diese Art von der ebenfalls im Gebiet vorkommenden Wohlriechenden Handwurz (*Gymnadenia odoratissima*). Beide besitzen einen handförmigen Wurzelknollen.

Verbreitung in der Region

Spargelerbsen-Pfeifengraswiesen sind vor allem im Aargauer Tafeljura verbreitet. Bekannte Beispiele finden sich in den Naturschutzgebieten bei Effingen und Bözen. Im Basler Jura existieren nur vereinzelt Bestände, so im «Lätteloch» bei Blauen und bei Liesberg. Die für Spargelerbsen-Pfeifengraswiesen sonst typische Spargelerbse (*Lotus maritimus*) fehlt im Chilpengebiet.

Weidenblättriges Rindsauge
(*Buphthalmum salicifolium*)
Das Weidenblättrige Rindsauge wächst nicht nur in Magerwiesen, sondern auch in lichten Wäldern und Flachmooren. Seine Blätter erinnern an diejenigen von gewissen Weiden (*Salix sp.*), daher der Artname «salicifolium».

Gemeine Sumpfwurz (*Epipactis palustris*)
Die Gemeine Sumpfwurz bevorzugt feuchte oder wechselfeuchte Kalkböden. Man findet sie auch in Mooren oder an Seeufern.

Zoologische Besonderheiten

Der Triller des Berglaubsängers ertönt im föhrenreichen Teil des Reservates regelmässig, auch die Goldammer brütet im Gebiet. An offenen, sonnigen Stellen tummeln sich Zauneidechse und der schnelle Sand-Laufkäfer.

> Mehrere Trampelpfade führen uns leicht bergan. Vor uns erstreckt sich eine mit Wald-Föhren (*Pinus sylvestris*) durchsetzte, von einem Waldgürtel umschlossene Grasfläche: unser nächster Standort.

Abbisskraut (*Succisa pratensis*)
Der Name «Abbisskraut» bezieht sich auf die Sage, wonach der Teufel der Pflanze die Wurzel abgebissen haben soll, weil er über ihre Heilkraft erbost war. Tatsächlich erscheint der kurze Wurzelstock wie abgebissen.

Deutscher Enzian (*Gentiana germanica*)
Der Deutsche Enzian ist im Jura auf Magerweiden oft zu finden, kann jedoch auch in Flachmooren gedeihen. Er ist häufiger als der im Gebiet ebenfalls vorkommende Gefranste Enzian (*Gentiana ciliata*), der sich durch seine gefransten Kronblätter gut von ihm unterscheiden lässt.

Herzblatt (*Parnassia palustris*)
Herzförmige Grundblätter verliehen dieser Art ihren Namen. Sie ist eine sogenannte «Fliegentäuschblume»: Mit glänzenden, gelbgrünen Drüsenköpfchen lockt sie ihre Bestäuber an, ohne ihnen jedoch Nektar zu bieten

Orchideen

Mit weltweit rund 20 000 bekannten Arten bilden die Orchideen die vielfältigste Pflanzengruppe überhaupt. Während sie in unseren Breitengraden alle im Boden wurzeln, wachsen sie in tropischen und subtropischen Gebieten oft auf Bäumen (Epiphyten).

Viele Orchideen haben spektakuläre Strategien entwickelt, um ihre Bestäubung sicherzustellen. Bestes Beispiel hierfür bieten die Blüten verschiedener Ragwurz- (*Ophrys*) Arten: Duft, Gestalt und Oberflächenstruktur ihrer Lippen täuschen die Anwesenheit eines Weibchens einer bestimmten solitären Bienen- oder Wespenart vor. Die Insektenmännchen werden angelockt und streifen mit ihrem Körper die Pollenpakete (Pollinien) der Orchideen. Bei der nächsten Blüte bleiben diese Pakete dann an der klebrigen Narbe haften.

Extrem leichte und vor allem zahlreiche Samen ermöglichen allen Orchideenarten, sich effizient durch den Wind zu verbreiten. So entwickelt der Frauenschuh (*Cypripedium calceolus*) rund 40 000 Samen pro Frucht, wobei 100 000 Samen nur etwa 1 g wiegen! Diese winzigen Samen können jedoch nicht genügend Nährstoffe speichern, um eine erfolgreiche Keimung und Entwicklung zu gewährleisten. Aus diesem Grunde sind Orchideen auf die Symbiose mit einem Pilz angewiesen, der dem Embryo Nährstoffe und Wasser aus dem Abbau vermodernder Pflanzenteile zuführt und dabei organische Stoffe von der Orchidee bezieht.

Viele ältere Orchideenpflanzen besitzen unterirdische Speicherorgane für Nährstoffe. Schon in alter Zeit weckten diese Knollen beim Menschen religiöse und sexuelle Assoziationen. Sie wurden gern als Aphrodisiakum gehandelt, dienten aber auch als Arzneimittel gegen Keuchhusten und Durchfälle. Im Orient werden sie noch heute wegen ihres grossen Nährstoffgehaltes kommerziell zu Speiseeis oder erfrischenden Getränken verarbeitet. Auch für Säugetiere (zum Beispiel Wildschwein, Dachs) sind sie eine willkommene Bereicherung der Nahrung und werden daher oft ausgegraben.

B Geschlossener wechselfeuchter Magerrasen

Spargelerbsen-Pfeifengraswiese (*Tetragonolobo-Molinietum*)

Im Unterschied zum Standort A finden wir hier eine geschlossene Vegetationsdecke vor. Ein lichter Baumbestand aus Wald-Föhren beschattet die Krautschicht. Gräser dominieren, darunter vor allem das Strand-Pfeifengras. Im Spätsommer ist es zu einer stattlichen Höhe von bis zu 2 m herangewachsen und lässt für die Besucher nur noch einen schmalen Pfad frei. Unter dem wogenden Grün bis Goldgelb sind die Blüten anderer Pflanzen schwer zu entdecken.

Geschlossener wechselfeuchter Magerrasen
Herbstaspekt, geprägt von dem in dieser Jahreszeit goldgelben Strand-Pfeifengras

Wichtigste Standortfaktoren
■ *Strahlung:* Die im Vergleich zum Standort A schwächer geneigte Bodenoberfläche trifft weniger Sonneneinstrahlung, die zusätzlich von den hier wachsenden Wald-Föhren und der dichteren krautigen Vegetation gemindert wird. Gleichzeitig verringert sich auch die nächtliche Abstrahlung der Bodenoberfläche, was stärker temperaturausgleichend wirkt.

■ *Böden/Chemische Faktoren:* Auch hier bestimmt die zur Wechselfeuchte neigende Mergelrendzina die Bodeneigenschaften. Durch die geringere Sonneneinstrahlung (siehe oben) trocknet der Oberboden im Vergleich zu Standort A jedoch nicht so stark aus. Da Bodenorganismen bei gleichmässigerer Feuchte besser arbeiten können, ist die Bodenbildung hier weiter fortgeschritten. Die Humusauflage beträgt nun schon einige Zentimeter.

■ *Bewirtschaftung:* Um dieses Sukzessionsstadium zu erhalten, werden auch diese Flächen regelmässig gemäht und entbuscht.

Entstehungsgeschichte

Nach dem Verbot der Waldweide um ca. 1830 eroberte der Wald die vorher offenen Flächen langsam wieder zurück. Bis ungefähr 1980 war unser Standort ein geschlossener Wald. Erst nach erneuten Rodungen, mit dem Ziel, lichtbedürftigeren Arten vermehrt Lebensraum zu bieten, konnte sich diese artenreiche Magerrasenfläche wieder einstellen. (Siehe auch Standort A.)

Artenliste S. 412

Charakteristische Pflanzen

Die Sukzession ist hier schon eine Stufe weiter fortgeschritten als beim ersten Standort. Vegetationsarme Rohböden gibt es nicht mehr, dementsprechend fehlen auch Arten, die auf offene Flächen angewiesen sind. Die Pflanzendecke ist geschlossen und wird von Strand-Pfeifengras (*Molinia arundinacea*) und Fieder-Zwenke (*Brachypodium pinnatum*) dominiert. Neu treten hier auf ausgeglichenere Wasser- und Strahlungsverhältnisse angewiesene Arten wie Gemeine Akelei (*Aquilegia vulgaris*), Grosses Zweiblatt (*Listera ovata*), Geflecktes Knabenkraut (*Dactylorhiza maculata*) oder Herbstzeitlose (*Colchicum autumnale*) auf. An regelmässig feuchten Stellen gedeiht die Knollige Kratzdistel (*Cirsium tuberosum*). Wald-Föhren (*Pinus sylvestris*) können dank den feinerdereicheren Böden bereits zu einer stattlichen Grösse heranwachsen. In ihrem Schatten spriessen einige Saum- oder Waldpflanzen wie Immenblatt (*Melittis melissophyllum*) und Vielblütige Weisswurz (*Polygonatum multiflorum*). Auch die Vielfalt an Sträuchern hat gegenüber dem ersten Standort zugenommen. Wir treffen zum Beispiel auf den Gemeinen Kreuzdorn (*Rhamnus cathartica*), die Rote Heckenkirsche (*Lonicera xylosteum*) oder den Eingriffligen Weissdorn (*Crataegus monogyna aggr.*).

Knollige Kratzdistel
(*Cirsium tuberosum*)
Die Knollige Kratzdistel wächst bevorzugt auf feuchten Wiesen oder Flachmooren. Ihre Blüten werden gerne von Schmetterlingen (auf dem Bild das «Schachbrett») besucht.

Das Vorkommen von Arten, die wir schon am ersten Standort beobachten konnten, wie zum Beispiel Strand-Pfeifengras (*Molinia arundinacea*), Herzblatt (*Parnassia palustris*), Weidenblättriges Rindsauge (*Buphthalmum salicifolium*) oder Abbisskraut (*Succisa pratensis*), zeigt uns jedoch, dass die Übergänge zwischen den verschiedenen Sukzessionsstufen fliessend sind.

Verbreitung in der Region
Siehe Standort A.

> Wir folgen nun dem am weitesten gen Osten gelegenen Trampelpfad in Richtung Norden. Er führt uns zuerst durch eine offene Graslandschaft und durchquert dann nach einer scharfen Rechtskurve einen Wald. Dieses Waldstück ist unser dritter Standort.

C Föhrenwald auf wechselfeuchtem Untergrund

Orchideen-Föhrenwald (*Cephalanthero-Pinetum sylvestris*)

Die Baumschicht wird von Wald-Föhren gebildet, dazwischen finden sich aber auch etliche Laubbäume und angepflanzte Fichten. Im Unterwuchs gedeihen sehr viele Sträucher. Die Krautschicht ist nicht sehr artenreich. Vor allem an offeneren Stellen wachsen jedoch auch einige Arten der vorher betrachteten Magerrasen.

Wichtigste Standortfaktoren

■ *Strahlung:* Die Sonneneinstrahlung wird durch die Baumkronen zwar abgeschwächt, da diese einander aber nicht überlappen, gelangt genug Licht zum Erdboden für das Wachstum einer üppigen Strauchschicht.

■ *Böden/Chemische Faktoren:* Noch ist der Untergrund wechselfeucht und der Boden flachgründig. Die Humusauflage jedoch ist mit bis zu 12 cm Dicke deutlich mächtiger als beim vorherigen Standort. Sie kann nun genügend Wasser und Nährstoffe speichern, um das Wachstum eines Waldes zu ermöglichen.

Entstehungsgeschichte

Im 18. Jahrhundert waren am Chilpen weit mehr Flächen gerodet als heute. Es ist deshalb anzunehmen, dass sich unser Standort als Produkt einer natürlichen Sukzession nach der Aufgabe der Offenlandnutzung wiederbewaldet hat. Ob es sich bei diesem Orchideen-Föhrenwald um die Klimaxvegetation handelt, die auch vor der Rodung vorhanden war, ist umstritten. Einige Fachleute sind der Meinung, der Föhrenwald würde sich mit den Jahren zu einem Buchenwald weiterentwickeln.

Charakteristische Pflanzen   Artenliste S. 415

Dank der grösseren Humusauflage können hier nun langlebige Laub- und Nadelhölzer gedeihen, die sich auch in ihrem eigenen Schatten verjüngen. Die wechselfeuchten Bodenverhältnisse beeinträchtigen jedoch das Wachstum der sonst so häufigen Buche (*Fagus sylvatica*); sie ist zwar vorhanden, aber nicht bestandesbildend. Die Baumschicht besteht vor allem aus Wald-Föhren (*Pinus sylvestris*). Dieser konkurrenzschwache, aber genügsame Pionierbaum kann natürlicherweise nur dort grossflächig auftreten, wo andere Baumarten schlecht gedeihen. An unserem Standort finden sich auch vereinzelt Trauben- und Stiel-Eichen (*Quercus petraea, Q. robur*), Mehlbeerbäume (*Sorbus aria*) und Berg-Ahorne (*Acer pseudoplatanus*). In der reich entwickelten Strauchschicht wachsen unter anderem Feld-Ahorn (*Acer campestre*), Stechpalme (*Ilex aquifolium*), Elsbeerbaum (*Sorbus torminalis*), Faulbaum (*Frangula alnus*) und Schwarzdorn (*Prunus spinosa*) sowie die wärmeliebenden Berberitze (*Berberis vulgaris*), Filzige Steinmispel (*Cotoneaster tomentosus*) und Felsenkirsche (*Prunus mahaleb*). In der Krautschicht tritt neu das Weissliche Waldvögelein (*Cephalanthera damasonium*) auf.

An offeneren Stellen können sich einige krautige Arten halten, die auch an den beiden vorhergehenden Standorten wachsen. So lassen sich zum Beispiel das relativ schattentolerante Strand-Pfeifengras (*Molinia arundinacea*), die Saumarten Ästige Graslilie (*Anthericum ramosum*) oder Sichelblättriges Hasenohr (*Bupleurum falcatum s. str.*), der Deutsche Enzian (*Gentiana germanica*) oder das wechselfeuchte Verhältnisse anzeigende Abbisskraut (*Succisa pratensis*) beobachten.

Verbreitung in der Region

Der Verbreitungsschwerpunkt von Orchideen-Föhrenwäldern liegt in den Molassehügeln des Kantons Zürich und auf schwachgeneigten Mergelschichten des Juras, insbesondere des Aargauer Tafeljuras. Im restlichen Teil der Region sind sie nur vereinzelt anzutreffen.

Sukzession

Sukzession wird definiert als die gesetzmässige zeitliche Abfolge bestimmter Pflanzengemeinschaften am selben Ort.
Jede Sukzessionsstufe geht mit Veränderungen der jeweiligen Standortbedingungen einher. In vielen Fällen, wie auch hier am Chilpen, verändert die Vegetation selbst die Standortbedingungen (zum Beispiel Strahlungsklima, Böden). Wenn keine Störung erfolgt, werden immer die gleichen Sukzessionsstufen oder Pflanzengemeinschaften nacheinander durchlaufen.
Die folgenden Abbildungen zeigen eine vollständige Sukzessionsreihe von einem vegetationsfreien Boden bis hin zu einem geschlossenen Wald. Durch menschliche Eingriffe oder natürliche Ereignisse (wie Hochwasser oder Erdrutsche) kann diese Entwicklung aber jederzeit unterbrochen oder gar in den Anfangszustand zurückversetzt werden.

Vegetationsfreier Boden. Am Chilpen ist er durch die Abholzung von Wald und durch Mergelabtrag entstanden.

Ansiedlung einer ausbreitungsfähigen, raschwüchsigen, kurzlebigen Pioniervegetation. Am Chilpen gedeiht an einigen Stellen unseres ersten Standortes eine solche Pioniervegetation.

Ansiedlung mehrjähriger Stauden und Kräuter, wie beim zweiten Standort unserer Exkursion.
Die Pioniervegetation der vorangehenden Zeichnung schützt mit ihrer Pflanzendecke den Boden vor starker Sonneneinstrahlung und erhöht dadurch dessen Feuchtigkeitsgehalt. Bodenorganismen können bei gleichmässiger Bodenfeuchte besser arbeiten und die beim Absterben der Pionierpflanzen anfallende Streu zersetzen. Eine Humusschicht entsteht, in der nun konkurrenzkräftigere Stauden und Kräuter wachsen.

Ansiedlung raschwüchsiger, kurzlebiger und lichtbedürftiger Holzpflanzen, nachdem die Bodenbildung noch weiter fortgeschritten ist.

Ansiedlung langlebiger, auch in ihrem eigenen Schatten verjüngungsfähiger Laub- und Nadelhölzer auf genügend speicherfähigen Feinerdeschichten (Klimaxvegetation).

Der Rückweg verläuft zuerst in Richtung Norden, vorbei an weiteren Fragmenten wechselfeuchter Magerrasen. In einer Mulde östlich vom Weg wächst im Gegensatz dazu eine deutlich artenärmere Fettwiese.

Nach ungefähr 250 m biegen wir rechts ab, folgen rund 200 m dem Waldrand und wählen dann den südlich verlaufenden Waldweg. Er führt uns durch Waldstücke mit viel mehr Buchen als bei Standort C – ein sicheres Indiz, dass hier keine wechselfeuchten Bedingungen mehr vorherrschen – und bringt uns an den Ausgangspunkt des Naturschutzgebietes zurück.

Bienen-Ragwurz (*Ophrys apifera*) Wie auch die anderen einheimischen Ragwurz-Arten finden wir die Bienen-Ragwurz vor allem auf kalkhaltigen Magerwiesen. Im Gegensatz zur ähnlich aussehenden Hummel-Ragwurz (*Ophrys holosericea s.str.*) ist das Anhängsel der samtenen Lippe rückwärts gerichtet und deshalb von vorne nicht sichtbar.

Exkursion 14

Schlossberg Waldenburg – Gerstelflue

Gegensätze Nord-/Südhang, Kretenwälder und Felsgebiete entlang einer Jurakette

Dauer: 1 Tag

Beste Zeit:
April bis Juli

Anfahrt:
Zug ab Basel SBB bis
Liestal; Waldenburger-
Bahn bis Endstation
Waldenburg

Route

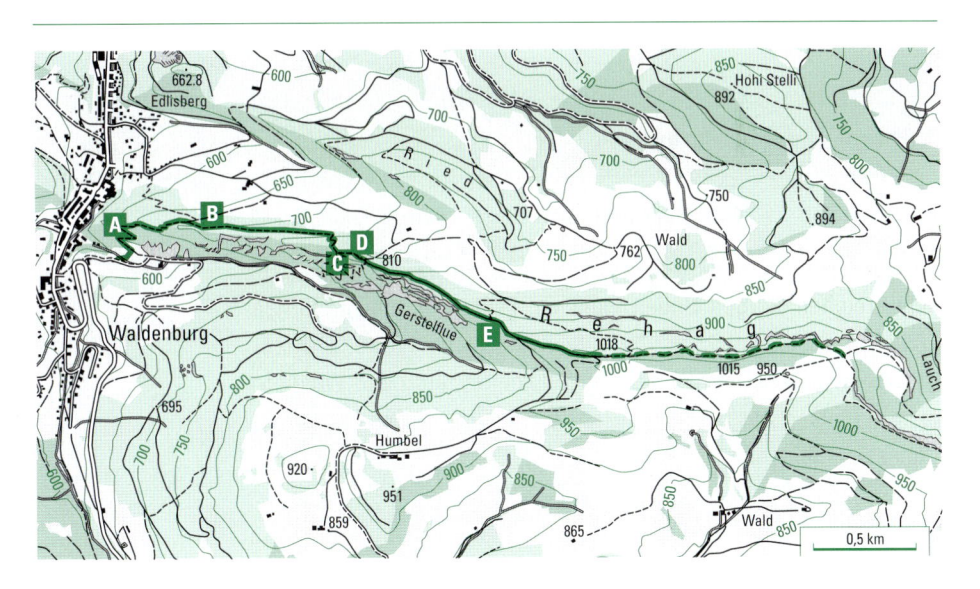

A Flaumeichenwald am Südhang
B Buchenwald am Nordhang
C Gratföhrenwald
D Kalkfels-Pflanzen
E Buchenwald in Kuppenlage

14. Schlossberg Waldenburg – Gerstelflue

Überblick

Ein knorriger Flaumeichenwald prägt den Südhang des Schlossbergs oberhalb von Waldenburg. Der Buchs ist hier sehr häufig und bildet ausgedehnte Dickichte. Frappant sind die Gegensätze zur schattigen Nordseite der Jurakette, die hier einen hochwüchsigen Buchenwald mit lichter Strauch- und Krautschicht trägt. Wald-Föhren-Bestände halten auf trockenen Felsböden den rauhen Klimabedingungen der exponierten Krete stand. Eindrückliche Felswände beherbergen zahlreiche attraktive Pflanzenarten wie Aurikel oder Alpen-Seidelbast. Wo der steinige Boden etwas mehr Feuchtigkeit zu speichern vermag, bilden Buchen einen niedrigen und offenen Wald, dessen Boden mit einem dichten Teppich aus Blaugras überzogen ist.

Der Weg führt vom Bahnhof Waldenburg zunächst entlang der Hauptstrasse in Richtung Langenbruck und durchquert das Städtchen. Nach der Uhrenfabrik «Revue Thommen» folgen wir dem Wegweiser «Schlossruine» und steigen dann bergan gegen den Schlossberg. Beim Aufstieg zur Ruine betrachten wir die Waldvegetation.

A Flaumeichenwald am Südhang

Flaumeichen-Mischwald (*Quercetum pubescenti-petraeae*)

Der Wald am Schlossberg-Südhang ist niedrig und buschig. Auf dem schuttreichen, kargen Boden wachsen kaum 6 m hohe, knorrige Eichen über sehr dichtem Unterwuchs. Besonders häufig ist der Buchs, dessen herber Geruch den Wanderer durch den Wald begleitet. Entlang des Weges lassen sich zahlreiche bunt blühende Pflanzen beobachten.

Wichtigste Standortfaktoren

■ *Strahlung:* Der Hang weist nach Süden und ist stark der Sonne ausgesetzt. Boden und Vegetation können sich schon im zeitigen Frühjahr erwärmen. Im Sommer herrscht oft eine grosse Hitze.

■ *Böden/Chemische Faktoren:* Auf Verwitterungsschutt der Hartkalke entstanden skelettreiche Böden (Rendzinen) mit hohem Basen-

14. Schlossberg Waldenburg – Gerstelflue

Südhang des Schlossbergs
Flaumeichenwald im Herbstaspekt Ende Oktober

und Karbonatgehalt. Die Humusschicht ist dünn, der Boden enthält nur wenig Nährstoffe. Da die Trockenheit streuabbauende Organismen behindert, laufen die Bodenbildungsprozesse zum Teil gehemmt und unvollständig ab.

■ *Wasser:* Rendzinaböden sind sehr durchlässig und speichern die Niederschläge schlecht. Im Sommer ist die Verdunstung am erwärmten Südhang hoch, und Wasser wird in den oberen Bodenschichten während regenarmen Zeiten knapp.

Entstehungsgeschichte
Siehe Exkursion 9, Hofstetter Chöpfli.

Artenliste S. 417

Charakteristische Pflanzen
Die wärmeliebende Flaum-Eiche (*Quercus pubescens*) ist der häufigste Baum dieses Waldes. Im Nordjura zeigt sie oft auch Merkmale der am Schlossberg ebenfalls vorkommenden Trauben-Eiche (*Quercus petraea*), da beide Arten häufig bastardieren. Letztere besitzt kahle oder nur wenig behaarte Jungtriebe, bei der Flaum-Eiche sind sie stark filzig behaart. Weitere regelmässig anzutreffende Bäume sind: Mehlbeerbaum (*Sorbus aria*) mit den auffälligen weissen Blatt-

unterseiten, Esche (*Fraxinus excelsior*), Wald-Föhre (*Pinus sylvestris*) und Sommer-Linde (*Tilia platyphyllos*).

Da durch die Baumschicht viel Licht dringt, gedeihen Sträucher besonders üppig. Der Lage entsprechend sind es vorwiegend licht- und wärmeliebende Straucharten, die hier häufig sind. Dominant ist der Buchs (*Buxus sempervirens*), in dessen Schatten sich Krautpflanzen nur schwer behaupten können. Andere Sträucher behindern deren Wachstum weniger stark. Zahlreich findet man Felsenkirsche (*Prunus mahaleb*), Felsenmispel (*Amelanchier ovalis*), Gemeiner und Alpen-Kreuzdorn (*Rhamnus cathartica, R. alpina*), Strauchwicke (*Hippocrepis emerus*), Wolliger Schneeball (*Viburnum lantana*) und Liguster (*Ligustrum vulgare*). Seltener sind Berberitze (*Berberis vulgaris*), Filzige und Gewöhnliche Steinmispel (*Cotoneaster tomentosus, C. integerrimus*).

Die Krautschicht besteht ebenfalls aus vielen wärme- und lichtbedürftigen Pflanzen, wie Schwalbenwurz (*Vincetoxicum hirundinaria*), Hufeisenklee (*Hippocrepis comosa*), Berg-Johanniskraut (*Hypericum montanum*), Edel-Gamander (*Teucrium chamaedrys*), Ästige Graslilie (*Anthericum ramosum*) und Pfirsichblättrige Glockenblume (*Campanula persicifolia*). Die getrenntährige Hallers Segge (*Carex halleriana*) erkennt man daran, dass der untere weibliche Blütenstand schon an der Sprossbasis abzweigt. Sie wächst erst seit etwa 1920 im Gebiet. Häufig sind auf den steinigen Böden auch Blaugras (*Sesleria caerulea*) und Weisse Segge (*Carex alba*). Die beiden weissen Doldengewächse Breitblättriges Laserkraut (*Laserpitium latifolium*) und Hirschheil (*Seseli libanotis*) sind im Sommer auffällig. Auch die Braunrote Sumpfwurz (*Epipactis atrorubens*) kommt im Wald vor – man kann sie im Frühsommer am Wegrand entdecken.

Verbreitung in der Region

Das Hauptverbreitungsgebiet der Flaumeichenwälder liegt im submediterranen Raum, nördlich der Alpen kommen sie nur lokal an klimatisch bevorzugten Lagen vor. Im Jura sind dies sehr trockene und warme Südhänge bis auf eine Höhe von 800 m ü. M. Ausserdem findet man sie entlang der Vogesenvorhügel und am Südrand des Dinkelbergs. Der Buchs ist auf Südhänge der Gegend zwischen Liestal, Waldenburg und Rothenfluh sowie auf das Grenzacher Horn und dessen Umgebung beschränkt.

14. Schlossberg Waldenburg – Gerstelflue 239

Strauchwicke
(*Hippocrepis emerus*)
Dieser wärmeliebende Strauch wächst gerne an südexponierten Waldrändern und in Flaumeichenwäldern. In unserer Region erreicht er die Nordgrenze seines Verbreitungsgebiets.

Berg-Johanniskraut (*Hypericum montanum*)
Das Berg-Johanniskraut gedeiht in offenen, sonnigen Wäldern sowie an Gebüschrändern. Johanniskrautgewächse besitzen verschiedene ätherische Öle, die in der Medizin eingesetzt werden.

Edel-Gamander (*Teucrium chamaedrys*)
Seit dem Altertum wird der Gamander als Heilpflanze genutzt. Er enthält viele ätherische Öle, Bitter- und Gerbstoffe und hilft als aromatischer Tee zubereitet bei Verdauungsstörungen.

Braunrote Sumpfwurz (*Epipactis atrorubens*)
Diese Orchidee kann man zusammen mit der nahe verwandten Breitblättrigen Sumpfwurz (*Epipactis helleborine*) entlang der Exkursionsroute finden. Sie ist in lichten Wäldern warmer Lagen verbreitet.

Buchs (*Buxus sempervirens*)
Der immergrüne Buchs bildet oft dichte Bestände, da aus den Wurzeln neue Sprosse treiben. Als Vertreter der submediterranen Flora erreicht er in Südbaden seine nördliche Verbreitungsgrenze.

Kugelschötchen (*Kernera saxatilis*)
Das zierliche Kugelschötchen ist in den Gemäuern der Schlossruine Waldenburg zahlreich. Die Kronblätter bleiben zunächst geschlossen und lassen nur eine Öffnung für die Narbe frei. Nach erfolgter Befruchtung öffnen sich die Blüten ganz, und die Staubblätter werden zugänglich.

Zoologische Besonderheiten

Die Südhänge von Schlossberg und Gerstel beherbergen zahlreiche wärmeliebende Tierarten. Charakteristisch ist der Berglaubsänger, dessen Trillergesang im Mai und Juni häufig zu vernehmen ist. Die hier vorkommenden Aspisvipern leben versteckt und sind nur mit sehr viel Glück zu entdecken. Leichter lassen sich die Mauer- und Zauneidechsen beobachten.

> Im oberen Hangabschnitt endet der Flaumeichenwald, und es treten, auf rutschendem Feinschutt, vermehrt Sommer-Linden in Erscheinung. Bald erreichen wir auf der Anhöhe die Schlossruine Waldenburg. Im lindenreichen Waldabschnitt unterhalb der Mauern wachsen ausgedehnte Bestände des blau blühenden Kleinen Immergrüns (*Vinca minor*), einer Pflanze, die sehr oft in der Umgebung von Burgen auftritt. Früher wurde sie in Schlossgärten als Zierpflanze gezogen.
> Die Mauern werden von einigen Kalkfelspflanzen besiedelt, die hier einen Ersatzlebensraum gefunden haben. Leicht zu entdecken sind an schattigen Stellen Braunstieliger und Mauer-Streifenfarn (*Asplenium trichomanes, A. ruta-muraria*) mit ihren filigranen Blättern. Stengelumfassendes Habichtskraut (*Hieracium amplexicaule*) sowie Kugelschötchen (*Kernera saxatilis*) sind an sonnigeren Plätzen häufig. Die graugrünen Rosetten des Trauben-Steinbrechs (*Saxifraga paniculata*) überziehen den Felsen direkt vor dem Mauerdurchgang.
> Wir gehen unter dem Torbogen durch und befinden uns unvermittelt in einer anderen Welt: Schattig und kühl empfängt uns der Nordhang. Nach rund 50 m gabelt sich der Weg: Die Exkursion folgt der oberen Route, die nach wenigen Metern den nächsten Standort durchquert.

B Buchenwald am Nordhang

Zahnwurz-Buchenwald (*Dentario-Fagetum*)

Der Wald zeigt hier ein völlig anderes Bild als am Südhang. Nur wenige Arten kommen an beiden Orten vor. Die Bäume besitzen gerade Stämme und sind hochgewachsen («Hallenbuchenwald»). Sträucher sind seltener, und auch Krautpflanzen wachsen viel weniger dicht auf dem mit Buchenlaub bedeckten Boden. Auffällig ist im April die Fiederblättrige Zahnwurz mit ihren grossen Blättern.

14. Schlossberg Waldenburg – Gerstelflue

**Vegetationsprofile
Nordhang / Südhang**

N   S

Nordhang
Zahnwurz-Buchenwald

Südhang
Flaumeichenwald

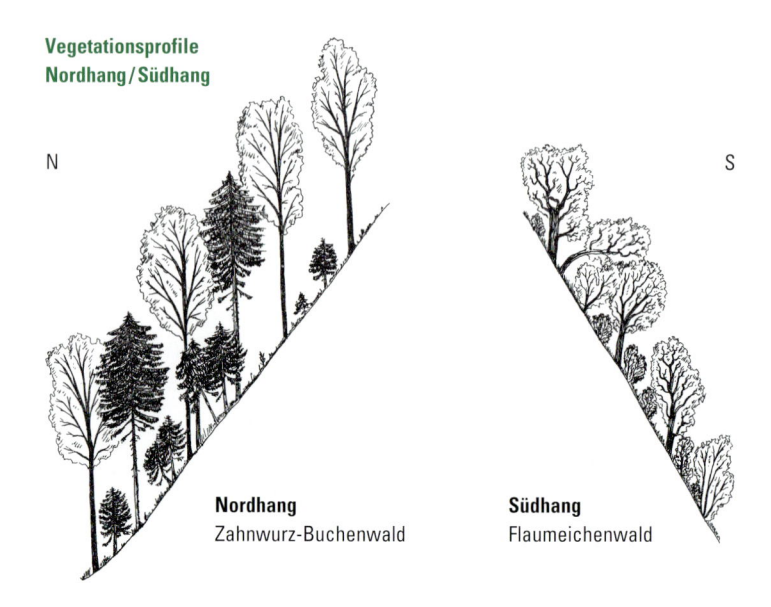

Wichtigste Standortfaktoren

- *Strahlung:* Entscheidender Unterschied zum Südhang ist die geringere Sonneneinstrahlung. Der Standort bleibt ganzjährig relativ schattig und kühl.
- *Böden/Chemische Faktoren:* Wie am Südhang stockt auch dieser Wald auf Kalk-Rendzina. Da die Hartkalke wasserdurchlässig und spaltenreich sind, kommt es nie zu Staunässe, und die Böden bleiben gut durchlüftet. Die Bodenorganismen sind im feuchten Grund sehr aktiv und bilden fruchtbaren Humus (Mull). Der Abbau des Buchenlaubs dauert allerdings lange, so dass immer eine Streuschicht den Boden bedeckt.
- *Wasser:* Die Verdunstung ist dank der schattig-kühlen Lage gering, und der Boden enthält ständig genügend Feuchtigkeit. Nur bei ausnehmend wenig Niederschlägen kann es zu kurzen Trockenperioden kommen.

Entstehungsgeschichte

Seit der Rückkehr der Buche aus den eiszeitlichen Refugien und ihrer anschliessenden Ausbreitung in der Region, bildet der Zahnwurz-Buchenwald bei solchen Standortbedingungen die natürliche Vegetation. Der hohe Anteil an Fichten ist hier forstwirtschaftlich bedingt.

Charakteristische Pflanzen

Grosse Buchen (*Fagus sylvatica*) und Fichten (*Picea abies*) prägen das Waldbild, vereinzelt findet man auch Edel-Tannen (*Abies alba*). Beide Nadelbäume kommen in montanen Lagen ohne menschliches Zutun vor, die Fichte wird aber als beliebtes Nutzholz zusätzlich von den Förstern gefördert. Alle drei Baumarten ertragen keine starke Trockenheit und wachsen deshalb nicht auf der Südseite des Schlossbergs.

Die extrem schattentolerante Eibe (*Taxus baccata*) erkennt man gut an ihrem etwas düsteren Aussehen und dem rötlichen Stamm. Sie erreicht nicht dieselbe Wuchshöhe wie Tannen, Fichten und Buchen, sondern bleibt im Unterwuchs.

Da die Bäume im geschlossenen Bestand nur wenig Licht durch ihr Kronendach lassen, sind Strauch- und Krautschicht im Vergleich zum Südhang spärlicher ausgebildet. Der Wald ist deutlich artenärmer und Gräser fehlen fast vollständig. Wir finden in der Strauchschicht Hasel (*Corylus avellana*), Stechpalme (*Ilex aquifolium*) sowie viele junge Buchen und Berg-Ahorne (*Acer pseudoplatanus*). Im April überzieht die Fiederblättrige Zahnwurz (*Cardamine heptaphylla*) den Boden mit ihren weissen Blüten. Dazu gesellen sich Ausdauerndes Bingelkraut (*Mercurialis perennis*) und Echter Waldmeister (*Galium odoratum*).

Nordhang des Schlossbergs
Zahnwurz-Buchenwald im April mit blühender Fiederblättrige Zahnwurz im Unterwuchs

Verbreitung in der Region

Solche Zahnwurz-Buchenwälder sind nicht an Nordhänge gebunden. Wichtig ist vielmehr, dass die Kalkböden «frisch» (d.h. mässig feucht) und ausreichend mit Nährstoffen versorgt sind (siehe Exkursion 6, Muttenz–Arlesheim). Diese Wälder sind deshalb in der niederschlagsreichen montanen Höhenstufe des Juras auch an mässig steilen Südlagen bis auf 1200 m ü.M. zu finden.

> Der Weg verläuft weiter entlang des Nordhangs. Er steigt schliesslich stark an und erreicht den Grat. Dort folgt er der Krete nach Osten. Schon nach 10 m gelangen wir auf einem kurzen Pfad, der unmarkiert rechts vom Wanderweg abzweigt, zu einem kleinen, offenen Föhrenwald.

C Gratföhrenwald

Kronwicken-Föhrenwald (*Coronillo-Pinetum*)

Das Gelände ist sehr steinig. Oft steht der Fels oberflächlich an oder bedeckt Schutt den Boden. Grasbänder halten das Erdreich zusammen und stabilisieren es. Ein lockerer Bestand aus Wald-Föhre, Alpen-Kreuzdorn und Mehlbeerbaum prägt das Bild. Der niedere Wuchs dieser drei Arten zeigt deutlich, dass die Lebensbedingungen hier äusserst hart sind.

Wichtigste Standortfaktoren

■ *Strahlung:* Auf der Südseite ist die Vegetation intensiver Strahlung ausgesetzt, und an windgeschützten Stellen können in Bodennähe hohe Temperaturen auftreten. Da die nächtliche Abkühlung relativ stark ist, unterliegt der exponierte Standort grossen Temperaturschwankungen. Die Nordseite dagegen bleibt schattig und kühl, der Temperaturverlauf ist ausgeglichener.

Häufige Winde trocknen den Boden aus und sorgen für eine Wärmeabfuhr. Die Durchschnittstemperaturen sind auch wegen der Höhenlage deutlich geringer als im tiefer gelegenen Flaumeichenwald.

■ *Böden/Chemische Faktoren:* Über dem Kalkfels (Hauptrogenstein) liegt nur eine dünne Humusschicht: Das Nährstoffangebot ist äusserst spärlich, der Basengehalt hoch.

Gerstelflue
Wald-Föhren wachsen auf den kargen Böden oberhalb der Felsbänder

■ *Wasser:* Der karge Boden kann nur wenig Wasser speichern, bei starkem Regen fliesst zudem ein Teil des Niederschlags oberflächlich ab. Auf der Südseite trocknet die Humusschicht bei Sonnenschein rasch aus. Nur auf der schattigen Nordseite ist der Boden ausgeglichener feucht.

Eine isolierende Schneeschicht bleibt am exponierten Standort nicht lange liegen. Die Vegetation muss eine zusätzliche Trockenperiode im Winter überdauern, da Wasser in gefrorenem Zustand für die Pflanzen nicht verfügbar ist.

14. Schlossberg Waldenburg – Gerstelflue

Entstehungsgeschichte
Heute treten Föhrenwälder oft nur als Inseln in der von Buchen beherrschten Landschaft auf. Das war aber nicht immer so: Am Ende der letzten Eiszeit gehörte die Wald-Föhre zu den ersten Baumarten, die sich im praktisch waldlosen Mitteleuropa ausbreiteten. Föhren sind zwar sehr genügsam, aber als lichtbedürftige Pionierbäume auf guten Böden gegenüber den meisten Baumarten auf Dauer nicht konkurrenzfähig. Deshalb wurden sie von den im Verlauf der Nacheiszeit einwandernden Arten auf Sonderstandorte verdrängt, wo jene selbst nicht wachsen können (Felsgebiete, wechselfeuchte Hänge und Hochmoorränder).
In Felsgebieten kommen auch viele in der Alpenregion heimische Pflanzen vor. Sie konnten sich in der Eiszeit weit über den Alpenraum hinaus verbreiten, wurden aber durch die in der Nacheiszeit vordringenden Wälder von diesem isoliert und auf solche offenen Standorte eingeschränkt.

Charakteristische Pflanzen   Artenliste S. 420
Ab einer Höhe von 700 m ü. M. ist im Gerstelgebiet das Winterklima für die Flaum-Eiche zu rauh. Zwar kommen vereinzelte Bäume an geschützteren Stellen noch bis in höhere Lagen vor, sie vermögen jedoch keinen Wald mehr zu bilden. Buchen können auf dem extrem flachgründigen und exponierten Grat nicht wachsen. Stattdessen dominieren unsere genügsamsten Waldbäume, die Föhren. Hier sind es Wald-Föhren (*Pinus sylvestris*), erkennbar an ihren oberseits rötlichen Stämmen und den gestielten Zapfen. Als weitere häufige Gehölze finden wir Alpen-Kreuzdorn (*Rhamnus alpina*) und Mehlbeerbaum (*Sorbus aria*).
In der Krautschicht trifft man sehr häufig auf Blaugras (*Sesleria caerulea*) und Niedrige Segge (*Carex humilis*). Beide können mit ihrem Wurzelgeflecht den Schuttboden stabilisieren. Charakteristisch für solche Lagen sind viele lichtbedürftige Gebirgspflanzen, die ihren Verbreitungsschwerpunkt im Alpenraum haben: Scheiden-Kronwicke (*Coronilla vaginalis*), Gemeiner Bergflachs (*Thesium alpinum*), Langstielige Distel (*Carduus defloratus s. str.*), Herzblättrige Kugelblume (*Globularia cordifolia*), Ungleichblättriges Labkraut (*Galium anisophyllon*) und Alpen-Seidelbast (*Daphne alpina*). Diese Arten wachsen vor allem an sonnigen Stellen. An schattigeren Plätzen findet

man ein weiteres alpines Relikt, den Clusius' Enzian (*Gentiana clusii*). Am oberen Rand der Nordwand wächst die Moosorchis (*Goodyera repens*), eine Orchidee moosiger Nadelwälder.

Verbreitung in der Region

Gratföhrenwälder sind im Jura auf Höhen über 600 m expositionsunabhängig in extrem trockenen Felsgebieten verbreitet. Als bodentrockenste Nadelwälder unserer Region gedeihen sie auf gerade noch waldfähigen Standorten. Besonders eindrucksvolle Bestände kann man in den Klusen zwischen Moutier und Courrendlin sehen. Die Aufrechte Berg-Föhre (*Pinus mugo ssp. uncinata*) kommt an manchen Orten, meist in höheren Lagen, neben der Wald-Föhre vor oder löst diese gar ab. Beispiele findet man am Weissenstein und bei Moutier. Auch im Gerstelgebiet wachsen Aufrechte Berg-Föhren – sie wurden angepflanzt.

Scheiden-Kronwicke (*Coronilla vaginalis*)
Die Scheiden-Kronwicke bevorzugt kalkreiche, sonnenexponierte Rohböden in höheren Lagen. Sie kann ihre Blättchen senkrecht zur Mittagssonne ausrichten, um Schädigungen des Blattgewebes zu vermeiden.

Clusius' Enzian (*Gentiana clusii*)
Die Blüten des Clusius' Enzian sind nur bei warmem Wetter geöffnet. Auch wenn Regentropfen darauf fallen, schliessen sie sich. Ältere Blüten hängen im geschlossenen Zustand nach unten und können so durch rieselnden Pollen selbst bestäubt werden.

Moosorchis (*Goodyera repens*)
Nach dieser unauffälligen Orchidee muss man in den Moospolstern entlang der Nordkante des Gratföhrenwaldes suchen. Sie benötigt zum Gedeihen einen regelmässig durchfeuchteten Boden.

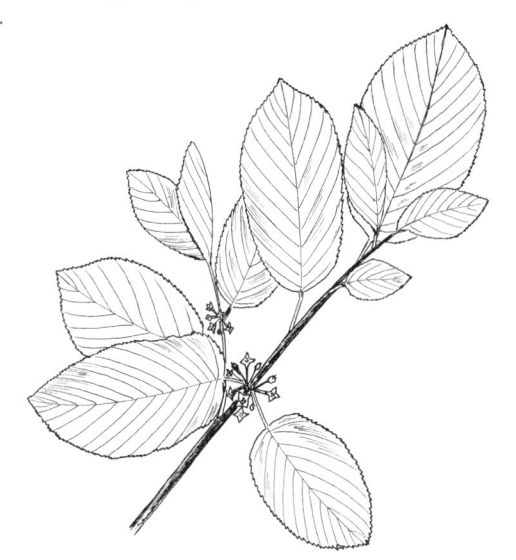

Alpen-Kreuzdorn (*Rhamnus alpina*)
Der Alpenkreuzdorn ist im Jura an sonnigen Lagen häufig, fehlt aber im Schwarzwald und in den Vogesen. Im Gegensatz zum Gemeinen Kreuzdorn (*Rhamnus cathartica*) besitzt er keine Dornen.

Gemeiner Bergflachs
(*Thesium alpinum*)
Leicht zu übersehen sind die zierlichen Blüten des Gemeinen Bergflachses. Alle Bergflachs-Arten sind Halbparasiten, die mit Saugwurzeln Wasser und anorganische Nährstoffe von anderen Pflanzen beziehen.

D Kalkfels-Pflanzen

Habichtskraut-Felsflur (*Potentillo-Hieracietum humilis*) und Blasenfarnflur (*Asplenio-Cystopteridetum fragilis*)

Die Gratföhren-Standorte gehen meist in die ausgedehnten Felsbänder der Gerstelfluh über, wo eine reichhaltige Flora gedeiht. Nordwände beherbergen in der Regel andere Arten als die südexponierten Lagen. Felsenbesiedelnde Pflanzen wachsen vereinzelt auch in steinigen Rasen, im lichten Föhrenwald und auf Schutthalden.

Wichtigste Standortfaktoren

■ *Strahlung:* Felsen der Südseite erwärmen sich bei günstigem Winkel zur Sonne stark. Die Abkühlung des Gesteins verläuft wegen seiner grossen Wärmespeicherkapazität verzögert, Pflanzen wurzeln

gewissermassen in einer «Bodenheizung». Trotzdem sind sie häufig grossen Temperaturschwankungen und -extremen ausgesetzt, da bei schlechtem Wetter «die Heizung ausfällt» und im Winter auch keine Schneedecke vor Frösten schützt.
Die Nordwände bleiben ausgeglichener, schattig und kühl.
- *Böden/Chemische Faktoren:* Ein hoher Kalkgehalt in den Spalten lässt nur kalk- und basenverträgliche Arten gedeihen.
- *Wasser:* Auf der zur Sonne gerichteten Flanke kann es im Sommer eher zu Trockenheit kommen als an den schattigen Nordwänden. Feuchtigkeitsbedürftige Pflanzen (zum Beispiel viele Farne) siedeln deshalb auf den nord- und ostexponierten Felspartien.

Entstehungsgeschichte
Da seit dem Ende der Eiszeit im Lebensraum Fels nur wenige Veränderungen eintraten, überdauerten hier Pflanzenarten als Eiszeitrelikte; ihr heutiges Hauptverbreitungsgebiet ist der Alpenraum und Nordeuropa. Interessanterweise siedelt ein Teil dieser Arten heute im Jura vorwiegend an Nordwänden, während ihre Alpenpopulationen in grösseren Höhen an besonnten Stellen wachsen.

Charakteristische Pflanzen
In den südexponierten Felsen unterhalb der Föhrenwälder wachsen Alpen-Seidelbast (*Daphne alpina*), Immergrünes Hungerblümchen (*Draba aizoides*), Niedriges und Stengelumfassendes Habichtskraut (*Hieracium humile, H. amplexicaule*), Augenwurz (*Athamanta cretensis*), Hasenohrähnliches Habichtskraut (*Hieracium bupleuroides*), Kugelschötchen (*Kernera saxatilis*) und Trauben-Steinbrech (*Saxifraga paniculata*). Die beiden letzteren haben wir bereits bei der Schlossruine angetroffen.
Mehrheitlich nordexponiert kommen Aurikel (*Primula auricula*), Niedliche Glockenblume (*Campanula cochleariifolia*) und – an der Lauchfluh – die Silberwurz (*Dryas octopetala*) vor. Diese drei trifft man in höheren Lagen der Alpen vorwiegend an sonnigen Plätzen!
Schattig-luftfeuchte Standorte bevorzugen Moos-Nabelmiere (*Moehringia muscosa*) und Dünnährige Segge (*Carex brachystachys*) sowie die Farne: Grün- und Braunstieliger Streifenfarn (*Asplenium viride, A. trichomanes*), Gemeiner Blasenfarn (*Cystopteris fragilis*) und Jura-Streifenfarn (*Asplenium fontanum*).

Alpen-Seidelbast
(*Daphne alpina*)
Diese in der Schweiz relativ seltene Art kommt auf den sonnigen Kreten und in den südexponierten Felsen des Gerstel-Gebiets häufig vor. Alle Seidelbast-Arten sind stark giftig.

Verbreitung in der Region

Im felsenreichen Jura sind auch Felspflanzen häufig. Die Artenvielfalt des Gerstel- und Rehag-Gebiets wird nur an wenigen Orten übertroffen. Eine reichhaltige Felsflora beherbergen auch die Klusen von Oensingen und Balsthal: der Felsen-Bauernsenf (*Iberis saxatilis*) ist in der Schweiz sogar nur dort heimisch. An der nahe gelegenen Belchenfluh wächst der Milchweisse Mannschild (*Androsace lactea*), den man auf der Weissenstein-Exkursion (Nr. 15) sehen kann.

Zoologische Besonderheiten

Die Felsen des Gerstel-Gebietes sind Brutplatz des Wanderfalken. Diese Vogelart war in den sechziger und siebziger Jahren sehr selten geworden, da sie als Endglied der Nahrungskette viele Umwelt-

14. Schlossberg Waldenburg – Gerstelflue

Aurikel
(*Primula auricula*)
Im Mai fallen an den schattigen Nordwänden und Grasbändern der Gerstel- und der Lauchfluh die goldgelben Blüten der Aurikel auf. Diese Reliktpflanze aus der letzten Eiszeit besitzt als Anpassung an den Felsstandort wasserspeichernde Blätter, um allfällige Trockenzeiten zu überdauern.

gifte aufnahm. Dies führte zu Vergiftungen und zu dünnschaligen Eiern, die beim Brüten oft in Brüche gingen. Dank dem Verbot von DDT konnte sich der Bestand wieder erholen. Neben dem Wanderfalken nisten auch Turmfalke und Kolkrabe in den Felsen.

> Wir begeben uns zurück auf den Wanderweg und folgen ihm ostwärts bis zum Wegweiser «Gerstelflue». Dort wählen wir den Weg in Richtung «Rehag», der nach rund 100 m an einer eindrucksvollen Nordwand vorbeiführt. Ein schöner Hirschzungen-Ahornwald erstreckt sich am Fuss der Felswand. Hier finden wir die namengebende Hirschzunge (*Phyllitis scolopendrium*), die an luftfeuchten Hängen auf instabilem Grobschutt gut gedeiht. Häufigste Baumart solcher Stellen ist der Berg-Ahorn (*Acer pseudoplatanus*) (siehe Exkursion 8,

Chaltbrunnental). Schattige, feuchte Orte sind auch der Lebensraum des Geissbarts (*Aruncus dioicus*). An der angenzenden Kalkwand können wir zudem viele Felspflanzen beobachten.
Der Weg erreicht erneut die Krete. Stellenweise haben sich hier Auflagehumuspolster ausgebildet. Sie weisen einen tieferen pH-Wert als ihre Umgebung auf und sind mit den Säurezeigern Heidelbeere (*Vaccinium myrtillus*) und Wald-Hainsimse (*Luzula sylvatica*) bewachsen. Oft begegnen wir nun auf der Nordseite dem Grünen Alpendost (*Adenostyles glabra*), der als grossblättrige Staude an luftfeuchte Lagen gebunden bleibt.
Unser nächster Standort, ein Buchenbestand, ist an der ausgedehnten, geschlossenen Rasendecke leicht zu erkennen. Er erstreckt sich von einer kleinen Mulde bis über den südlichen Abhang der Krete.

E Buchenwald in Kuppenlage

Blaugras-Buchenwald (*Seslerio-Fagetum*)

Die Mulde und der südliche Abhang der Krete sind etwas geschützter als die stark exponierten Standorte des Gratföhrenwaldes. Buchen herrschen vor, sie wachsen allerdings langsam und bleiben meist niedrig, gelegentlich sogar krüpplig. Einen dichten Wald vermögen die Bäume nicht zu bilden. Das Blaugras überzieht den Boden mit einem geschlossenen, gleichförmigen Rasen, in den nur wenige andere Arten eingestreut sind.

Wichtigste Standortfaktoren
- *Strahlung:* Durch den lockeren Baumbestand gelangt genügend Licht auf den Waldboden, um einen geschlossenen Rasen zu ermöglichen.
- *Böden/Chemische Faktoren:* Die Böden sind über den harten Jurakalken sehr flachgründig (Rendzina) und meist basenreich, sie können nur wenig Nährstoffe speichern. An wenigen Stellen findet sich Auflagehumus, der neutral bis leicht sauer ist.
- *Wasser:* Im Vergleich zum Gratföhrenwald ist die Wasserspeicherfähigkeit des Bodens etwas besser, da er mehr Feinerde enthält. Auf dieser Höhe fallen reichlich Niederschläge, und die Verdunstung ist wegen der tieferen Temperaturen geringer.

Entstehungsgeschichte

Seit der Rückkehr der Buche aus den eiszeitlichen Refugien und ihrer Ausbreitung in der Region bildet der Blaugras-Buchenwald unter den jetzigen klimatischen Verhältnissen bei entsprechenden Standortbedingungen die natürliche Vegetation.

Blaugras-Buchenwald
Kleinwüchsige Buchen über einem geschlossenen Blaugrasrasen

Charakteristische Pflanzen

Artenliste S. 421

Die Baumschicht setzt sich aus Buche (*Fagus sylvatica*), Mehlbeerbaum (*Sorbus aria*), Berg-Ahorn (*Acer pseudoplatanus*) und Wald-Föhre (*Pinus sylvestris*) zusammen. Die Buche ist auf eine regelmässige Bodendurchfeuchtung angewiesen und kann auf diesem kargen Boden nur dank dem montanen Klima gedeihen. In tieferen Juralagen wäre es ihr auf solchem Untergrund zu trocken.
Als typische Sträucher dieser Höhenlage findet man Alpen-Heckenkirsche (*Lonicera alpigena*) und Alpen-Hagrose (*Rosa pendulina*). Auch der Alpen-Kreuzdorn (*Rhamnus alpina*) und sogar die wärmeliebende Strauchwicke (*Hippocrepis emerus*) wachsen in diesem lichten Wald.
Häufigstes Gras ist das Blaugras (*Sesleria caerulea*). Es bildet auf dem lichtreichen, im Vergleich zu den Gratföhrenbeständen weniger

felsigen Waldboden einen geschlossenen Rasen, da seine Wurzeln überall Fuss fassen können. Daneben kommen auch Weisse Segge (*Carex alba*), Rundblättrige Glockenblume (*Campanula rotundifolia*), Berg-Baldrian (*Valeriana montana*) und das Langblättrige Waldvögelein (*Cephalanthera longifolia*) vor. An leicht bodensauren Stellen wachsen Wald-Hainsimse (*Luzula sylvatica*) und Salbeiblättriger Gamander (*Teucrium scorodonia*).

Verbreitung in der Region
Blaugras-Buchenwälder sind im Jura ab 800 m auf kargen Böden, vorwiegend in Kuppen- und Gratlagen, verbreitet. Seltener findet man sie auch in tieferen Lagen. Sie kommen expositionsunabhängig vor, fehlen aber in stark schattigem Gelände. Die oft krüpplig wachsenden Buchen treten vielfach in Nachbarschaft zu Gratföhrenbeständen auf, denen sie die trockeneren Stellen überlassen.

Langblättriges Waldvögelein
(*Cephalanthera longifolia*)
An unserem Standort gedeiht das Langblättrige Waldvögelein. Diese Orchidee bevorzugt im Jura lichte Wälder und sonnige Waldränder.

14. Schlossberg Waldenburg–Gerstelflue

Blaugras
(*Sesleria caerulea*)
Diese an kalkreiches Substrat gebundene, häufigste Grasart der Felsgebiete im Jura ist in der Lage, mit ihrem ausgedehnten Wurzelwerk Schuttböden zu befestigen

Es besteht die Möglichkeit, die Exkursion hier zu beenden und dem nächsten Wegweiser («Vorder Gerstel») nach «Humbel, Schöntal, Langenbruck» zu folgen. Man gelangt so wieder zum Bahnhof Waldenburg, ohne auf der Exkursionsroute zurückgehen zu müssen.
Als Ergänzung lässt sich der Weg bis zur Lauchfluh fortsetzen, von wo aus man eine sehr schöne Aussicht auf das Obere Baselbiet geniessen kann. Den Gipfel säumen Gebirgs-Weide (*Salix appendiculata*) und Mougeots Mehlbeerbaum (*Sorbus mougeotii*). Aurikel, Clusius' Enzian und ein grosses Polster der Silberwurz lassen sich auf den grasigen Absätzen der Felswand entdecken. Die Silberwurz erreicht hier und an der benachbarten Ruchenfluh ihre nördlichsten Standorte im Jura.
Hinter der Lauchfluh erreicht der Weg einen Magerrasen (siehe Exkursion 11, Blauen-Südhang) und durchquert anschliessend nährstoffreiche Wiesen.
Der Kettenjura zeigt eine charakteristische Wald/Wiesen-Aufteilung. Sie ist meist durch die geologische Unterlage bedingt: Die Hartkalk-Rippen eignen sich schlecht für eine intensive landwirtschaftliche Nutzung und tragen Wald oder Magerrasen, die meist durch Waldweide entstanden sind. In den nährstoffreicheren, mergeligen Muldenlagen wurde der Wald dagegen gerodet, um Wies- und Ackerland zu gewinnen.
Dem Wanderer stehen von hier aus zwei Routen zur Wahl: Man kann dem Wanderweg nach Eptingen folgen oder über den Chilchzimmersattel und das ehemalige Kloster Schöntal nach Langenbruck gelangen.

Exkursion 15

Weissenstein – Hasenmatt

Vegetation des nördlichen Hochjuras

Dauer: 1 Tag

Beste Zeit:
Juni bis September

Anfahrt:
Basel SBB bis Moutier,
Regionalzug Richtung
Solothurn bis Oberdorf
SO; Sesselbahn bis
Weissenstein

Hochstauden-Buchenwald
Ein dichter Bestand
verschiedener Hochstauden und Farne
bedeckt den Boden,
dazwischen ragen mit
Flechten überzogene
Baumstämme empor

15. Weissenstein – Hasenmatt

Route

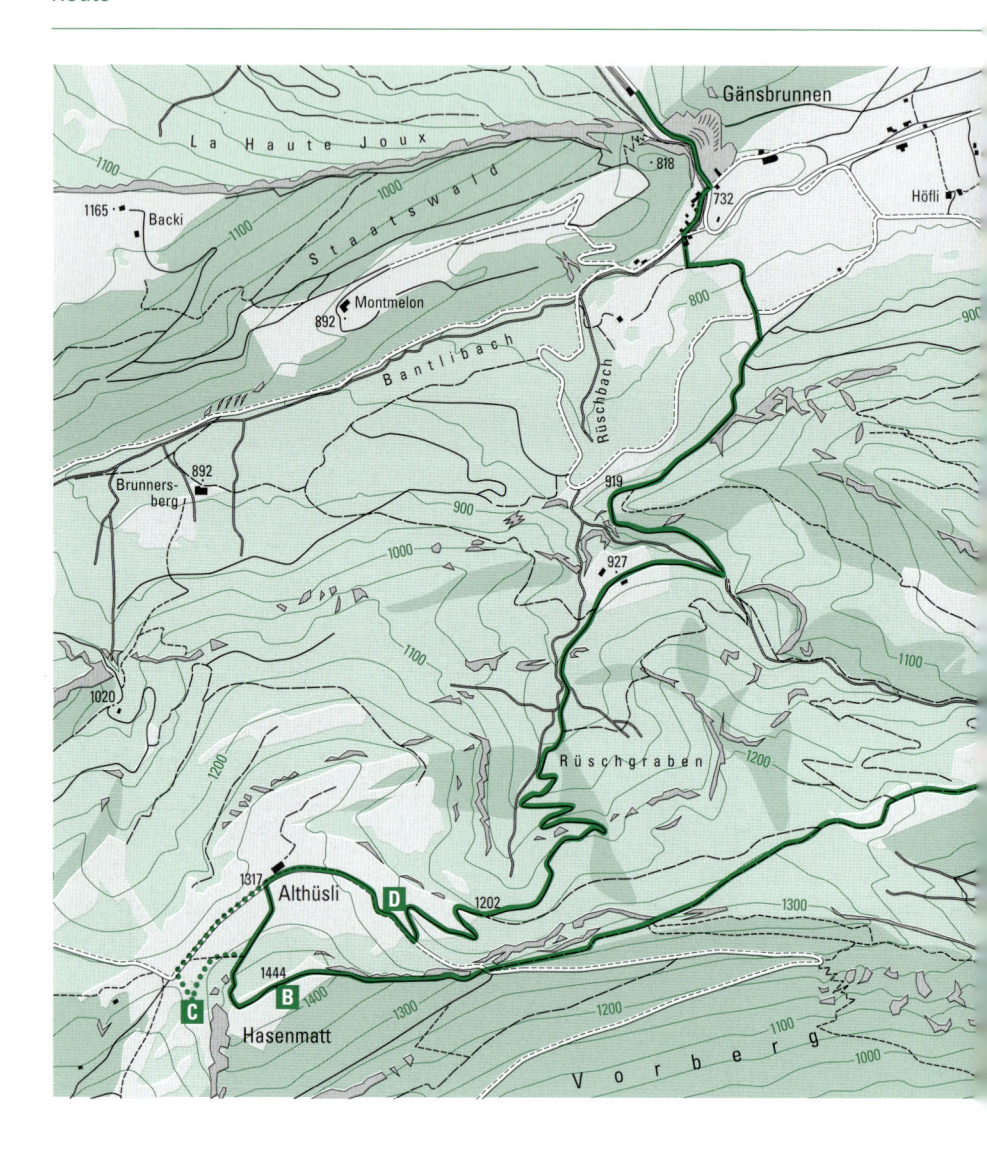

A Hochstauden-Buchenwald
B Magerweide in höherer Juralage
C Vegetation einer Schutthalde
D Berg-Fettwiese

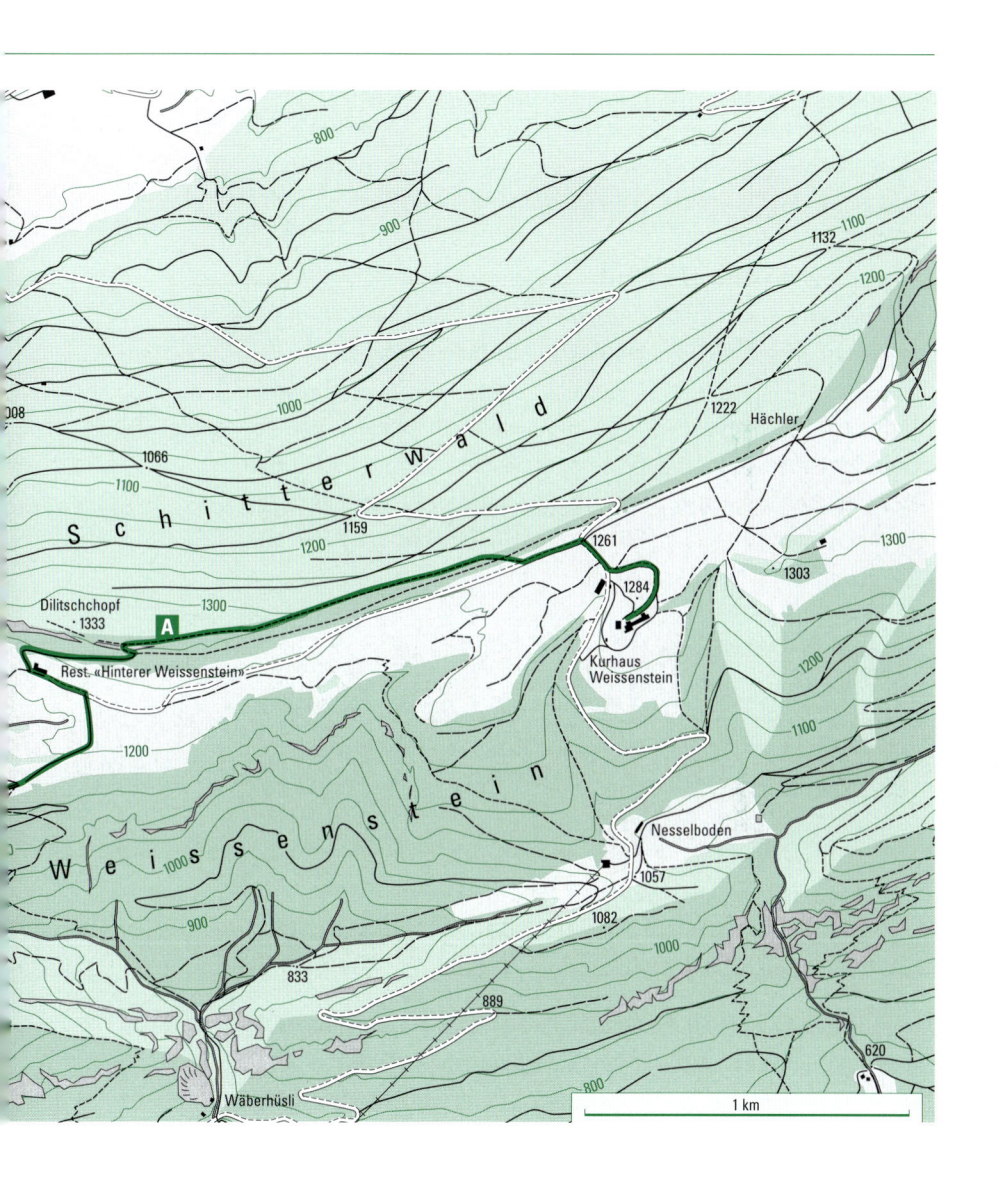

15. Weissenstein–Hasenmatt 259

15. Weissenstein–Hasenmatt

Überblick

Die höchsten Erhebungen des Nordjuras beherbergen eine reichhaltige Vegetation. Auf feuchten und nährstoffreichen Böden der Weissensteinkette wachsen Buchenwälder mit vielen grossblättrigen Stauden im Unterwuchs. Wo diese Wälder gerodet sind, gedeihen üppige Berg-Fettwiesen.
Die Hasenmatt erstreckt sich bis auf 1450 m ü.M. An klaren Tagen kann man hier eine schöne Aussicht über das Mittelland bis in den Alpenraum geniessen. Eine magere Weide mit verschiedenen alpinen Pflanzen nimmt die südöstliche Flanke dieses exponierten Berges ein. An seinem Südwesthang bilden Schutthalden den besonderen Lebensraum für einige spezialisierte Arten, die mit den mechanischen Belastungen durch bewegliche Kalkgerölle fertig werden. Beim Abstieg nach Gänsbrunnen durchqueren wir den tannenreichen montanen Buchenwald.

> Ausgehend von der Bergstation der Sesselbahn folgen wir dem Wanderweg in Richtung «Hasenmatt», welcher der Krete entlang oberhalb des Schitterwaldes verläuft. Nach rund 1500 m erreichen wir den ersten Standort, der sich vom Grat bis in eine leichte Geländemulde auf der Nordseite hinein erstreckt.

A Hochstauden-Buchenwald

Ahorn-Buchenwald (*Aceri-Fagetum*)

Die Buche ist hier die häufigste Baumart, eingestreut kommen Berg-Ahorn und Fichte vor. Auffällig sind viele flechtenbewachsene Stämme, die in der geschützten Mulde bis 25 m hoch werden. Entlang der exponierten Kuppe bleiben die Bäume dagegen niedrig; Berg-Ahorn und Vogelbeerbaum treten häufiger auf. Sträucher gedeihen im geschlossenen Wald nur wenige. Grossblättrige, bis brusthoch aufwachsende Stauden bilden eine besonders auffällige Krautschicht, in der jedoch auch kleinere Arten vorkommen. Die meisten Krautpflanzen blühen im Frühsommer.

Wichtigste Standortfaktoren

- *Böden/Chemische Faktoren:* Der Untergrund besteht aus hartem Kalkgestein. Darüber sammelt sich in Muldenlagen angeschwemmte Feinerde und Ton, die Wasser und Nährstoffe gut zu speichern vermögen. In solchen gleichmässig feuchten Böden können streuabbauende Organismen und nitrifizierende Bakterien sehr aktiv sein. Der Nährstoffgehalt ist deshalb hoch.

- *Wasser:* Im Frühjahr tränkt das Schmelzwasser den Boden. Niederschläge fallen in den höheren Juralagen das ganze Jahr über reichlich. Je höher die Lage, desto bedeutender sind die Schnee- und Regenmengen. Der speicherfähige Boden bleibt immer durchfeuchtet.

Im Innern des Waldes herrscht über den wasserhaltigen Bodenflächen eine hohe Luftfeuchtigkeit, die an den Baumstämmen das Wachstum zahlreicher Flechten begünstigt. Die Bergkuppe befindet sich zudem oft im Nebel.

- *Mechanische Faktoren:* Am Nordhang liegt im Winter lange eine dicke Schneedecke, die den Boden und die Bodenlebewesen vor grosser Kälte schützt. Für die im Frühjahr austreibenden Hochstauden besteht wenig Gefahr, durch Frost geschädigt zu werden, da die Temperaturen nach der Schneeschmelze im Mai nicht mehr bedeutend unter null Grad fallen.

Rutschende Schneemassen drücken an steileren Hangpartien die jungen Bäume nieder. Durch eine Wachstumsbewegung richten sich die Stämme immer wieder auf, bis sie schliesslich stark genug sind, dem Schneedruck zu widerstehen. Die Stammbasen bleiben zeitlebens krumm.

- *Biotische Faktoren:* Das ozeanische Klima führt zu relativ milden Wintern, was den Schneeschimmel fördert. Dieser Pilz befällt besonders junge Nadelbäume unter der Schneedecke.

Entstehungsgeschichte

Seit der Rückkehr der Buche aus den eiszeitlichen Refugien und ihrer anschliessenden Ausbreitung in der Region bildet der Ahorn-Buchenwald unter den jetzigen klimatischen Verhältnissen bei geeigneten Standortbedingungen die natürliche Vegetation.

Charakteristische Pflanzen

Artenliste S. 422

Im kühlen Klima dieser Höhenlage bildet die Buche (*Fagus sylvatica*) keine dichten Bestände mehr, so dass der lichtbedürftigere Berg-Ahorn (*Acer pseudoplatanus*) neben ihr zu bestehen vermag. Auch Fichte (*Picea abies*) und Vogelbeerbaum (*Sorbus aucuparia*) wachsen im Bestand.

Dank Nährstoffreichtum und hoher Luft- und Bodenfeuchtigkeit können sich grossblättrige, austrocknungsanfällige Hochstauden entwickeln. Da die Bäume meist nicht sehr dicht stehen, erhalten Pflanzen im Unterwuchs mehr Licht als in vielen anderen nordseitigen Buchenwäldern. Häufig sind Grauer Alpendost (*Adenostyles alliariae*), Fuchs-Kreuzkraut (*Senecio ovatus*), Busch-Kreuzkraut (*Senecio hercynicus*), Alpen-Milchlattich (*Cicerbita alpina*) und Wald-Storchschnabel (*Geranium sylvaticum*). Berg-Sauerampfer (*Rumex alpestris*), Glänzender Kerbel (*Anthriscus nitida*), Weisser Germer (*Veratrum album s.l.*), Gelber und Blauer Eisenhut (*Aconitum vulparia aggr., A. neomontanum*) sind weitere charakteristische Arten. Auf der Krete kommen Berg-Flockenblume (*Centaurea montana*) und Türkenbundlilie (*Lilium martagon*) dazu. In der nassen Senke sind Eisenhutblättriger Hahnenfuss (*Ranunculus aconitifolius*) und Dotterblume (*Caltha palustris*) bestandesbildend. Sie alle entfalten sich ab Ende Mai, sobald der vom Schmelzwasser durchfeuchtete Boden schneefrei ist. Aus ihren unterirdischen Speicherorganen können sie Nährstoffe mobilisieren und rasch grosse Blätter bilden. Zwei Arten, die im montanen Buchenwald häufig anzutreffen sind, wachsen dort, wo der Boden skelettreich ist: Grüner Alpendost (*Adenostyles glabra*) und Wald-Schwingel (*Festuca altissima*).

An Sträuchern finden wir die in der montanen Stufe des Juras weit verbreiteten Arten Alpen- und Schwarzes Geissblatt (*Lonicera alpigena, L. nigra*), Himbeere (*Rubus idaeus*), Alpen-Johannisbeere (*Ribes alpinum*) und Alpen-Hagrose (*Rosa pendulina*).

Verbreitung in der Region

Ahorn-Buchenwälder gedeihen in der Region Basel nur in Gebieten mit ozeanischem Klima und schneereichen Wintern: Im nördlichen Jura findet man sie in der Weissensteinkette bis Röti und am Mont Raimeux ab 1150 m ü. M. Auch in höheren Lagen der Vogesen und des westlichen Schwarzwaldes sind sie verbreitet.

15. Weissenstein – Hasenmatt 263

Oben links:
Grauer Alpendost (*Adenostyles alliariae*)
Der Graue Alpendost bevorzugt gut durchfeuchtete Lehmböden. Der im Gebiet ebenfalls häufige Grüne Alpendost (*Adenostyles glabra*) besitzt unterseits kahle Blätter und wächst auf steinigen Böden.

Oben rechts:
Weisser Germer (*Veratrum album s. l.*)
Vom Weissen Germer existieren in der Region zwei Unterarten: die abgebildete, häufigere mit grünen Blüten und eine seltenere mit weisslichen Perigonblättern. Sie gedeihen in Hochstaudenfluren, auf Wiesen und Weiden höherer Jura-Lagen.

Berg-Flockenblume (*Centaurea montana*)
Die Berg-Flockenblume ist eine in Europa weit verbreitete Pflanze montaner und subalpiner Lagen. Im Schwarzwald und in den Vogesen kommt sie aber nur selten vor, da sie basenreiche Böden liebt. Die Hüllblätter der Blütenköpfe sind mit Nektarien ausgestattet, die von Ameisen als Nahrungsquelle aufgesucht werden.

Auffällig ist, dass Edel-Tanne (*Abies alba*) und Fichte (*Picea abies*) in diesen Wäldern seltener auftreten als in vielen anderen Buchenwäldern der montanen Stufe. Als Jungbäume werden sie hier oft vom Schneeschimmel-Pilz befallen.

> Unsere Route führt hinab zum Gasthaus «Hinterer Weissenstein». Anschliessend durchqueren wir montane Fettwiesen und Weiden. Da die Berg-Fettwiesen unterhalb des Gehöfts «Althüsli» reichhaltiger sind, behandeln wir sie erst dort (Standort D). Der Weg erreicht wieder waldiges Gelände, steigt danach relativ steil an und durchquert erneut einen schön ausgebildeten Hochstauden-Buchenwald. Wir folgen dem Wegweiser «Hasenmatt» und gelangen schliesslich auf den höchstliegenden Punkt unserer Wanderung. Hier betrachten wir die Vegetation um den Gipfel.

B Magerweide in höherer Juralage

Blaugras-Horstseggenrasen (*Seslerio-Semperviretum*)

Der Wald lichtet sich und geht in einen Weidrasen über, der die gesamte obere Südwestflanke der Hasenmatt einnimmt. Die Kargheit des Bodens fällt besonders auf der Kuppe ins Auge, wo grössere Felspartien anstehen. Am Nordwesthang existiert nur ein schmales Rasenband oberhalb des Waldes. Das rauhe Klima spiegelt sich auch im Erscheinungsbild der zuoberst wachsenden Aufrechten Berg-Föhren und Buchen: Sie bleiben buschig, bedrängt von Weidebetrieb, Wind und Schnee.

Die Vielfalt und Artenzusammensetzung erinnert an alpine Rasen, in denen Horstgräser und Zwergsträucher vorherrschen.

Wichtigste Standortfaktoren

■ *Strahlung:* Der Südwesthang ist der Sonne stark ausgesetzt; hier treten im Sommer tagsüber in Bodennähe oft hohe Temperaturen auf. Das nordseitige schmale Rasenband bleibt schattiger und kühler.

■ *Böden/Chemische Faktoren:* Der Untergrund besteht aus wasserdurchlässigen Hartkalken. Bei ihrer Verwitterung entstehen skelettreiche Rendzinaböden mit einem hohen Basengehalt. Die Humus-

15. Weissenstein–Hasenmatt

Gipfelregion der Hasenmatt
Steinige Magerweide und buschige Aufrechte Berg-Föhren

schicht ist sehr dünn, oft steht der Fels oberflächlich an; nur tiefgründigere, tonreiche Stellen tragen eine üppige Vegetation. Durch langjährige Beweidung wurden dem Rasen zudem Nährstoffe entzogen.

■ *Wasser:* Trotz der vielen Niederschläge leiden die Pflanzen zeitweise unter Trockenheit: Das Wasser versickert leicht im durchlässigen Boden und der Wind trocknet ihn aus; die winterliche Kälte lässt ihn gefrieren, so dass die Pflanzen kein Wasser aufnehmen können.

■ *Bewirtschaftung:* Der Rasen wird intensiv beweidet. Daher breiten sich bevorzugt Pflanzen aus, die gegen Tritt und Frass unempfindlich oder geschützt sind.

Entstehungsgeschichte
Die Gipfelregionen des Juras waren während der letzten Eiszeit nicht vergletschert und es herrschten günstige Bedingungen für Gebirgspflanzen. In der Nacheiszeit drangen Wälder vor. Nur Rasenbänder in den Felszonen sowie kleinere Gebiete im höher gelegenen Südjura blieben offen. An diesen Stellen konnten viele alpine Arten trotz der grossen Waldausdehnung weiterhin wachsen.

Auch die Hasenmatt war wie alle umliegenden Jurahöhen in der Nacheiszeit bewaldet. Erst Vieh-Verbiss und Holznutzung führten zu den grösseren Rasenflächen. Diese boten Lebensraum für die an den Reliktstandorten überdauernden Gebirgspflanzen. Ihre Anzahl nimmt im Jura nach Südwesten hin stetig zu. Man erklärt sich dieses Phänomen einerseits damit, dass die meisten Arten während der bewaldeten Zeit nur im Südjura gediehen und sich von dort aus nach Nordosten auf die vom Menschen geschaffenen Magerweiden ausbreiteten. Dabei kamen nicht alle gleich weit. Andererseits liegt der Südjura auch alpennäher, so dass Alpenpflanzen leichter einwandern konnten.

Charakteristische Pflanzen　　　　　　　　　　　　　　　　　　　　Artenliste S. 424

Viele auf dieser Weide wachsende Pflanzen kommen auch in tieferen Lagen vor. Die hochmontanen Magerrasen des Juras sind aber durch eine Anzahl Gebirgspflanzen bereichert, die im Alpenraum in Urwiesen oberhalb der Baumgrenze verbreitet sind. Unter den Gräsern sind dies Blaugras (*Sesleria caerulea*), Horst-Segge (*Carex sempervirens*) und Alpen-Rispengras (*Poa alpina*). Auffällige «alpine» Kräuter sind Frühlings-Enzian (*Gentiana verna*), Crantz' Fingerkraut (*Potentilla crantzii*), Verwachsener Frauenmantel (*Alchemilla conjuncta aggr.*), Scheuchzers Glockenblume (*Campanula scheuchzeri*), Glänzende Skabiose (*Scabiosa lucida*), Zottiges Habichtskraut (*Hieracium villosum*) und Gemeines Katzenpfötchen (*Antennaria dioica*). Ausserhalb der Weidumzäunung kommt auch die Alpen-Aster (*Aster alpinus*) vor. Der Nordhang weist einige weitere Arten auf, die auf der Südseite fehlen. Besonders fallen Milchweisser Mannsschild (*Androsace lactea*) und Clusius' Enzian (*Gentiana clusii*) auf.

Die intensive Beweidung durch Rinder fördert Pflanzen, die nicht gefressen werden, zum Beispiel Gelber Enzian (*Gentiana lutea*), Stengellose Kratzdistel (*Cirsium acaule*) sowie Silberdistel (*Carlina acaulis s.l.*). Auffällig ist auch der Reichtum an Zwergsträuchern wie Berg-Gamander (*Teucrium montanum*), Gemeines Sonnenröschen (*Helianthemum nummularium s.l.*) und Feld-Thymian (*Thymus serpyllum aggr.*), deren verholzte Sprosse den Hufen der Rinder widerstehen.

Verbreitung in der Region

Blaugras-Horstseggenrasen sind charakteristisch für solche nährstoffarme steinige Standorte in höheren Juralagen. Ihre Hauptverbreitung liegt im Alpenraum, wo sie ebenfalls auf kalkreiche Gebiete beschränkt bleiben, aber deutlich artenreicher als im Jura sind. In unserer Region treffen wir sie in der Weissensteinkette an. Auf der südlich benachbarten Stallfluh finden sich zusätzlich das Graufilzige Sonnenröschen (*Helianthemum canum*) und die Voralpen-Kreuzblume (*Polygala alpestris*).

Verwachsener Frauenmantel
(*Alchemilla conjuncta aggr.*)
Die Samen der Gattung *Alchemilla*, zu der Silber- und Frauenmantel gehören, entwickeln sich ohne Befruchtung. Ein genetischer Austausch zwischen den Individuen fehlt, Nachkommen weisen nur die Merkmale der Mutterpflanze auf.

Gelber Enzian (*Gentiana lutea*)
Als Weideunkraut wird diese Art vom Vieh gemieden. Sie lässt sich im vegetativen Zustand mit dem hochgiftigen Weissen Germer (*Veratrum album s.l.*) verwechseln, der jedoch wechselständige Blätter besitzt. Aus den Wurzeln wird ein bitterer Schnaps gebrannt, er soll als Heilmittel gegen Magen-Darm-Beschwerden helfen.

Milchweisser Mannsschild (*Androsace lactea*)
Dieser Mannsschild ist in Europa nur sehr zerstreut und lückenhaft verbreitet. Er überlebte wohl die Eiszeiten an eisfreien Stellen und breitete sich später von dort nur in der näheren Umgebung aus.

Silberdistel (*Carlina acaulis s.l.*)
Erst im Spätsommer blüht die Silberdistel, eine verbreitete Art magerer Weiden vorwiegend höherer Lagen. Mit Stacheln bewehrt und niederwüchsig, ist sie hervorragend vor den fressenden Rindern geschützt.

Horst-Segge (*Carex sempervirens*)
Diese Segge bildet dichte Horste, die Schuttböden zu festigen vermögen. Sie wächst im Hochjura und auch in den Kalkalpen sehr zahlreich.

Profil Hasenmatt

N

S

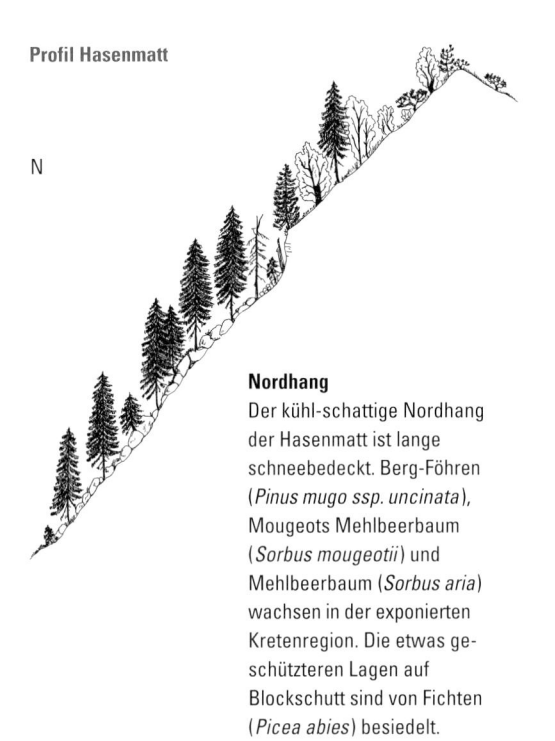

Nordhang
Der kühl-schattige Nordhang der Hasenmatt ist lange schneebedeckt. Berg-Föhren (*Pinus mugo ssp. uncinata*), Mougeots Mehlbeerbaum (*Sorbus mougeotii*) und Mehlbeerbaum (*Sorbus aria*) wachsen in der exponierten Kretenregion. Die etwas geschützteren Lagen auf Blockschutt sind von Fichten (*Picea abies*) besiedelt.

Südhang
Aufrechte Berg-Föhren (*Pinus mugo ssp. uncinata*) herrschen am sonnigen Südhang vor. Halden aus Kalkschutt am Fuss der Felswände bieten Lebensraum für einige spezialisierte Pflanzen.

Zoologische Besonderheiten

Auf den hochgelegenen Juraweiden lassen sich Vogelarten wie Heidelerche, Wasserpieper, Zitronenzeisig und Ringdrossel beobachten.

Der Weg führt nun bergab durch den feuchten und kühlen Nordhang der Hasenmatt und durchquert einen Mischwald. An Standorten mit ruhenden, blockigen Geröllen gedeiht die Fichte (siehe Exkursion 19, Feldberg). Der Weidebetrieb fördert die Ausbreitung dieser Baumart: Ihre dicht benadelten und regenerationsfähigen Jungpflanzen widerstehen dem Viehverbiss weit besser als diejenigen von Edel-Tannen und Buchen.
Nach dem Wald erreichen wir erneut eine Weide, die auf den ersten Blick jener auf der Hasenmatt gleicht. Der Untergrund ist hier jedoch reich an Mergeln und regelmässiger durchfeuchtet. Bei aufmerksamer Suche finden wir Stellen mit einer von der übrigen Rasenvegetation abweichenden Zusammensetzung: Gold-Pippau (*Crepis aurea*),

Borstgras (*Nardus stricta*), Weisszunge (*Pseudorchis albida*), Dorniger Moosfarn (*Selaginella selaginoides*), Alpen-Mastkraut (*Sagina saginoides*), Alpenlattich (*Homogyne alpina*), Gemeine Mondraute (*Botrychium lunaria*) und Öhrchen-Habichtskraut (*Hieracium lactucella*) wachsen oft in enger Nachbarschaft und weisen auf einen leicht sauren Boden hin. Auswaschungsprozesse im niederschlagsreichen Klima führten lokal zu kalkfreien obersten Bodenschichten. Der Untergrund besteht aber nach wie vor aus kalkreichen Mergeln und ist basenreich.

Zum nächsten Standort gelangen wir, indem wir dem Waldrand nach Süden folgen. Der Zugang ist beschwerlich und nur für berggängige Leute zu empfehlen. Wer diesen Standort auslassen möchte, kann direkt in Richtung «Althüsli» weitergehen.

Gold-Pippau
(*Crepis aurea*)
Den Gold-Pippau kann man während der Blütezeit im Juli entdecken. Er ist in den Alpen sehr häufig auf borstgrasreichen Rasen anzutreffen, ist im Jura nur lokal verbreitet und fehlt in den Vogesen und im Schwarzwald.

Schutthalde
Grobe Kalkblöcke mit vereinzelten Pflanzen der Jurassischen Braunwurz

C Vegetation einer Schutthalde

Schöterich-Spornblumen-Gesellschaft (*Erysimo-Kentranthetum*)

Auf der Südseite der Hasenmatt, direkt unterhalb der von Aufrechten Berg-Föhren dominierten, felsigen Abschnitte, erstrecken sich ausgedehnte Schutthalden. Bewegliche Kalkgerölle bilden breite Bahnen zwischen baumbestandenen Flächen. In diesen Blockfeldern halten sich einzelne Weiden und Holunderbüsche. Viele Stellen sind völlig vegetationsfrei. Bei jedem Schritt besteht die Gefahr, dass die Blöcke wegrutschen. Trotz instabilem Untergrund finden wir hier verschiedene Pflanzenarten, die sich auf diesen besonderen Lebensraum spezialisiert haben.

Wichtigste Standortfaktoren
- *Strahlung:* Der Hang ist nach Südwesten exponiert und die Sonneneinstrahlung hoch. Zusätzlich reflektiert das helle Gestein die Strahlung stark.
- *Böden/Chemische Faktoren:* Die Bodenbildung ist auf dem bewegten Untergrund erschwert, Rohböden herrschen vor. Basen- und

Kalkgehalt sind überall hoch. Feinschutt mit etwas Humus findet sich im obersten Abschnitt der Schutthalde. Weiter unten ist der Nährstoffe enthaltende Boden unter einer zunehmend dickeren Schicht aus groben Blöcken begraben.

■ *Wasser:* Der Standort macht nur auf den ersten Blick einen trockenen Eindruck: Die Luftkammern zwischen den Geröllen bleiben meist kühl und feucht. Der darunter liegende Boden wird vor starker Verdunstung geschützt und bleibt gut durchfeuchtet (Isolationseffekt).

■ *Mechanische Faktoren:* Durch die Bewegung der Kalkgerölle besteht die Gefahr von Verschiebungen des Wuchsorts und der Beschädigung von Pflanzenteilen.

Entstehungsgeschichte

Schutthalden sind besonders charakteristisch für Kalkgebirge, denn Kalkgestein verwittert sehr leicht. In Ritzen gefrierendes Wasser sprengt Gesteinsteile ab, die im steilen Gelände Halden bilden.
Vom Menschen ist die Vegetation dieser Standorte völlig unbeeinflusst geblieben. Die lückenhafte Verbreitung vieler jurassischer Felsschutt-Pflanzen und das Vorkommen des endemischen Stein-Leinkrauts weisen darauf hin, dass diese Arten in den eisfrei gebliebenen Gipfelregionen die Eiszeiten überdauern konnten.

Charakteristische Pflanzen

Mechanische Belastungen im Geröll hindern die meisten Pflanzenarten daran, hier dauerhaft Fuss zu fassen. Die wenigen Spezialisten finden deshalb ein konkurrenzarmes Umfeld vor. Das Stein-Leinkraut (*Linaria alpina ssp. petraea*) wächst vorwiegend im stark rutschenden Feinschutt des oberen Hangabschnitts. Schmalblättrige Spornblume (*Kentranthus angustifolius*) und Jurassische Braunwurz (*Scrophularia juratensis*) besiedeln die mit groben Blöcken bedeckten Partien. Seltener treten dort auch Ruprechtsfarn (*Gymnocarpium robertianum*) und Schildblättriger Ampfer (*Rumex scutatus*) auf. Da die groben Gerölle keine nutzbaren Nährstoffe enthalten, keimen und wurzeln diese Pflanzen in der darunterliegenden Bodenschicht und müssen zwischen den Steinen hindurchwachsen, um ans Licht zu gelangen. Weitere für steinige Orte auf Kalk charakteristische Arten sind Niedliche Glockenblume (*Campanula cochleariifolia*), Berg-Baldrian (*Valeriana montana*), Blaugras (*Sesleria caerulea*) und

15. Weissenstein–Hasenmatt 273

Stein-Leinkraut (*Linaria alpina ssp. petraea*)
Das nur im Jura vorkommende Stein-Leinkraut ist nahe mit dem in den Alpen häufigen Alpen-Leinkraut (*Linaria alpina ssp. alpina*) verwandt. Der fehlende genetische Austausch durch räumliche Trennung der jurassischen Populationen von jenen der Alpen schuf die Voraussetzung, dass zwei Unterarten entstehen konnten.

Schmalblättrige Spornblume
(*Kentranthus angustifolius*)
Die Schmalblättrige Spornblume ist eine südwestlich verbreitete Gebirgspflanze, die in den Alpen fehlt. Ihre nördlichsten Vorkommen liegen bei der Klus von Balsthal.

Jurassische Braunwurz (*Scrophularia juratensis*)
Diese nur in Kalkschutt-Halden wachsende Pflanze besitzt relativ unscheinbare, rötlich-braune Blüten. Sie ist nahe mit der Hunds-Braunwurz (*Scrophularia canina*) verwandt, die Schotterflächen in warmen Tieflandlagen besiedelt.

Schuttpflanzen

Der extremen mechanischen Beanspruchung von Spross und Wurzeln durch bewegtes Gestein sind nur spezialisierte Pflanzenarten gewachsen. Sie lassen sich einteilen in:

- *Schuttwanderer*
  Lange Kriechtriebe, die sich immer wieder neu bewurzeln können, durchweben das Gestein und werden von diesem mitbewegt (Beispiel: Niedliche Glockenblume).

- *Schuttüberkriecher*
  Die Triebe liegen auf dem Schutt (Beispiel: Stein-Leinkraut).

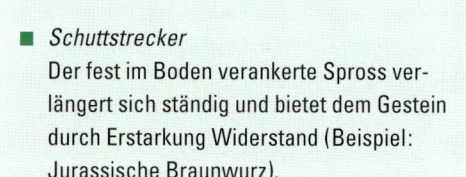

- *Schuttstrecker*
  Der fest im Boden verankerte Spross verlängert sich ständig und bietet dem Gestein durch Erstarkung Widerstand (Beispiel: Jurassische Braunwurz).

- *Schuttstauer*
  Kräftige Polster oder Sprossbündel mit einem dichten Feinwurzelwerk fixieren den Schutt (Beispiel: Blaugras).

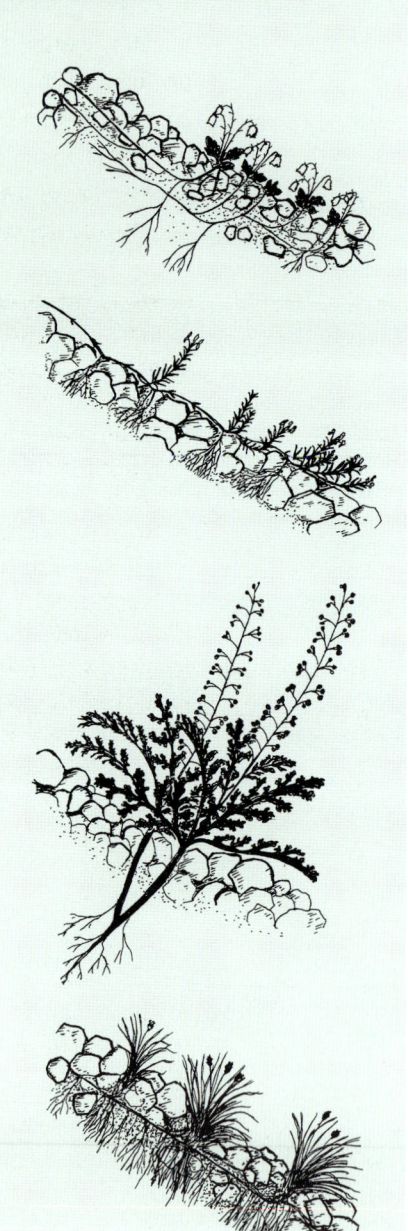

Langstielige Distel (*Carduus defloratus s. str.*). Man findet sie im oberen Abschnitt und an den Rändern der Geröllhalde.

Verbreitung in der Region
Schutthalden mit den hier vorkommenden Arten sind im Jura südlich der Roggenfluh gelegentlich anzutreffen. Zusätzlich zu den beschriebenen Arten taucht vom Chasseral an südwärts der Blassgelbe Schöterich (*Erysimum ochroleucum*) in den Geröllfeldern auf, der dieser Pflanzengesellschaft zusammen mit der Schmalblättrigen Spornblume den Namen gab.

> Wir kehren auf dem selben Weg zum Rand der Schutthalde zurück, klettern etwa 50 m den Hang hinunter und verlassen den bewaldeten Abschnitt. Dort erreichen wir einen feuchten Hanganriss: Mergelige Schichten sammeln das Wasser der darüberliegenden Hartkalke und lassen es als Quellwasser austreten. Man findet Pflanzen wie Gemeines Fettblatt (*Pinguicula vulgaris*), Gemeine Simsenlilie (*Tofieldia calyculata*) und Mont Cenis-Rispengras (*Poa cenisia*). Letzteres kommt im Jura nur an dieser Stelle vor! In der feuchten Senke wachsen unter anderem Davalls Segge (*Carex davalliana*) und Quellried (*Blysmus compressus*). Auf den Weiden der nahen Umgebung gedeihen Orchideen wie Kugelorchis (*Traunsteinera globosa*), Wohlriechende und Langspornige Handwurz (*Gymnadenia odoratissima, G. conopsea*) sowie Geflecktes Knabenkraut (*Dactylorhiza maculata*).
> Wir folgen nun dem Fahrweg in Richtung Gänsbrunnen, der unterhalb des Gehöfts «Althüsli» sehr schöne Berg-Fettwiesen durchquert.

D Berg-Fettwiese

Goldhaferwiese (Trisetetum flavescentis)

Auf dem nach Norden abfallenden Gelände erstrecken sich üppige Wiesen mit dichter Vegetation, die erst Ende Juni gemäht werden. Das Bild wird von zahlreichen Grasarten, aber auch auffällig blühenden Kräutern bestimmt.

Wichtigste Standortfaktoren
■ *Böden/Chemische Faktoren:* Die Böden über feuchten, speicherfähigen Tonsedimenten (Oxfordton) weisen eine hohe mikrobiologi-

Goldhaferwiese
Blick in Richtung Norden: im Vordergrund Fettwiesen nach dem ersten Schnitt

sche Aktivität auf. Sie sind deshalb von Natur aus nährstoffreich. Zusätzlich werden sie mit Stalldünger versorgt. Lokal besteht der Untergrund auch aus Hartkalken und ist deutlich nährstoffärmer.

■ *Wasser:* Im montanen Klima mit vielen Niederschlägen bleiben die tonhaltigen Böden regelmässig feucht. Das Wasserangebot ist deshalb für viele feuchtigkeitsbedürftige Pflanzenarten ausreichend, stellenweise kommt es sogar zu Vernässungen.

■ *Bewirtschaftung:* Die Fettwiesen werden jedes Jahr zweimal, im Frühsommer und Herbst, gemäht und mit Jauche oder Stallmist gedüngt. Bei intensivem Jaucheeinsatz besteht die Gefahr einer Überdüngung der Böden. Überdüngte Wiesen sind deutlich artenärmer, und es fehlt der Blütenreichtum.

Entstehungsgeschichte

Die Berg-Fettwiesen entstanden durch Rodung von Tannen-Buchenwäldern und Hochstauden-Buchenwäldern. Man hielt sich dabei bevorzugt an nährstoffreiche Böden in nur schwach geneigtem Gelände, die sich gut für eine landwirtschaftliche Nutzung eignen. Manchen vorher im Wald beheimateten Arten gelang es, auch die Wiesen zu besiedeln.

Charakteristische Pflanzen

Typische Arten der Berg-Fettwiesen sind Frühlings-Krokus (*Crocus albiflorus*), Rautenblättrige Glockenblume (*Campanula rhomboidalis*), Schlangen-Knöterich (*Polygonum bistorta*) und Weicher Pippau (*Crepis mollis*). Letzterer ist vom hier ebenfalls vorkommenden Wiesen-Pippau (*Crepis biennis*) an seinen ganzrandigen Blättern zu unterscheiden. Der Goldhafer (*Trisetum flavescens*) ist in Berg-Fettwiesen viel häufiger als im Tal und gibt ihnen den wissenschaftlichen Namen. Weitere Gräser sind Wiesen-Lieschgras (*Phleum pratense*), Rot-Schwingel (*Festuca rubra aggr.*), Flaum-Wiesenhafer (*Helictotrichon pubescens*) und Gemeines Knäuelgras (*Dactylis glomerata*). In allen Fettwiesen verbreitete Kräuter sind Gemeiner

Schlangen-Knöterich (*Polygonum bistorta*)
Diese Art erhielt ihren Namen wegen des schlangenförmigen Rhizoms. Sie vermehrt sich vorwiegend über Rhizom-Ausläufer und bildet so ganze Bestände. Der Schlangen-Knöterich liebt Stellen mit ganzjährig genügend Feuchtigkeit und fehlt deshalb in trockeneren Goldhaferwiesen.

Wald-Storchschnabel (*Geranium sylvaticum*)
Mit seinen grossen Blüten ist der Wald-Storchschnabel eine der auffälligsten Pflanzen in der Berg-Fettwiese. Er stammt ursprünglich aus den umliegenden Wäldern, konnte aber die vom Menschen geschaffenen Wiesen ebenfalls besiedeln.

Frauenmantel (*Alchemilla vulgaris aggr.*), Gamander-Ehrenpreis (*Veronica chamaedrys*), Gemeine Brunelle (*Prunella vulgaris*), Gemeiner Löwenzahn (*Leontodon hispidus s.l.*) und Gemeine Margerite (*Leucanthemum vulgare aggr.*).

Wir treffen auch auf einige aus dem Buchenwald bekannte Hochstauden, wie Wald-Storchschnabel (*Geranium sylvaticum*), Rote Waldnelke (*Silene dioica*), Ährige Rapunzel (*Phyteuma spicatum*) und Wiesen-Bärenklau (*Heracleum sphondylium s.l.*). Diese Wald-Arten können in feuchtem montanem Klima auch in Mähwiesen gedeihen.

Vernässte Stellen werden von Kohldistel (*Cirsium oleraceum*), Berg-Kerbel (*Chaerophyllum hirsutum*), Dotterblume (*Caltha palustris*) und Moor-Spierstaude (*Filipendula ulmaria*) besiedelt.

Verbreitung in der Region

Goldhaferwiesen sind in allen drei Berggebieten der Region (Schwarzwald, Vogesen und Jura) auf nährstoffreichen, gedüngten Böden verbreitet. Auch im Alpenraum gehören sie zu den häufigsten Mähwiesen der montanen und subalpinen Stufen.

> Wir folgen nun weiter dem Wanderweg nach Gänsbrunnen, wo sich die Bahnstation befindet. Nach dem Abstieg durch eine grosse Schlagfläche (Sturmschäden) mit viel Jungwuchs erreichen wir einen breiten Weg, der wieder in den Hochwald hineinführt. Im feuchten Bachtobel wachsen grosse Edel-Tannen (*Abies alba*). Generell behagt diesem im Vergleich zur Fichte relativ frostempfindlichen Nadelbaum das ozeanisch geprägte, montane Klima des Juras. Sie erreicht in dieser Höhenstufe ihr Wuchsoptimum und kann neben der Buche bestehen. Die Rückfahrt treten wir vom Bahnhof Gänsbrunnen aus an.

Exkursion 16

Rotläuble und Heiternwald

Eichen-Trockenwälder in der Rheinebene

Dauer: 1 Tag

Beste Zeit:
April bis Juni

Anfahrt:
Autobahn A 35, bis
Ausfahrt Ensisheim,
dann dem Wegweiser
nach Hirtzfelden
folgen

Rotläuble
Niederer Eichenwald mit vorgelagertem
Diptam-Saum im Juni

16. Rotläuble und Heiternwald

Route Teil 1

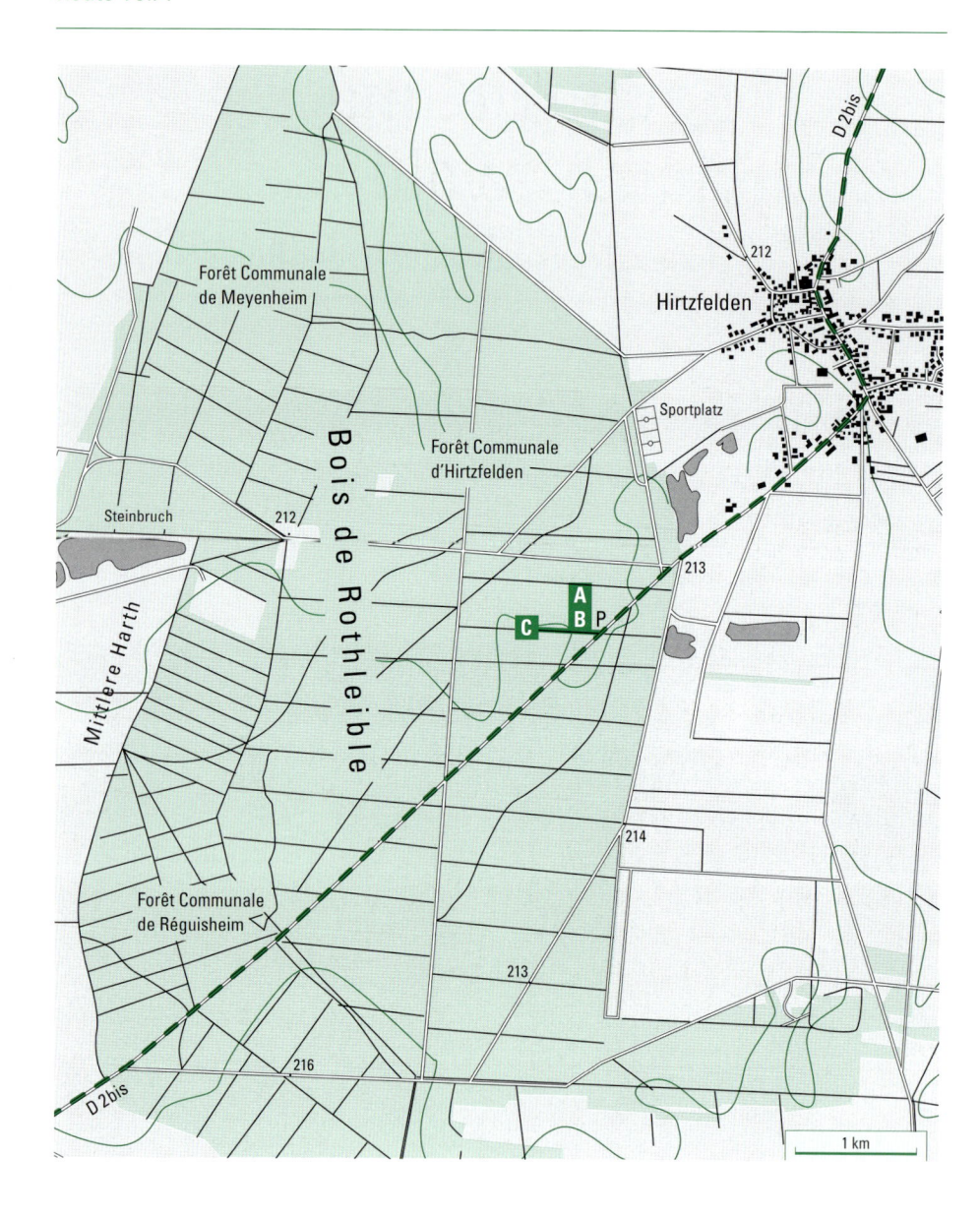

A Bodentrockener Eichenwald
B Wärmeliebender Saum
C Trockener Magerrasen auf saurem Sedimentboden
D Trockener Magerrasen auf kalkhaltigem Sedimentboden

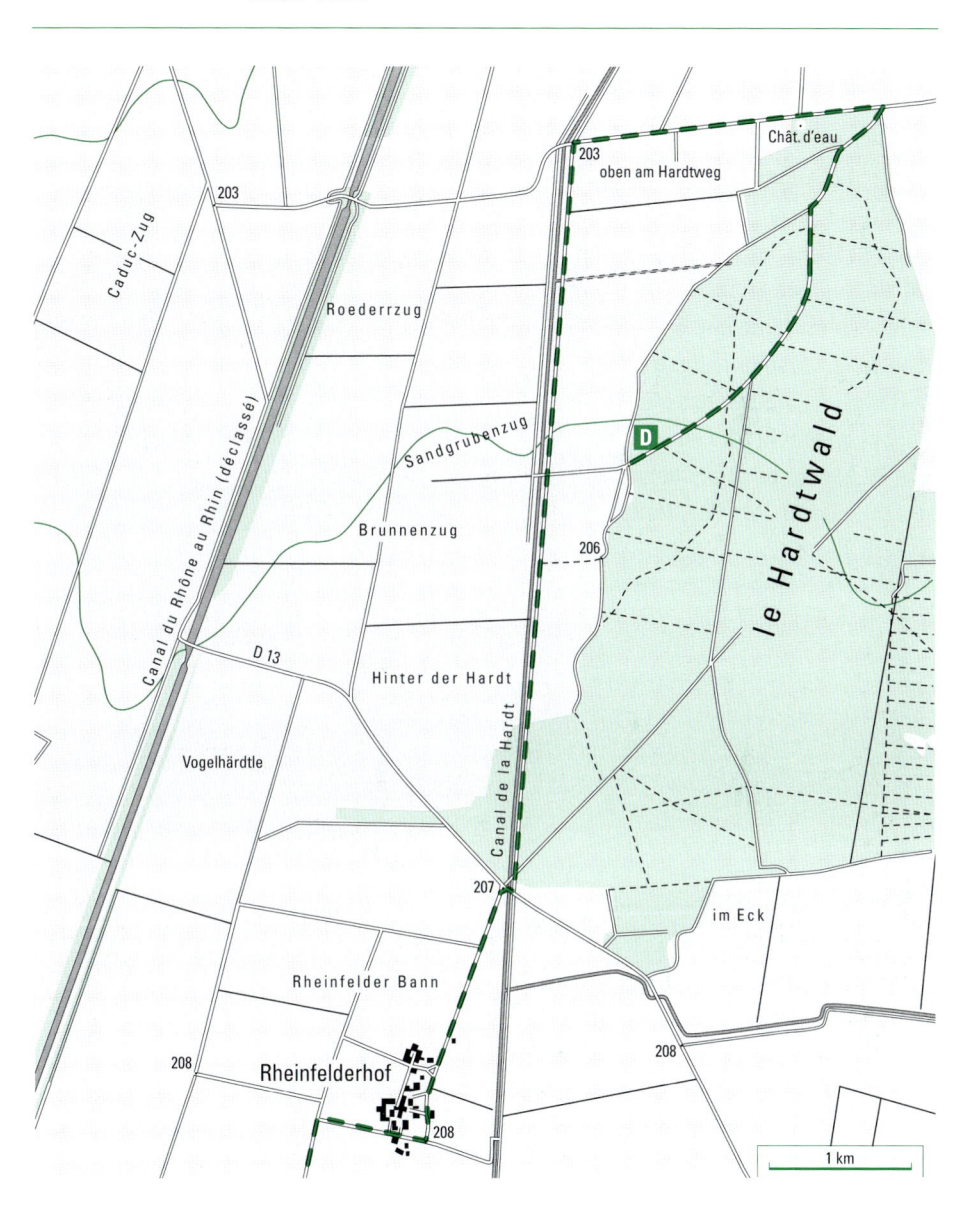

16. Rotläuble und Heiternwald   281

Route Teil 2

Überblick

In der trockensten Zone der elsässischen Rheinebene gedeihen niederwüchsige, unterholzreiche Eichenwälder, die uns eher an Ungarn als an Mitteleuropa erinnern. Tatsächlich beherbergen diese Wälder viele vorwiegend im östlichen Europa verbreitete Arten. Die Vegetation ist aber auch aussergewöhnlich, weil hier zusätzlich Pflanzen südlicher und westlicher Herkunft wachsen.
Auf zahlreichen Lichtungen, die in diesen Wäldern natürlich sind, finden sich artenreiche Magerrasen. Besonders bunt blühen verschiedene Stauden entlang der Gebüschränder: Der Diptam bildet im Rotläuble sogar Massenbestände, die Anfang Juni einige Lichtungen regelrecht rosa einfärben. Einzigartig für unsere gesamte Region ist zudem das Vorkommen des Frühlings-Adonisröschens auf einem Rasen im Wald bei Heitern.

> Unsere ersten drei Standorte befinden sich im auf Landeskarten mit «Bois de Rothleible» angeschriebenen Wald. Von der Autobahn herkommend, fahren wir in ihn hinein und folgen der ersten Forststrasse, die nach dem gelb-weissen Kilometerstein «D2/23» links abzweigt (Fahrverbot; Auto parkieren). Wir betrachten den Wald (Standort A) und den Krautsaum (Standort B) entlang dieses Weges, der nach 150 m eine Lichtung (Standort C) durchquert.

A Bodentrockener Eichenwald

Ostmitteleuropäisch-subkontinentaler Eichen-Trockenwald (*Potentillo albae-Quercetum petreae*)

Zahlreiche Eichen und Wald-Föhren bilden die Baumschicht. Die Stämme der auffallend kleinwüchsigen Bäume sind meist in dichtes Gebüsch «eingepackt».

Wichtigste Standortfaktoren

■ *Strahlung:* Die Oberrheinische Tiefebene ist im Sommer sehr warm, Lufttemperaturen über 30 °C kommen häufig vor. Im Winter liegen die Werte etwas tiefer als im südlich angrenzenden Teil der Rheinebene. Im Frühjahr besteht Frostgefahr bis in den Mai hinein.

- *Böden/Chemische Faktoren:* Die eiszeitlich abgelagerten Rheinschotter der Niederterrasse bestehen aus Kalk- und Quarzgesteinen vorwiegend alpiner Herkunft. Durch Auswaschungsprozesse sind heute die oberen Bodenschichten entkalkt und reagieren sauer (pH-Werte zwischen 5,5 und 6,5). Die Nährstoff- und Wasserversorgung der Vegetation ist durch eine betonharte Bodenschicht eingeschränkt. Diese sogenannte «Kittschicht» besteht aus Geröllen, die mit Kalk zu einer Gesteinsmasse verbacken sind. Sie verläuft in unterschiedlicher Bodentiefe und ist für Pflanzenwurzeln praktisch undurchdringbar. Über die Herkunft des Kalks existieren zwei Theorien: Die eine führt sie auf einen Auswaschungsprozess in der oberen Bodenschicht während eines längeren niederschlagsreichen Zeitraums zurück. Doch das Bodenvolumen über der Kittschicht reicht alleine nicht aus, die Existenz derart grosser Kalkmengen zu erklären. Deshalb muss, gemäss der zweiten Theorie, zusätzlich eine aufsteigende Bewegung des Grundwassers angenommen werden, die infolge starker Verdunstung während einer extrem trockenen Klimaperiode einsetzte. Dabei wurde gelöster Kalk in der Kittschicht ausgefällt.
- *Wasser:* Die Wälder südöstlich von Colmar liegen in einem der trockensten Gebiete Mitteleuropas. Die Vogesen wirken als Regenfänger und schirmen die dahinterliegende Rheinebene ab. Im Durchschnitt fallen hier weniger als 550 mm Niederschläge pro Jahr (Basel: ca. 800 mm).

Hinzu kommt, dass die eiszeitlich abgelagerten, sandigen Kiesböden der Niederterrasse keine grossen Wassermengen speichern können. Das Grundwasser liegt bis 12 m tief und ist auch wegen der Kittschicht (siehe oben) für die Pflanzen nicht erreichbar.
- *Bewirtschaftung:* Heute wird das Rotläuble teilweise noch als Mittelwald gepflegt (siehe Kasten «Waldnutzungsformen», S.107).

Entstehungsgeschichte

Für die trockenen Wälder der Rheinebene gilt ähnliches wie für die Flaumeichenwälder des Juras (siehe Exkursion 9, Hofstetter Chöpfli) und der Vorhügelzone der Vogesen. Sie enthalten zahlreiche Pflanzen, die in der frühen Nacheiszeit hierher gelangten, heute aber von ihren Hauptverbreitungsgebieten isoliert sind. Die in Europa zentral gelegene Rheinebene wurde zum Einwanderungsraum für Arten aus

dem Osten und dem Süden, die hier im trockenwarmen Sommerklima auf kargen Böden existieren können. Alle Eichenwälder in der Ebene unterscheiden sich von den übrigen Flaumeichenwäldern unserer Region durch den höheren Anteil osteuropäischer Arten.
Die Bauern von Hirtzfelden nutzten früher das Rotläuble intensiv; sie schlugen grosse Mengen Brennholz und entnahmen dem Wald Laubstreu. Auch trieben sie Schafe in den Wald, um sie auf den Lichtungen weiden zu lassen. Ungeniessbare Pflanzen, wie der Diptam, erhielten einen Konkurrenzvorteil gegenüber bekömmlicheren und konnten sich vermehren. Da keinerlei Düngerzufuhr erfolgte, wurden dem Waldökosystem ständig Nährstoffe entzogen. Die durch Holzschlag offenere Baumschicht liess viel Licht auf den Boden dringen, was die Entwicklung einer üppigen Krautschicht förderte.
Nach dem Zweiten Weltkrieg verloren Viehwirtschaft und Brennholznutzung an Bedeutung.

Charakteristische Pflanzen

Die Baumschicht besteht hauptsächlich aus Flaum- und Stiel-Eichen (*Quercus pubescens, Q. robur*). Nur vereinzelt begegnet man der Trauben-Eiche (*Quercus petraea*), während ihre Bastardform mit der Flaum-Eiche häufiger ist. An manchen Stellen finden sich Wald-Föhren (*Pinus sylvestris*), die durch die Forstwirtschaft gefördert werden. Einzelne Eschen (*Fraxinus excelsior*), Elsbeerbäume (*Sorbus torminalis*), Winter-Linden (*Tilia cordata*), Feld-Ahorne (*Acer campestre*) und Hagebuchen (*Carpinus betulus*) gedeihen an etwas feuchteren Standorten (und leiten zum Eichen-Hagebuchenwald über). Die Bäume wachsen langsam, so dass manche hundertjährige Eichen nur einen Stammdurchmesser von 20 bis 40 cm und eine Höhe von 12 m erreichen.
Liguster (*Ligustrum vulgare*), Berberitze (*Berberis vulgaris*), Wolliger Schneeball (*Viburnum lantana*) und Gemeiner Kreuzdorn (*Rhamnus cathartica*) sind wärmeliebende Sträucher im Unterholz und im Waldmantel. Daneben kommen auch Schwarzdorn (*Prunus spinosa*), Eingriffliger Weissdorn (*Crataegus monogyna aggr.*), Hartriegel (*Cornus sanguinea*) und Pfaffenhütchen (*Euonymus europaeus*) vor. Sehr auffällig sind die grossen Blüten des Wald-Geissblatts (*Lonicera periclymenum*). Sie erinnern an tropische Gewächse und duften sehr intensiv. Auf die Filzige Brombeere (*Rubus canescens*) trifft

Weisses Fingerkraut
(*Potentilla alba*)
Diese vorwiegend in Osteuropa verbreitete Art kommt in der Trockenzone der Elsässer Rheinebene auf oberflächlich entkalkten Böden vor

man häufig im Gebüschmantel und entlang der Wege, sie ist an ihren unterseits weissfilzigen Blättern und den nicht abgesetzten Endblättchen gut erkennbar.

Die Krautschicht des Waldes ist durchsetzt mit Arten der Säume und Rasenflächen. Charakteristisch sind Weisses Fingerkraut (*Potentilla alba*), Berg-Lungenkraut (*Pulmonaria montana s.l.*), Färber-Scharte (*Serratula tinctoria s.str.*), Pfirsichblättrige Glockenblume (*Campanula persicifolia*) und Gebräuchliche Betonie (*Stachys officinalis s.str.*). Daneben lassen sich viele Arten finden, auf die wir auch weiter südlich im Hardtwald stossen (siehe Exkursion 5, Elsässer Hardt).

Verbreitung in der Region
Eichentrockenwälder sind in der südlichen Rheinebene zwischen Ensisheim und Neuf-Brisach zu finden. Sie gedeihen nur auf den trockensten und kargsten Flächen. Die besseren und feuchteren Böden (Muldenlagen) werden vorwiegend vom Eichen-Hagebuchenwald (siehe Exkursion 5, Elsässer Hardt) besiedelt.

Zoologische Besonderheiten
Turteltaube, Kuckuck, Nachtigall, Pirol und Fitis sind im Frühjahr häufig zu hören, Baumpieper und Goldammer brüten am Rand der Lichtungen.
Im Rotläuble leben sehr viele Insekten. Berühmt ist es für seinen Schmetterlingsreichtum; über 50 Tagfalterarten wurden nachgewie-

sen, darunter: Kaisermantel, Grosser Perlmutter-, Gelbring-, Silberschecken-, Mittelwegerichfalter, Rostbinde, Blauauge, Birkenzipfel-, Blauer Eichenzipfel-, Brombeerzipfel- und Steineichenzipfelfalter.

> Wir folgen dem Weg, bis wir auf eine Lichtung stossen, die sich zu seinen beiden Seiten erstreckt. Unterwegs beachten wir die reichhaltige Vegetation am Rand des Gebüschs.

B Wärmeliebender Saum

Diptam-Saum (*Geranio-Dictamnetum*)

Wegen der zahlreichen offenen Flächen im Rotläuble gibt es viele Übergangsbereiche von Wald zu Rasen. Häufig schliesst den Bäumen zuerst ein Gebüschmantel an, der sich aus den beim Standort A erwähnten Sträuchern zusammensetzt. Davor wächst ein Krautsaum. Er besteht aus vielen farbenprächtigen Stauden, die sich hier sehr üppig entfalten, oft aber auch mitten auf den Lichtungen anzutreffen sind.

Wichtigste Standortfaktoren

■ *Strahlung:* Die Beschattung ist grösser als im offenen Land, wobei starke und plötzliche Änderungen der Lichtverhältnisse auftreten können. An sonnigen Gebüschrändern kann es bei intensiver Sonnenstrahlung zu überhöhten Temperaturen (Spalierwirkung) kommen.
■ *Weitere Faktoren:* Siehe Standort A.

Entstehungsgeschichte
Siehe Standort A.

Charakteristische Pflanzen
Häufige wärmeliebende und trockenheitsertragende Saumarten sind: Diptam (*Dictamnus albus*), Felsen-Fingerkraut (*Potentilla rupestris*), Hügel-Erdbeere (*Fragaria viridis*), Blutroter Storchschnabel (*Geranium sanguineum*), Echtes Salomonsiegel (*Polygonatum odoratum*), Schwalbenwurz (*Vincetoxicum hirundinaria*), Hügel-Klee (*Trifolium alpestre*), Astlose Graslilie (*Anthericum liliago*), Knollige

Diptam (*Dictamnus albus*)
Diese im Süden und Osten Europas weitverbreitete Pflanze tritt hier im Rotläuble in Massenbeständen auf. Sie ist mit den Zitrusfrüchten verwandt und besitzt ein stark riechendes ätherisches Öl, das sich an windstillen, sonnigen Tagen anzünden lässt. Bei Kontakt mit der Haut verursacht es im Sonnenlicht einen Ausschlag.

Purpur-Klee (*Trifolium rubens*)
Der hauptsächlich in Mitteleuropa vorkommende, in der Region seltene Purpur-Klee gehört mit seinen grossen Blütenständen zu den auffälligsten Kleearten

Astlose Graslilie (*Anthericum liliago*)
Die Astlose Graslilie kommt im Rotläuble in den Waldsäumen und auf den Rasenflächen relativ häufig vor. Auf manchen Lichtungen fehlt der Diptam; dort prägt sie an dessen Stelle das Bild.

Spierstaude (*Filipendula vulgaris*), Purpur-Klee (*Trifolium rubens*), Bunte Kronwicke (*Securigera varia*), Färber-Ginster (*Genista tinctoria*), Bärenschote (*Astragalus glycyphyllos*) und Elsässischer Haarstrang (*Peucedanum alsaticum*). Diese Arten dringen oft auch auf die Magerrasen der Lichtungen vor und bestimmen besonders im Rotläuble deren Aspekt.

Verbreitung in der Region

Diptam-Säume sind in unserer Region selten. Ausser in den sommertrockenen Wäldern der elsässischen Rheinebene kommen sie auch im Naturschutzgebiet «Isteiner Klotz», auf den Rouffacher Hügeln und im Kaiserstuhl vor.

Knollige Spierstaude (*Filipendula vulgaris*)
Mit seinen unterbrochen gefiederten Blättern und dem grossen Blütenstand gehört dieses Rosengewächs zu den schönsten Arten des Waldsaums. Im Gegensatz zur in unserer Region viel häufigeren Moor-Spierstaude (*Filipendula ulmaria*) besiedelt sie trockene und nährstoffarme Böden.

Elsässischer Haarstrang (*Peucedanum alsaticum*)
Diese erst im Spätsommer blühende Staude gedeiht vor allem an Gebüsch- und Wegrändern sowie auf Brachflächen, in unserer Region jedoch praktisch nur in der Oberelsässer Trockenzone

C Trockener Magerrasen auf saurem Sedimentboden

Straussgras-Trespenrasen (*Agrostio-Brometum*)

Auf den Lichtungen gedeiht ein dichter Rasen. Eingewanderte Stauden aus den Waldsäumen sorgen für eine bemerkenswerte Farbenpracht: Anfangs Juni blühen hier Tausende von Diptam-Pflanzen, ein Bild, das in unserer Region nur hier zu sehen ist.

Wichtigste Standortfaktoren

■ *Wasser:* Der Boden ist hier über der Kittschicht so dünn, dass für ein Baumwachstum im Sommer zu wenig Wasser vorhanden ist.

16. Rotläuble und Heiternwald

Lichtung im Rotläuble
Von Tausenden blühender Diptam-Pflanzen rosa eingefärbte Lichtung im Juni

■ *Biotische Faktoren:* Die Maiskulturen auf den umliegenden Feldern sind für Wildschweine eine reiche Futterquelle. Sie führen dazu, dass sich diese Tiere stark vermehren. Auf der Suche nach Wurzelknollen, Zwiebeln und Trüffeln (im Gebiet kommt die echte Périgord-Trüffel (*Tuber megalospermum*) vor) öffnen sie auch auf den Lichtungen die Vegetationsdecke.

Entstehungsgeschichte
Siehe Standort A.

Charakteristische Pflanzen Artenliste S. 427
Die Arten der Magerrasen gedeihen auf den Lichtungen am besten an ständig besonnten Stellen. Häufige Gräser sind: Aufrechte Trespe (*Bromus erectus s.str.*), Schaf-Schwingel (*Festuca ovina aggr.*), Grossblütige Kammschmiele (*Koeleria macrantha*), Glanz-Lieschgras (*Phleum phleoides*) und Gemeines Straussgras (*Agrostis capillaris*). Graue Skabiose (*Scabiosa canescens*), Sand-Fingerkraut (*Potentilla arenaria*), Ähriger Ehrenpreis (*Veronica spicata*), Graues Fingerkraut (*Potentilla inclinata*), Hügel-Bergfenchel (*Seseli annuum*) und Gewöhnliche Pechnelke (*Silene viscaria*) sind Pflanzen, die ihren Verbreitungsschwerpunkt im Osten haben. (Die drei letztgenannten sind am Standort sehr selten.) Aus dem Übergangsbereich zum Mittelmeerraum eingewandert sind zum Beispiel Aufrechte Trespe, Weisse Brunelle (*Prunella laciniata*), Gemeines Sonnenröschen

16. Rotläuble und Heiternwald 291

Oben links:
Färber-Ginster (*Genista tinctoria*)
Die Blüten des Färber-Ginsters dienten früher zum Gelbfärben. Er wächst in lichten Wäldern, Säumen und Trockenrasen.

Oben rechts:
Graue Skabiose (*Scabiosa canescens*)
Die intensiv duftende Graue Skabiose ist eine Pflanze trockener Rasen und Gebüschsäume. Hier im Rotläuble wächst sie auf schwach sauren Böden; sie kommt aber auch in den basenreichen Lössgebieten des Kaiserstuhls häufig vor. In der Schweiz gibt es keine Fundorte.

Weisse Brunelle (*Prunella laciniata*)
In unserer Region trifft man die Weisse Brunelle selten an. Im Rotläuble ist sie am leichtesten während ihrer kurzen Blütezeit von Mitte Juni bis Mitte Juli in Wegnähe zu entdecken.

16. Rotläuble und Heiternwald

Lichtungen in den Wäldern der Oberelsässer Trockenzone

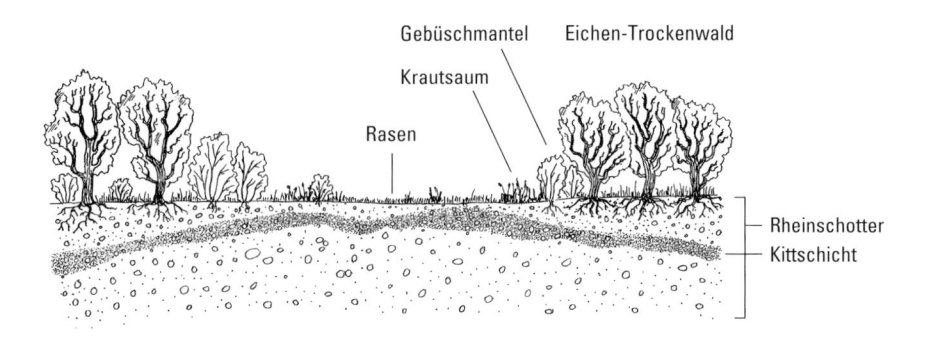

Gebüschmantel Eichen-Trockenwald
Krautsaum
Rasen

Rheinschotter
Kittschicht

Die harte, verbackene Kittschicht aus Geröllen und Kalk kann von Baumwurzeln nicht durchwachsen werden. Wo sie oberflächennah verläuft, ist das Baumwachstum erschwert oder verunmöglicht, da im warmen Sommer mit wenig Niederschlägen («Elsässer Trockeninsel») die in der obersten Bodenschicht vorhandenen Wassermengen nicht ausreichen. Massiv ausgedehnt wurden die Rasen durch die Jahrhunderte andauernde Nutzung als Waldweide. Viele der heutigen Lichtungen befinden sich auf durchaus waldfähigen Böden.

(*Helianthemum nummularium s.str.*), Edel-Gamander (*Teucrium chamaedrys*) und Hügel-Waldmeister (*Asperula cynanchica*). Besonderheiten finden sich auch unter den einjährigen Arten. Da sie auf lückige, offene Bodenstellen angewiesen sind, profitieren sie von der Grabtätigkeit der Wildschweine. Der Gestreifte Klee (*Trifolium striatum*) erreicht in unserer Region seine östliche Verbreitungsgrenze. Er gilt wie die Nelken-Haferschmiele (*Aira caryophyllea*), ein vorwiegend auf sauren Böden wachsendes, zierliches Gras, als mediterran-atlantisches Florenelement.

Verbreitung in der Region
Straussgras-Trespenrasen treten nur in den bodensauren Lichtungen der oberelsässischen Eichenwälder auf. Wo keine auffälligen Stauden von den Waldsäumen her hineingedrungen sind, haben diese Flächen ein steppenartiges Aussehen. Wegen fehlender Nutzung bildete sich ein dichter bräunlicher Rasenfilz. Schöne Beispiele solcher Rasen finden sich im Niederwald östlich von Hirtzfelden.

Der nächste Standort befindet sich in der Hardt westlich von Heitern und ist auf der Strasse über Hirtzfelden, Rustenhart und Dessenheim erreichbar. Die Landstrasse passiert den Wald an seinem Nordende. Wir folgen der Forststrasse, die am nordöstlichen Waldrand beginnt. In der Hardt bei Heitern stehen die Bäume im Gegensatz zum Standort A im Rotläuble oft weit auseinander; die Strauchschicht ist hingegen an vielen Stellen praktisch undurchdringbar. Häufig scheinen Wildschweinpfade die einzigen Lücken im Gebüsch zu sein. Wir betrachten eine eingezäunte Lichtung auf der rechten Wegseite, in der Nähe des westlichen Waldrandes.

D Trockener Magerrasen auf kalkhaltigem Sedimentboden

Fragment des Adonisröschen-Fiederzwenkenrasens
(*Adonido-Brachypodietum*)

Heiternwald
Blühende Frühlings-Adonisröschen auf einer Lichtung im Eichenwald, aufgenommen im April

Im umzäunten Gebiet wachsen zahlreiche Rasenpflanzen und Saumarten. Aufkommende Gehölze nehmen grössere Flächen der Lichtung ein. Der Zaun schützt die Orchideen vor Wildschweinen, die gerne die Knollen ausgraben. Deshalb muss das Gatter immer geschlossen bleiben!

Frühlings-Adonisröschen (*Adonis vernalis*)
Diese im Osten Europas verbreitete Art findet man auch im Wallis. Sie ist das spektakuläre Beispiel einer Reliktpflanze aus der frühen Nacheiszeit, die dank dem besonderen Klima in der oberelsässischen Rheinebene bis heute erhalten blieb.

Affen-Orchis (*Orchis simia*)
Im Gegensatz zu der in der Region Basel wesentlich häufigeren Helm-Orchis (*Orchis militaris*) öffnen sich die Blüten der Affen-Orchis am Blütenstand von oben nach unten. Die Lippe jeder einzelnen Blüte formt den Körper eines «Äffchens».

Wichtigste Standortfaktoren

■ *Böden/Chemische Faktoren:* Während die meisten Standortfaktoren mit denjenigen im Rotläuble vergleichbar sind, unterscheiden sich die Böden deutlich. Hier finden wir bis in die obersten Schichten viel Kalk und der pH-Wert liegt um 7,5. Nur vereinzelt kommen entkalkte und deshalb saure Stellen vor. Die Kittschicht verläuft in unterschiedlicher Bodentiefe, im Zentrum der Lichtung auf etwa 20 cm. Diese primär nicht waldfreie Wiese ist stark von Verbuschung bedroht. In der Nähe finden sich aber auch grössere Lichtungen, die natürlich baumfrei sind, da die Kittschicht sehr oberflächennah verläuft.

Braunrote Orchis (*Orchis purpurea*)
Diese stattliche Pflanze wächst am Rand der Lichtung. Wie alle Orchideen ist sie im Heiternwald wegen der zahlreichen Wildschweine gefährdet.

Blauer Steinsame (*Buglossoides purpurocaerulea*)
Durch Ausläufervermehrung bildet diese Art ausgedehnte Bestände, die ab Ende April intensiv blau leuchten. Wie bei vielen anderen Borretschgewächsen ändern auch die Blüten des Blauen Steinsamens mit zunehmendem Alter durch pH-Änderung im Zellsaft ihre Farbe.

Entstehungsgeschichte
Siehe Standort A.

Artenliste S. 429

Charakteristische Pflanzen
Im April leuchten die grossen, gelben Blüten der Frühlings-Adonisröschen (*Adonis vernalis*) aus dem Braun des Rasens. Im Mai fallen zwei Orchideenarten auf: die seltene Affen-Orchis (*Orchis simia*) auf der Wiese und die Braunrote Orchis (*Orchis purpurea*) entlang der Gebüschränder. Reiche Bestände des Blauen Steinsamens (*Buglossoides purpurocaerulea*) säumen das Gebüsch. Häufige Gräser sind Fieder-Zwenke (*Brachypodium pinnatum*) und Aufrechte Trespe (*Bromus erectus s. str.*).

Wie im Rotläuble treffen im Heiternwald östliche und südliche Arten aufeinander. In Osteuropa verbreitet ist das Frühlings-Adonisröschen und einige besonders in Waldsäumen wachsende Arten, die auch mitten auf der unregelmässig gemähten Lichtung auftreten können: Blauer Steinsame, Gamanderartiger Ehrenpreis (*Veronica teucrium*), Blaugrüner Waldmeister (*Galium glaucum*), Elsässischer Haarstrang (*Peucedanum alsaticum*) und Hügel-Erdbeere (*Fragaria viridis*). Die Affen-Orchis und die Braunrote Orchis stammen dagegen wie die Hellblaue Bisamhyazinthe (*Muscari botryoides*) aus dem Süden Europas.

Verbreitung in der Region
Solche Rasen mit dem Frühlings-Adonisröschen findet man in unserer Region ausschliesslich im Heiternwald. Die typischen Adonisröschen-Fiederzwenkenrasen sind in trockenen Gebieten der Umgebung von Mainz, in Franken und Bayern verbreitet. Sie weisen dort eine ganze Reihe östlicher Arten auf, die nicht bis zu uns vorgedrungen sind.

Der Heiternwald beherbergt noch weitere botanische Seltenheiten. Wer den Wald durchstreift, kann gelegentlich auf das Wunder-Veilchen (*Viola mirabilis*) oder die Kalk-Kreuzblume (*Polygala calcarea*) stossen. Möglicherweise kommt hier auch das Hügel-Windröschen (*Anemone sylvestris*) immer noch vor. Auf einem grösseren Rasen in der Nähe unseres Standorts wächst der Herbst-Blaustern (*Scilla autumnalis*). Diese Art findet man auch in der Gegend von Rouffach häufig in trockenen Magerrasen. Auf vegetationsarmen Flächen gedeiht das Gewöhnliche Fadenkraut (*Filago vulgaris*), eine unscheinbare Einjährige.

Exkursion 17

Rouffach–Westhalten
Kalk-Vorhügel der Vogesen und ihre Vegetation

Dauer: 1 Tag

Beste Zeit:
März bis September

Anfahrt:
Zug ab Basel SNCF
Richtung Colmar bis
Rouffach

Route

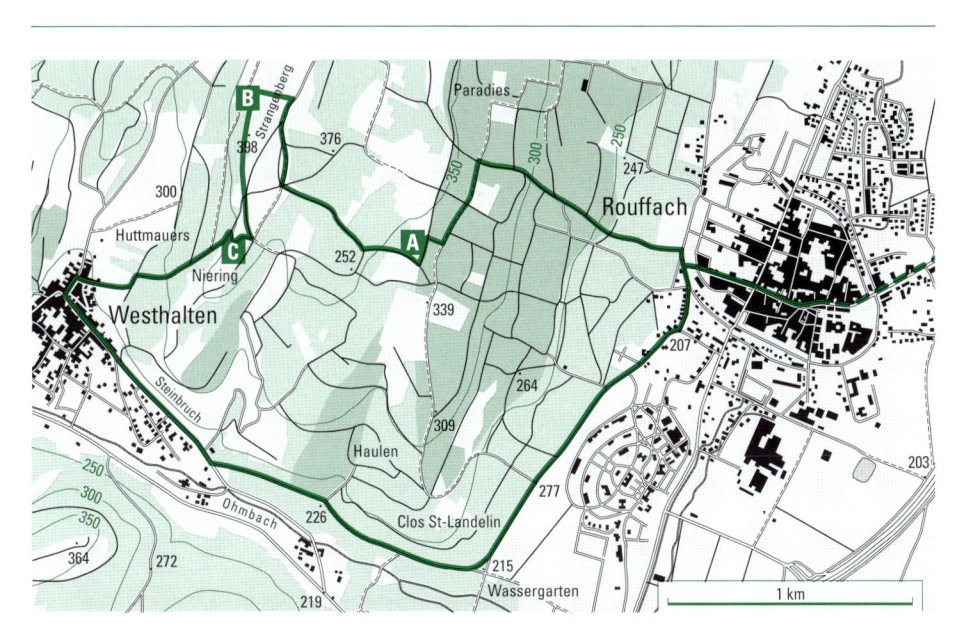

A Wegrandflora
B Trockener Magerrasen
C Vegetation auf Lesesteinhaufen

Überblick

Am Rand der Rheinebene, im Regenschatten der Vogesen, erstrecken sich aus Kalksedimenten bestehende Hügel. Das Klima in diesem von Weinbau geprägten Gebiet ist so mild, dass sogar Mandeln ausreifen können. Nirgendwo in unserer Region finden wir eine grössere Vielfalt wärmeliebender Pflanzen- und Tierarten.
Zwischen ausgedehnten Rebbergen treffen wir verschiedenste Lebensräume an: Die Vegetation entlang der Gebüsche und Wegränder sticht im Sommerhalbjahr wegen ihrer Farbenpracht ins Auge. Auf den kargsten Böden dehnen sich dagegen steppenartige Trockenrasen aus. Zahlreiche Lesesteinhaufen werden von Pionierpflanzen besiedelt. Hecken bereichern die Kulturlandschaft und dienen vielen Vögeln als Nistplätze. Im April sind zudem die Wildkräuter in den Rebäckern von einzigartiger Schönheit.

> Vom Bahnhof Rouffach her kommend, durchqueren wir das Städtchen in westlicher Richtung. Die Route durch die Rebberge ist nicht markiert; man steigt auf direktestem Weg hangwärts. Im oberen Teil stossen wir auf einen unbefestigten Fahrweg. Diesem folgen wir etwa 100 m nach links und biegen dann rechts ab. Der Vegetation am Wegrand gilt zuerst die Aufmerksamkeit.

A Wegrandflora

Viele auffällige und oft farbenprächtige Stauden wachsen entlang der Wege. Sie entfalten sich stellenweise sehr üppig und wachsen im Sommer bis Hüfthöhe heran. Mancherorts kommt allmählich Gebüsch auf und verdrängt die Krautpflanzen. Gelegentlich stösst man auch auf frisch mit Herbiziden behandelte Abschnitte. Diese Stellen werden rasch wieder besiedelt.

Wichtigste Standortfaktoren

■ *Böden/Chemische Faktoren:* Die Böden des Gebiets sind basen- und kalkreich, da der Untergrund aus verschiedenen Kalksedimenten besteht. Als Folge des Wegbaus enthalten sie teilweise Kies und Sand. Durch Entsorgung von Düngerresten oder gelegte Brände wird der Boden an vielen Stellen mit Nährstoffen angereichert.

Weg durch die Rebberge
Artenreiche Krautsäume entlang des Weges, aufgenommen im Hochsommer

- *Wasser:* Das Wasserangebot wird im Sommer, besonders an besonnten Stellen über durchlässigem Untergrund, zeitweise knapp. Schattigere Plätze und lehmige Böden bleiben meistens gut durchfeuchtet.
- *Mechanische Faktoren:* Wegränder erfahren immer wieder Störungen durch den Menschen. Die Pflanzen werden in unregelmässigen Abständen abgebrannt oder mit Herbiziden vernichtet. Zudem dienen Randzonen oft als Abstellplätze für Geräte und Fahrzeuge. Der Boden bleibt so an vielen Stellen offen und erlaubt konkurrenzschwachen Arten, sich zu entfalten. Wo Eingriffe unterbleiben, wächst im Laufe der Zeit Gebüsch auf und verdrängt die Krautpflanzen. Die Wegrandflora bleibt also nur durch die Störungen erhalten.

Entstehungsgeschichte
Etwas vernachlässigte Wegränder bieten Lebensraum für Arten, die bereits in der Urlandschaft an Waldrändern (zum Beispiel in der Umgebung von Felsen oder in Flussauen) zu finden waren. Die meisten Ruderalpflanzen sind jedoch Kulturbegleiter, die sich in unserer Region erst ausbreiten konnten, als der Mensch das Land urbar machte. Ihre Samen wurden oftmals mit Transportgütern eingeschleppt.

Charakteristische Pflanzen

An trockenen Stellen mit durchschnittlicher Nährstoffversorgung sind Gebräuchlicher Honigklee (*Melilotus officinalis*), Färber-Waid (*Isatis tinctoria*), Bitterkraut (*Picris hieracioides*), Graukresse (*Berteroa incana*), Möhre (*Daucus carota*), Wegwarte (*Cichorium intybus*) und Gelbe Reseda (*Reseda lutea*) anzutreffen. Auf Plätze mit hohem Nährstoffgehalt weisen Sigmarswurz und Wilde Malve (*Malva alcea, M. sylvestris*), Nickende Distel (*Carduus nutans s. str.*) und der seltene Schöne Pippau (*Crepis pulchra*) hin. An den Rändern von Weinbergen gedeiht die Osterluzei (*Aristolochia clematitis*).

Auf stickstoffreichen, dichten und auf durchfeuchteten Böden wachsen Weisse Taubnessel (*Lamium album*), Gemeiner Beifuss (*Artemisia vulgaris*), Grosse Brennessel (*Urtica dioica*), Schwarznessel (*Ballota nigra s.l.*), Eisenkraut (*Verbena officinalis*) und der weissdoldige, bis 2 m hoch werdende Gefleckte Schierling (*Conium maculatum*), eine gefährliche Giftpflanze. Ihr Toxin wirkt lähmend, wobei der Tod durch Atemstillstand bei vollem Bewusstsein eintritt. Der griechische Philosoph Sokrates wurde mit Schierlingssaft hingerichtet.

Charakteristische Pflanzen sonniger Gebüschränder, die zudem im Gebiet entlang der Wege häufig vorkommen, sind: Blutroter Storchschnabel (*Geranium sanguineum*), Dost (*Origanum vulgare*), Bunte Kronwicke (*Securigera varia*), Elsässischer Haarstrang (*Peucedanum alsaticum*), Gemeines Johanniskraut (*Hypericum perforatum s. str.*) und Bärenschote (*Astragalus glycyphyllos*).

Auf offenen Bodenflächen wachsen viele einjährige Pflanzen. Beispiele sind Kleine Malve (*Malva neglecta*), Wilder Lattich (*Lactuca serriola*), Acker-Klettenkerbel (*Torilis arvensis*), verschiedene Plattersenarten (*Lathyrus hirsutus, L. tuberosus, L. aphaca*) und Acker-Wachtelweizen (*Melampyrum arvense*). Viele von ihnen sind auch alte Acker- und Weinbergbegleiter. In Äckern können sie sich wegen der modernen Anbaumethoden kaum mehr entwickeln. Für sie sind offene Ruderalflächen wichtige Ausweichstandorte, auch wenn sie im Gebiet oft nur unregelmässig auftreten.

Oben links:
Färber-Waid (*Isatis tinctoria*)
Der Färberwaid wurde früher zur Gewinnung eines blauen Farbstoffes angebaut. Man erntete die Pflanzen vor der Blütezeit, zerquetschte sie in «Waidmühlen» und liess die mit Wasser gemischte Masse zwei Wochen lang zum Gären stehen. Nach dem anschliessenden Trocknungsprozess war das Produkt in der Färberei einsetzbar.

Oben rechts:
Erdnuss-Platterbse (*Lathyrus tuberosus*)
Diese Art ist hauptsächlich in Osteuropa verbreitet, kommt aber an nährstoffreicheren Stellen entlang von Wegen, Feldrainen und Ackerrändern auch bei uns vor

Acker-Wachtelweizen (*Melampyrum arvense*)
Der einjährige Acker-Wachtelweizen kann sich nur langsam vermehren, denn er bildet nur wenige, grosse Samen aus, die von Ameisen verbreitet werden. Im Gebiet findet man ihn häufig in den Säumen vor Gebüsch.

Osterluzei
(*Aristolochia clematitis*)
An den Rändern der Rebberge wächst diese alte Heilpflanze. Ihre Blüten sind «Kesselfallen», die die bestäubenden Insekten einige Zeit gefangen halten.

Der Weg führt weiter geradeaus durch die Rebberge. Nach etwa 500 m stossen wir auf eine mit Gebüsch durchsetzte Rasenfläche. Ein Feldweg führt an ihrem Rand entlang bis zur Anhöhe. Dort biegt ein Pfad links ab und überquert den Rasen. Wir folgen ihm und betrachten die Vegetation im Bereich des Höhenrückens.

B Trockener Magerrasen

Trespen-Trockenrasen (*Xerobrometum*)

Der von Gebüschgruppen durchzogene Trockenrasen bleibt niedrig, und im Sommer vermittelt die braungelbe, ausgedörrte Fläche ein steppenartiges Bild. Obwohl dieser Rasen ausgesprochen artenreich ist, entfaltet sich hier keine besondere Blütenpracht.

Der Boden wird nicht lückenlos von Pflanzen bedeckt. Wer sich flach auf den Boden legt, erhält einen guten Eindruck von der Struktur der Vegetation. Viele kleine Flächen zwischen den ausdauernden Arten bleiben offen und bieten konkurrenzschwachen Einjährigen Entfaltungsraum. Auch zahlreiche Erd-Flechten wachsen zwischen den Höheren Pflanzen. Auffällig ist zudem die Häufigkeit von Horstgräsern und Zwergsträuchern.

Neben trockeneren Stellen finden sich grasgrüne, üppigere Plätze, die auf einen tiefgründigeren und nährstoffreicheren Boden hinweisen, der im Hochsommer nicht so stark austrocknet. Entlang der Gebüsche entfalten sich viele Saumpflanzen, die bis in den Herbst hinein für leuchtende Farben sorgen.

Trespen-Trockenrasen
Herbstliche Abendstimmung auf dem Strangenberg: Blick entlang des Höhenrückens über den ausgedehnten Trockenrasen

Wichtigste Standortfaktoren

- *Strahlung:* Der Hang ist leicht gegen Süden geneigt, die Sonneneinstrahlung hoch. Im Sommerhalbjahr kann die Bodenoberfläche Temperaturen von 60 °C oder mehr erreichen.
- *Böden/Chemische Faktoren:* Der Untergrund besteht hier, im Gegensatz zu den aus Silikat aufgebauten Vogesen, aus marinen Hartkalksedimenten. Die basenreichen, steinigen Böden (Rendzinen) enthalten nur wenig Nährstoffe. In der Umgebung von anstehenden Felsen sind sie extrem flachgründig.
- *Wasser:* Im Regenschatten der Vogesen fällt im langjährigen Mittel unter 550 mm Niederschlag pro Jahr. Die kargen Kalkböden speichern zudem relativ wenig Wasser und trocknen in der Sommerhitze und bei Wind stark aus.
- *Biotische Faktoren:* Häufige Trockenheit im Sommer behindert die Aktivität der Bodenorganismen; Streu wird nur langsam abgebaut.
- *Bewirtschaftung:* Der obere Rasenabschnitt wird im Hochsommer gemäht, um als Festwiese zu dienen. Im unteren Teil unterbleiben Pflegemassnahmen, weshalb sich langsam Büsche ausbreiten.

Entstehungsgeschichte

Ursprünglich war das Gebiet bewaldet. Man kann sich die damalige Vegetation als lückigen, mit felsigen Partien durchsetzten Flaumeichenwald vorstellen; an offenen und lichtreichen Stellen wuchsen vereinzelt manche der Pflanzen, die heute auf den Magerrasen gedeihen. Diese Arten sind in der Nacheiszeit aus dem östlichen Mitteleuropa und aus dem submediterranen Bereich hierher eingewandert.

Die Besiedlung der Vogesenvorhügel reicht zurück in die keltische Zeit. Durch Beweidung und Holzschlag wurde das Gebiet entwaldet, was zu Veränderungen des Bodenklimas führte: Die Temperaturen schwankten stärker im Tagesverlauf, und die Trockenheit nahm zu. Die erwähnten, vorher nur lokal vorkommenden Pflanzen, ertragen solche Bedingungen gut und konnten sich nun ausbreiten. Allmählich stellten sich weitere Arten ein, die im Gebiet vorher nicht heimisch waren.

Die Römer brachten den Rebbau, dessen grösste Flächenausdehnung vor etwa 200 Jahren erreicht wurde. Danach setzte ein Rückgang ein, und die aufgegebenen Gebiete dienten als Weiden. In jüngster Zeit ist wieder eine massive Erweiterung der Rebkulturen zu beobachten. Der Schutz der letzten verbliebenen Magerrasen ist deshalb sehr wichtig.

Artenliste S. 431

Charakteristische Pflanzen

Die heissen Sommermonate prägen, neben Nährstoffarmut und Kalkreichtum, die Vegetationszusammensetzung entscheidend: Nur Arten, die diese Zeit überstehen, können hier wachsen.

Viele Pflanzen besitzen Haare oder eine dicke Wachsschicht, die sie vor Austrocknung und Sonnenstrahlung schützen. Oft erschliesst ein weit in die Tiefe reichendes, verzweigtes Wurzelwerk auch in Trockenperioden noch genügend Wasser zum Überleben (siehe auch Kasten «Vergleich Trocken- und Feuchtstandort», S. 95).

Tausende von Gewöhnlichen Küchenschellen (*Pulsatilla vulgaris*) beginnen im März zu blühen. Danach folgt eine Vielzahl von Arten, wobei folgende besonders charakteristisch für Trockenrasen sind: Gemeine Kugelblume (*Globularia punctata*), Faserschirm (*Trinia glauca*), Niederliegendes Heideröschen (*Fumana procumbens*), Feinblättriger Lein (*Linum tenuifolium*) und Amethystblaue Sommerwurz (*Orobanche amethystea*). Letztere parasitiert auf dem Feld-

Faserschirm
(*Trinia glauca*)
Der Faserschirm ist zweihäusig: Es gibt männliche und weibliche Pflanzen. Meist sterben sie nach der Blüte resp. Fruchtbildung ab. In unserer Region kommt diese Art nur bei Istein und in der Oberelsässer Trockenzone vor.

Sand-Fingerkraut (*Potentilla arenaria*)
Die vorwiegend in Osteuropa verbreitete Art gleicht sehr dem Frühlings-Fingerkraut (*Potentilla neumanniana*), mit dem sie auch häufig bastardiert. Anders als bei dieser, sind ihre Blätter jedoch mit zahlreichen sternförmigen Haaren bedeckt.

Niederliegendes Heideröschen
(*Fumana procumbens*)
Dieser in lückig-felsigen Rasenabschnitten wachsende Zwergstrauch stammt aus dem Mittelmeerraum. Es besitzt immergrüne, nadelförmige Blättchen, die Blüten sind nur am Morgen und bei Sonnenschein geöffnet.

Mannstreu (*Eryngium campestre*). Die meisten dieser wärmeliebenden Arten sind ursprünglich (sub)mediterraner Herkunft. Ergänzt werden sie durch einige aus dem östlichen Europa eingewanderte Arten wie Sand-Fingerkraut (*Potentilla arenaria*), Leinblättriger Bergflachs (*Thesium linophyllon*) und Ähriger Ehrenpreis (*Veronica spicata*).
Das dominierende Gras des Rasens ist die Aufrechte Trespe (*Bromus erectus s.str.*). Sehr häufig sind auch Niedrige Segge (*Carex humilis*) und Grossblütige Kammschmiele (*Koeleria macrantha*).
Einjährige Pflanzen sind im lückenreichen Rasen häufig zu finden. Sie stammen aus dem Süden, blühen und fruchten mehrheitlich im feuchten Frühjahr und überdauern den trockenen Sommer als Sa-

Feinblättriger Lein (*Linum tenuifolium*)
Den Feinblättrigen Lein trifft man im Gebiet überaus häufig an. Er gedeiht auf kalkreichem Substrat und ist als konkurrenzschwache Art an lückige Trockenrasen oder offene Wegstellen gebunden.

Herbst-Blaustern (*Scilla autumnalis*)
Im August/September überziehen die Blütenstände der Herbst-Blaustern zu Tausenden den Trockenrasen. Dieser mediterrane Geophyt kommt in der Schweiz und in Deutschland nicht vor.

men. Im März kann man nach der unscheinbaren Steinkresse (*Hornungia petraea*) suchen, die auf felsig-lückige Stellen beschränkt ist. Weitere Einjährige sind: Niedriges und Kleinblütiges Hornkraut (*Cerastium pumilum, C. brachypetalum s.l.*), Zartes Sandkraut (*Arenaria leptoclados*), Zwerg-Schneckenklee (*Medicago minima*), Rauher Klee (*Trifolium scabrum*), Sprossende Felsennelke (*Petrorhagia prolifera*), Büschelige Miere (*Minuartia rubra*) und die unscheinbare Falzblume (*Micropus erectus*).

In trockenen Jahren ist der Rasen im Hochsommer relativ blütenarm. Doch sobald sich die heisseste Zeit zu Ende neigt, beginnen wieder vermehrt Pflanzen zu blühen, und die Blütenstände der Herbst-Meerzwiebel (*Scilla autumnalis*) beleben das Bild.

Besonders bunt präsentieren sich die Heckenränder: Im Juni blühen hier Blutroter Storchschnabel (*Geranium sanguineum*), Schwalbenwurz (*Vincetoxicum hirundinaria*), Diptam (*Dictamnus albus*), Kleine Wiesenraute (*Thalictrum minus s.l.*), Bunte Kronwicke (*Securigera varia*), Straussblütige Margerite (*Tanacetum corymbosum*) und Bocks-Riemenzunge (*Himantoglossum hircinum*). Im Spätsommer und Herbst sind Hirschwurz (*Peucedanum cervaria*), Sichelblättriges Hasenohr (*Bupleurum falcatum s.str.*), Berg- und Goldschopf-Aster (*Aster amellus, A. linosyris*) auffällig.

Blutroter Storchschnabel
(*Geranium sanguineum*) Eine charakteristische Art der Waldsäume warmer Lagen ist der Blutrote Storchschnabel. Im Herbst verfärbt sich das Kraut leuchtend rot. Der Wurzelstock enthält bis zu 29 % Gerbstoffe und fand deshalb früher in Gerbereien Verwendung.

Bocks-Riemenzunge
(*Himantoglossum hircinum*) Diese stattliche, häufig am Gebüschrand wachsende Orchidee kommt in der Region im Fricktal, in der Rheinebene (inkl. Kaiserstuhl) und in der Vogesen-Vorhügelzone vor. Ihren Namenszusatz verdankt sie dem aufdringlichen Blütengeruch, der Fliegen als Bestäuber anlockt.

17. Rouffach–Westhalten 309

Straussblütige Margerite (*Tanacetum corymbosum*)
Die Straussblütige Margerite ist eine prächtige, nahe mit der Gemeinen Margerite verwandte Staude. Ihre Blätter sind jedoch grösser und gefiedert.

Goldschopf-Aster (*Aster linosyris*)
Die Goldschopf-Aster ist an extreme Trockenheit angepasst: Ihre Blätter sind schmal und richten sich so, dass die intensive Mittagsstrahlung der Sonne nur die Blattkante trifft. Dank einer Saugspannung, die mit jener von Wüstenpflanzen vergleichbar ist, können ihre Wurzeln selbst im beinahe ausgetrockneten Boden noch geringste Wassermengen aufnehmen.

Bunte Kronwicke
(*Securigera varia*)
Durch Wurzelbrut bildet die Bunte Kronwicke meist Bestände. Man trifft sie in sommerwarmen Gebieten sehr häufig an Gebüsch- und Wegrändern sowie in Brachen an.

Verbreitung in der Region

Auf den kalkreichen Vogesenvorhügeln deckt sich die Verbreitung der Trespen-Trockenrasen mit der Zone des geringsten Jahresniederschlags. Nur im Gebiet mit weniger als 550 mm Regen konnten sie entstehen. Vier Arten kommen in unserer Region ausschliesslich hier vor: Steinkresse (*Hornungia petraea*), Falzblume (*Micropus erectus*), Kampfer-Wermut (*Artemisia alba*) und Walliser Kammschmiele (*Koeleria vallesiana*). Die beiden letzteren finden sich oberhalb des alten Steinbruchs von Westhalten.

Auf der badischen Seite gibt es ausgedehnte Trespen-Trockenrasen im Kaiserstuhl. Eine sehr kleine, Besuchern nicht zugängliche Fläche existiert zudem auf dem Kalkfelsen des Isteiner Klotz.

Weitere Trockenrasen finden sich auf den wasserdurchlässigen Schotterböden der Rhein- und Birsebene, so in den Trockenwäldern südlich von Neuf-Brisach (siehe Exkursion 16, Rotläuble und Heiternwald), entlang des Rheins (siehe Exkursion 3, Petite Camargue Alsacienne) und stellenweise in der Reinacher Heide (siehe Exkursion 4, Reinacher Heide).

Während die «klassischen» Trockenrasen alle auf Kalk wachsen, weichen in der Rheinebene einige Flächen davon ab; sie unterscheiden sich deshalb auch in der Artenzusammensetzung.

Zoologische Besonderheiten

Die Gebüsche dienen Neuntöter, Grauammer, Dorngrasmücke und Schwarzkehlchen als Warte, der Wiedehopf sucht in der Wiesenvegetation nach Nahrung. Zahlreiche Feldlerchen brüten versteckt in der Krautschicht. Aus den umgebenden Rebbergen steigt die Heidelerche auf und lässt ihr Lied schon früh im März erklingen.

Trockenrasen beherbergen auch eine reiche Insektenfauna. Unter Hunderten von Arten drei Beispiele: Erdbock-Käfer, Schmetterlingshaft und Gottesanbeterin. Letztere entdeckt man im Spätsommer besonders leicht.

> Der Feldweg führt weiter entlang des Höhenrückens. Immer wieder stösst man auf Teppiche einjähriger Arten, die sich dort ausbreiten, wo durch die Trittbelastung der Wanderer offene Stellen entstanden sind.

> Wir treffen schliesslich auf eine unbefestigte Strasse, auf der wir wenige Meter nach links gehen, um dann gleich wieder nach rechts abzuzweigen. Kurz darauf sehen wir rechterhand einige grosse Lesesteinhaufen.

C Vegetation auf Lesesteinhaufen

Lesesteinhaufen säumen in grosser Zahl die Wege und Parzellengrenzen. Neue Wälle sind vegetationsfrei, alte oft von Gebüsch überwachsen. Flechten, Moose und Einjährige besiedeln offene Stellen. Man trifft auch viele aus dem Trockenrasen bekannte Pflanzen an.

Wichtigste Standortfaktoren
- *Strahlung:* Licht und Wärme sind stark von der Lage und Exposition der Lesesteinhaufen abhängig. Die Spanne reicht von sehr sonnigen Plätzen bis zu schattigen Gebüschrändern. An Schönwettertagen erwärmen sich besonnte Steine stark.
- *Böden/Chemische Faktoren:* Die Kalkgerölle stammen aus der unmittelbaren Umgebung. Sie sorgen für den Basenreichtum des Bodens. Frische Haufen sind praktisch ohne Erdreich und deshalb

Lesesteinhaufen

Solche Steinhaufen strukturieren
die Rebflur und schaffen ungenutzte
Freiräume für viele Lebewesen

sehr nährstoffarm. Mit der Zeit sammelt sich dank der Besiedlung durch Pflanzen Feinerde zwischen den Steinen an.
- *Wasser:* Das Regenwasser versickert zwischen den Steinen. Mit zunehmender Bodenbildung entsteht ein zwar trockener, aber zumindest begrenzt wasserspeicherfähiger Standort.

Entstehungsgeschichte
Die Lesesteinhaufen entstanden durch die über Jahrhunderte andauernden Bemühungen der Rebbauern, die Böden von Steinen zu befreien. Sie deponierten die herausgelesenen Stücke direkt am Rand der Parzellen. Der so entstandene Lebensraum ähnelt einem kargen Felsgebiet. Zu den ersten Besiedlern gehören deshalb Fels- und Schuttpioniere. Ihr Wurzelwerk hält Streu, feine Erdteile, Sand und Staub zusammen, so dass sich allmählich ein Boden bilden kann. Alsbald genügt der Standort auch weniger pionierfreudigen Arten, die durch ihre Anwesenheit wiederum die Bodenentwicklung fördern. Mit der Zeit wachsen Sträucher auf, die schliesslich den gesamten Hügel überziehen. Es findet also eine Sukzession, d.h. eine gerichtete Vegetationsveränderung statt (siehe Kasten «Sukzession», S. 233).

Charakteristische Pflanzen
Neu entstandene Haufen werden zuerst von Flechten und Moosen besiedelt. Bald stellen sich auch Gefässpflanzen ein: Bewimpertes Perlgras (*Melica ciliata*), Trauben-Gamander (*Teucrium botrys*), Milder Mauerpfeffer, Scharfer und Weisser Mauerpfeffer (*Sedum sexangulare, S. acre, S. album*), Felsen-Mauerpfeffer (*Sedum rupestre aggr.*) und Kugelköpfiger Lauch (*Allium sphaerocephalon*). Diese Arten besitzen ein ausgedehntes, tief reichendes Wurzelgeflecht oder sind, wie die Mauerpfeffer-Arten, durch ein wasserspeicherndes Blattgewebe an Trockenheit angepasst.
Sobald die Feinerdebasis genügend gross ist, erscheinen Pflanzen aus dem benachbarten Trockenrasen und festigen den Gesteinsschutt weiter: Edel-Gamander (*Teucrium chamaedrys*), Sand-Fingerkraut (*Potentilla arenaria*) und Schaf-Schwingel (*Festuca ovina aggr.*) sind Beispiele. Der an vielen Stellen offene, lichtreiche und sich rasch erwärmende Boden bietet zwischen Herbst und Frühjahr Wachstumsmöglichkeiten für zahlreiche Einjährige wie Frühlings-

Trauben-Gamander (*Teucrium botrys*)
Der Trauben-Gamander ist die einzige einjährige
Gamanderart unserer Region. Man findet ihn auf
offenen Lesesteinhaufen und Kiesflächen.

Bewimpertes Perlgras
(*Melica ciliata*)
Das Bewimperte Perl-
gras gehöhrt zu den
Rohbodenpionieren
und wächst sowohl in
südexponierten
Felsgebieten als auch
auf Steinhaufen. Diese
Aufnahme stammt
vom Zinnköpfle ober-
halb Westhalten.

Hungerblümchen (*Erophila verna aggr.*), Steinkresse (*Hornungia petraea*), Stengelumfassendes Täschelkraut (*Thlaspi perfoliatum*), Zarte Miere (*Minuartia hybrida*), Sprossende Felsennelke (*Petrorhagia prolifera*), Niedriges und Kleinblütiges Hornkraut (*Cerastium pumilum, C. brachypetalum s.l.*), Dreifingeriger Steinbrech (*Saxifraga tridactylites*), Steinquendel (*Acinos arvensis*), Gemeines Steinkraut (*Alyssum alyssoides*) und Zartes Sandkraut (*Arenaria leptoclados*).
Schliesslich wachsen Sträucher auf und verdrängen die kleineren Pflanzen. Die hier vorkommenden Arten sind meist an felsigen Standorten wärmerer Lagen verbreitet. Beispiele sind Berberitze (*Berberis vulgaris*), Reichstachlige Rose (*Rosa pimpinellifolia*) und Gemeiner Kreuzdorn (*Rhamnus cathartica*).

Verbreitung in der Region
Lesesteinhaufen sind charakteristisch für die ackerbaulich genutzte Kulturlandschaft und waren früher weit verbreitet. Viele Feldhecken nahmen ihren Ursprung auf einem solchen Steinwall.
Unter «Flurbereinigung» verstand man zwischen 1950 und 1980 das flächendeckende Beseitigen dieser Elemente, die der mechanisierten Landwirtschaft meist im Wege standen. In der Schweiz und in Deutschland haben sich die Ansichten inzwischen geändert, und die Bauern erhalten heute eine finanzielle Entschädigung für den Erhalt und die Pflege von Lesesteinhaufen. Im Elsass ist die Lage anders: Der zur Zeit sehr rentablen Weinproduktion werden nach wie vor viele Lebensräume geopfert.

Zoologische Besonderheiten
Die Lesesteinhaufen bieten Unterschlupf für viele Reptilien: Smaragd-, Zaun- und Mauereidechse kann man regelmässig beobachten. Auch die Schlingnatter kommt im Gebiet vor.

> Wir begeben uns zurück auf den oberen Weg und folgen diesem nach links. Er führt durch die Rebberge hinunter nach Westhalten. Am Dorfausgang stossen wir auf einen alten Steinbruch. Auf den trockenen Felstreppen wächst der Kampfer-Wermut (*Artemisia alba*), eine erst im Spätsommer blühende Art, die in der Schweiz und in Deutschland nicht vorkommt. Weitere Besonderheiten sind Walliser Kammschmiele (*Koeleria vallesiana*) und Federgras (*Stipa pennata*).

Federgras
(*Stipa pennata*)
Das Federgras kommt in der Region nur im Steinbruch von Westhalten und am Isteiner Klotz vor (am Kaiserstuhl wachsen zwei verwandte Arten). Als Steppenpflanze verbreitet es seine Samen mittels der federartig verlängerten Deckspelze, die leicht vom Wind erfasst und fortgetragen wird.

Von Westhalten nach Rouffach zurück gelangen wir dem Hangfuss entlang auf der geteerten Strasse.
Zwischen Ende März und Anfang April lohnt sich ein Besuch der Rebkulturen von Rouffach und Westhalten. Hier wachsen einige der schönsten Rebberg-Wildkräuterbestände (Weinberglauch-Gesellschaft (*Allio-Geranietum*)) unserer Region (siehe Exkursion 12, Tüllinger Hügel). Anfang April bieten die Rebberge um Westhalten ein überwältigend buntes Bild: Tausende von Gemeinen Bisamhyazinthen (*Mus-*

Acker-Gelbstern
(*Gagea villosa*)
Der Acker-Gelbstern ist im März und April gelegentlich in den Rebbergen anzutreffen. Seine frühe Blütezeit schützt ihn vor den Auswirkungen der Herbizideinsätze.

cari racemosum) erblühen, zusammmen mit Gemeinem Reiherschnabel (*Erodium cicutarium*), Ackersalat (*Valerianella sp.*), Gebräuchlichem Erdrauch (*Fumaria officinalis*) und weiteren Arten. Steht man in einem dichten Bestand, so wird man von dem intensiven Pflaumenduft der Bisamhyazinthen förmlich eingehüllt. Diese Pracht lässt sich jedoch nur kurze Zeit geniessen, da bereits Mitte April die ersten Herbizide gespritzt werden. Die meisten Pflanzen haben dann bereits Samen gebildet oder Nährstoffe in ihre unterirdischen Speicherorgane eingelagert, so dass zukünftige Generationen sichergestellt sind.

Bei aufmerksamer Suche kann man in den Rebbergen und auf den Rebbergmauern unter anderem folgende Seltenheiten entdecken: Spurre (*Holosteum umbellatum*), Dreiteiliger und Frühblühender Ehrenpreis (*Veronica triphyllos, V. praecox*), Weinberg-Tulpe (*Tulipa sylvestris s. str.*), Doldiger Milchstern (*Ornithogalum umbellatum*), Kugeliger Lauch (*Allium rotundum*), Acker-Gelbstern (*Gagea villosa*), Acker-Ringelblume (*Calendula arvensis*), Acker-Mannsschild (*Androsace maxima*) und Europäische Sonnenwende (*Heliotropium europaeum*).

Lebensformen unserer Landpflanzen (am Beispiel Trockenrasen)
Man teilt die Pflanzen nach Art der Überwinterung (Übersommerung) ein in:

Winter	Frühling	Sommer	Herbst

■ Einjährige (*Therophyten*)
(Beispiele im Text)

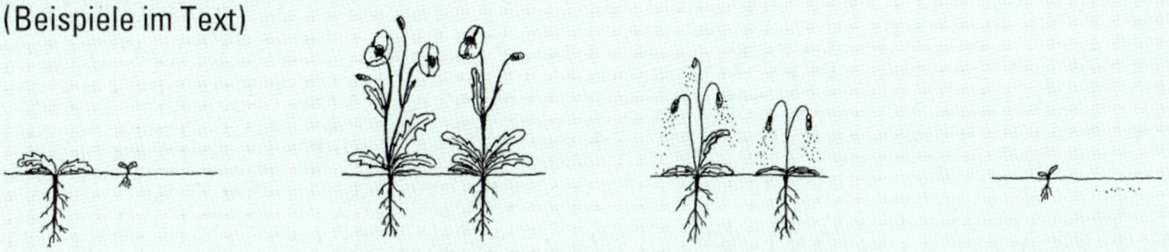

vegetativ oder Samenkeimung	Blüte und Beginn der Fruchtzeit	Fruchtzeit, Absterben der Mutterpflanze	Samenkeimung oder Samen

■ Erdpflanzen (*Geophyten*)
(Meerzwiebel, Orchideen)

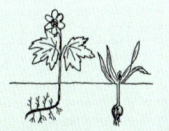

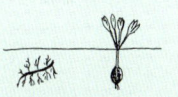

Unterirdische Speicherorgane (Zwiebeln, Knollen, Rhizom, Wurzelknospen)	Blüte oder vegetativ	Fruchtzeit und/oder Absterben der oberirdischen Organe	Blütezeit der Herbstblüher

■ Erdschürfepflanzen (*Hemikryptophyten*)
(Berg- und Goldschopf-Aster, Aufrechte Trespe, Löwenzahn)

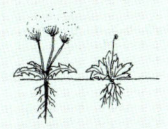

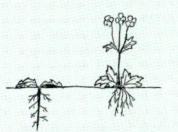

Überdauerungsorgane direkt am Boden (Horst, Rosette, Wurzelstock)	Blüte oder vegetativ	Fruchtzeit oder vegetativ	vegetativ oder Blüte der Herbstblüher, anschliessend Fruchtzeit

17. Rouffach–Westhalten

Winter	Frühling	Sommer	Herbst

■ Oberflächenpflanzen (*Chamaephyten*)
(Zwerg- und Halbsträucher wie Edel- und Berg-Gamander, Thymian, Heide- und Sonnenröschen)

vegetativ (Zweige mit immergrünen Blättern)	Blütezeit	Fruchtzeit (Blütezeit)	vegetativ

■ Luftpflanzen (*Phanerophyten*)
(Gehölze und Lianen)

vegetativ (blattlose Zweige)	Blattbildung und Blüte	Fruchtzeit	vegetativ (Laubfall)

Exkursion 18

Tiefenhäuserner Moos
Hochmoor im Schwarzwald

Dauer: 1 Tag

Beste Zeit:
Mai bis September

Anfahrt:
Zug (DB) ab Basel Bad.
Bahnhof bis Waldshut,
danach Bus (SBG)
Richtung St. Blasien
bis Abzweigung Ober/
Unterweschnegg

Route

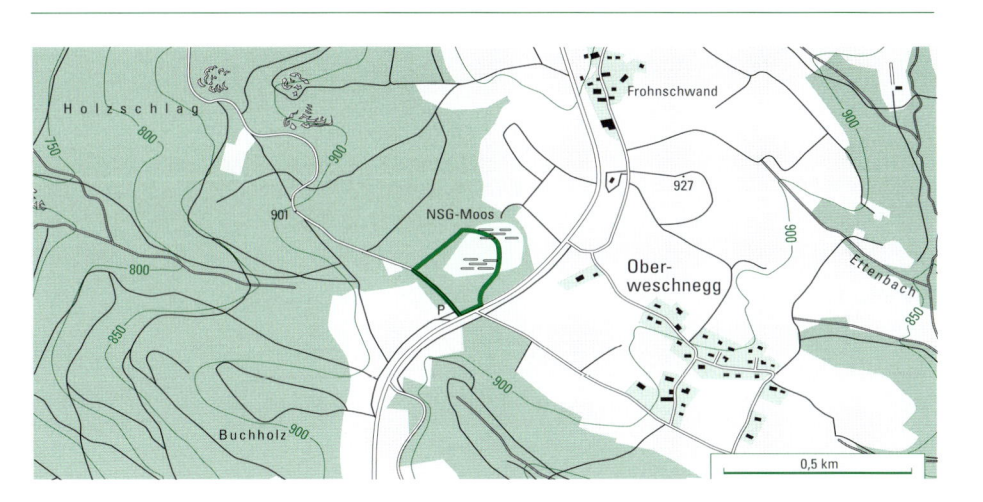

Hochmoor im Schwarzwald

18. Tiefenhäuserner Moos

Überblick

Das Naturschutzgebiet Tiefenhäuserner Moos bietet uns einen schönen Einblick in die faszinierende Welt der Hochmoore. Auf einem quer durch das Gebiet führenden Holzsteg können wir die geheimnisvolle Atmosphäre erleben, die Moore oft ausstrahlen, und gleichzeitig viele der charakteristischen Pflanzenarten beobachten, ohne das empfindliche System zu schädigen.

> Vom Parkplatz gegenüber der Bushaltestelle folgen wir der Naturstrasse in den Wald.
> Vor dem Eingriff durch Menschen war in den Wäldern rund um das Moor die Buche die häufigste Baumart. Doch schon im 1. Jahrtausend n. Chr. rodeten die Bauern die Wälder, um Brenn- und Bauholz, aber auch Ackerland zu gewinnen. Riesige Waldbestände fielen später der Köhlerei und der Glasherstellung zum Opfer, die seit dem Mittelalter bis ins 19. Jahrhundert für die Schwarzwaldregion eine grosse Bedeutung hatten. Ortsnamen wie «Altglashütten» oder «Neuglashütten» zeugen noch heute von solchen Produktionsstätten. Die gerodeten Flächen wurden ab ca. 1800 oftmals mit den raschwüchsigen Fichten aufgeforstet, die ein begehrtes Holz liefern.
> Nach kurzer Distanz zweigt rechts ein Pfad ab, der uns zum Naturschutzgebiet führt.

Hochmoor im Schwarzwald

Es ist, als würde man in eine andere Welt eintauchen. Der Gegensatz zum vorher durchquerten Fichtenforst könnte nicht grösser sein. Das Moor strahlt eine angenehme Ruhe aus, braune Farben dominieren, dazwischen leuchten bis in den Sommer hinein die weissen Haarschöpfe des Wollgrases. In seinem Innern gedeihen zahlreiche Moose, Gräser und Zwergsträucher; Bäume wachsen nur vereinzelt. Einige wassergefüllte Senken sind ohne jede Vegetation. Gegen den Rand hin finden wir kniehohe Moorbeerenbestände, und um das Moor herum bilden Bäume einen geschlossenen Gürtel.

Wichtigste Standortfaktoren

- *Strahlung:* Da nur wenige Bäume auf dem Moor wachsen, dringt viel Sonnenstrahlung zur Krautschicht. Im Sommer sind an der Bo-

Hochmoor bei Tiefenhäusern
Ausschnitt aus dem Hochmoor mit Bulten und Schlenken

denoberfläche Temperaturen von 40 bis 50 °C häufig; in der Nacht erfolgt jedoch eine starke Abkühlung.

■ *Böden/Chemische Faktoren:* Sauerstoffarmes, kühles Wasser im Untergrund verhindert eine Zersetzung der absterbenden Pflanzen in wieder verfügbare Nährstoffe. Die daraus resultierende dicke Torfschicht verwehrt den Pflanzenwurzeln den Zugang zum Grundwasser, so dass Nährstoffe ausschliesslich durch Regenwasser oder Staubpartikel ins Hochmoor gelangen – ein extrem nährstoffarmer Lebensraum ist die Folge. Durch Einwaschung von Mineralstoffen aus den angrenzenden Gebieten ist der Randbereich des Moores etwas nährstoffreicher.

Ein pH-Wert von 3,0 bis 4,8 ist in Hochmooren die Regel. Fortschreitende Versauerung wird bewirkt durch:

– die stetige Anreicherung von Huminstoffen als Folge einer unvollständigen Zersetzung
– die Fähigkeit der Torfmoose, Wasserstoffionen (H^+) gegen Nährstoffe aus dem Boden einzutauschen (siehe Kasten «Saure Böden», S.138).

■ *Wasser:* Die unteren Schichten des Torfbodens sind infolge der Wasserspeicherfähigkeit der Torfmoose ständig nass, das Wasser ist kalt und sauerstoffarm. Ein solcher Boden wird von höheren Pflanzen nur schwer durchwurzelt. In den oberen Schichten dagegen, die durch Wind und Sonneneinstrahlung abgetrocknet werden, können ihre Wurzeln besser Fuss fassen. Häufig sind Hochmoore in feuchtere, oft wassergefüllte Senken (Schlenken) sowie trockenere Erhebungen (Bulte) gegliedert. Sowohl Schlenken als auch Bulte tragen eine für sie charakteristische Vegetation.

Wenn im Winter wenig Schnee liegt, ist der Boden den tiefen Temperaturen ungeschützt ausgesetzt und gefriert leicht. Überwinternde Pflanzen können dann das durch Verdunstung verlorene Wasser kaum noch aus der gefrorenen Erde ersetzen und laufen Gefahr auszutrocknen (Frosttrocknis).

■ *Bewirtschaftung:* Entwässerung verändert die Wasser- und Nährstoffverhältnisse eines Hochmoores stark. Die trockeneren Bedingungen machen Nährstoffe verfügbar, die vorher im Torf gebunden waren; ein nährstoffreicheres Milieu ist die Folge. Noch heute zeugen einige Mineralbodenzeiger (Fieberklee, Blaues Pfeifengras (*Molinia caerulea*), Braune Segge (*Carex nigra*), Schnabel-Segge (*Carex rostrata*)) im Inneren des Moores von einer früheren Entwässerung des Gebietes, bei der die charakteristische Hochmoorwölbung einsackte.

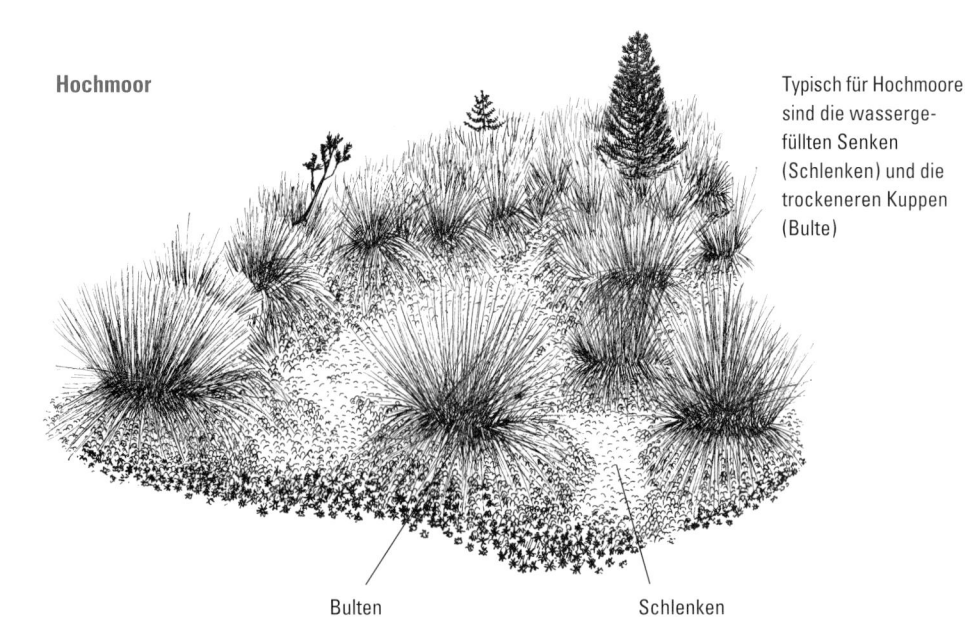

Hochmoor

Typisch für Hochmoore sind die wassergefüllten Senken (Schlenken) und die trockeneren Kuppen (Bulte)

Bulten   Schlenken

■ *Biotische Faktoren:* Standorte, an denen Moose über Höhere Pflanzen dominieren, sind selten. Mit Hochmooren haben sich die Torfmoose jedoch einen Lebensraum geschaffen, den sie beherrschen. Um neben ihnen bestehen zu können, müssen Höhere Pflanzen mindestens ebenso schnell wachsen wie sie, um Vegetationslücken rasch besiedeln zu können.

Entstehung und Nutzung der Hochmoore

Alle Moortypen entstehen ausschliesslich auf Gelände, das längerfristig von Wasser durchtränkt ist, sei es bei der Verlandung von Seen oder auf permanent durchfeuchteten Böden (siehe Kasten «Verlandung von stehenden Gewässern», S. 75). Das stehende Wasser verhindert die vollständige Zersetzung der abgestorbenen Pflanzen, woraus sich deshalb Torf bildet.

Hochmoore sind durch mächtige, oft eine aufgewölbte Oberflächenstruktur aufweisende Torfkörper charakterisiert, deren Ausmass den darin wurzelnden Pflanzen einen Zugang zu den darunterliegenden Grundwasserreserven verwehrt. Sie verdanken ihr Wachstum dem üppigen Gedeihen spezieller Torfmoosarten (Sphagnen). Nur wenn diese sich ansiedeln können, wird die Bildung eines Hochmoores eingeleitet. Voraussetzung dafür ist ein niederschlagsreiches, kühles Klima, weshalb wir Hochmoore in unserer Region nur in höheren Lagen antreffen.

Eine spezielle Bauweise ermöglicht den Sphagnen ihre Dominanz in Hochmooren: Sie bestehen vor allem aus grossen, leeren Zellen, die ausschliesslich der Speicherung von Wasser dienen. Dadurch kann das Regenwasser mit den darin spärlich enthaltenen Nährstoffen effizient genutzt werden. Bei voller Wassersättigung beträgt ihr Gewicht das 15- bis 25fache des Trockengewichtes. Lange Austrocknungsphasen allerdings überleben Torfmoose nicht.

Hochmoorsphagnen wachsen jährlich 2 bis 10 cm. Dies ergibt rund 1 mm Torfzuwachs pro Jahr. Tausende von Jahren sind also notwendig, bis mächtige Hochmoore entstehen. Sie zu zerstören ist hingegen in kurzer Zeit möglich.

Schon seit der Bronzezeit haben Menschen Moorflächen entwässert, um sie in Land- oder Forstwirtschaftsland umzuwandeln; daneben war und ist Torf begehrt als Brennmaterial, als Streu für Stallungen, als Bodenverbesserer in der Garten- und Landwirtschaft, aber auch als Heilmittel, zum Beispiel für Moorbäder.

Die nachstehende Zeichnung zeigt, wie aus einem See ein Hochmoor entsteht.

18. Tiefenhäuserner Moos

Durch den unvollständigen Abbau von Pflanzenresten wird eine Verlandung eingeleitet. Der dabei zuerst anfallende Schilf- und Seggentorf füllt allmählich das ganze Seebecken auf. Auf dem sich darüber ausbreitenden Bruchwaldtorf siedeln sich später spezielle Torfmoosarten an. Auch sie werden nicht richtig zersetzt und bilden den immer mächtiger werdenden Hochmoortorf, der diesem Moortyp seine charakteristische Wölbung verleiht.

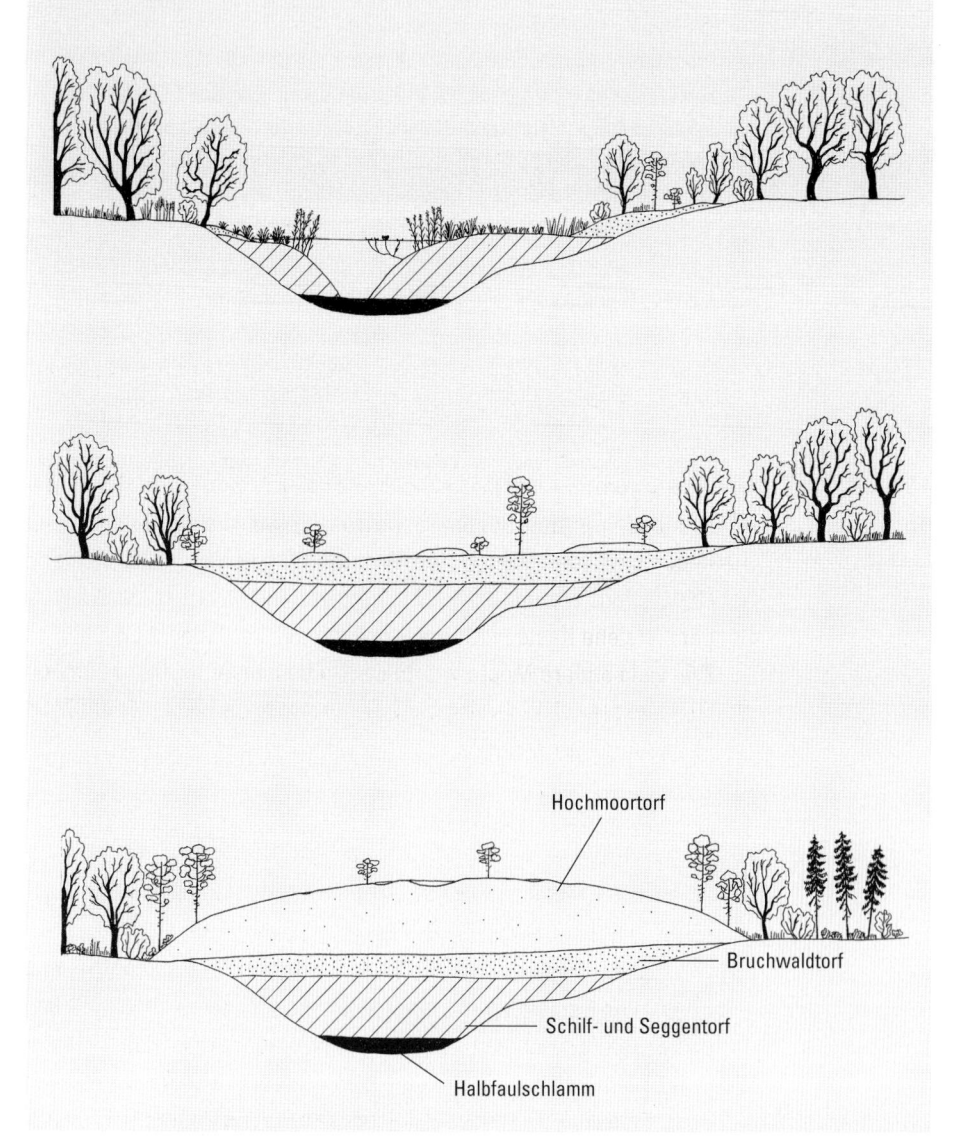

Hochmoortorf
Bruchwaldtorf
Schilf- und Seggentorf
Halbfaulschlamm

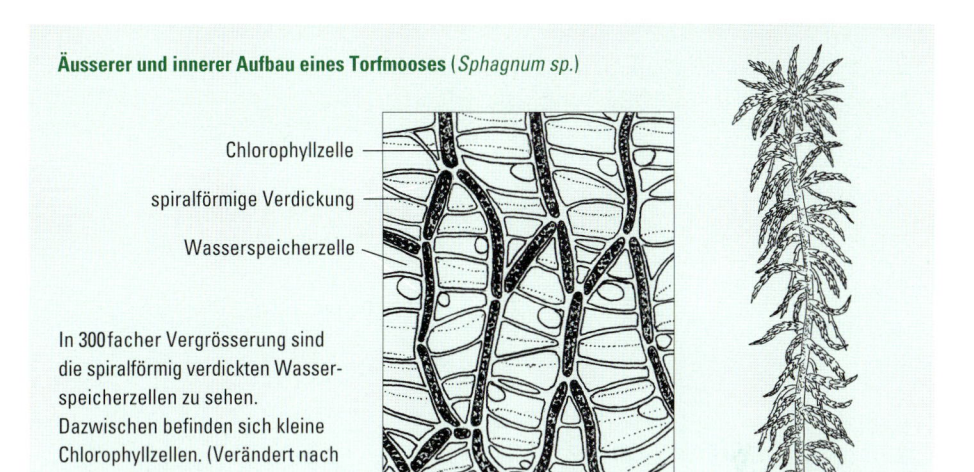

Äusserer und innerer Aufbau eines Torfmooses (*Sphagnum sp.*)

Chlorophyllzelle

spiralförmige Verdickung

Wasserspeicherzelle

In 300 facher Vergrösserung sind die spiralförmig verdickten Wasserspeicherzellen zu sehen. Dazwischen befinden sich kleine Chlorophyllzellen. (Verändert nach Strasburger, 1983)

Entstehungsgeschichte

Viele Moore im Schwarzwald entstanden nach der letzten Eiszeit: Wasser füllte die von den Gletschern geschaffenen Vertiefungen, und bei der Verlandung dieser Seen und Tümpel setzte eine Moorbildung ein. Auch auf feuchten, undurchlässigen Böden konnten sich Moore entwickeln, beispielsweise auf vernässten Buntsandsteinböden in den Höhen des Nordschwarzwaldes. Alter und genaue Entstehung des Tiefenhäuserner Moos' sind nicht bekannt. Umfassende archäobotanische Studien könnten darüber Aufschluss geben (siehe Kasten «Moore – Spiegel der Vergangenheit», S.142). Wie viele andere Moore wurde das Tiefenhäuserner Moos zeitweilig entwässert, konnte sich aber relativ gut regenerieren. Seit 1951 ist es Naturschutzgebiet.

Artenliste S. 434

Charakteristische Pflanzen

Es gibt keine Höhere Pflanze, die ausschliesslich in Hochmooren zu finden wäre. Hingegen sind Hochmoore durch das Fehlen von sogenannten Mineralbodenzeigern charakterisiert.
Nur wenige, spezialisierte Arten ertragen die extrem nährstoffarmen und sauren Bedingungen. Häufig sind Vertreter der Familie der Erikagewächse (*Ericaceae*), darunter: Echte Moor- oder Rauschbeere (*Vaccinium uliginosum*), Gemeine Moosbeere (*Vaccinium oxycoccos*), Preiselbeere (*Vaccinium vitis-idaea*), Heidelbeere (*Vaccinium*

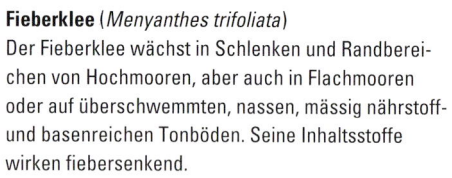

Fieberklee (*Menyanthes trifoliata*)
Der Fieberklee wächst in Schlenken und Randbereichen von Hochmooren, aber auch in Flachmooren oder auf überschwemmten, nassen, mässig nährstoff- und basenreichen Tonböden. Seine Inhaltsstoffe wirken fiebersenkend.

Blutauge (*Potentilla palustris*)
Sowohl Kelch- als auch Kronblätter des Blutauges sind dunkelpurpurrot gefärbt und verhalfen der Art zu ihrem Namen. Sie ist keine typische Hochmoorpflanze, ihr Vorkommen deutet auf eine Nährstoffzufuhr aus dem Grundwasser hin.

myrtillus), Besenheide (*Calluna vulgaris*) und Rosmarinheide (*Andromeda polifolia*). Sie besiedeln vorwiegend die trockeneren Bulte. Dies gilt auch für den fleischfressenden, ebenfalls recht verbreiteten Rundblättrigen Sonnentau (*Drosera rotundifolia*). Das in der Region seltene Weisse Schnabelried (*Rhynchospora alba*) hingegen bevorzugt die feuchteren Schlenken. Eher am Rand des Tiefenhäuserner Moos gedeihen Fieberklee (*Menyanthes trifoliata*) und Blutauge (*Potentilla palustris*).

Die für Moore typische Moor-Kiefer (*Pinus mugo ssp. uncinata var. rotundata*) gedeiht gut auf staunassen, basen- und nährstoffarmen Böden. Sie wächst vornehmlich an den Rändern von Hochmooren. Ihre sitzenden Zapfen unterscheiden sie deutlich von der ebenfalls im Gebiet vorhandenen Wald-Föhre (*Pinus sylvestris*).

18. Tiefenhäuserner Moos 327

Rosmarinheide (*Andromeda polifolia*)
Die Rosmarinheide erinnert mit ihren schmalen, derben, immergrünen und nach unten gerollten Blättern an Rosmarin (*Rosmarinus officinalis*).

Weisses Schnabelried (*Rhynchospora alba*)
Chrakteristisch für das lockere Horste bildende Weisse Schnabelried sind die weissen Spelzen. In Hochmooren wächst es bevorzugt in feuchten Schlenken.

Rundblättriger Sonnentau
(*Drosera rotundifolia*)
Der Rundblättrige Sonnentau ist eine der wenigen fleischfressenden Pflanzen unserer Region. Seine Blätter tragen lange, rote, an der Spitze drüsige Haare und sitzende Drüsen. Insekten bleiben an ihnen kleben und werden anschliessend von den Verdauungssekreten der Pflanze zersetzt.

18. Tiefenhäuserner Moos

Preiselbeere (*Vaccinium vitis-idaea*)
Die derben Blätter der Preiselbeere sind immergrün und auf der Unterseite durch braune Drüsenhaare punktiert. Ihre glänzendroten Beeren können zu Marmelade verarbeitet werden.

Gemeine Moosbeere
(*Vaccinium oxycoccos*)
Die Gemeine Moosbeere ist als einziger der hier wachsenden Vertreter der Gattung *Vaccinium* auf Moore beschränkt. Mit ihren nieder liegenden, dünnen Trieben kann sie sich auch ohne Blütenbildung effizient vermehren.

Heidelbeere (*Vaccinium myrtillus*)
Die wegen ihrer Früchte beliebte Heidelbeere ist in kalkarmen Nadelwäldern häufig. Ihr Bestand hat durch die Ausbreitung der Nadelholzkulturen deutlich zugenommen. Sie kann aber auch in bodensauren Laubwäldern gedeihen. Ihr Blattrand ist im Gegensatz zur Echten Moorbeere fein gesägt. Beide Arten verlieren im Winter ihre Blätter.

Echte Moorbeere
(*Vaccinium uliginosum*)
Die Moorbeere wird oft mit der Heidelbeere verwechselt. Ihre Blätter sind jedoch ganzrandig und auf der Oberseite bläulichgrün. Ihre Früchte sind essbar, schmecken aber leicht bitter.

**Anpassungen von Höheren Pflanzen
an den Lebensraum «Hochmoor»**
Die Höheren Pflanzen der Hochmoore weisen bestimmte Anpassungen auf, die ihnen das Wachstum unter den extremen Bedingungen des Standortes erleichtern:
1. Bei vielen Arten ist die Bauweise wie bei Trockenrasenpflanzen (siehe Kasten «Vergleich Trocken- und Feuchtstandort», S. 95) an Trockenheit angepasst (zum Beispiel eingerollte Blätter bei der Rosmarinheide oder der Gemeinen Moosbeere). Obwohl sie in einem feuchten Lebensraum wachsen, gibt es mehrere Gründe für eine die Verdunstung hemmende Bauweise:
- Der durchwurzelte Oberboden kann sowohl im Sommer (hohe Sonneneinstrahlung) als auch im Winter (Frosttrocknis) stark austrocknen, so dass es vorteilhaft ist, weniger Wasser zu verdunsten.
- Die nährstoffarmen Böden stellen viele Arten vor grosse Schwierigkeiten. Wenn jedoch selbst bei trockenem Wetter dank der sonst verdunstungshemmenden Bauweise die Spaltöffnungen offen bleiben können, ist es den Pflanzen möglich, gleichmässig zu transpirieren und durch reichlichen Wassernachschub den geringen Nährstoffgehalt des Moores wettzumachen.

2. Einige Arten (zum Beispiel Rundblättriger Sonnentau) können auch Insektennahrung verwerten und so ihren Nährstoffbedarf decken.
3. Andere Pflanzen (vor allem Vertreter der Erikagewächse) gehen eine Symbiose mit Pilzen ein (Mykorrhiza), um zu den begehrten Nährstoffen zu gelangen. Pilze können diese für die Pflanzenwurzeln besser erschliessen, entnehmen ihnen im Gegenzug dafür Zucker.
4. Viele Arten haben Kriechtriebe oder Ausläufer ausgebildet, um leichter in die Lücken der Sphagnendecke zu gelangen bzw. auf ihr zu schwimmen (zum Beispiel Gemeine Moosbeere).

Verbreitung in der Region

Das Hauptverbreitungsgebiet der Hochmoore erstreckt sich vom nördlichen Russland über Südskandinavien und Norddeutschland bis hin nach England und Irland. Weiter südlich sind Hochmoore nur in ähnlich niederschlagsreichen, kühlen Gegenden zu finden. Sie sind in den höheren Regionen des Schwarzwaldes weit verbreitet, in den tieferen Lagen jedoch nur noch vereinzelt anzutreffen. In den anderen Südschwarzwaldmooren kommen weitere typische Pflanzen vor, die dem Tiefenhäuserner Moos fehlen: Wenigblütige Segge

(*Carex pauciflora*), Schlamm-Segge (*Carex limosa*) und Blumenbinse (*Scheuchzeria palustris*).
Ausser im Schwarzwald gibt es auch in den Vogesen, im Plateaujura und in den Voralpen zahlreiche Hochmoore.

Zoologische Besonderheiten
Stechmücken treten in Mooren oft massenhaft auf, da sie dort ihre Eier ins Wasser ablegen. Daneben fallen hier vor allem zahlreiche Individuen der lebendgebärenden Mooreidechse (auch Wald- oder Bergeidechse genannt) auf. Die Hochmoore im Schwarzwald sind auch Lebensraum für zwei seltene Tagfalterarten: den Hochmoor-Gelbling und den Hochmoor-Perlmutterfalter.

> Wenn wir dem Holzsteg durch das Moor bis zum Schluss folgen, gelangen wir parallel zur Hauptstrasse wieder zu unserem Ausgangspunkt. Andernfalls können wir auch den gleichen Weg wieder zurückgehen.

Exkursion 19

Feldberg

Wälder, Weiden, Moore und See
in höherer Schwarzwaldlage

Dauer: 1 Tag

Beste Zeit:
Juni bis September

Anfahrt:
Zug (DB) ab Basel Bad. Bahnhof
bis Zell, danach Bus (SBG)
Richtung Titisee bis Feldbergerhof
oder Bus (SBG) direkt ab Basel
Bad. Bahnhof Richtung Titisee bis
Feldbergerhof

Route

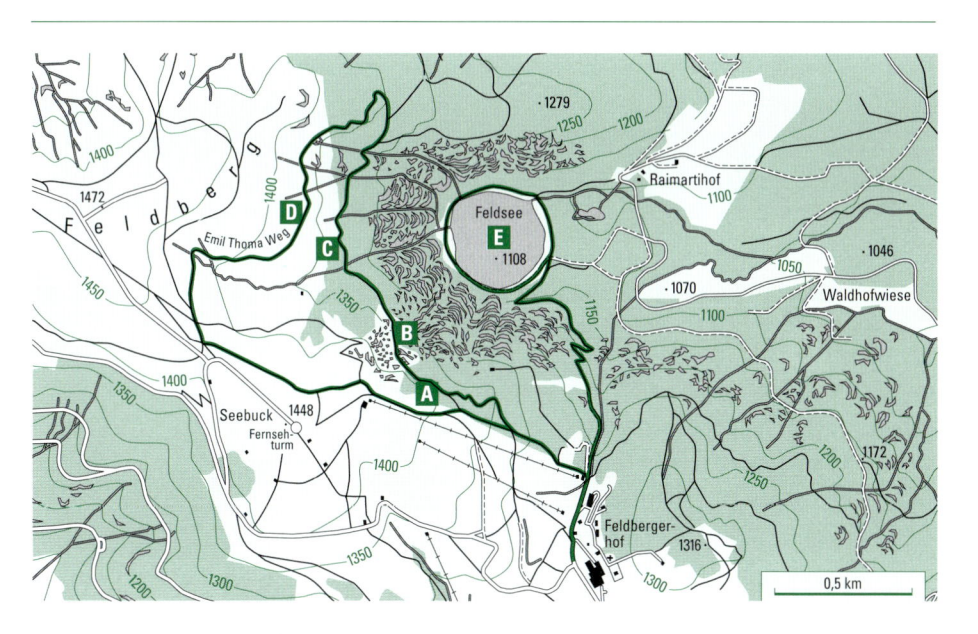

A Fichtenwald auf ruhendem Blockschutt
B Lawinenrunse
C Hangflachmoor
D Magerweide in oberer Schwarzwaldlage
E Feldsee

Überblick

Der Feldberg ist nicht nur bekannt für seine eindrückliche Landschaft und die herrliche Aussicht, sondern auch für eine reichhaltige Flora. In einem der grössten Naturschutzgebiete unserer Region sind unter anderem zahlreiche als Eiszeitrelikte geltende Pflanzenarten anzutreffen. Magere Weiden und ausgedehnte Nadelwälder erinnern an die Pflanzenwelt der Alpen. Eine Besonderheit sind die Hangflachmoore, die nebst zahlreichen Orchideen den seltenen Moorenzian beherbergen. Hochstaudenreiche Lawinenrunsen zeugen von den Schneemengen im Winter. Der Feldsee, von eindrücklichen Steilwänden umgeben, bietet einige floristische Besonderheiten, die in Mitteleuropa nur sehr selten vorkommen.

Ausgehend vom Feldbergerhof führt der Weg zur Talstation der Sesselbahn. Dort erwartet uns ein kurzer, aber steiler Aufstieg parallel zum Sessellift. Nach rund 300 m folgen wir dem rechts abzweigenden Felsenweg, bis wir nach ungefähr 400 m auf einen Felsabbruch auf beiden Seiten des Weges stossen. Durch eine Felslücke rechterhand ist der Raimartihof gut sichtbar. Dem Fichtenwald auf der linken Wegseite, unser Standort A, gilt zunächst die Aufmerksamkeit.

A Fichtenwald auf ruhendem Blockschutt

Echter Fichtenwald (*Bazzanio-Piceetum*)

Auf grossen, feuchten Felsblöcken wachsen Fichten, deren Stämme teilweise von Flechten überwachsen sind. Üppige Moospolster und oft kniehohes Heidelbeergebüsch bedecken den Waldboden. Nur wenig Licht gelangt ins Waldesinnere. Im Unterwuchs gedeihen nebst wenigen Blütenpflanzen auch einige Farnarten.

Wichtigste Standortfaktoren

■ *Strahlung:* Nur wenig Sonneneinstrahlung erreicht das Bestandesinnere. Die Temperaturen sind vorwiegend kühl. Vor allem die Luft zwischen den Felsblöcken erwärmt sich kaum («Eiskeller»), was zu Dauerfrosterscheinungen im Boden führen kann.

Fichtenwald auf ruhendem Blockschutt
Auf Blockschutt wachsender Fichtenwald mit Farnen und Heidelbeerbeständen

■ *Böden/Chemische Faktoren:* Der Untergrund besteht aus sauren Gneissen und Graniten. Da abgestorbenes Pflanzenmaterial wegen der kühlen Temperaturen nur schlecht zersetzt wird, liegen über den Gesteinsblöcken dicke Rohhumusauflagen mit stark saurem Milieu und nur wenig verfügbaren Nährstoffen.
■ *Wasser:* Die häufigen Niederschläge im Feldberggebiet und der geringe Sonneneinfall (wenig Verdunstung) sind verantwortlich für ein auch im Sommer feuchtes Bestandesklima.

19. Feldberg

Entstehungsgeschichte

Seit der Rückkehr der Fichte (Beginn vor ca. 8000 Jahren) und der weiteren Arten des Echten Fichtenwaldes aus den eiszeitlichen Refugien bildet dieser Waldtyp unter den jetzigen klimatischen Verhältnissen bei geeigneten Standortbedingungen die natürliche Vegetation. Echte Fichtenwälder sind hier in ihrer Artenzusammensetzung vom Menschen unbeeinträchtigt geblieben, im Gegensatz zu den meisten anderen Wäldern am Feldberg.

Charakteristische Pflanzen

Artenliste S. 436

Buche (*Fagus sylvatica*), Edel-Tanne (*Abies alba*) und Fichte (*Picea abies*) sind die wichtigsten Waldbäume des Feldberggebiets. In seinem westlichen Teil würde natürlicherweise meist die Buche vorherrschen. Dies ist heute jedoch kaum noch zu erkennen, da die Fichte durch den Menschen stark gefördert wurde. Nur wenn das Wachstum der Buche wie hier durch extreme Standortbedingungen geschwächt ist, können sich Nadelbäume auch ohne menschliche Hilfe verstärkt ausbreiten. Für die Fichte gilt dies sowohl auf ruhendem Blockschutt als auch in Kaltluftseelagen oder auf wasserstauenden Böden in der Umgebung von Mooren.

Kleines Zweiblatt
(*Listera cordata*)
Zwei herzförmige (lat. cordatus: herzförmig) Laubblätter sowie grüne, leicht rot überlaufene Blüten charakterisieren diese Orchidee, die wegen ihrer Unscheinbarkeit oft übersehen wird.

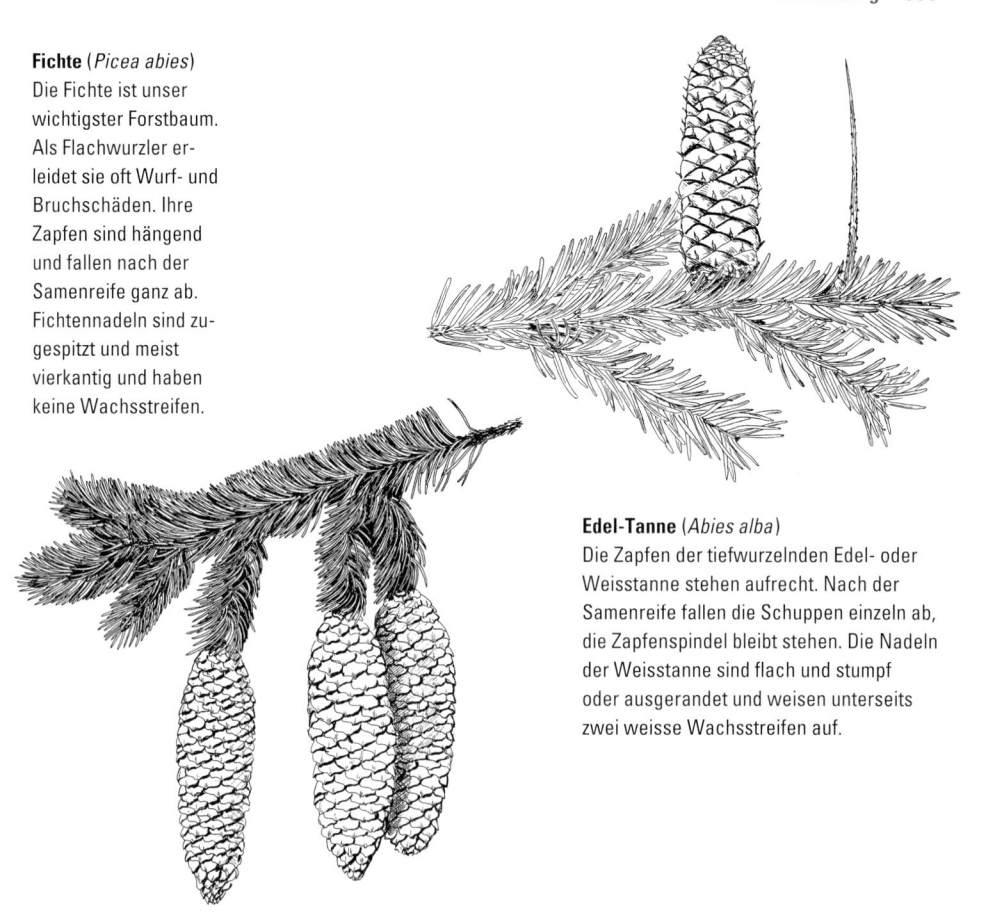

Fichte (*Picea abies*)
Die Fichte ist unser wichtigster Forstbaum. Als Flachwurzler erleidet sie oft Wurf- und Bruchschäden. Ihre Zapfen sind hängend und fallen nach der Samenreife ganz ab. Fichtennadeln sind zugespitzt und meist vierkantig und haben keine Wachsstreifen.

Edel-Tanne (*Abies alba*)
Die Zapfen der tiefwurzelnden Edel- oder Weisstanne stehen aufrecht. Nach der Samenreife fallen die Schuppen einzeln ab, die Zapfenspindel bleibt stehen. Die Nadeln der Weisstanne sind flach und stumpf oder ausgerandet und weisen unterseits zwei weisse Wachsstreifen auf.

Das saure Bodenmilieu und das geringe Nährstoffangebot prägen die Vegetationszusammensetzung an unserem Standort. Neben zahlreichen Moosen beherbergt er drei Farnarten sowie ein Bärlappgewächs: Wurmfarn (*Dryopteris dilatata/expansa*), Gemeiner Wurmfarn (*Dryopteris filix-mas*), Gemeiner Waldfarn (*Athyrium filix-femina*) sowie Tannenbärlapp (*Huperzia selago*). Unter den höheren Pflanzen ist nebst der hier häufigen Heidelbeere (*Vaccinium myrtillus*) das unscheinbare Kleine Zweiblatt (*Listera cordata*) hervorzuheben.

Verbreitung in der Region
Echte Fichtenwälder sind vor allem im Buntsandsteingebiet des Nordschwarzwaldes verbreitet; in unserer Region sind sie nur in der montanen Stufe ab und zu anzutreffen.

Auch auf ruhendem Kalk-Blockschutt im Jura wachsen Echte Fichtenwälder. Eine dicke Rohhumusauflage mit tiefem Boden-pH erlaubt nur säuretoleranten Arten zu bestehen.
Unserem Standort fehlen die in Echten Fichtenwäldern sonst verbreiteten Vertreter der Wintergrüngewächse wie das Moosauge (*Moneses uniflora*) oder das Kleine Wintergrün (*Pyrola minor*), aber auch die blattgrünlose Orchidee Korallenwurz (*Corallorhiza trifida*).

Zoologische Besonderheiten

In den ausgedehnten Wäldern des Feldberggebietes lebt der Rothirsch. Er war um 1920 beinahe ausgestorben, ist heute aber wieder verbreitet. In den 30er Jahren wurden Gemsen ausgesetzt; diese geschickte Kletterin kann hin und wieder angetroffen werden. Regelmässig brütende Vogelarten sind unter anderem Fichtenkreuzschnabel, Ringdrossel, Tannenhäher und Rauhfusskauz, nur sporadisch das Auerhuhn.

> 20 m weiter treffen wir auf der linken Wegseite auf einen schattigen, von Wasser überrieselten Felsen. Hier wächst der Sternblütige Steinbrech (*Saxifraga stellaris*).
> Schon bald stossen wir in waldfreies Gebiet vor, wo sich unser nächster Standort befindet.

Sternblütiger Steinbrech (*Saxifraga stellaris*) Diese Art ist eine Besonderheit für das Feldberggebiet. Sie ist ein Eiszeitrelikt und wächst hier nur vereinzelt. Auch aus den Vogesen sind Vorkommen bekannt. In den Alpen kann man den Sternblütigen Steinbrech ziemlich häufig antreffen. Typische Merkmale sind die zwei gelben Punkte am Grund der Kronblätter.

Lawinenrunse

Weiden, Berg-Ahorne
und Hochstauden be-
decken den untersten
Teil der Lawinenrunse

B Lawinenrunse

Schluchtweiden-Gebüsch (Salicetum appendiculatae)

Die rinnenförmige Geländevertiefung zeigt uns den Weg, den die Lawinen im Winter nehmen. Bogenförmig gekrümmte Weiden zeugen von der Kraft dieser Schneemassen. Üppige Hochstauden gedeihen zwischen dem Weiden-Ahorngebüsch. Beim Durchqueren des Standortes fällt der feuchte Untergrund auf.

Wichtigste Standortfaktoren

■ *Böden/Chemische Faktoren:* Niedergehende Schneemassen und Schmelzwasser sorgen für einen grossen Nährstoffeintrag, der vom feinerdereichen Untergrund gut aufgefangen wird. Die feuchten Verhältnisse fördern zudem die Aktivität von Bodenorganismen, die anfallendes Pflanzenmaterial innert kurzer Zeit zersetzen. Die dabei freiwerdenden Nährstoffe stehen der Vegetation wieder zur Verfügung.

■ *Wasser:* Dank dem Schmelzwasser und den reichlichen Niederschlägen, die vom Boden gut gespeichert werden, ist diese Lawinenrunse auch im Sommer durchfeuchtet.

■ *Mechanische Faktoren:* Regelmässig rutschender Schnee verhindert ein Wachsen hoher Bäume. Einzig das Weidengebüsch übersteht die Schneelawinen unbeschädigt. Seine gebogenen Stämme zeigen das Ausmass der Kräfte, denen sie standhalten müssen. Zwischen den Weiden und an den Rändern der Geländevertiefung wachsen Berg-Ahorn und Vogelbeerbaum. Diese Arten werden zwar durch die Schneelast geknickt, schaffen es aber dank ihrer Schnellwüchsigkeit und der effizienten Ausbreitung und Keimfähigkeit ihrer Samen immer wieder nachzuwachsen.

Dank einer langanhaltenden Schneebedeckung sind die krautigen Pflanzen gut vor Frost geschützt; sie können aber erst spät austreiben. Unterirdisch angelegte Speicherorgane ermöglichen dann jedoch ein schnelles Wachstum.

- *Biotische Faktoren:* Eine längeranhaltende Schneedecke fördert das Entstehen von Schneeschimmel. Diese Pilzkrankheit beeinträchtigt das Wachstum von Nadelbäumen.

Entstehungsgeschichte

Dieses Gebiet ist durch die periodisch niedergehenden Schneemassen waldfrei geblieben und dürfte seit seiner Entstehung vom Menschen kaum beeinflusst worden sein.

Charakteristische Pflanzen   Artenliste S. 436

Gebirgs-Weide (*Salix appendiculata*), Berg-Ahorn (*Acer pseudoplatanus*) und Vogelbeerbaum (*Sorbus aucuparia*) sind charakteristische Gehölze dieses Standorts, da sie den Schneemassen des Winters am besten zu trotzen vermögen. Im Unterwuchs dominieren Hochstauden, die von den feuchten und nährstoffreichen Verhältnissen profitieren. Beispiele dafür sind: Blauer Eisenhut (*Aconitum neomontanum*), Grauer Alpendost (*Adenostyles alliariae*), Alpen-Milchlattich (*Cicerbita alpina*), Wald-Weidenröschen (*Epilobium angustifolium*), Eisenhutblättriger Hahnenfuss (*Ranunculus aconitifolius*), Fuchs- und Busch-Kreuzkraut (*Senecio ovatus, S. hercynicus*). Stellenweise gedeiht auch das Rohr-Reitgras (*Calamagrostis arundinacea*), das vor allem gegen die trockeneren, felsigen Ränder der Mulde häufiger wird.

Verbreitung in der Region

Schluchtweiden-Gebüsche sind auf höhere Lagen mit grossem Schneereichtum beschränkt und deshalb in unserer Region selten. Auch in den Vogesen gibt es Vorkommen.

Alpen-Milchlattich (*Cicerbita alpina*)
Der Alpen-Milchlattich wächst in unserer Region sowohl in kalkreichen (Jura) als auch kalkarmen (Schwarzwald, Vogesen) Gebieten auf nährstoffreichen und feuchten Böden, ist in seiner Verbreitung allerdings auf die hochmontanen Lagen beschränkt.

Fuchs-Kreuzkraut (*Senecio ovatus*)
Das Fuchs-Kreuzkraut sieht dem am Standort ebenfalls vorhandenen Busch-Kreuzkraut sehr ähnlich. Unterscheidungsmerkmale sind: meist kahler Stengel und leicht gestielte Blätter beim Fuchs-Kreuzkraut, kurzhaariger Stengel und sitzende Blätter beim Busch-Kreuzkraut.

In den Alpen werden Lawinenrunsen nicht nur von Weiden und Ahornen, sondern vor allem von der sehr elastischen Grünerle besiedelt. Sie wächst auch in höheren Lagen nördlich des Feldbergs.

> Wir folgen dem Felsenweg und überqueren auf einer Brücke einen Bach. Nach rund 300 m fällt auf der linken Wegseite ein Hangflachmoor auf.

C Hangflachmoor

Herzblatt-Braunseggen-Flachmoor (*Parnassio-Caricetum nigrae*)

Hangflachmoor
Spätsommeraspekt mit braunrot verfärbtem Rasen-Haarried

Deutlich hebt sich die Pflanzendecke dieses Standorts von der umgebenden Wiesenflora ab. Das Rasen-Haarried beherrscht mit seinem grünlichen, im September in Braunrot übergehenden Farbton den Bestand. Dazwischen erscheinen während der ganzen Vegetationsperiode verschiedene andere Blütenpflanzen. Am Hangfuss fällt schwarzer Torf auf, der von rieselndem Hangwasser durchtränkt wird.

Da das System sehr empfindlich ist, darf es nicht betreten werden. Hier wie auch im übrigen Feldberggebiet gilt: Bitte die Wege nicht verlassen!

Wichtigste Standortfaktoren

■ *Böden/Chemische Faktoren:* Die Vegetation steht mit dem Grundwasser in ständiger Verbindung, doch ist der Torfboden nährstoffarm, weil im Grundwasser nur wenig Nährstoffe gelöst sind. Durch die Verwitterung von Calcium-reichen Feldspäten und Calcitadern im Gestein ist er relativ reich an Basen.

■ *Wasser:* Das Feldbergebiet ist bekannt für seine hohe Jahresniederschlagsmenge (durchschnittlich ca. 1900 mm/Jahr). Da der den Untergrund bildende Gneis kompakt ist, treten häufig kleine Quellwasser aus dem Boden. Wenn das Wasser vegetationsbedeckte Böden kontinuierlich durchnässt, wird die Streu infolge von Sauerstoffmangel nur noch rudimentär abgebaut, und es bildet sich Torf (zur Moorbildung siehe auch Kasten «Entstehung und Nutzung der Hochmoore», S. 323, und Exkursion 7, Olsberger Wald).

Entstehungsgeschichte
Bei diesem Flachmoor handelt es sich um ein natürlich waldfreies Gebiet. Es ist gegen Ende der letzten Eiszeit entstanden und besteht seither praktisch unverändert. Das Moor beherbergt also nicht nur einige Eiszeitrelikte, sondern ist gewissermassen als Ganzes ein mehr oder weniger unverändertes Überbleibsel der Eiszeitvegetation.

Artenliste S. 438

Charakteristische Pflanzen
Die nähr- und sauerstoffarmen Bodenverhältnisse dieses Standortes erlauben im Innern des Moores kein Baumwachstum mehr. Charakteristisch ist der hohe Anteil an Gräsern. Am zahlreichsten wächst das Rasen-Haarried (*Trichophorum cespitosum*), das somit auch am meisten Torf liefert. Daneben sind nicht weniger als sechs Seggen-(*Carex-*)Arten vertreten. Zwischen diesen grasartigen Pflanzen stechen vor allem der Moorenzian (*Swertia perennis*), das Gemeine Fettblatt (*Pinguicula vulgaris*), die Bartschie (*Bartsia alpina*) sowie die drei rot blühenden Orchideenarten Geflecktes, Traunsteiners und Breitblättriges Knabenkraut (*Dactylorhiza maculata, D. traunsteineri, D. fistulosa*) hervor.
(Die Artenliste im Anhang setzt sich aus den Arten dieses Flachmoors sowie desjenigen nach der nächsten Wegbiegung zusammen.)

Vebreitung in der Region
Hangflachmoore sind vor allem in niederschlagsreichen, eher kühlen Gegenden verbreitet, ihr Vorkommen beschränkt sich deshalb in unserer Region auf hochmontane Lagen. Flachmoore mit ähnlicher Artenzusammensetzung gibt es in den Vogesen, doch fehlt dort der am Feldberg verbreitete Moorenzian.

Moorenzian (*Swertia perennis*)
Der Moorenzian wächst in der Region nur an wenigen Orten im Schwarzwaldgebiet. Mehr als die Hälfte seiner Vorkommen in Baden-Württemberg sind bereits erloschen, da seine Lebensräume (Quellsümpfe und Flachmoore) durch Drainage oder Düngung zerstört wurden.

Gemeines Fettblatt (*Pinguicula vulgaris*)
Das Gemeine Fettblatt ist eine fleischfressende Pflanze: Insekten bleiben an seinen klebrigen Blättern hängen und werden anschliessend mittels spezieller Sekrete verdaut. Das ermöglicht dieser Art, in nährstoffarmer Umgebung zu bestehen.

Die sonst in solchen Hangflachmooren typische Grosse Soldanelle (*Soldanella alpina*) gedeiht zwar nicht an unserem Standort, kann aber mit etwas Glück im Bergfrühling (ca. Mai) an anderen moorigen Stellen im Feldberggebiet beobachtet werden.

Auch im Jura trifft man Flachmoore; ihre Artenzusammensetzung unterscheidet sich jedoch von derjenigen des Feldberggebietes infolge des grösseren Basenreichtums des Untergrundes. Vorherrschend ist dort meist die Davalls Segge (*Carex davalliana*).

Bartschie (*Bartsia alpina*)
Die Bartschie gehört zu den Halbschmarotzern. Mit ihren grünen Blättern betreibt sie zwar selbst Photosynthese, sie bildet aber als junge Pflanze bald Saugwurzeln aus, die die Wurzeln benachbarter Rasenpflanzen anzapfen und ihnen Wasser und Nährstoffe entnehmen.

Traunsteiners Knabenkraut
(*Dactylorhiza traunsteineri*)
Der lockere Blütenstand mit relativ wenigen Einzelblüten und der vollmarkige Stengel unterscheiden das Traunsteiners Knabenkraut von den beiden anderen am Feldberg vorkommenden Knabenkräutern

Weiterhin dem Felsenweg folgend, durchqueren wir ein Waldstück, das nutzungsbedingt von Nadelbäumen dominiert wird. Vereinzelte Buchen deuten die ursprüngliche Vorherrschaft dieses Laubbaumes an. Der Unterwuchs beherbergt etliche Hochstauden und Farne. So wächst hier zum Beispiel der Alpen-Waldfarn (*Athyrium distentifolium*), eine auf Gebirgslagen beschränkte Art.
Bei der Weggabelung wählen wir den Emil-Thoma-Weg in Richtung Gipfel des Feldberges. Der Pfad beschreibt eine starke Linkskurve und führt bald danach aus dem Wald hinaus. Auf dem waldfreien Hochrücken gilt unsere Aufmerksamkeit den ausgedehnten Magerweiden bis hin zum Moor-Gebiet «Grüble». Wir betrachten dabei die Pflanzen, die vom Weg aus sichtbar sind.

**Magerweide
in oberer
Schwarzwaldlage**
Weiderasen im
Juni mit blühender
Bärenwurz

D Magerweide in oberer Schwarzwaldlage

Borstgrasweide (Leontodonto helvetici-Nardetum)

Weite Teile des waldfreien Hochrückens des Feldbergs und des benachbarten Seebucks werden von Magerweiden eingenommen, die uns in ihrer Artenzusammensetzung an manche Alpweiden erinnern. Das weisse Blütenmeer der Bärenwurz im Juni wird im Sommer durch die gelben Blüten des Schweizerischen Löwenzahns und der Arnika bereichert. Bestände mit viel Heidelbeere wechseln mit Flächen, auf denen die Besenheide oder das Borstgras vorherrschen. Dazwischen wachsen immer wieder vereinzelt oder in grösseren Beständen Fichten.

Wichtigste Standortfaktoren

- *Böden/Chemische Faktoren:* Der Untergrund besteht aus Gneis, dessen Verwitterung niedrige pH-Werte bewirkt. Jahrhundertelange extensive Beweidung führte zu nährstoffarmen Böden.
- *Mechanische Faktoren:* Ohne eine schützende Walddecke sind exponierte Stellen des Feldbergrückens der Witterung stark ausgesetzt. Dort, wo der Wind im Winter die Schneedecke fortbläst, ist die Vegetation in hohem Masse dem Frost unterworfen.
- *Bewirtschaftung:* Weidekräuter, die vom Vieh gemieden werden und/oder trittresistent sind, breiten sich aus. Permanenter Verbiss verhindert weitgehend das Wachstum von Bäumen.

Borstgras (*Nardus stricta*)
Die borstenförmigen Blätter verliehen dem Borstgras seinen Namen. Ältere Pflanzen sind hart und zäh und werden vom Vieh gemieden. In bezug auf Bodenfeuchte ist das Borstgras sehr anpassungsfähig; es wächst auf trockenen, mageren Alpweiden genauso gut wie in Sümpfen und Mooren.

Arnika (*Arnica montana*)
Die Arnika ist eine beliebte Heilpflanze. Sowohl die aromatisch duftenden Blüten als auch Blätter und Wurzeln werden verwendet. Wundheilung, Anregung des Nervensystems und Linderung von Harnbeschwerden sind nur einige ihrer zahlreichen Heilwirkungen.

Entstehungsgeschichte

Mit Sicherheit waren die meisten Teile der heutigen Magerweiden ursprünglich waldbedeckt. Die klimabedingte Waldgrenze zwischen 1600 und 1700 m ü. M. wird in der Feldbergregion nirgends erreicht. Nur einige windexponierte Geländekanten dürften schon immer waldfrei gewesen sein. Über die natürliche Waldzusammensetzung sind sich die Fachleute allerdings bis heute uneinig. Sowohl Buchen- als auch Fichten-dominierte Varianten werden vermutet. Der genaue Zeitpunkt der Waldrodung ist unbekannt, wird jedoch heute zwischen 1000 und 1300 n. Chr. datiert. Jahrhundertelange Beweidung verhinderte danach ein Wiederaufwachsen der Gehölze.

Wichtige Voraussetzung zur Erhaltung der Borstgrasweiden ist eine ständige extensive Beweidung. Zu geringe Bewirtschaftung würde zu Verbrachung, Verbuschung und letzlich Bewaldung des Gebietes führen; zu starke Beweidung hingegen hätte einen artenärmeren Rasen sowie Erosion zur Folge.

Obwohl das Feldberggebiet seit 1937 unter Schutz steht, blieb diese einzigartige Landschaft von Eingriffen nicht verschont (Bsp. Bau der Senderanlagen und Skilifte). Auch heute noch beeinträchtigt die Touristik das Gebiet und führt unter anderem zu starker Bodenerosion.

Charakteristische Pflanzen

Artenliste S. 439

Vereinzelte Fichten (*Picea abies*) wachsen inmitten der Grasflächen. Als Pionierbaum kann sie dank ihren flugfähigen Samen, deren guter Keimung sowie ihrer Raschwüchsigkeit ehemals intensiver bewirtschaftete Flächen rasch wiederbesiedeln. Das namengebende Gras dieser Magerrasen ist das häufige Borstgras (*Nardus stricta*). Daneben fällt vor allem das Chaix' Rispengras (*Poa chaixii*) auf. Es wächst ausser am Feldberg auch in den Vogesen und der Rheinebene (siehe Exkursion 5, Elsässer Hardt). Sowohl der Schweizerische Löwenzahn (*Leontodon helveticus*) als auch die Arnika (*Arnica montana*) bilden hier stattliche Bestände. Ein atlantisches Klima (hohe Niederschläge, keine ausgesprochenen Temperaturextreme) ermöglicht das Wachstum einiger Arten, deren Verbreitungsschwerpunkt im subatlantischen Areal liegt, wie der häufigen Bärenwurz (*Meum athamanticum*) und des mit dem Waldmeister verwandten Herzynischen Labkrauts (*Galium saxatile*). Als Vertreter

der Orchideen wächst mancherorts die unscheinbare Weisszunge (*Pseudorchis albida*).
Die Vegetation der ausgedehnten Magerweiden ist nicht überall einheitlich. An feuchteren, länger von Schnee bedeckten Stellen überwiegt die Heidelbeere (*Vaccinium myrtillus*), an trockeneren, oft windgefegten Orten die Besenheide (*Calluna vulgaris*). Das Auftreten von Grossem Wiesenknopf (*Sanguisorba officinalis*) oder Abbisskraut (*Succisa pratensis*) zeigt etwas staunasse Plätze an. Insgesamt beherbergt der Standort zahlreiche Eiszeitrelikte. Nebst dem bereits erwähnten Schweizerischen Löwenzahn gehören beispielsweise auch Alpen-Liebstock (*Ligusticum mutellina*), Gold-Fingerkraut (*Potentilla aurea*), Berg-Hahnenfuss (*Ranunculus montanus*) oder Bartschie (*Bartsia alpina*) dazu.

Verbreitung in der Region
Borstgrasweiden sind in den Alpen auf sauren Böden weit verbreitet, in der Region jedoch beschränkt sich ihr Vorkommen auf die höheren Schwarzwald- und Vogesenlagen. Die höchsten Juralagen beherbergen zwar ebenfalls durch menschliche Nutzung bedingte, mit zahlreichen Eiszeitrelikten durchsetzte Magerweiden; sie weisen aber, wegen des kalkhaltigen Untergrunds, eine stark abweichende Artenzusammensetzung auf (siehe Exkursion 15, Weissenstein – Hasenmatt).

Zoologische Besonderheiten
Häufigste Brutvogelart auf den offenen Flächen ist der bodenbrütende Wasserpieper. Am Waldrand und an Weideplätzen mit lokkerem Baumbestand kann man zudem den baumbrütenden Zitronengirlitz beobachten. Ob die 1954 im Feldberggebiet ausgesetzten Murmeltiere überlebt und sich fortgepflanzt haben, ist ungewiss.

Der Rückweg führt im Gebiet «Grüble» erneut an ausgedehnten Hangflachmooren vorbei. Bei der nächsten Verzweigung folgen wir dem Kiesweg bis zur Gipfelstation der Sesselbahn.
Nach Erreichen der Talstation besteht die Möglichkeit, in einer Zusatztour den Feldsee aufzusuchen. Wir folgen dazu dem links abzweigenden Pfad hinunter zum See.

Oben links:
Bärenwurz (*Meum athamanticum*)
Die hauptsächlich im subatlantischen Areal verbreitete Bärenwurz wächst sowohl im Schwarzwald als auch in den Vogesen häufig, fehlt jedoch in der Nordwestschweiz völlig. Wegen ihres würzigen Geschmacks wurde sie lange Zeit als Gewürzpflanze verwendet.

Oben rechts:
Schweizerischer Löwenzahn (*Leontodon helveticus*)
Der Schweizerische Löwenzahn gedeiht sowohl in den Alpen als auch in den höchsten Schwarzwaldlagen häufig. Seine Verbreitung erstreckt sich von der subalpinen bis hin zur nivalen Stufe.

Weisszunge (*Pseudorchis albida*)
Diese bis ans Nordkap anzutreffende Orchidee bevorzugt leicht saure Rasen oder Zwergstrauchbestände sowie Hoch- und Flachmoore zwischen 600 m und 2500 m

Feldsee
Karsee mit Steilwand
im Hintergrund

E Feldsee

Brachsenkraut-Gesellschaft (*Isoëtetum echinosporae*)

Der rund 9 ha grosse, bis zu 34 m tiefe Feldsee ist teilweise von einer schroffen Felswand umgeben und besticht durch seine Schönheit und sein klares Wasser. Er beherbergt eine zwar artenarme, für das südliche Mitteleuropa aber äusserst seltene Flora.

Wichtigste Standortfaktoren
- *Strahlung:* Mit zunehmender Wassertiefe nimmt die auf dem Seeboden eintreffende und für dort wurzelnde Pflanzen verfügbare Sonneneinstrahlung stetig ab. Tiefe Aussentemperaturen lassen den Feldsee im Winter zufrieren.
- *Böden/Chemische Faktoren:* Als Folge eines geringen Nährstoffeintrags aus der Umgebung und sandig-steiniger Böden weist der See nur wenig Nährstoffe auf.
- *Wasser:* Mehrere Gebirgsbäche fliessen in den Feldsee. Das Wasser ist das ganze Jahr über sehr kalt. Der Sauerstoff, der erst bei höheren Temperaturen in die Gasphase übergeht, bleibt so im Wasser gelöst und bewirkt sauerstoffreiche Wasserverhältnisse.

Entstehungsgeschichte
Der Feldsee ist ein Karsee, der sich in den Eiszeiten gebildet hat. Noch heute zeugen die steile Rückwand des Kars und die gegen die offene Talseite abschliessende Moräne von den eiszeitlichen Gletschern. Nach dem Abschmelzen der Eismassen füllte sich das Becken zu einem See, und die heute noch charakteristische Vegetation begann sich anzusiedeln.

Charakteristische Pflanzen
Den kalten und nährstoffarmen Wasserverhältnissen sind nur wenige Pflanzen gewachsen. So gedeihen kaum Algen im Feldsee, und auch die für Seen sonst charakteristischen Schwimmblattpflanzen, wie zum Beispiel Seerosen, fehlen fast vollständig. Nur die langen Blätter des Schmalblättrigen Igelkolbens (*Sparganium angustifolium*) treiben an der Wasseroberfläche. Die Kleine Teichrose (*Nuphar pumila*) ist heute ausgestorben.
Das Pflanzenwachstum ist insgesamt gering, und das wenige tote Pflanzenmaterial kann im sauerstoffreichen Wasser leicht abgebaut werden. Folge davon ist ein bis in weite Tiefen klares Seewasser. Das See-Brachsenkraut (*Isoëtes lacustris*) sowie das Stachelsporige Brachsenkraut (*Isoëtes echinospora*) bilden stellenweise dichte Rasen auf dem Seegrund, wobei das Stachelsporige Brachsenkraut eher im flachen Wasser, das See-Brachsenkraut bis in Tiefen von 5 m gedeiht. Um diese seltenen Brachsenkräuter sehen zu können, empfiehlt sich ein Ausflug im Herbst bei Wassertiefstand. Die Pflanzen sind dann näher an der Wasseroberfläche, und oft werden Teile von ihnen ans Ufer geschwemmt. Dies ist besonders beim Seeausfluss schön zu beobachten.
Ebenfalls im Bereich der Brachsenkräuter wurzelt das Armblütige Tausendblatt (*Myriophyllum alternifolium*). Etwas näher am Ufer bedeckte bis vor einigen Jahren der zu den Wegerichgewächsen gehörende Strandling (*Littorella uniflora*) Teile des Seebodens. Ob diese Art auch heute noch im Feldsee vorkommt, ist ungewiss.

Verbreitung in der Region
Diese in Nordeuropa weit verbreitete Brachsenkraut-Gesellschaft kommt im südlichen Mitteleuropa nur sehr selten vor. Ihr Fortbestand im Feldsee sollte also unbedingt gesichert werden. Im be-

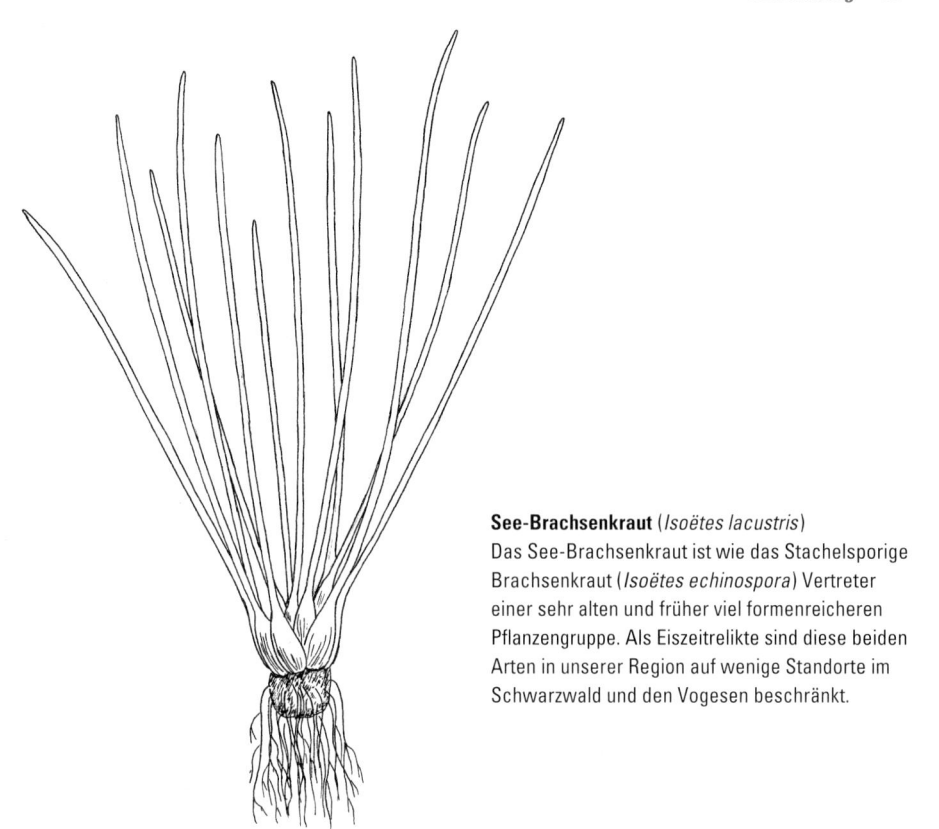

See-Brachsenkraut (*Isoëtes lacustris*)
Das See-Brachsenkraut ist wie das Stachelsporige Brachsenkraut (*Isoëtes echinospora*) Vertreter einer sehr alten und früher viel formenreicheren Pflanzengruppe. Als Eiszeitrelikte sind diese beiden Arten in unserer Region auf wenige Standorte im Schwarzwald und den Vogesen beschränkt.

nachbarten Schluchsee sind die für diese Gesellschaft charakteristischen Brachsenkräuter durch den Aufstau bereits ausgestorben, im Titisee gibt es noch einen Bestand. Aus den Vogesen kennt man ebenfalls wenige Vorkommen (Lac de Gérardmer, Lac de Longemer, Lac de Retournemer). In der Schweiz fehlt das Stachelsporige Brachsenkraut heute völlig, das See-Brachsenkraut wächst vereinzelt im Binntal und im Gotthard- und Hinterrheingebiet.

Zoologische Besonderheiten
Aufgrund der oben genannten Klima- und Nährstoffbedingungen und der geringen pflanzlichen Biomasseproduktion leben nur wenige Tierarten im Feldsee. Als einheimische Fischart gilt nur die Elritze. Bachforelle und nordamerikanischer Bachsaibling wurden ausgesetzt. Im Frühjahr legt der Grasfrosch gelegentlich seine Laichballen in den See ab. Wasservögel sind am Feldsee kaum anzutreffen.

Eiszeitrelikte

Während der Eiszeiten herrschte in unseren Breitengraden in den nichtvergletscherten Gegenden eine baumlose, Tundra-ähnliche Vegetation vor. Viele Arten, die wir heute aus Skandinavien oder den Alpen kennen, besiedelten neue, ihnen nun zusagende Lebensräume und gelangten so auch in unsere Tieflandregion.

Nach dem Einsetzen der Wärmeperiode und dem Abschmelzen der Gletscher waren die klimatischen Bedingungen für ein Wachstum dieser Pflanzen im Flachland nicht mehr gegeben. Sie wurden nun von den aus südlicheren Gefilden zurückdrängenden Bäumen nordwärts oder ins Gebirge vertrieben. Dort konnten sie sich an Standorten halten, die natürlicherweise waldfrei blieben.

Da das Feldberggebiet viele solche waldfreie Standorte aufwies (Geländerippen, Steilwände, Lawinenrunsen, Moore), konnten hier zahlreiche Pflanzenarten aus den Eiszeiten überdauern, obwohl sie inzwischen vollständig von ihrem heutigen Verbreitungsgebiet getrennt sind.

Literatur

Aeschimann, D. und Heitz, C. (1996): *Synonymie-Index der Schweizer Flora*. Zentrum des Datenverbundnetzes der Schweizer Flora, Bern.

Arlt, K., Hilbig, W. und Illig, H. (1991): *Ackerunkräuter, Ackerwildkräuter*. A. Ziemsen Verlag, Wittenberg Lutherstadt.

Artmann-Graf, G. (1992): *Die Farn- und Blütenpflanzen im Naturschutzreservat Chilpen bei Diegten (BL)*. Tätigkeitsberichte der Naturforschenden Gesellschaft Baselland, Bd. 37, Naturforschende Gesellschaft Baselland (Hg.), Buchdruckerei Lüdin, Liestal.

Bau- und Umweltschutzdirektion des Kantons Basel-Landschaft (Hg.) (1989): *Natur aktuell*. Verlag des Kantons Basel-Landschaft, Liestal.

Becherer, A. (1921): *Beiträge zur Flora des Rheintals zwischen Basel und Schaffhausen*. Verhandlungen der Naturforschenden Gesellschaft Basel, Bd. 32, Basel.

Becherer, A. (1927): *Über eine sundgauische Fazies in der Basler Ackerflora*. Verhandlungen der Naturforschenden Gesellschaft Basel, Bd. 38, Basel.

Becherer, A. (1972): *Führer durch die Flora der Schweiz*. Schwabe Verlag, Basel.

Berger, C. (1993): *Die unbelebten Standortfaktoren Relief, Boden und Wasser als Grundlage der Naturschutzgebietsplanung in der Petite Camargue Alsacienne*. Diplomarbeit, Geographisches Institut Universität Basel, Basel.

Binz, A. (1911): *Flora von Basel und Umgebung*. 3. Aufl., Lendorff Verlag, Basel.

Binz, A. (1933): *Über die Flora von Rheinfelden – Olsberg*. Verhandlungen der Naturforschenden Gesellschaft Basel, Bd. 44, Basel.

Binz, A. (1948): *Dryas octopetala L. im Jura und ihre Entdeckung an der Lauchfluh in Baselland*. Tätigkeitsberichte der Naturforschenden Gesellschaft Baselland, Bd. 16, Naturforschende Gesellschaft Baselland (Hg.), Buchdruckerei Lüdin, Liestal.

Binz, A. und Heitz, C. (1990): *Schul- und Exkursionsflora der Schweiz*. 19. Aufl., Schwabe Verlag, Basel.

Binz, A. und Vischer, V. (1956): *Zur Flora des Rheinlaufes bei Basel.* Verhandlungen der Naturforschenden Gesellschaft Basel, Bd. 67, Basel.

Bitterli, P. (1987): *Geologischer Führer der Region Basel.* Birkhäuser Verlag, Basel.

Blattner, M. und Ritter, M. (1985): *Basler Natur Atlas.* Basler Naturschutz, Basel.

Bogenrieder, A. (1982): *Der Feldberg im Schwarzwald.* Die Natur- und Landschaftsschutzgebiete Baden-Württembergs, Bd. 12, Landesanstalt für Umweltschutz Baden-Württemberg, Karlsruhe.

Bogenrieder, A. (1983): *Führer zur Exkursion der Deutschen Botanischen Gesellschaft am 18. September 1982 auf den Feldberg.* Berichte der Deutschen Botanischen Gesellschaft, Bd. 96.

Brodtbeck, T., Zemp, M., Frei, M., Kienzle, U. und Knecht, D. (1997): *Flora von Basel und Umgebung 1980–1996, Teil I.* Mitteilungen der naturforschenden Gesellschaft beider Basel, Vol. 2, Buchdruckerei Lüdin, Liestal.

Brun-Hool, J. (1963): *Ackerunkraut-Gesellschaften der Nordwest-Schweiz.* Beiträge zur geobotanischen Landesaufnahme der Schweiz, Heft 43, Zürich.

Burand, J., Hasspacher, B. und Stocker, R. (1990): *Waldgesellschaften und Waldstandorte im Kanton Basel-Landschaft.* Verlag des Kantons Basel-Landschaft, Liestal.

Christ, H. (1868): *Über die Pflanzendecke des Juragebirges.* H. Georgs Verlagsbuchhandlung, Basel.

Dierssen, B. und Dierssen, K. (1984): *Vegetation und Flora der Schwarzwaldmoore.* Beih. Veröff. Naturschutz Landschaftspflege Baden-Württemberg, Bd. 39, Karlsruhe.

Eglin, W. und Moor, M. (1981): *Das Naturschutzgebiet Reinacherheide (Reinach, Basel-Landschaft).* Tätigkeitsberichte der Naturforschenden Gesellschaft Baselland, Bd. 31, Naturforschende Gesellschaft Baselland (Hg.), Buchdruckerei Lüdin, Liestal.

Ellenberg, H. (1991): *Zeigerwerte von Pflanzen in Mitteleuropa.* Scripta Geobotanica, E. Goltze Verlag, Göttingen.

Ellenberg, H. (1996): *Vegetation Mitteleuropas mit den Alpen.* 5. Aufl., Verlag Eugen Ulmer, Stuttgart.

Ellenberg, H. und Klötzli, F. (1972): *Waldgesellschaften und Waldstandorte der Schweiz.* Mitteilungen der Schweizerischen Anstalt für das forstliche Versuchswesen, Direktor der Eidgenössischen Anstalt für das forstliche Versuchswesen (Hg.), Zürich.

Erhardt, A. (1985): *Entomologische Aspekte zum Naturschutzwert der Blauen Weide.* Botanisches Institut der Universität Basel.

Fiedler, F. (1995): *Klimaatlas Oberrhein Mitte-Süd.* vdf Hochschulverlag ETH, Zürich.

Gallusser, W. A. und Schenker, A. (1992): *Die Auen am Oberrhein.* Birkhäuser Verlag, Basel.

Gisi, U. (1990): *Bodenökologie.* Georg Thieme Verlag Stuttgart, New York.

Göttlich, K. (Hg.) (1980): *Moor- und Torfkunde.* E. Schweizerbart'sche Verlagsbuchhandlung, Stuttgart.

Hanf, M. (1984): *Ackerunkräuter Europas.* BASF Aktiengesellschaft, Ludwigshafen (Hg.), BLV Verlagsgesellschaft, München.

Heinis, F. (1923): *Zwei für das Gebiet des Kantons Baselland neue Carexarten.* Tätigkeitsberichte der Naturforschenden Gesellschaft Baselland, Bd. 6, Naturforschende Gesellschaft Baselland (Hg.), Buchdruckerei Lüdin, Liestal.

Heinis, F. (1930): *Der Bölchen und seine Pflanzenwelt.* Tätigkeitsberichte der Naturforschenden Gesellschaft Baselland, Bd. 8, Naturforschende Gesellschaft Baselland (Hg.), Buchdruckerei Lüdin, Liestal.

Heinis, F. (1933): *Die Pflanzengesellschaften der Richtifluh bei Waldenburg.* Verhandlungen der Naturforschenden Gesellschaft Basel, Birkhäuser, Basel.

Heinis, F. (1954): *Vegetation und Flora der Umgebung von Waldenburg.* Jurablätter, Heft 11, Derendingen.

Hess, H., Landolt, E. und Hirzel, R. (1976–1980): *Flora der Schweiz und angrenzender Gebiete.* 2. Aufl., Birkhäuser, Basel.

Hoff, M. (1977): *Les collines calcaires sous-vosgiennes.* Bulletin de la Société Industrielle de Mulhouse, n° 770, Mulhouse.

Hoff, M. (1977): *Premier aperçu sur les groupements végétaux de la Petite Camargue alsacienne.* Bulletin de la Société d'Histoire Naturelle de Colmar, vol. 56, Colmar.

Imbeck, P., Lüscher, P. und Schultheiss, A. (1993): *Muttenzer Höhenweg.* Gemeinde Muttenz, Muttenz.

Ischi, H. (1977): *Moosgesellschaften des Kaltbrunnentales.* Diplomarbeit des Botanischen Instituts Basel, Basel.

Issler, E. (1924): *Die Hartwälder der oberelsässischen Rheinebene.* Verhandlungen des Naturhistorischen Vereins der preussischen Rheinlande und Westfalens, Bonn.

Issler, E. (1942): *Vegetationskunde der Vogesen.* Pflanzensoziologie 5, Jena.

Issler, E. (1951): *Trockenrasen und Trockenwaldgesellschaften der oberelsässischen Niederterrasse und der Silikatberge des Osthanges der Vogesen.* Berichte der Schweizerischen Botanischen Gesellschaft, Bd. 61, Bern.

Issler, E., Lyoson, E. und Walter, U. (1965): *Flore d'Alsace.* Strasbourg.

Kienzle, U. (1985): *Naturschutzwerte von Magerrasen in der Nordwestschweiz. Methoden und Kriterien zur Auswahl von Schutzgebieten.* Tätigkeitsberichte der Naturforschenden Gesellschaft Baselland, Bd. 33, Naturforschende Gesellschaft Baselland (Hg.), Buchdruckerei Lüdin, Liestal.

Kuntze, H., Niemann, J., Roeschmann, G., Schwerdtfeger, G. (1983): *Bodenkunde.* Verlag Eugen Ulmer, Stuttgart.

Larcher, W. (1994): *Ökophysiologie der Pflanzen,* 5. Aufl., Verlag Eugen Ulmer, Stuttgart.

Lauber, K. und Wagner, G. (1996): *Flora Helvetica.* Verlag Paul Haupt, Bern.

Lautenschlager, E. und D. (1994): *Die Weiden von Mittel- und Nordeuropa.* Birkhäuser Verlag, Basel.

Meier-Küpfer, H. (1985): *Florenwandel und Vegetationsveränderungen in der Umgebung von Basel seit dem 17. Jahrhundert.* Dissertation, Naturwissenschaftlich-Philosophische Fakultät der Universität Basel, Flück-Wirth, Teufen.

Moor, M. (1952): *Die Fagion-Gesellschaften im Schweizer Jura.* Beiträge zur geobotanischen Landesaufnahme der Schweiz, Heft 31, H. Huber Verlag, Bern.

Moor, M. (1958): *Pflanzengesellschaften schweizerischer Flussauen.* Mitteilungen der Schweizerischen Anstalt für forstliches Versuchswesen, Heft 34, Zürich.

Moor, M. (1962): *Einführung in die Vegetationskunde der Umgebung Basels.* Lehrmittelverlag des Kantons Basel-Stadt, Basel.

Moor, M. (1963): *Pflanzengesellschaften als geologische Zeiger im Jura.* Regio Basiliensis, Heft 4/1, Basel.
Moor, M. (1973): *Das Corydalido-Aceretum, ein Beitrag zur Systematik der Ahornwälder.* Berichte der Schweizerischen Botanischen Gesellschaft, Bd. 83, Bern.
Müller, W., Schifferli, L. & Zwygart, D. (1989): *Obstgärten – vielfältige Lebensräume.* Schweizer Vogelschutz (SVS) Verband für Vogel- und Naturschutz, Zürich.
Oberdorfer, E. (1953): *Der Europäische Auenwald.* Beiträge zur naturkundlichen Forschung in Südwest-Deutschland, Bd. 12.
Oberdorfer, E. (1982): *Erläuterungen zur vegetationskundlichen Karte Feldberg 1:25000.* Landesanstalt für Umweltschutz Baden-Württemberg – Institut für Ökologie und Naturschutz Karlsruhe – und Landesvermessungsamt Baden-Württemberg Stuttgart (Hg.), Beih. Veröff. Naturschutz Landschaftspflege Baden-Württemberg, Bd. 27, Karlsruhe.
Oberdorfer, E. (Hg.) (1992): *Süddeutsche Pflanzengesellschaften.* Gustav Fischer Verlag, Stuttgart.
Oberdorfer, E., Korneck, D. und Müller, Th. (1977–83): *Süddeutsche Pflanzengesellschaften.* Gustav Fischer Verlag, Stuttgart.
Oltmanns, F. (1927): *Pflanzenleben des Schwarzwaldes.* C. A. Wagner Buchdruckerei, Freiburg i. Br.
Philippi, G. (1978): *Veränderungen der Wasser- und Uferflora im badischen Oberrheingebiet.* Beih. Veröff. Naturschutz Landschaftspflege Baden-Württemberg, Bd. 11, Karlsruhe.
Probst, R. (1949): *Gefässkryptogamen und Phanerogamen des Kantons Solothurn und der angrenzenden Gebiete.* Vogt-Schild AG, Solothurn.
Rastetter, V. (1971): *Aspects de la végétation de la plaine hautrhinoise.* Bulletin de la Société Industrielle de Mulhouse, n° 745, Mulhouse.
Reinhard, H., Gölz, P., Peter, R. und Wildermuth, H. (1991): *Orchideen der Schweiz und angrenzender Gebiete.* Fotorotar Druck + Verlag, Egg.
Schäfer, H. und Wittmann, O. (1966): *Der Isteiner Klotz.* Verlag Rombach, Freiburg.
Scheffer, F. und Schachtschabel, P. (1989): *Lehrbuch der Bodenkunde.* 12. Aufl., Enke, Stuttgart.

Schifferli, L. (1987): *Vögel und Landwirtschaft.* Schweizerische Vogelwarte, Sempach.

Schneider, W. (1978/1979): *Die Verbreitung von Luzula silvatica, Luzula nemorosa und Luzula pilosa im Olsberger Wald.* Diplomarbeit des Botanischen Instituts Basel, Basel.

Schröter, C. (1926): *Das Pflanzenleben der Alpen.* 2. Aufl., Verlag A. Raustein, Zürich.

Sebald, O., Seybold, S. und Philippi, G. (1990–1995): *Die Farn- und Blütenpflanzen Baden-Württembergs.* Verlag Eugen Ulmer, Stuttgart.

Steiger, P. (1994): *Wälder der Schweiz.* Ott Verlag, Thun.

Stöcklin, J. und Gisi, U. (1989): *Auswirkungen der Brachlegung von Mähwiesen auf die Produktion pflanzlicher Biomasse und die Menge und Struktur der Streudecke.* Acta Oecologica, Oecological Application Vol. 10, n° 3, 259–270.

Strasburger, E. (1983): *Lehrbuch der Botanik.* Gustav Fischer Verlag Stuttgart, New York.

Succow, M. und Jeschke, L. (1990): *Moore in der Landschaft.* Urania-Verlag Leipzig, Jena, Berlin.

Vogt, W. (1984): *Pflanzensoziologisch-ökologische Untersuchungen im Naturschutzgebiet Chilpen bei Diegten (Baselland).* Tätigkeitsberichte der Naturforschenden Gesellschaft Baselland, Bd. 32, Naturforschende Gesellschaft Baselland (Hg.), Buchdruckerei Lüdin, Liestal.

Walther, B. (1994): *Biomanagement mit dem Schottischen Hochlandrind.* Dissertation, Philosophisch-Naturwissenschaftliche Fakultät der Universität Basel, Basel.

Weidkuhn, Ch. (1984): *Das Geranio-Allietum in den Weinbergen der Region Basel.* Diplomarbeit, Botanisches Institut der Universität Basel, Basel.

Welten, M. und Sutter, R. (1982): *Verbreitungsatlas der Farn- und Blütenpflanzen der Schweiz.* Birkäuser, Basel.

Willerding, U. (1986): *Zur Geschichte der Unkräuter Mitteleuropas.* Karl Wachholtz Verlag, Neumünster.

Wilmanns, O. und Bogenrieder, A. (1992): *Das Geranio-Allietum in der oberelsässischen Rebflur.* Bauhinia 10, Birkhäuser, Basel.

Witschel, M. (1994): *Die Arealgrenzen des Xerobrometum Br.Bl.15 em.31 im Südwesten des Verbreitungsgebietes.* Berichte der Reinh.-Tüxen-Gesellschaft 6, 121–147, Hannover.

Zemp, M. (1979): *Einige Untersuchungen zu den Mikroklimata verschiedener Pflanzengemeinschaften des unteren Kaltbrunnentales und parallele phänologische Beobachtungen.* Diplomarbeit des Botanischen Instituts Basel, Basel.

Zemp, M. (1984): *Einige Untersuchungen zur Ökologie des Felsmooses Thamnium alopecurum (L.) Br. eur. 1852 in der Waldschlucht des Kaltbrunnentals (Solothurner und Laufentaler Jura, Schweiz).* Dissertation, Philosophisch-naturwissenschaftliche Fakultät der Universität Basel, Basel.

Zoller, H. (1951): *Das Pflanzenkleid der Mergelsteilhänge im Weissensteingebiet.* Berichte des geobotanischen Forschungsinstituts Rübel, Zürich.

Zoller, H. (1954): *Die Arten der Bromus erectus-Wiesen des Schweizer Juras.* Veröffentlichungen des geobotanischen Instituts Rübel, Bd. 28, Zürich.

Zoller, H. (1954): *Die Typen der Bromus erectus-Wiesen des Schweizer Juras.* Beiträge zur geobotanischen Landesaufnahme der Schweiz, Bd. 33, Verlag Hans Huber, Bern.

Bildnachweis

Die folgenden Bilder wurden freundlicherweise von den untenstehenden Personen zur Verfügung gestellt. Alle anderen Fotografien stammen von den Autoren.

Örni Akeret und Marlu Kühn: Mauer-Zimbelkraut, S. 29; Stinkende Nieswurz, S.124; Gemeiner Sauerklee, S.133; Blutroter Storchschnabel, S.308; Straussblütige Margerite, S.309; Bewimpertes Perlgras, S.313; Schweizerischer Löwenzahn, S.348.
Kai Huovinen: Rivinus' Veilchen, S.105; Waldmoor, S.139.
Stefanie Jacomet: Felsenmispel, S.162; Grauer Alpendost, S.263.
Michael Klaus: Immenblatt, S.124; Doldiger Milchstern, S.210.
Alexander Kocyan: Gewöhnliche Küchenschelle, S.72; Helm-Orchis, S.83; Heide-Wachtelweizen, S.133; Wald-Springkraut oder Rührmichnichtan, S.136; Herzblatt, S.226; Langblättriges Waldvögelein, S.255; Federgras, S.315; Weisses Schnabelried, S.327; Moorenzian, S.342.
Kunstmuseum Basel: Gemälde von Peter Birmann, S.50/51.
Stefan Schwegler: Hummel-Ragwurz, S.83; Rotes Waldvögelein, S.124; Kleine Orchis, S.190; Herbst-Wendelähre, S.191; Spitz- oder Pyramidenorchis, S.198; Kleine Spinnen-Ragwurz und Fliegen-Ragwurz, S.223; Langspornige Handwurz, S.224; Gemeine Sumpfwurz, S.225; Bienen-Ragwurz, S.234; Braunrote Sumpfwurz, S.240; Moosorchis, S.248; Braunrote Orchis, S.295; Acker-Wachtelweizen, S.301; Herbst-Blaustern, S.307; Goldschopf-Aster, S.309; Kleines Zweiblatt, S.334; Traunsteiners Knabenkraut, S. 343.
Michael Zemp: Gemeine Pestwurz, S.93; Hirschzunge, S.147.

Anhang

Artenlisten	363
Verzeichnis der Kastentexte	442
Glossar	443
Register Artnamen	453

Artenlisten

s = selten	▮ = Vor- bzw. Nachblüte
z = zerstreut	▮ = Hauptblüte
h = häufig	Spezifische Legenden jeweils am Ende des betreffenden Standorts

Exkursion 1: Stadt Basel

Standort A – Vegetation am verbauten Rheinufer		März	April	Mai	Juni	Juli	Aug	Sept
Gehölze								
Weinrebe (*Vitis vinifera*)	I				▮	▮	▮	▮
Feld-Ulme (*Ulmus minor*)	I				▮	▮	▮	▮
Brombeere (*Rubus sp.*)	I				▮	▮	▮	▮
Kräuter								
Gemeines Hirtentäschchen (*Capsella bursa-pastoris*)	A		▮	▮	▮	▮	▮	▮
Persischer Ehrenpreis (*Veronica persica*)	N		▮	▮	▮	▮	▮	▮
Frühlings-Fingerkraut (*Potentilla neumanniana*)	I		▮	▮				
Pfaffenröhrlein (*Taraxacum officinale aggr.*)	I		▮	▮	▮			
Spitz-Wegerich (*Plantago lanceolata*)	A			▮	▮	▮	▮	▮
Rundblättr. Storchschnabel (*Geranium rotundifolium*)	A			▮	▮	▮	▮	▮
Gemeine Nelkenwurz (*Geum urbanum*)	I			▮	▮	▮	▮	▮
Hopfenklee (*Medicago lupulina*)	I			▮	▮	▮	▮	▮
Vogel-Knöterich (*Polygonum aviculare aggr.*)	A			▮	▮	▮	▮	▮
Weisse Waldnelke (*Silene pratensis*)	A			▮	▮	▮	▮	▮
Gemeines Leimkraut (*Silene vulgaris s.str.*)	I			▮	▮	▮	▮	▮
Schlangen-Lauch (*Allium scorodoprasum*)	I			▮	▮	▮		▮
Aufrechter Sauerklee (*Oxalis fontana*)	N			▮	▮	▮	▮	▮
Hohes Fingerkraut (*Potentilla recta*)	N			▮	▮	▮	▮	▮
Kriechender Klee (*Trifolium repens*)	I			▮	▮	▮	▮	▮
Graukresse (*Berteroa incana*)	N			▮	▮	▮	▮	▮
Kleines Leinkraut (*Chaenorrhinum minus*)	A			▮	▮	▮	▮	▮
Schmalblättriger Doppelsame (*Diplotaxis tenuifolia*)	A			▮	▮	▮	▮	▮
Weisses Labkraut (*Galium album*)	I			▮	▮	▮	▮	▮

Artenliste 1. Stadt Basel

		März	April	Mai	Juni	Juli	Aug	Sept
Luzerne (*Medicago sativa*)	N							
Weisser Honigklee (*Melilotus albus*)	A							
Gebräuchlicher Honigklee (*Melilotus officinalis*)	A							
Gemeine Nachtkerze (*Oenothera biennis aggr.*)	N							
Grosse Brennessel (*Urtica dioica*)	I							
Acker-Gauchheil (*Anagallis arvensis*)	A							
Acker-Winde (*Convolvulus arvensis*)	A							
Kleinköpfiger Pippau (*Crepis capillaris*)	I							
Möhre (*Daucus carota*)	I							
Gemeines Johanniskraut (*Hypericum perforatum s.str.*)	I							
Breit-Wegerich (*Plantago major s.l.*)	A							
Eisenkraut (*Verbena officinalis*)	A							
Feinstrahliges Berufkraut (*Erigeron annuus s.l.*)	N							
Wilder Lattich (*Lactuca serriola*)	I							
Acker-Gänsedistel (*Sonchus arvensis s.str.*)	A							
Grossblütige Königskerze (*Verbascum densiflorum*)	A							
Grosse Klette (*Arctium lappa*)	I							
Weisser Gänsefuss (*Chenopodium album*)	A							
Kanadisches Berufkraut (*Conyza canadensis*)	N							
Dost (*Origanum vulgare*)	I							
Bitterkraut (*Picris hieracioides*)	I							
Gemeiner Beifuss (*Artemisia vulgaris*)	I							
Kanadische Goldrute (*Solidago canadensis*)	N							
Gräser								
Stachelige Segge (*Carex muricata aggr.*)	I							
Taube Trespe (*Bromus sterilis*)	A							
Gemeines Knäuelgras (*Dactylis glomerata*)	I							
Glatthafer (*Arrhenatherum elatius*)	A							
Plattes Rispengras (*Poa compressa*)	I							
Wiesen-Rispengras (*Poa pratensis s.str.*)	A							
Kriechende Quecke (*Agropyron repens*)	I							
Hundszahngras (*Cynodon dactylon*)	A							
Grüne Borstenhirse (*Setaria viridis*)	A							

Artenliste 1. Stadt Basel 365

		März	April	Mai	Juni	Juli	Aug	Sept
Entlang der Uferlinie:								
Stumpfblättriger Ampfer (*Rumex obtusifolius*)	I							
Milder Knöterich (*Polygonum mite*)	I							
Echte Sumpfkresse (*Rorippa palustris*)	I							
Krauser Ampfer (*Rumex crispus*)	I							
Kriechendes Straussgras (*Agrostis stolonifera*)	I							
Rohr-Glanzgras (*Phalaris arundinacea*)	I							
Schilf (*Phragmites australis*)	I							
Im Gebüschsaum u. a.:								
Scharbockskraut (*Ranunculus ficaria*)	I							
Gefleckte Taubnessel (*Lamium maculatum*)	I							
Knoblauchhederich (*Alliaria petiolata*)	I							
Schöllkraut (*Chelidonium majus*)	I							
Taumel-Kerbel (*Chaerophyllum temulum*)	I							
Zweihäusige Zaunrübe (*Bryonia dioica*)	I							
I indigene Pflanze								
A Archaeophyt								
N Neophyt								
Standort B – Mauerfugen-Vegetation								
Gehölze								
Eibe (*Taxus baccata*)								
Efeu (*Hedera helix*)								
Kräuter								
Erdbeer-Fingerkraut (*Potentilla sterilis*)								
Gelber Lerchensporn (*Corydalis lutea*)								
Mauer-Zimbelkraut (*Cymbalaria muralis*)								
Mauerlattich (*Mycelis muralis*)								
Farne								
Mauer-Streifenfarn (*Asplenium ruta-muraria*)								
Braunstieliger Streifenfarn (*Asplenium trichomanes*)								

Artenliste 2. Rheinstau Märkt und Altrhein

Standort C – Pflanzen zwischen Pflastersteinen

Art		März	April	Mai	Juni	Juli	Aug	Sept
Kräuter								
Massliebchen (*Bellis perennis*)	z							
Gemeines Hirtentäschchen (*Capsella bursa-pastoris*)	z							
Frühlings-Hungerblümchen (*Erophila verna aggr.*)	z							
Pfaffenröhrlein (*Taraxacum officinale aggr.*)	z							
Vogel-Knöterich (*Polygonum aviculare aggr.*)	h							
Niederliegendes Mastkraut (*Sagina procumbens*)	h							
Niederliegende Wolfsmilch (*Euphorbia humifusa*)	z							
Kahles Bruchkraut (*Herniaria glabra*)	h							
Niederliegendes Johanniskraut (*Hypericum humifusum*)	s							
Schutt-Kresse (*Lepidium ruderale*)	z							
Strahlenlose Kamille (*Matricaria discoidea*)	s							
Breit-Wegerich (*Plantago major s.l.*)	h							
Nagelkraut (*Polycarpon tetraphyllum*)	h							
Portulak (*Portulaca oleracea s.str.*)	z							
Sumpfkresse (*Rorippa sp.*)	s							
Kriechender Klee (*Trifolium repens*)	z							
Kanadisches Berufkraut (*Conyza canadensis*)	z							
Gräser								
Einjähriges Rispengras (*Poa annua*)	h							
Kröten-Binse (*Juncus bufonius*)	s							
Kleines Liebesgras (*Eragrostis minor*)	h							

Exkursion 2: Rheinstau Märkt und Altrhein

Standort A – Ruderalfluren am Wegrand

Kräuter

- Gemeines Hirtentäschchen (*Capsella bursa-pastoris*)*
- Frühlings-Hungerblümchen (*Erophila verna aggr.*)*
- Huflattich (*Tussilago farfara*)
- Schotenkresse (*Arabidopsis thaliana*)*
- Sand-Hornkraut (*Cerastium semidecandrum*)*
- Gemeiner Reiherschnabel (*Erodium cicutarium*)*/**

Artenliste 2. Rheinstau Märkt und Altrhein

	März	April	Mai	Juni	Juli	Aug	Sept
Hügel-Vergissmeinnicht (*Myosotis ramosissima*)*							
Dreifingeriger Steinbrech (*Saxifraga tridactylites*)*							
Knäuelblütiges Hornkraut (*Cerastium glomeratum*)*							
Mauer-Hungerblümchen (*Draba muralis*)*							
Feld-Kresse (*Lepidium campestre*)*							
Acker-Vergissmeinnicht (*Myosotis arvensis*)*							
Pfaffenröhrlein (*Taraxacum officinale aggr.*)							
Stengelumfassendes Täschelkraut (*Thlaspi perfoliatum*)*							
Feld-Ehrenpreis (*Veronica arvensis*)*							
Weicher Storchschnabel (*Geranium molle*)							
Kleiner Storchschnabel (*Geranium pusillum*)*							
Rundblättriger Storchschnabel (*Geranium rotundifolium*)*							
Färber-Waid (*Isatis tinctoria*)**							
Virginische Kresse (*Lepidium virginicum*)*							
Hopfenklee (*Medicago lupulina*)							
Zwerg-Schneckenklee (*Medicago minima*)*							
Weisse Waldnelke (*Silene pratensis*)							
Gemeines Leimkraut (*Silene vulgaris s.str.*)							
Französische Rampe (*Erucastrum gallicum*) */**							
Kletten-Labkraut (*Galium aparine*)*							
Strahlenlose Kamille (*Matricaria discoidea*)*							
Gelber Acker-Klee (*Trifolium campestre*)*							
Quendelblättriges Sandkraut (*Arenaria serpyllifolia aggr.*)*							
Natterkopf (*Echium vulgare*)(**)							
Behaartes Bruchkraut (*Herniaria hirsuta*)(*)							
Gemeine Nachtkerze (*Oenothera biennis aggr.*)**							
Vogel-Knöterich (*Polygonum aviculare aggr.*)*							
Silber-Fingerkraut (*Potentilla argentea*)							
Norwegisches Fingerkraut (*Potentilla norvegica*) */**							
Hohes Fingerkraut (*Potentilla recta*)							
Gelbe Reseda (*Reseda lutea*)(*/**)							
Geruchlose Strandkamille (*Tripleurospermum perforatum*)*							
Gemeine Schafgarbe (*Achillea millefolium aggr.*)							
Acker-Gauchheil (*Anagallis arvensis*)*							

Artenliste 2. Rheinstau Märkt und Altrhein

	März	April	Mai	Juni	Juli	Aug	Sept
Graukresse (Berteroa incana)*/**							
Acker-Winde (Convolvulus arvensis)							
Kleinköpfiger Pippau (Crepis capillaris)**							
Möhre (Daucus carota)(**)							
Schmalblättriger Doppelsame (Diplotaxis tenuifolia)							
Weisses Labkraut (Galium album)							
Kahles Bruchkraut (Herniaria glabra)(*)							
Gelbe Luzerne (Medicago falcata)							
Luzerne (Medicago sativa)							
Weisser Honigklee (Melilotus albus)*/**							
Gebräuchlicher Honigklee (Melilotus officinalis)**							
Breit-Wegerich (Plantago major s.l.)							
Stumpfblättriger Ampfer (Rumex obtusifolius)							
Rispen-Sauerampfer (Rumex thyrsiflorus)							
Scharfer Mauerpfeffer (Sedum acre)							
Weisser Mauerpfeffer (Sedum album)							
Lampen-Königskerze (Verbascum lychnitis)**							
Rheinische Flockenblume (Centaurea stoebe)(**)							
Wegwarte (Cichorium intybus)							
Feinstrahliges Berufkraut (Erigeron annuus s.l.)*							
Gemeines Johanniskraut (Hypericum perforatum s.str.)							
Wilder Lattich (Lactuca serriola)*							
Gemeines Leinkraut (Linaria vulgaris)							
Gebräuchliches Seifenkraut (Saponaria officinalis)							
Bunte Kronwicke (Securigera varia)							
Acker-Gänsedistel (Sonchus arvensis s.str.)							
Grossblütige Königskerze (Verbascum densiflorum)**							
Dunkle Königskerze (Verbascum nigrum)							
Eisenkraut (Verbena officinalis)							
Kanadisches Berufkraut (Conyza canadensis)*/**							
Weisser Gänsefuss (Chenopodium album)*							
Bitterkraut (Picris hieracioides)							
Gemeiner Rainfarn (Tanacetum vulgare)							
Gemeiner Beifuss (Artemisia vulgaris)							

Artenliste 3. Petite Camargue Alsacienne

	März	April	Mai	Juni	Juli	Aug	Sept
Kanadische Goldrute (*Solidago canadensis*)							
Gräser							
Einjähriges Rispengras (*Poa annua*)*							
Weiche Trespe (*Bromus hordeaceus*)*							
Taube Trespe (*Bromus sterilis*)*							
Dach-Trespe (*Bromus tectorum*)*							
Mäuse-Gerste (*Hordeum murinum s.str.*)*							
Mäuse-Federschwingel (*Vulpia myuros*)*							
Gemeines Knäuelgras (*Dactylis glomerata*)							
Kriechende Quecke (*Agropyron repens*)							
Gemeiner Windhalm (*Apera spica-venti*)*							
Plattes Rispengras (*Poa compressa*)							

* Einjährig
** Zweijährig
( ) nicht ausschliesslich ein- oder zweijährig

Exkursion 3: Petite Camargue Alsacienne

Standort C – Vegetation am Teichufer und Riedwiesenpflanzen

Sträucher

Grau-Weide (*Salix cinerea*)	s	
Purpur-Weide (*Salix purpurea*)	s	
Hänge-Birke (*Betula pendula*)	s	
Faulbaum (*Frangula alnus*)	s	

Kräuter

Dotterblume (*Caltha palustris*)	s	
Pfaffenröhrlein (*Taraxacum officinale aggr.*)	s	
Sumpf-Wolfsmilch (*Euphorbia palustris*)	s	
Beinwell (*Symphytum officinale*)	z	
Gelbe Schwertlilie (*Iris pseudacorus*)	h	
Sibirische Schwertlilie (*Iris sibirica*)	z	
Sumpf-Dreizack (*Triglochin palustris*)	s	
Sumpf-Labkraut (*Galium palustre*)	z	

Artenliste 3. Petite Camargue Alsacienne

		März	April	Mai	Juni	Juli	Aug	Sept
Gelbe Wiesenraute (*Thalictrum flavum*)	s							
Gewöhnlicher Gilbweiderich (*Lysimachia vulgaris*)	h							
Kriechendes Fingerkraut (*Potentilla reptans*)	s							
Gemeiner Froschlöffel (*Alisma plantago-aquatica*)	z							
Sumpf-Kreuzkraut (*Senecio paludosus*)	lokal z							
Sumpf-Ziest (*Stachys palustris*)	h							
Sumpf-Kratzdistel (*Cirsium palustre*)	z							
Wasserdost (*Eupatorium cannabinum*)	h							
Europäischer Wolfsfuss (*Lycopus europaeus*)	z							
Blut-Weiderich (*Lythrum salicaria*)	h							
Wasser-Minze (*Mentha aquatica*)	h							
Lachenals Rebendolde (*Oenanthe lachenalii*)	h							
Grosses Flohkraut (*Pulicaria dysenterica*)	z							
Spätblühende Goldrute (*Solidago gigantea*)	z							
Gräser								
Steife Segge (*Carex elata*)	h							
Scharfkantige Segge (*Carex acutiformis*)	h							
Hirse-Segge (*Carex panicea*)	h							
Gelbe Segge (*Carex flava*)	z							
Einspelziges Sumpfried (*Eleocharis uniglumis*)	h							
Gemeines Rispengras (*Poa trivialis s.str.*)	s							
Fioringras (*Agrostis gigantea*)	z							
Graues Reitgras (*Calamagrostis canescens*)	z							
Gemeines Reitgras (*Calamagrostis epigeios*)	z							
Glänzendfrüchtige Binse (*Juncus articulatus*)	h							
Stumpfblütige Binse (*Juncus subnodulosus*)	h							
Rohr-Glanzgras (*Phalaris arundinacea*)	h							
Gemeines Seeried (*Schoenoplectus lacustris*)	s							
Breitblättriger Rohrkolben (*Typha latifolia*)	s							
Strand-Pfeifengras (*Molinia arundinacea*)	z							
Schilf (*Phragmites australis*)	h							

Artenliste 3. Petite Camargue Alsacienne 371

Standort D – Magerrasen auf Sand- und Schotterböden		März	April	Mai	Juni	Juli	Aug	Sept
Kräuter und Zwergsträucher								
Frühlings-Hungerblümchen (*Erophila verna* aggr.)	z							
Sand-Hornkraut (*Cerastium semidecandrum*)	z							
Frühlings-Fingerkraut (*Potentilla neumanniana*)	h							
Gewöhnliche Küchenschelle (*Pulsatilla vulgaris*)	h							
Dreifingeriger Steinbrech (*Saxifraga tridactylites*)	s							
Gemeine Kugelblume (*Globularia punctata*)	s							
Gemeiner Reiherschnabel (*Erodium cicutarium*)	s							
Zypressen-Wolfsmilch (*Euphorbia cyparissias*)	h							
Rötliches Fingerkraut (*Potentilla heptaphylla*)	z							
Glattes Pfaffenröhrlein (*Taraxacum laevigatum* aggr.)	z							
Stengelumfassendes Täschelkraut (*Thlaspi perfoliatum*)	z							
Echter Wundklee (*Anthyllis vulneraria s.l.*)	h							
Rauhhaarige Gänsekresse (*Arabis hirsuta s.str.*)	h							
Kleine Orchis (*Orchis morio*)	z							
Warzige Wolfsmilch (*Euphorbia verrucosa*)	h							
Feld-Kresse (*Lepidium campestre*)	s							
Hornklee (*Lotus corniculatus* aggr.)	h							
Spitz-Wegerich (*Plantago lanceolata*)	h							
Knolliger Hahnenfuss (*Ranunculus bulbosus*)	z							
Kleiner Wiesenknopf (*Sanguisorba minor s.str.*)	z							
Feld-Ehrenpreis (*Veronica arvensis*)	z							
Gemüse-Spargel (*Asparagus officinalis*)	s							
Séguiers Wolfsmilch (*Euphorbia seguieriana*)	s							
Langhaariges Habichtskraut (*Hieracium pilosella*)	h							
Hufeisenklee (*Hippocrepis comosa*)	h							
Feld-Witwenblume (*Knautia arvensis*)	h							
Wiesen-Salbei (*Salvia pratensis*)	h							
Gelber Acker-Klee (*Trifolium campestre*)	s							
Berg-Klee (*Trifolium montanum*)	s							
Zartes Sandkraut (*Arenaria leptoclados*)	z							
Gem. Sonnenröschen (*Helianthemum nummularium s.l.*)	h							
Gelbe Reseda (*Reseda lutea*)	z							
Nickendes Leimkraut (*Silene nutans s.str.*)	z							

Artenliste 3. Petite Camargue Alsacienne

		März	April	Mai	Juni	Juli	Aug	Sept
Gemeine Schafgarbe (*Achillea millefolium aggr.*)	s							
Kartäuser-Nelke (*Dianthus carthusianorum s.str.*)	z							
Natterkopf (*Echium vulgare*)	h							
Gelbes Labkraut (*Galium verum s.str.*)	h							
Dornige Hauhechel (*Ononis spinosa s.str.*)	z							
Grossblütige Brunelle (*Prunella grandiflora*)	z							
Gelbe Luzerne (*Medicago falcata*)	h							
Gemeine Skabiose (*Scabiosa columbaria s.l.*)	z							
Gemeines Leimkraut (*Silene vulgaris s.str.*)	z							
Aufrechter Ziest (*Stachys recta s.str.*)	h							
Edel-Gamander (*Teucrium chamaedrys*)	h							
Berg-Gamander (*Teucrium montanum*)	z							
Ästige Graslilie (*Anthericum ramosum*)	lokal h							
Gekielter Lauch (*Allium carinatum s.str.*)	z							
Hügel-Waldmeister (*Asperula cynanchica*)	h							
Rheinische Flockenblume (*Centaurea stoebe*)	z							
Möhre (*Daucus carota*)	s							
Gemeines Johanniskraut (*Hypericum perforatum s.str.*)	h							
Sprossende Felsennelke (*Petrorhagia prolifera*)	z							
Golddistel (*Carlina vulgaris*)	z							
Skabiosen-Flockenblume (*Centaurea scabiosa s.l.*)	z							
Feld-Thymian (*Thymus serpyllum aggr.*)	z							
Ähriger Ehrenpreis (*Veronica spicata*)	h							
Feld-Beifuss (*Artemisia campestris*)	h							
Kleine Bibernelle (*Pimpinella saxifraga*)	h							
Hügel-Bergfenchel (*Seseli annuum*)	h							
Berg-Aster (*Aster amellus*)	lokal h							
Gräser								
Frühlings-Segge (*Carex caryophyllea*)	h							
Knolliges Rispengras (*Poa bulbosa*)	h							
Zittergras (*Briza media*)	z							
Glatthafer (*Arrhenatherum elatius*)	s							
Aufrechte Trespe (*Bromus erectus s.str.*)	h							
Schaf-Schwingel (*Festuca ovina aggr.*)	h							

		März	April	Mai	Juni	Juli	Aug	Sept
Wiesen-Rispengras (*Poa pratensis aggr.*)	s							
Fieder-Zwenke (*Brachypodium pinnatum*)	s							
Grossblütige Kammschmiele (*Koeleria macrantha*)	h							
Gemeines Bartgras (*Bothriochloa ischaemum*)	z							

Exkursion 4: Reinacher Heide

Standort A – Halbtrockener Magerrasen mit Trockenstellen

Kräuter und Zwergsträucher

Frühlings-Hungerblümchen (*Erophila verna aggr.*)	z/h
Frühlings-Fingerkraut (*Potentilla neumanniana*)	z
Dreifingeriger Steinbrech (*Saxifraga tridactylites*)	z
Blasses Hornkraut (*Cerastium glutinosum*)	z
Zypressen-Wolfsmilch (*Euphorbia cyparissias*)	z/h
Glattes Pfaffenröhrlein (*Taraxacum laevigatum aggr.*)	s
Gemeine Kugelblume (*Globularia punctata*)	h
Stengelumfassendes Täschelkraut (*Thlaspi perfoliatum*)	s/z
Rauhhaarige Gänsekresse (*Arabis hirsuta s.str.*)	z
Knäuelblütiges Hornkraut (*Cerastium glomeratum*)	z
Warzige Wolfsmilch (*Euphorbia verrucosa*)	z
Hornklee (*Lotus corniculatus aggr.*)	z/h
Hopfenklee (*Medicago lupulina*)	z
Helm-Orchis (*Orchis militaris*)	s/z
Knolliger Hahnenfuss (*Ranunculus bulbosus*)	z
Kleiner Wiesenknopf (*Sanguisorba minor s.str.*)	z
Feld-Ehrenpreis (*Veronica arvensis*)	s/z
Futter-Wicke (*Vicia sativa s.l.*)	s
Langhaariges Habichtskraut (*Hieracium pilosella*)	h
Hufeisenklee (*Hippocrepis comosa*)	z
Feld-Witwenblume (*Knautia arvensis*)	z/h
Zwerg-Schneckenklee (*Medicago minima*)	z
Wiesen-Salbei (*Salvia pratensis*)	z
Gelber Acker-Klee (*Trifolium campestre*)	z

Artenliste 4. Reinacher Heide

		März	April	Mai	Juni	Juli	Aug	Sept
Rot-Klee (*Trifolium pratense s.str.*)	z							
Gemeine Schafgarbe (*Achillea millefolium aggr.*)	z							
Quendelblättr. Sandkraut (*Arenaria serpyllifolia aggr.*)	z							
Gem. Sonnenröschen (*Helianthemum nummularium s.l.*)	z							
Purgier-Lein (*Linum catharticum*)	z							
Spitz-Wegerich (*Plantago lanceolata*)	z							
Natterkopf (*Echium vulgare*)	z							
Weisses Labkraut (*Galium album*)	z							
Kriechende Hauhechel (*Ononis repens*)	s/z							
Gemeines Leimkraut (*Silene vulgaris s.str.*)	z							
Aufrechter Ziest (*Stachys recta s.str.*)	z							
Edel-Gamander (*Teucrium chamaedrys*)	z							
Kriechender Klee (*Trifolium repens*)	z							
Vogel-Wicke (*Vicia cracca s.str.*)	z							
Rundblättrige Glockenblume (*Campanula rotundifolia*)	z							
Golddistel (*Carlina vulgaris*)	z							
Skabiosen-Flockenblume (*Centaurea scabiosa s.l.*)	z							
Möhre (*Daucus carota*)	z							
Heide-Augentrost (*Euphrasia stricta*)	z/h							
Jakobs-Kreuzkraut (*Senecio jacobaea*)	z							
Feld-Thymian (*Thymus serpyllum aggr.*)	h							
Dunkle Königskerze (*Verbascum nigrum*)	s							
Hügel-Waldmeister (*Asperula cynanchica*)	z/h							
Gemeine Flockenblume (*Centaurea jacea s.l.*)	z							
Dost (*Origanum vulgare*)	z							
Kleine Bibernelle (*Pimpinella saxifraga*)	z							
Berg-Aster (*Aster amellus*)	z							
Gräser								
Frühlings-Segge (*Carex caryophyllea*)	z							
Zittergras (*Briza media*)	z							
Flaum-Wiesenhafer (*Helictotrichon pubescens*)	s/z							
Aufrechte Trespe (*Bromus erectus s.str.*)	h							
Gemeines Knäuelgras (*Dactylis glomerata*)	s/z							
Schaf-Schwingel (*Festuca ovina aggr.*)	h							

Artenliste 4. Reinacher Heide

		März	April	Mai	Juni	Juli	Aug	Sept
Wiesen-Schwingel (*Festuca pratensis s.l.*)	s/z							
Wiesen-Rispengras (*Poa pratensis aggr.*)	z							
Fieder-Zwenke (*Brachypodium pinnatum*)	z							
Rot-Schwingel (*Festuca rubra aggr.*)	z							
Grossblütige Kammschmiele (*Koeleria macrantha*)	z							
Englisches Raigras (*Lolium perenne*)	s							
Gemeines Bartgras (*Bothriochloa ischaemum*)	h							
Im Wegrandsaum kommen hinzu:								
Feld-Kresse (*Lepidium campestre*)	s							
Pfaffenröhrlein (*Taraxacum officinale aggr.*)	s							
Gamanderartiger Ehrenpreis (*Veronica teucrium*)	z							
Gemeiner Odermennig (*Agrimonia eupatoria*)	s/z							
Bunte Kronwicke (*Securigera varia*)	z							
Feinstrahliges Berufkraut (*Erigeron annuus s.l.*)	z							
Tauben-Storchschnabel (*Geranium columbinum*)	s							
Luzerne (*Medicago sativa*)	s							
Gemeines Johanniskraut (*Hypericum perforatum s.str.*)	z							
Gemeiner Beifuss (*Artemisia vulgaris*)	s							
Wegwarte (*Cichorium intybus*)	s							
Kanadisches Berufkraut (*Conyza canadensis*)	s							
Weisser Honigklee (*Melilotus albus*)	s							
Gebräuchliches Seifenkraut (*Saponaria officinalis*)	s							
Eisenkraut (*Verbena officinalis*)	s							
Raukenblättriges Kreuzkraut (*Senecio erucifolius*)	z							

Standort B – Artenreiche Gebüschgruppe							
Hasel (*Corylus avellana*)							
Schwarzdorn (*Prunus spinosa*)							
Spitz-Ahorn (*Acer platanoides*)							
Berberitze (*Berberis vulgaris*)							
Hänge-Birke (*Betula pendula*)							
Hagebuche (*Carpinus betulus*)							
Esche (*Fraxinus excelsior*)							
Süsskirsche (*Prunus avium*)							

Artenliste 4. Reinacher Heide

	März	April	Mai	Juni	Juli	Aug	Sept
Feld-Ahorn (*Acer campestre*)							
Stiel-Eiche (*Quercus robur*)							
Hartriegel (*Cornus sanguinea*)							
Eingriffliger Weissdorn (*Crataegus monogyna aggr.*)							
Pfaffenhütchen (*Euonymus europaeus*)							
Liguster (*Ligustrum vulgare*)							
Rote Heckenkirsche (*Lonicera xylosteum*)							
Felsenkirsche (*Prunus mahaleb*)							
Gemeiner Kreuzdorn (*Rhamnus cathartica*)							
Wolliger Schneeball (*Viburnum lantana*)							
Hunds-Rose (*Rosa canina*)							
Gemeine Waldrebe (*Clematis vitalba*)							

Standort D – Fragment eines Hartholz-Auenwaldes

Gehölze

		März	April	Mai	Juni	Juli	Aug	Sept
Hasel (*Corylus avellana*)	h							
Eibe (*Taxus baccata*)	s							
Berg-Ulme (*Ulmus glabra*)	z							
Spitz-Ahorn (*Acer platanoides*)	h							
Berberitze (*Berberis vulgaris*)	s							
Hagebuche (*Carpinus betulus*)	h							
Nussbaum (*Juglans regia*)	s							
Süsskirsche (*Prunus avium*)	s							
Stachelbeere (*Ribes uva-crispa*)	z							
Lavendel-Weide (*Salix elaeagnos*)	s							
Feld-Ahorn (*Acer campestre*)	h							
Berg-Ahorn (*Acer pseudoplatanus*)	z							
Buche (*Fagus sylvatica*)	h							
Esche (*Fraxinus excelsior*)	h							
Stiel-Eiche (*Quercus robur*)	h							
Silber-Weide (*Salix alba*)	z							
Rosskastanie (*Aesculus hippocastanum*)	s							
Hartriegel (*Cornus sanguinea*)	z							
Eingriffliger Weissdorn (*Crataegus monogyna aggr.*)	h							

Artenliste 4. Reinacher Heide

		März	April	Mai	Juni	Juli	Aug	Sept
Zweigriffliger Weissdorn (*Crataegus laevigata*)	z							
Pfaffenhütchen (*Euonymus europaeus*)	s							
Liguster (*Ligustrum vulgare*)	h							
Rote Heckenkirsche (*Lonicera xylosteum*)	h							
Gemeiner Kreuzdorn (*Rhamnus cathartica*)	s							
Schwarzer Holunder (*Sambucus nigra*)	h							
Wolliger Schneeball (*Viburnum lantana*)	z							
Gemeine Waldrebe (*Clematis vitalba*)	z							
Efeu (*Hedera helix*)	h							
Rose (*Rosa sp.*)	s							
Brombeere (*Rubus sp.*)	h							
Kräuter								
Hohlknolliger Lerchensporn (*Corydalis cava*)	s							
Stinkende Nieswurz (*Helleborus foetidus*)	s							
Busch-Windröschen (*Anemone nemorosa*)	h							
Scharbockskraut (*Ranunculus ficaria*)	z/h							
Weisses Veilchen (*Viola alba s.str.*)	z							
Bisamkraut (*Adoxa moschatellina*)	s/z							
Gelbes Windröschen (*Anemone ranunculoides*)	z							
Dunkelgrünes Lungenkraut (*Pulmonaria obscura*)	z							
Bärlauch (*Allium ursinum*)	z							
Gemeiner Aronstab (*Arum maculatum*)	z							
Gemeine Gundelrebe (*Glechoma hederacea s.str.*)	z							
Vielblütige Weisswurz (*Polygonatum multiflorum*)	z							
Knoblauchhederich (*Alliaria petiolata*)	z							
Berg-Goldnessel (*Lamium galeobdolon ssp. montanum*)	z							
Gefleckte Taubnessel (*Lamium maculatum*)	h							
Gamander-Ehrenpreis (*Veronica chamaedrys*)	z							
Kletten-Labkraut (*Galium aparine*)	z							
Ruprechtskraut (*Geranium robertianum s.str.*)	z							
Dreinervige Nabelmiere (*Moehringia trinervia*)	s/z							
Geissfuss (*Aegopodium podagraria*)	h							
Gemeine Nelkenwurz (*Geum urbanum*)	z							
Kleinblütiges Springkraut (*Impatiens parviflora*)	h							

Artenliste 4. Reinacher Heide

		März	April	Mai	Juni	Juli	Aug	Sept
Wassermiere (*Myosoton aquaticum*)	z							
Wald-Ziest (*Stachys sylvatica*)	z							
Grosse Brennessel (*Urtica dioica*)	z							
Knotige Braunwurz (*Scrophularia nodosa*)	s							
Gemeiner Hohlzahn (*Galeopsis tetrahit*)	z							
Wiesen-Bärenklau (*Heracleum sphondylium s.str.*)	z							
Sauerampfer (*Rumex sp.*)	s							
Wolfsmilch (*Euphorbia sp.*)	s							
Gräser								
Gemeines Knäuelgras (*Dactylis glomerata*)	s							
Taube Trespe (*Bromus sterilis*)	z							
Rohr-Schwingel (*Festuca arundinacea s.l.*)	z							
Hain-Rispengras (*Poa nemoralis*)	z							
Gemeines Rispengras (*Poa trivialis s.str.*)	s/z							
Riesen-Schwingel (*Festuca gigantea*)	z							
Wald-Zwenke (*Brachypodium sylvaticum*)	h							
Farne								
Gemeiner Wurmfarn (*Dryopteris filix-mas*)	z							
Hirschzunge (*Phyllitis scolopendrium*)	s							

Standort E – Rohbodenzone und Fragment eines Weichholz-Auenwaldes

Gehölze								
Hasel (*Corylus avellana*)								
Grau-Erle (*Alnus incana*)								
Sal-Weide (*Salix caprea*)								
Schwarz-Pappel (*Populus nigra s.str.*)								
Purpur-Weide (*Salix purpurea*)								
Hanf-Weide (*Salix viminalis*)								
Hagebuche (*Carpinus betulus*)								
Lavendel-Weide (*Salix elaeagnos*)								
Berg-Ahorn (*Acer pseudoplatanus*)								
Esche (*Fraxinus excelsior*)								
Robinie (*Robinia pseudoacacia*)								
Hechtblaue Brombeere (*Rubus caesius*)								

Artenliste 4. Reinacher Heide 379

	März	April	Mai	Juni	Juli	Aug	Sept
Silber-Weide (Salix alba)							
Bastard-Bruch-Weide (Salix x rubens)							
Hartriegel (Cornus sanguinea)							
Eingriffliger Weissdorn (Crataegus monogyna aggr.)							
Schwarzer Holunder (Sambucus nigra)							
Gemeine Waldrebe (Clematis vitalba)							
Japanischer Staudenknöterich (Reynoutria japonica)							
Efeu (Hedera helix)							
Brombeere (Rubus sp.)							
Kräuter							
Vielstengliges Schaumkraut (Cardamine hirsuta)							
Gemeine Pestwurz (Petasites hybridus)							
Huflattich (Tussilago farfara)							
Gemeine Gundelrebe (Glechoma hederacea s.str.)							
Knoblauchhederich (Alliaria petiolata)							
Gemeine Winterkresse (Barbarea vulgaris)							
Gewöhnliches Hornkraut (Cerastium fontanum ssp. vulgare)							
Zypressen-Wolfsmilch (Euphorbia cyparissias)							
Gefleckte Taubnessel (Lamium maculatum)							
Kriechender Hahnenfuss (Ranunculus repens)							
Pfaffenröhrlein (Taraxacum officinale aggr.)							
Gamander-Ehrenpreis (Veronica chamaedrys)							
Ruprechtskraut (Geranium robertianum s.str.)							
Rot-Klee (Trifolium pratense s.str.)							
Hopfenklee (Medicago lupulina)							
Geissfuss (Aegopodium podagraria)							
Gemeine Nelkenwurz (Geum urbanum)							
Beinwell (Symphytum officinale)							
Kriechender Klee (Trifolium repens)							
Möhre (Daucus carota)							
Rainkohl (Lapsana communis)							
Wassermiere (Myosoton aquaticum)							
Breit-Wegerich (Plantago major s.l.)							
Stumpfblättriger Ampfer (Rumex obtusifolius)							

Artenliste 4. Reinacher Heide

	März	April	Mai	Juni	Juli	Aug	Sept
Knotige Braunwurz (*Scrophularia nodosa*)							
Wald-Ziest (*Stachys sylvatica*)							
Grosse Brennessel (*Urtica dioica*)							
Kleines Leinkraut (*Chaenorrhinum minus*)							
Kohldistel (*Cirsium oleraceum*)							
Zottiges Weidenröschen (*Epilobium hirsutum*)							
Weisses Labkraut (*Galium album*)							
Gemeines Johanniskraut (*Hypericum perforatum s.str.*)							
Weisser Honigklee (*Melilotus albus*)							
Gelbe Reseda (*Reseda lutea*)							
Gemeines Leimkraut (*Silene vulgaris s.str.*)							
Gemeine Gänsedistel (*Sonchus oleraceus*)							
Sumpf-Ziest (*Stachys palustris*)							
Dunkle Königskerze (*Verbascum nigrum*)							
Eisenkraut (*Verbena officinalis*)							
Vogel-Wicke (*Vicia cracca s.str.*)							
Gemeiner Beifuss (*Artemisia vulgaris*)							
Ackerdistel (*Cirsium arvense*)							
Wiesen-Bärenklau (*Heracleum sphondylium s.str.*)							
Hopfen (*Humulus lupulus*)							
Drüsiges Springkraut (*Impatiens glandulifera*)							
Blut-Weiderich (*Lythrum salicaria*)							
Wasser-Minze (*Mentha aquatica*)							
Ross-Minze (*Mentha longifolia*)							
Dost (*Origanum vulgare*)							
Ampferblättriger Knöterich (*Polygonum lapathifolium s.str.*)							
Gebräuchliches Seifenkraut (*Saponaria officinalis*)							
Spätblühende Goldrute (*Solidago gigantea*)							
Wasserdost (*Eupatorium cannabinum*)							
Topinambur (*Helianthus tuberosus*)							
Gräser							
Einjähriges Rispengras (*Poa annua*)							
Gemeines Knäuelgras (*Dactylis glomerata*)							
Wiesen-Rispengras (*Poa pratensis aggr.*)							

Artenliste 5. Elsässer Hardt 381

	März	April	Mai	Juni	Juli	Aug	Sept
Wald-Segge (*Carex sylvatica*)							
Taube Trespe (*Bromus sterilis*)							
Wald-Schwingel (*Festuca altissima*)							
Kriechendes Straussgras (*Agrostis stolonifera*)							
Glatthafer (*Arrhenatherum elatius*)							
Horstbildende Schmiele (*Deschampsia caespitosa*)							
Rohr-Schwingel (*Festuca arundinacea s.l.*)							
Riesen-Schwingel (*Festuca gigantea*)							
Englisches Raigras (*Lolium perenne*)							
Rohr-Glanzgras (*Phalaris arundinacea*)							
Hain-Rispengras (*Poa nemoralis*)							
Gemeines Rispengras (*Poa trivialis s.str.*)							
Wald-Zwenke (*Brachypodium sylvaticum*)							

Exkursion 5: Elsässer Hardt

Eichen-Hagebuchenwald auf der Rhein-Niederterrasse

Baumschicht

Süsskirsche (*Prunus avium*)	h							
Trauben-Eiche (*Quercus petraea*)	h							
Stiel-Eiche (*Quercus robur*)	h							
Feld-Ahorn (*Acer campestre*)	z							
Hagebuche (*Carpinus betulus*)	h							
Elsbeerbaum (*Sorbus torminalis*)	z							
Winter-Linde (*Tilia cordata*)	z							

Strauchschicht

Hasel (*Corylus avellana*)	z							
Zweigriffliger Weissdorn (*Crataegus laevigata*)	z							
Pfaffenhütchen (*Euonymus europaea*)	z							
Brombeere (*Rubus sp.*)	h							
Gemeine Waldrebe (*Clematis vitalba*)	z							
Efeu (*Hedera helix*)	h							
Rose (*Rosa sp.*)	z							

Artenliste 5. Elsässer Hardt

		März	April	Mai	Juni	Juli	Aug	Sept
Krautschicht								
Gemeines Kreuzkraut (*Senecio vulgaris*) ✣	z							
Erdbeer-Fingerkraut (*Potentilla sterilis*)	h							
Busch-Windröschen (*Anemone nemorosa*)	h							
Bisamkraut (*Adoxa moschatellina*) ✦	z							
Wald-Schlüsselblume (*Primula elatior s. str.*) ✦	z							
Dunkelgrünes Lungenkraut (*Pulmonaria obscura*) •	z							
Scharbockskraut (*Ranunculus ficaria*) ✦	h							
Kriechender Günsel (*Ajuga reptans*) ✣	z							
Knoblauchhederich (*Alliaria petiolata*) ✦	z							
Mandelblättr. Wolfsmilch (*Euphorbia amygdaloides*) •	z							
Gemeine Gundelrebe (*Glechoma hederacea s. str.*)	z							
Gold-Hahnenfuss (*Ranunculus auricomus aggr.*)	z							
Wald-Veilchen (*Viola reichenbachiana*)	h							
Rivinus' Veilchen (*Viola riviniana*) ▲	s							
Gemeiner Aronstab (*Arum maculatum*) ✦	z							
Süsse Wolfsmilch (*Euphorbia dulcis*)	z							
Berg-Platterbse (*Lathyrus linifolius*) ▲	s							
Acker-Vergissmeinnicht (*Myosotis arvensis*) ✣	z							
Grossblumige Sternmiere (*Stellaria holostea*)	h							
Pfaffenröhrlein (*Taraxacum officinale aggr.*) ✣	s							
Zaun-Wicke (*Vicia sepium*)	s							
Bärlauch (*Allium ursinum*) ✦ •	lokal h							
Wiesen-Kerbel (*Anthriscus sylvestris*)	z							
Maiglöckchen (*Convallaria majalis*) •	lokal h							
Wald-Erdbeere (*Fragaria vesca*)	z							
Ruprechtskraut (*Geranium robertianum s. str.*)	z							
Ährige Rapunzel (*Phyteuma spicatum*)	h							
Dreinervige Nabelmiere (*Moehringia trinervia*)	z							
Gamander-Ehrenpreis (*Veronica chamaedrys*)	z							
Geissfuss (*Aegopodium podagraria*) ✦	lokal h							
Gemeine Nelkenwurz (*Geum urbanum*) ✦	z							
Wald-Habichtskraut (*Hieracium murorum*)	z							
Vielblütige Weisswurz (*Polygonatum multiflorum*)	z							

Artenliste 5. Elsässer Hardt

		März	April	Mai	Juni	Juli	Aug	Sept
Gebräuchlicher Ehrenpreis (*Veronica officinalis*) ▲	z							
Rauhhaarige Wicke (*Vicia hirsuta*) ✣	z							
Steife Wolfsmilch (*Euphorbia stricta*)	z							
Kletten-Labkraut (*Galium aparine*) ✣	z							
Knotige Braunwurz (*Scrophularia nodosa*)	z							
Gemeines Hexenkraut (*Circaea lutetiana*) ♦	z							
Wald-Ruhrkraut (*Gnaphalium sylvaticum*)	s							
Behaartes Johanniskraut (*Hypericum hirsutum*) ✣	z							
Gemeines Johanniskraut (*Hypericum perforatum s.str.*)	z							
Heide-Wachtelweizen (*Melampyrum pratense*) ▲	z							
Gemeine Brunelle (*Prunella vulgaris*) ✣	z							
Wald-Kreuzkraut (*Senecio sylvaticus*)	h							
Bittersüss (*Solanum dulcamara*) ✣	z							
Grosse Brennessel (*Urtica dioica*) ✣	z							
Kanadisches Berufkraut (*Conyza canadensis*) ✣	s							
Wald-Weidenröschen (*Epilobium angustifolium*) ✣ ▲	z							
Berg-Weidenröschen (*Epilobium montanum*)	z							
Feinstrahliges Berufkraut (*Erigeron annuus s.l.*) ✣	z							
Wald-Labkraut (*Galium sylvaticum*)	s							
Gemeiner Hohlzahn (*Galeopsis tetrahit*) ✣	z							
Rainkohl (*Lapsana communis*) ✣	z							
Mauerlattich (*Mycelis muralis*)	z							
Bitterkraut (*Picris hieracioides*) ✣	s							
Wald-Ziest (*Stachys sylvatica*) ♦	z							
Salbeiblättriger Gamander (*Teucrium scorodonia*) ▲	z							
Gemeine Borstendolde (*Torilis japonica*) ✣	z							
Bergminze (*Calamintha nepeta aggr.*)	z							
Nesselblättrige Glockenblume (*Campanula trachelium*)	z							
Gem. Tausendgüldenkraut (*Centaurium erythraea*) ✣	s							
Lanzettblättrige Kratzdistel (*Cirsium vulgare*) ✣	z							
Wirbeldost (*Clinopodium vulgare*)	z							
Kleinköpfiger Pippau (*Crepis capillaris*) ✣	z							
Dunkelgrünes Weidenröschen (*Epilobium obscurum*)	z							
Spätblühende Goldrute (*Solidago gigantea*) ✣	z							

Artenliste 5. Elsässer Hardt

		März	April	Mai	Juni	Juli	Aug	Sept
Echte Goldrute (*Solidago virgaurea s.str.*)	z							
Wasserdost (*Eupatorium cannabinum*)	z							
Raukenblättriges Kreuzkraut (*Senecio erucifolius*)	z							
Savoyer Habichtskraut (*Hieracium sabaudum aggr.*)	z							
Einjähriges Rispengras (*Poa annua*) ✢	z							
Behaarte Hainsimse (*Luzula pilosa*) ▲	h							
Schatten-Segge (*Carex umbrosa*)	z							
Forsters Hainsimse (*Luzula forsteri*) ▲	s							
Vielblütige Hainsimse (*Luzula multiflora*) ▲	z							
Taube Trespe (*Bromus sterilis*) ✢	s							
Nickendes Perlgras (*Melica nutans*) ●	z							
Gemeines Knäuelgras (*Dactylis glomerata*)	z							
Waldhirse (*Milium effusum*)	h							
Verschiedenblättr. Schwingel (*Festuca heterophylla*) ▲	z							
Aschersons Knäuelgras (*Dactylis polygama*)	z							
Weissliche Hainsimse (*Luzula luzuloides*) ▲	z							
Chaix' Rispengras (*Poa chaixii*) ▲	h							
Hain-Rispengras (*Poa nemoralis*)	z							
Gemeines Rispengras (*Poa trivialis s.str.*)	z							
Gemeines Straussgras (*Agrostis capillaris*)	z							
Horstbildende Schmiele (*Deschampsia caespitosa*) ✦	z							
Flatterige Binse (*Juncus effusus*) ✦	z							
Wald-Zwenke (*Brachypodium sylvaticum*)	z							
Gemeiner Waldfarn (*Athyrium filix-femina*) ✦	z							
Gemeiner Wurmfarn (*Dryopteris filix-mas*) ✦	z							

▲ Arten, die vorwiegend auf sauren Böden wachsen
✦ Arten, die tonreiche, zeitweise feuchte Stellen bevorzugen
✢ Arten, die vorzugsweise an etwas gestörten, licht- und nährstoffreicheren Stellen aufkommen
● Arten, die auf basenreichen Böden gedeihen

Exkursion 6: Muttenz – Arlesheim

	März	April	Mai	Juni	Juli	Aug	Sept
Standort B – Buchenwald an feuchtem Hangfuss auf Kalk							
Baumschicht							
Spitz-Ahorn (*Acer platanoides*)	s						
Hagebuche (*Carpinus betulus*)	s						
Esche (*Fraxinus excelsior*)	h						
Berg-Ahorn (*Acer pseudoplatanus*)	h						
Buche (*Fagus sylvatica*)	h						
Strauchschicht							
Süsskirsche (*Prunus avium*)	s						
Feld-Ahorn (*Acer campestre*)	s						
Edel-Tanne (*Abies alba*)	s						
Pfaffenhütchen (*Euonymus europaea*)	s						
Stechpalme (*Ilex aquifolium*)	s						
Liguster (*Ligustrum vulgare*)	h/z						
Winter-Linde (*Tilia cordata*)	s						
Sommer-Linde (*Tilia platyphyllos*)	s						
Brombeere (*Rubus sp.*)	h						
Efeu (*Hedera helix*)	h						
Rose (*Rosa sp.*)	z						
Krautschicht							
Scharbockskraut (*Ranunculus ficaria*)	z						
Busch-Windröschen (*Anemone nemorosa*)	h						
Dunkelgrünes Lungenkraut (*Pulmonaria obscura*)	z						
Wald-Schlüsselblume (*Primula elatior s.str.*)	h						
Bärlauch (*Allium ursinum*)	h						
Gemeiner Sauerklee (*Oxalis acetosella*)	z						
Gemeiner Aronstab (*Arum maculatum*)	h						
Gold-Hahnenfuss (*Ranunculus auricomus aggr.*)	z						
Einbeere (*Paris quadrifolia*)	s						
Vielblütige Weisswurz (*Polygonatum multiflorum*)	z						
Echter Waldmeister (*Galium odoratum*)	z						
Ruprechtskraut (*Geranium robertianum s.str.*)	z						
Berg-Goldnessel (*Lamium galeobdolon ssp. montanum*)	z						

		März	April	Mai	Juni	Juli	Aug	Sept
Wald-Segge (*Carex sylvatica*)	z							
Waldhirse (*Milium effusum*)	s							
Gemeines Rispengras (*Poa trivialis s.str.*)	z							
Gemeiner Wurmfarn (*Dryopteris filix-mas*)	s							

Standort C – Buchenwald in frischer Hanglage auf Kalk								
Baumschicht								
Spitz-Ahorn (*Acer platanoides*)	h							
Süsskirsche (*Prunus avium*)	s							
Esche (*Fraxinus excelsior*)	h							
Berg-Ahorn (*Acer pseudoplatanus*)	h							
Buche (*Fagus sylvatica*)	h							
Sommer-Linde (*Tilia platyphyllos*)	z							
Strauchschicht								
Lorbeer-Seidelbast (*Daphne laureola*)	s							
Stechpalme (*Ilex aquifolium*)	s							
Efeu (*Hedera helix*)	h							
Krautschicht								
Ausdauerndes Bingelkraut (*Mercurialis perennis*)	h							
Stinkende Nieswurz (*Helleborus foetidus*)	s							
Busch-Windröschen (*Anemone nemorosa*)	h							
Dunkelgrünes Lungenkraut (*Pulmonaria obscura*)	z							
Mandelblättrige Wolfsmilch (*Euphorbia amygdaloides*)	s							
Wald-Veilchen (*Viola reichenbachiana*)	z							
Frühlings-Platterbse (*Lathyrus vernus s.str.*)	s							
Bärlauch (*Allium ursinum*)	z							
Gemeiner Aronstab (*Arum maculatum*)	z							
Fiederblättrige Zahnwurz (*Cardamine heptaphylla*)	h							
Vielblütige Weisswurz (*Polygonatum multiflorum*)	z							
Kriechender Günsel (*Ajuga reptans*)	s							
Echter Waldmeister (*Galium odoratum*)	z							
Berg-Goldnessel (*Lamium galeobdolon ssp. montanum*)	z							
Ährige Rapunzel (*Phyteuma spicatum*)	s							
Mauerlattich (*Mycelis muralis*)	s							

Artenliste 6. Muttenz – Arlesheim

		März	April	Mai	Juni	Juli	Aug	Sept
Hasenlattich (*Prenanthes purpurea*)	z							
Gefingerte Segge (*Carex digitata*)	s							
Wald-Segge (*Carex sylvatica*)	z							
Gemeiner Wurmfarn (*Dryopteris filix-mas*)	h/z							

Standort D – Buchenwald in trockener Hanglage auf Kalk

Baumschicht

Esche (*Fraxinus excelsior*)	s
Süsskirsche (*Prunus avium*)	s
Berg-Ahorn (*Acer pseudoplatanus*)	z
Buche (*Fagus sylvatica*)	h
Trauben-Eiche (*Quercus petraea*)	h
Mehlbeerbaum (*Sorbus aria*)	h
Elsbeerbaum (*Sorbus torminalis*)	s

Strauchschicht

Lorbeer-Seidelbast (*Daphne laureola*)	s
Gemeiner Seidelbast (*Daphne mezereum*)	s
Schwarzdorn (*Prunus spinosa*)	s
Hartriegel (*Cornus sanguinea*)	lokal h
Eingriffliger Weissdorn (*Crataegus monogyna aggr.*)	lokal z
Stechpalme (*Ilex aquifolium*)	h
Liguster (*Ligustrum vulgare*)	lokal h
Rote Heckenkirsche (*Lonicera xylosteum*)	z
Wolliger Schneeball (*Viburnum lantana*)	lokal h
Gemeiner Schneeball (*Viburnum opulus*)	lokal z
Brombeere (*Rubus sp.*)	z
Gemeine Waldrebe (*Clematis vitalba*)	s
Efeu (*Hedera helix*)	h
Rose (*Rosa sp.*)	

Krautschicht

Stinkende Nieswurz (*Helleborus foetidus*)	z
Ausdauerndes Bingelkraut (*Mercurialis perennis*)	z
Busch-Windröschen (*Anemone nemorosa*)	h
Mandelblättrige Wolfsmilch (*Euphorbia amygdaloides*)	z

Artenliste 7. Olsberger Wald

		März	April	Mai	Juni	Juli	Aug	Sept
Wald-Veilchen (*Viola reichenbachiana*)	z							
Frühlings-Platterbse (*Lathyrus vernus s.str.*)	z							
Süsse Wolfsmilch (*Euphorbia dulcis*)	z							
Wald-Erdbeere (*Fragaria vesca*)	z							
Vielblütige Weisswurz (*Polygonatum multiflorum*)	z							
Maiglöckchen (*Convallaria majalis*)	h							
Echter Waldmeister (*Galium odoratum*)	h							
Immenblatt (*Melittis melissophyllum*)	z							
Nestwurz (*Neottia nidus-avis*)	s							
Ährige Rapunzel (*Phyteuma spicatum*)	z							
Zaun-Wicke (*Vicia sepium*)	s							
Wald-Habichtskraut (*Hieracium murorum*)	z							
Schwalbenwurz (*Vincetoxicum hirundinaria*)	z							
Rotes Waldvögelein (*Cephalanthera rubra*)	z							
Weisses Labkraut (*Galium album*)	z							
Nesselblättrige Glockenblume (*Campanula trachelium*)	z							
Mauerlattich (*Mycelis muralis*)	s							
Hasenlattich (*Prenanthes purpurea*)	s							
Blaugras (*Sesleria caerulea*)	z							
Berg-Segge (*Carex montana*)	z							
Weisse Segge (*Carex alba*)	h							
Schlaffe Segge (*Carex flacca*)	h							
Nickendes Perlgras (*Melica nutans*)	z							
Wald-Zwenke (*Brachypodium sylvaticum*)	lokal h							

Exkursion 7: Olsberger Wald

Standort A – Buchenwald auf saurem Boden

Baumschicht

Buche (*Fagus sylvatica*)	h							
Trauben-Eiche (*Quercus petraea*)	z							
Fichte (*Picea abies*)	h							

Artenliste 7. Olsberger Wald

		März	April	Mai	Juni	Juli	Aug	Sept
Strauchschicht								
Hänge-Birke (Betula pendula)	s							
Esche (Fraxinus excelsior)	s							
Süsskirsche (Prunus avium)	s							
Berg-Ahorn (Acer pseudoplatanus)	s							
Stechpalme (Ilex aquifolium)	s							
Edel-Tanne (Abies alba)	s							
Elsbeerbaum (Sorbus torminalis)	s							
Winter-Linde (Tilia cordata)	s							
Efeu (Hedera helix)	z							
Brombeere (Rubus sp.)	lokal h							
Krautschicht								
Busch-Windröschen (Anemone nemorosa)	z							
Berg-Platterbse (Lathyrus linifolius)	s							
Gemeiner Sauerklee (Oxalis acetosella)	z							
Heidelbeere (Vaccinium myrtillus)	lokal h							
Schattenblume (Maianthemum bifolium)	z							
Ährige Rapunzel (Phyteuma spicatum)	s							
Wald-Habichtskraut (Hieracium murorum)	z							
Gebräuchlicher Ehrenpreis (Veronica officinalis)	s							
Geissbart (Aruncus dioicus)	z							
Schönes Johanniskraut (Hypericum pulchrum)	s							
Heide-Wachtelweizen (Melampyrum pratense)	lokal h							
Behaarter Fichtenspargel (Monotropa hypopitys)	s							
Gemeiner Hohlzahn (Galeopsis tetrahit)	z							
Besenheide (Calluna vulgaris)	s							
Hasenlattich (Prenanthes purpurea)	z							
Behaarte Hainsimse (Luzula pilosa)	z							
Gefingerte Segge (Carex digitata)	z							
Pillentragende Segge (Carex pilulifera)	z/h							
Wald-Hainsimse (Luzula sylvatica)	h							
Weissliche Hainsimse (Luzula luzuloides)	h							
Drahtschmiele (Avenella flexuosa)	s							
Braunstieliger Streifenfarn (Asplenium trichomanes)	s							

… Artenliste 7. Olsberger Wald

		März	April	Mai	Juni	Juli	Aug	Sept
Gemeiner Waldfarn (*Athyrium filix-femina*)	s							
Breiter Wurmfarn (*Dryopteris dilatata*)	z							
Gemeiner Wurmfarn (*Dryopteris filix-mas*)	z							
Adlerfarn (*Pteridium aquilinum*)	lokal h							

Standort B – Bodensaurer Buchenwald mit Seegras								
Baumschicht								
Hagebuche (*Carpinus betulus*)	z							
Süsskirsche (*Prunus avium*)	s							
Berg-Ahorn (*Acer pseudoplatanus*)	h							
Buche (*Fagus sylvatica*)	h							
Trauben-Eiche (*Quercus petraea*)	h							
Fichte (*Picea abies*)	h							
Wald-Föhre (*Pinus sylvestris*)	z							
Strauchschicht								
Esche (*Fraxinus excelsior*)	s							
Edel-Tanne (*Abies alba*)	z							
Stechpalme (*Ilex aquifolium*)	z							
Schwarzer Holunder (*Sambucus nigra*)	s							
Efeu (*Hedera helix*)	h							
Brombeere (*Rubus sp.*)	h							
Krautschicht								
Busch-Windröschen (*Anemone nemorosa*)	z							
Süsse Wolfsmilch (*Euphorbia dulcis*)	s							
Gemeiner Sauerklee (*Oxalis acetosella*)	z							
Einbeere (*Paris quadrifolia*)	s							
Vielblütige Weisswurz (*Polygonatum multiflorum*)	z							
Kriechender Günsel (*Ajuga reptans*)	s							
Echter Waldmeister (*Galium odoratum*)	z							
Berg-Goldnessel (*Lamium galeobdolon ssp. montanum*)	z							
Wald-Lysimachie (*Lysimachia nemorum*)	z							
Schattenblume (*Maianthemum bifolium*)	s							
Dreinervige Nabelmiere (*Moehringia trinervia*)	z							
Grasblättrige Sternmiere (*Stellaria graminea*)	s							

Artenliste 8. Chaltbrunnental

		März	April	Mai	Juni	Juli	Aug	Sept
Gebräuchlicher Ehrenpreis (*Veronica officinalis*)	z							
Gemeines Hexenkraut (*Circaea lutetiana*)	z							
Kleinblütiges Springkraut (*Impatiens parviflora*)	z							
Gemeiner Hohlzahn (*Galeopsis tetrahit*)	z							
Rührmichnichtan (*Impatiens noli-tangere*)	z							
Wilde Brustwurz (*Angelica sylvestris*)	z							
Seegras (*Carex brizoides*)	h							
Wald-Segge (*Carex sylvatica*)	z							
Horstbildende Schmiele (*Deschampsia caespitosa*)	z							
Riesen-Schwingel (*Festuca gigantea*)	z							
Breiter Wurmfarn (*Dryopteris dilatata*)	z							
Gemeiner Waldfarn (*Athyrium filix-femina*)	s							
Gemeiner Wurmfarn (*Dryopteris filix-mas*)	z							

Exkursion 8: Chaltbrunnental

Standort A – Ahornwald auf Blockschutt

Baumschicht

Berg-Ulme (*Ulmus glabra*)	z							
Spitz-Ahorn (*Acer platanoides*)	s							
Hagebuche (*Carpinus betulus*)	h							
Esche (*Fraxinus excelsior*)	h							
Feld-Ahorn (*Acer campestre*)	z							
Berg-Ahorn (*Acer pseudoplatanus*)	h							
Buche (*Fagus sylvatica*)	z							
Sommer-Linde (*Tilia platyphyllos*)	z							

Strauchschicht

Hasel (*Corylus avellana*)	h							
Stachelbeere (*Ribes uva-crispa*)	s							
Zweigriffliger Weissdorn (*Crataegus laevigata*)	s							
Pfaffenhütchen (*Euonymus europaeus*)	s							
Rote Heckenkirsche (*Lonicera xylosteum*)	s							
Schwarzer Holunder (*Sambucus nigra*)	h							

Artenliste 8. Chaltbrunnental

		März	April	Mai	Juni	Juli	Aug	Sept
Efeu (*Hedera helix*)	h							
Fichte (*Picea abies*)	s							
Brombeere (*Rubus sp.*)	h							
Krautschicht								
Hohlknolliger Lerchensporn (*Corydalis cava*)	s							
Märzenglöckchen (*Leucojum vernum*)	h							
Ausdauerndes Bingelkraut (*Mercurialis perennis*)	h							
Alpen-Gänsekresse (*Arabis alpina s.str.*)	z							
Dunkelgrünes Lungenkraut (*Pulmonaria obscura*)	z							
Haselwurz (*Asarum europaeum*)	z							
Sand-Schaumkresse (*Cardaminopsis arenosa ssp. borbasii*)	z/h							
Wald-Veilchen (*Viola reichenbachiana*)	s							
Bärlauch (*Allium ursinum*)	z							
Gemeiner Aronstab (*Arum maculatum*)	z							
Schöllkraut (*Chelidonium majus*)	z							
Gemeiner Sauerklee (*Oxalis acetosella*)	z							
Einbeere (*Paris quadrifolia*)	s							
Vielblütige Weisswurz (*Polygonatum multiflorum*)	z							
Echter Waldmeister (*Galium odoratum*)	z							
Ruprechtskraut (*Geranium robertianum s.str.*)	z							
Berg-Goldnessel (*Lamium galeobdolon ssp. montanum*)	h							
Moos-Nabelmiere (*Moehringia muscosa*)	z							
Dreinervige Nabelmiere (*Moehringia trinervia*)	z							
Ährige Rapunzel (*Phyteuma spicatum*)	s							
Geissbart (*Aruncus dioicus*)	z							
Mauerlattich (*Mycelis muralis*)	z							
Gefingerte Segge (*Carex digitata*)	z							
Wald-Schwingel (*Festuca altissima*)	s							
Hirschzunge (*Phyllitis scolopendrium*)	h							
Gelappter Schildfarn (*Polystichum aculeatum*)	z							
Mauer-Streifenfarn (*Asplenium ruta-muraria*)	s							
Braunstieliger Streifenfarn (*Asplenium trichomanes*)	h							
Gemeiner Waldfarn (*Athyrium filix-femina*)	z/s							
Breiter Wurmfarn (*Dryopteris dilatata*)	z							

Artenliste 8. Chaltbrunnental

		März	April	Mai	Juni	Juli	Aug	Sept
Gemeiner Wurmfarn (*Dryopteris filix-mas*)	h						■	■
Gesägter Tüpfelfarn (*Polypodium interjectum*)	h						■	■

Standort B – Ahorn-Eschenwald auf feuchten Böden

Baumschicht

		März	April	Mai	Juni	Juli	Aug	Sept
Schwarz-Erle (*Alnus glutinosa*)	s							
Berg-Ulme (*Ulmus glabra*)	h							
Schwarz-Pappel (*Populus nigra s.str.*)	z							
Spitz-Ahorn (*Acer platanoides*)	s							
Hagebuche (*Carpinus betulus*)	z							
Esche (*Fraxinus excelsior*)	h							
Feld-Ahorn (*Acer campestre*)	s							
Berg-Ahorn (*Acer pseudoplatanus*)	z							
Buche (*Fagus sylvatica*)	s							

Strauchschicht

Hasel (*Corylus avellana*)	z							
Zweigriffliger Weissdorn (*Crataegus laevigata*)	s							
Pfaffenhütchen (*Euonymus europaeus*)	s							
Schwarzer Holunder (*Sambucus nigra*)	h							
Wolliger Schneeball (*Viburnum lantana*)	s							
Edel-Tanne (*Abies alba*)	z							
Brombeere (*Rubus sp.*)	s							
Efeu (*Hedera helix*)	h							
Rose (*Rosa sp.*)	s							

Krautschicht

Hohlknolliger Lerchensporn (*Corydalis cava*)	z							
Märzenglöckchen (*Leucojum vernum*)	z							
Scharbockskraut (*Ranunculus ficaria*)	h							
Busch-Windröschen (*Anemone nemorosa*)	h							
Dotterblume (*Caltha palustris*)	s							
Wald-Schlüsselblume (*Primula elatior s.str.*)	z							
Bisamkraut (*Adoxa moschatellina*)	s							
Haselwurz (*Asarum europaeum*)	z							
Gefleckte Taubnessel (*Lamium maculatum*)	h							

Artenliste 8. Chaltbrunnental

		März	April	Mai	Juni	Juli	Aug	Sept
Bärlauch (*Allium ursinum*)	h							
Gemeiner Sauerklee (*Oxalis acetosella*)	z							
Einbeere (*Paris quadrifolia*)	z							
Vielblütige Weisswurz (*Polygonatum multiflorum*)	z							
Gemeiner Aronstab (*Arum maculatum*)	z							
Kriechender Günsel (*Ajuga reptans*)	z							
Bach-Nelkenwurz (*Geum rivale*)	z							
Gemeine Gundelrebe (*Glechoma hederacea s.str.*)	h							
Rote Waldnelke (*Silene dioica*)	h							
Berg-Goldnessel (*Lamium galeobdolon ssp. montanum*)	z							
Ährige Rapunzel (*Phyteuma spicatum*)	z							
Geissfuss (*Aegopodium podagraria*)	h							
Gemeines Hexenkraut (*Circaea lutetiana*)	s							
Kohldistel (*Cirsium oleraceum*)	s							
Wald-Ziest (*Stachys sylvatica*)	z							
Kleinblütiges Springkraut (*Impatiens parviflora*)	s							
Wald-Witwenblume (*Knautia dipsacifolia*)	s							
In Bachnähe wachsen zusätzlich:								
Wechselblättr. Milzkraut (*Chrysosplenium alternifolium*)	z							
Gegenblättr. Milzkraut (*Chrysosplenium oppositifolium*)	s							
Ruprechtskraut (*Geranium robertianum s.str.*)	z							
Glänzender Kerbel (*Anthriscus nitida*)	z							
Sanikel (*Sanicula europaea*)	s							
Berg-Ehrenpreis (*Veronica montana*)	s							
Gebräuchlicher Baldrian (*Valeriana officinalis aggr.*)	s							
Moor-Spierstaude (*Filipendula ulmaria*)	s							
Wald-Segge (*Carex sylvatica*)	s							
Wald-Zwenke (*Brachypodium sylvaticum*)	z							

Exkursion 9: Hofstetter Chöpfli

Artenliste 9. Hofstetter Chöpfli

		März	April	Mai	Juni	Juli	Aug	Sept
Standort A – Flaumeichenwald in südexponierter Juralage								
Baumschicht								
Trauben-Eiche (*Quercus petraea*)	z							
Flaum-Eiche (*Quercus pubescens*), inkl. Zwischenformen	h							
Esche (*Fraxinus excelsior*)	z							
Mehlbeerbaum (*Sorbus aria*)	h							
Elsbeerbaum (*Sorbus torminalis*)	z							
Strauchschicht								
Lorbeer-Seidelbast (*Daphne laureola*)	z							
Schwarzdorn (*Prunus spinosa*)	z							
Felsenmispel (*Amelanchier ovalis*)	s							
Strauchwicke (*Hippocrepis emerus*)	h							
Felsenkirsche (*Prunus mahaleb*)	h							
Berberitze (*Berberis vulgaris*)	z							
Hartriegel (*Cornus sanguinea*)	z							
Zweigriffliger Weissdorn (*Crataegus laevigata*)	h							
Eingriffliger Weissdorn (*Crataegus monogyna aggr.*)	h							
Gemeiner Kreuzdorn (*Rhamnus cathartica*)	z							
Pfaffenhütchen (*Euonymus europaeus*)	z							
Stechpalme (*Ilex aquifolium*)	z							
Liguster (*Ligustrum vulgare*)	h							
Rote Heckenkirsche (*Lonicera xylosteum*)	h							
Alpen-Kreuzdorn (*Rhamnus alpina*)	s							
Wolliger Schneeball (*Viburnum lantana*)	z							
Feld-Rose (*Rosa arvensis*)	z							
Feld-Ahorn (*Acer campestre*)	z							
Spitz-Ahorn (*Acer platanoides*)	z							
Berg-Ahorn (*Acer pseudoplatanus*)	z							
Buche (*Fagus sylvatica*)	s							
Süsskirsche (*Prunus avium*)	s							
Sommer-Linde (*Tilia platyphyllos*)	s							
Krautschicht								
Stinkende Nieswurz (*Helleborus foetidus*)	z							

Artenliste 9. Hofstetter Chöpfli

Art		
		März April Mai Juni Juli Aug Sept
Ausdauerndes Bingelkraut (Mercurialis perennis)	z	
Rauhhaariges Veilchen (Viola hirta)	z	
Frühlings-Schlüsselblume (Primula veris s.l.)	z	
Berg-Täschelkraut (Thlaspi montanum)	h	
Stattliche Orchis (Orchis mascula)	s	
Echtes Salomonssiegel (Polygonatum odoratum)	h	
Wald-Erdbeere (Fragaria vesca)	h	
Immenblatt (Melittis melissophyllum)	h	
Schwalbenwurz (Vincetoxicum hirundinaria)	h	
Wald-Habichtskraut (Hieracium murorum)	h	
Gebräuchlicher Ehrenpreis (Veronica officinalis)	z	
Pfirsichblättr. Glockenblume (Campanula persicifolia)	z	
Gelblicher Klee (Trifolium ochroleucon)	s	
Berg-Kronwicke (Coronilla coronata)	s	
Weisses Labkraut (Galium album)	z	
Berg-Johanniskraut (Hypericum montanum)	z	
Edel-Gamander (Teucrium chamaedrys)	h	
Rundblättrige Glockenblume (Campanula rotundifolia)	z	
Echte Goldrute (Solidago virgaurea s.str.)	z	
Blaugras (Sesleria caerulea)	h	
Niedrige Segge (Carex humilis)	z	
Schlaffe Segge (Carex flacca)	z	
Weisse Segge (Carex alba)	h	
Gefingerte Segge (Carex digitata)	s	
Nickendes Perlgras (Melica nutans)	h	
Aufrechte Trespe (Bromus erectus s.str.)	z	
Schaf-Schwingel (Festuca ovina aggr.)	h	
Fieder-Zwenke (Brachypodium pinnatum)	s	

Standort B – Gebüschmantel

Sträucher

Schwarzdorn (Prunus spinosa)	z	
Gewöhnliche Steinmispel (Cotoneaster integerrimus)	z	
Strauchwicke (Hippocrepis emerus)	z	

	März	April	Mai	Juni	Juli	Aug	Sept
Felsenkirsche (*Prunus mahaleb*)	h						
Felsenmispel (*Amelanchier ovalis*)	h						
Reichstachlige Rose (*Rosa pimpinellifolia*)	h						
Hartriegel (*Cornus sanguinea*)	z						
Gemeiner Kreuzdorn (*Rhamnus cathartica*)	z						
Zweigriffliger Weissdorn (*Crataegus laevigata*)	z						
Eingriffliger Weissdorn (*Crataegus monogyna aggr.*)	z						
Berberitze (*Berberis vulgaris*)	h						
Liguster (*Ligustrum vulgare*)	h						
Rote Heckenkirsche (*Lonicera xylosteum*)	z						
Alpen-Kreuzdorn (*Rhamnus alpina*)	h						
Blaugrüne Rose (*Rosa vosagiaca aggr.*)	z						
Hunds-Rose (*Rosa canina*)	z						
Filzige Rose (*Rosa tomentosa*)	s						
Hohe Hecken-Rose (*Rosa agrestis*)	z						
Kleinblütige Rose (*Rosa micrantha*)	s						

Standort C – Felsrasen

Kräuter und Zwergsträucher

	März	April	Mai	Juni	Juli	Aug	Sept
Frühlings-Hungerblümchen (*Erophila verna aggr.*)	lokal h						
Rauhhaariges Veilchen (*Viola hirta*)	z						
Frühlings-Fingerkraut (*Potentilla neumanniana*)	h						
Berg-Täschelkraut (*Thlaspi montanum*)	h						
Berg-Steinkraut (*Alyssum montanum*)	z						
Zypressen-Wolfsmilch (*Euphorbia cyparissias*)	h						
Behaarter Ginster (*Genista pilosa*)	s						
Gemeine Kugelblume (*Globularia punctata*)	h						
Hufeisenklee (*Hippocrepis comosa*)	h						
Reichstachlige Rose (*Rosa pimpinellifolia*)	h						
Kleiner Wiesenknopf (*Sanguisorba minor s.str.*)	z						
Glattes Pfaffenröhrlein (*Taraxacum laevigatum aggr.*)	z						
Rauhhaarige Gänsekresse (*Arabis hirsuta s.str.*)	h						
Quendelblättr. Sandkraut (*Arenaria serpyllifolia aggr.*)	h						
Langstielige Distel (*Carduus defloratus s.str.*)	h						

Artenliste 9. Hofstetter Chöpfli

Art		März	April	Mai	Juni	Juli	Aug	Sept
Berg-Margerite (*Leucanthemum adustum*)	h							
Purgier-Lein (*Linum catharticum*)	z							
Nickendes Leimkraut (*Silene nutans s.str.*)	h							
Gemeiner Bergflachs (*Thesium alpinum*)	s							
Niedriges Labkraut (*Galium pumilum*)	h							
Flügelginster (*Genista sagittalis*)	z							
Gem. Sonnenröschen (*Helianthemum nummularium s.l.*)	z							
Gamander-Sommerwurz (*Orobanche teucrii*)	z							
Aufrechter Ziest (*Stachys recta s.str.*)	z							
Schwalbenwurz (*Vincetoxicum hirundinaria*)	h							
Ästige Graslilie (*Anthericum ramosum*)	h							
Hügel-Waldmeister (*Asperula cynanchica*)	z							
Rundblättrige Glockenblume (*Campanula rotundifolia*)	z							
Gemeines Johanniskraut (*Hypericum perforatum s.str.*)	h							
Grossblütige Brunelle (*Prunella grandiflora*)	s							
Gemeine Skabiose (*Scabiosa columbaria s.l.*)	h							
Weisser Mauerpfeffer (*Sedum album*)	h							
Edel-Gamander (*Teucrium chamaedrys*)	h							
Berg-Gamander (*Teucrium montanum*)	h							
Sichelblättriges Hasenohr (*Bupleurum falcatum s.str.*)	h							
Skabiosen-Flockenblume (*Centaurea scabiosa s.l.*)	h							
Dost (*Origanum vulgare*)	h							
Gebräuchliche Betonie (*Stachys officinalis s.str.*)	h							
Feld-Thymian (*Thymus serpyllum aggr.*)	h							
Hirschwurz (*Peucedanum cervaria*)	h							
Berg-Aster (*Aster amellus*)	z							
Gräser								
Blaugras (*Sesleria caerulea*)	h							
Niedrige Segge, Erdsegge (*Carex humilis*)	h							
Wiesen-Rispengras (*Poa pratensis aggr.*)	z							
Zittergras (*Briza media*)	s							
Aufrechte Trespe (*Bromus erectus s.str.*)	z							
Schaf-Schwingel (*Festuca ovina aggr.*)	h							
Grossblütige Kammschmiele (*Koeleria macrantha*)	z							

Artenliste 10. Bruderholz

		März	April	Mai	Juni	Juli	Aug	Sept
Bewimpertes Perlgras (*Melica ciliata*)	z							
Plattes Rispengras (*Poa compressa*)	z							

Standort D – Pflanzen der Kalkfelsen

Kräuter

Immergrünes Hungerblümchen (*Draba aizoides*)	h							
Berg-Steinkraut (*Alyssum montanum*)	h							
Niedriges Habichtskraut (*Hieracium humile*)	z							
Stengelumfass. Habichtskraut (*Hieracium amplexicaule*)	z							
Weisser Mauerpfeffer (*Sedum album*)	h							

Farne

Jura-Streifenfarn (*Asplenium fontanum*)	s							
Mauer-Streifenfarn (*Asplenium ruta-muraria*)	z							
Braunstieliger Streifenfarn (*Asplenium trichomanes*)	z							

Exkursion 10: Bruderholz

Auffindbare Ackerwildkräuter

Kräuter

Gemeines Kreuzkraut (*Senecio vulgaris*)							
Hühnerdarm (*Stellaria media aggr.*)							
Efeublättriger Ehrenpreis (*Veronica hederifolia s.l.*)▼							
Vielstengliges Schaumkraut (*Cardamine hirsuta*)▼							
Gemeines Hirtentäschchen (*Capsella bursa-pastoris*)							
Acker-Taubnessel (*Lamium purpureum*)							
Persischer Ehrenpreis (*Veronica persica*)							
Schotenkresse (*Arabidopsis thaliana*)▼							
Acker-Stiefmütterchen (*Viola arvensis*)▼							
Knäuelblütiges Hornkraut (*Cerastium glomeratum*)▼							
Acker-Vergissmeinnicht (*Myosotis arvensis*)▼							
Fremder Ehrenpreis (*Veronica peregrina*)							
Acker-Täschelkraut (*Thlaspi arvense*)▼							
Sonnenwend-Wolfsmilch (*Euphorbia helioscopia*)							

Artenliste 10. Bruderholz

	März	April	Mai	Juni	Juli	Aug	Sept
Echte Kamille (*Matricaria recutita*)▼							
Rauhhaarige Wicke (*Vicia hirsuta*)▼							
Futter-Wicke (*Vicia sativa s.l.*)▼							
Viersamige Wicke (*Vicia tetrasperma*)▼							
Quendelblättriger Ehrenpreis (*Veronica serpyllifolia s.str.*)							
Ackerfrauenmantel (*Aphanes arvensis*)▼							
Kletten-Labkraut (*Galium aparine*)							
Klatsch-Mohn (*Papaver rhoeas*)▼							
Acker-Hahnenfuss (*Ranunculus arvensis*)▼							
Acker-Rettich (*Raphanus raphanistrum*)							
Acker-Senf (*Sinapis arvensis*)							
Kleines Leinkraut (*Chaenorrhinum minus*)							
Kleinköpfiger Pippau (*Crepis capillaris*)							
Kleine Wolfsmilch (*Euphorbia exigua*)							
Vogel-Knöterich (*Polygonum aviculare aggr.*)							
Geruchlose Strandkamille (*Tripleurospermum perforatum*)							
Acker-Schöterich (*Erysimum cheiranthoides*)							
Aufrechter Sauerklee (*Oxalis fontana*)							
Acker-Gauchheil (*Anagallis arvensis*)							
Gemeine Melde (*Atriplex patula*)							
Vielsamiger Gänsefuss (*Chenopodium polyspermum*)							
Ackerdistel (*Cirsium arvense*)							
Weisser Gänsefuss (*Chenopodium album*)							
Kanadisches Berufkraut (*Conyza canadensis*)							
Acker-Winde (*Convolvulus arvensis*)							
Bewimpertes Knopfkraut (*Galinsoga ciliata*)							
Pfeilblättriges Leinkraut (*Kickxia elatine*)							
Eiblättriges Leinkraut (*Kickxia spuria*)							
Rainkohl (*Lapsana communis*)							
Wasserpfeffer-Knöterich (*Polygonum hydropiper*)							
Ampferblättriger Knöterich (*Polygonum lapathifolium s.str.*)							
Milder Knöterich (*Polygonum mite*)							
Pfirsichblättriger Knöterich (*Polygonum persicaria*)							
Portulak (*Portulaca oleracea s.str.*)							

Artenliste 11. Blauen-Südhang 401

	März	April	Mai	Juni	Juli	Aug	Sept
Rauhe Gänsedistel (*Sonchus asper*)						■	■
Gemeine Gänsedistel (*Sonchus oleraceus*)						■	■
Gemeiner Hohlzahn (*Galeopsis tetrahit*)						■	■
Gräser							
Einjähriges Rispengras (*Poa annua*)	■	■	■	■	■	■	■
Gemeines Rispengras (*Poa trivialis s.str.*)			■	■			
Kriechendes Straussgras (*Agrostis stolonifera*)				■	■		
Acker-Fuchsschwanz (*Alopecurus myosuroides*)▼			■	■			
Kriechende Quecke (*Agropyron repens*)				■	■		
Gemeiner Windhalm (*Apera spica-venti*)▼				■	■		
Hühnerhirse (*Echinochloa crus-galli*)					■	■	
Bluthirse (*Digitaria sanguinalis*)					■	■	
Graugrüne Borstenhirse (*Setaria pumila*)					■	■	
Grüne Borstenhirse (*Setaria viridis*)					■	■	
Acker-Schachtelhalm (*Equisetum arvense*)	■	■	■				
Feuchte Ackerstellen:							
Steinquendelblättriger Ehrenpreis (*Veronica acinifolia*)▼		■	■				
Kriechender Hahnenfuss (*Ranunculus repens*)			■	■	■		
Niederliegendes Mastkraut (*Sagina procumbens*)			■	■	■		
Niederliegendes Johanniskraut (*Hypericum humifusum*)				■	■		
Kleinling (*Anagallis minima*)				■	■		
Kleines Tausendgüldenkraut (*Centaurium pulchellum*)					■	■	
Sumpf-Ruhrkraut (*Gnaphalium uliginosum*)					■	■	
Acker-Gipskraut (*Gypsophila muralis*)					■	■	
Kröten-Binse (*Juncus bufonius*)					■	■	
Ysop-Weiderich (*Lythrum hyssopifolia*)					■	■	

▼ Samenkeimung in der kühlen Jahreszeit

Exkursion 11: Blauen-Südhang

Standort A – Halbtrockene Magerweide

Gehölze

Schwarzdorn (*Prunus spinosa*)			z/s	■	■		

Artenliste 11. Blauen-Südhang

		März	April	Mai	Juni	Juli	Aug	Sept
Zweigriffliger Weissdorn (*Crataegus laevigata*)	z							
Hartriegel (*Cornus sanguinea*)	s							
Eingriffliger Weissdorn (*Crataegus monogyna aggr.*)	s							
Liguster (*Ligustrum vulgare*)	s							
Felsenkirsche (*Prunus mahaleb*)	s							
Brombeere (*Rubus sp.*)	s							
Eiche (*Quercus sp.*)	s							
Rose (*Rosa sp.*)	s							
Kräuter und Zwergsträucher								
Massliebchen (*Bellis perennis*)	z							
Frühlings-Fingerkraut (*Potentilla neumanniana*)+	z							
Frühlings-Schlüsselblume (*Primula veris s. str.*)+	z							
Rauhhaariges Veilchen (*Viola hirta*)	z							
Echter Wundklee (*Anthyllis vulneraria s.l.*)+	z							
Kriechender Günsel (*Ajuga reptans*)	z							
Zypressen-Wolfsmilch (*Euphorbia cyparissias*)+	z							
Stengelumfassendes Täschelkraut (*Thlaspi perfoliatum*)	s/z							
Persischer Ehrenpreis (*Veronica persica*)	z							
Genfer Günsel (*Ajuga genevensis*)	z							
Gemeines Steinkraut (*Alyssum alyssoides*)	s							
Gemeines Hornkraut (*Cerastium fontanum ssp. vulgare*)	s							
Wiesen-Pippau (*Crepis biennis*)	s							
Gemeine Kugelblume (*Globularia punctata*)+	z							
Hornklee (*Lotus corniculatus aggr.*)	h							
Hopfenklee (*Medicago lupulina*)	z							
Acker-Vergissmeinnicht (*Myosotis arvensis*)	s							
Kleine Orchis (*Orchis morio*)+	z							
Spitz-Wegerich (*Plantago lanceolata*)	z							
Mittlerer Wegerich (*Plantago media*)	h							
Bittere Kreuzblume (*Polygala amarella*)	z							
Knolliger Hahnenfuss (*Ranunculus bulbosus*)+	h							
Hain-Hahnenfuss (*Ranunculus tuberosus*)	z							
Wiesen-Sauerampfer (*Rumex acetosa*)	z							
Kleiner Wiesenknopf (*Sanguisorba minor s. str.*)+	h							

Artenliste 11. Blauen-Südhang

		März	April	Mai	Juni	Juli	Aug	Sept
Pfaffenröhrlein (*Taraxacum officinale aggr.*)	s							
Rot-Klee (*Trifolium pratense s.str.*)	h							
Feld-Ehrenpreis (*Veronica arvensis*)	z							
Gamander-Ehrenpreis (*Veronica chamaedrys*)	z							
Scheerers Ehrenpreis (*Veronica prostrata ssp. scheereri*)+	z							
Futter-Wicke (*Vicia sativa s.l.*)	z							
Langhaariges Habichtskraut (*Hieracium pilosella*)	h							
Hufeisenklee (*Hippocrepis comosa*)+	h							
Gewöhnliches Ferkelkraut (*Hypochoeris radicata*)	s/z							
Feld-Witwenblume (*Knautia arvensis*)	h							
Gemeine Margerite (*Leucanthemum vulgare aggr.*)	h							
Rauhhaarige Gänsekresse (*Arabis hirsuta s.str.*)+	s							
Purgier-Lein (*Linum catharticum*)	h							
Hummel-Ragwurz (*Ophrys holosericea s.str.*)+	s							
Gemeiner Tormentill (*Potentilla erecta*)	z							
Kleiner Klappertopf (*Rhinanthus minor*)	s/z							
Wiesen-Salbei (*Salvia pratensis*)+	h							
Gelber Acker-Klee (*Trifolium campestre*)	z							
Berg-Klee (*Trifolium montanum*)+	z							
Weisses Labkraut (*Galium album*)	z							
Flügelginster (*Genista sagittalis*)	z							
Grünliches Breitkölbchen (*Platanthera chlorantha*)	s							
Gemeine Brunelle (*Prunella vulgaris*)	z/s							
Gemeiner Bergflachs (*Thesium alpinum*)	s							
Zottiger Klappertopf (*Rhinanthus alectorolophus*)	h							
Kriechender Klee (*Trifolium repens*)	z							
Gemeine Schafgarbe (*Achillea millefolium aggr.*)	z							
Spitzorchis (*Anacamptis pyramidalis*)+	z							
Knäuelblüt. Glockenblume (*Campanula glomerata s.str.*)+	z							
Natterkopf (*Echium vulgare*)	z							
Gelbes Labkraut (*Galium verum s.str.*)+	z							
Färber-Ginster (*Genista tinctoria*)	z							
Gem. Sonnenröschen (*Helianthemum nummularium s.l.*)+	h							
Wiesen-Platterbse (*Lathyrus pratensis*)	s							

Artenliste 11. Blauen-Südhang

		März	April	Mai	Juni	Juli	Aug	Sept
Gemeiner Löwenzahn (*Leontodon hispidus s.l.*)	z							
Kriechende Hauhechel (*Ononis repens*)+	z/h							
Bienen-Ragwurz (*Ophrys apifera s.l.*)+	s							
Grossblütige Brunelle (*Prunella grandiflora*)+	h							
Gemeine Skabiose (*Scabiosa columbaria s.l.*)+	h							
Gemeines Leimkraut (*Silene vulgaris s.str.*)	z							
Aufrechter Ziest (*Stachys recta s.str.*)+	z							
Berg-Gamander (*Teucrium montanum*)	z							
Gelblicher Klee (*Trifolium ochroleucon*)+	z							
Gewöhnlicher Bitterling (*Blackstonia perfoliata*)	z							
Rundblättrige Glockenblume (*Campanula rotundifolia*)	h/z							
Golddistel (*Carlina vulgaris*)+	z							
Gemeines Johanniskraut (*Hypericum perforatum s.str.*)	h/z							
Bunte Kronwicke (*Securigera varia*)	s							
Raukenblättriges Kreuzkraut (*Senecio erucifolius*)	z							
Jakobs-Kreuzkraut (*Senecio jacobaea*)	z							
Edel-Gamander (*Teucrium chamaedrys*)	z							
Eisenkraut (*Verbena officinalis*)	s							
Hügel-Waldmeister (*Asperula cynanchica*)+	h							
Gebräuchliche Betonie (*Stachys officinalis s.str.*)	h/z							
Gemeine Flockenblume (*Centaurea jacea s.l.*)	z							
Skabiosen-Flockenblume (*Centaurea scabiosa s.l.*)+	z							
Möhre (*Daucus carota*)	z							
Feld-Thymian (*Thymus serpyllum aggr.*)	h							
Gemeiner Odermennig (*Agrimonia eupatoria*)	s/z							
Sichelblättriges Hasenohr (*Bupleurum falcatum s.str.*)	z							
Stengellose Kratzdistel (*Cirsium acaule*)+	h							
Lanzettblättrige Kratzdistel (*Cirsium vulgare*)	s							
Dost (*Origanum vulgare*)	h							
Kleine Bibernelle (*Pimpinella saxifraga*)+	h							
Echte Bergminze (*Calamintha menthifolia*)	s/z							
Wirbeldost (*Clinopodium vulgare*)	s/z							
Berg-Aster (*Aster amellus*)	s/z							

Artenliste 11. Blauen-Südhang

		März	April	Mai	Juni	Juli	Aug	Sept
Gräser								
Gemeine Hainsimse (*Luzula campestris*)	s							
Frühlings-Segge (*Carex caryophyllea*)⁺	z							
Schlaffe Segge (*Carex flacca*)	z							
Gemeines Ruchgras (*Anthoxanthum odoratum*)	z							
Zittergras (*Briza media*)	h							
Wolliges Honiggras (*Holcus lanatus*)	lokal h							
Wiesen-Rispengras (*Poa pratensis aggr.*)	z							
Flaum-Wiesenhafer (*Helictotrichon pubescens*)	h							
Glatthafer (*Arrhenatherum elatius*)	lokal h							
Aufrechte Trespe (*Bromus erectus s.str.*)⁺	h							
Gemeines Knäuelgras (*Dactylis glomerata*)	z							
Schaf-Schwingel (*Festuca ovina aggr.*)⁺	h							
Wiesen-Schwingel (*Festuca pratensis s.l.*)	z							
Gemeines Rispengras (*Poa trivialis s.str.*)	z							
Gemeines Straussgras (*Agrostis capillaris*)	z							
Fieder-Zwenke (*Brachypodium pinnatum*)⁺	z							
Gemeines Kammgras (*Cynosurus cristatus*)	z							
Gemeine Kammschmiele (*Koeleria pyramidata aggr.*)⁺	h							
Englisches Raigras (*Lolium perenne*)	z							
Farne								
Adlerfarn (*Pteridium aquilinum*)	lokal h							

⁺ Typische Magerrasen-Pflanzen

Standort B – Verbrachender Magerrasen

Gehölze								
Felsenkirsche (*Prunus mahaleb*)	s							
Schwarzdorn (*Prunus spinosa*)	z/h							
Esche (*Fraxinus excelsior*)	s							
Holzapfel (*Malus sylvestris*)	z							
Feld-Ahorn (*Acer campestre*)	s							
Trauben-Eiche (*Quercus petraea*)	s							
Eiche (*Quercus petraea x pubescens*)	z							
Berberitze (*Berberis vulgaris*)	s							

Artenliste 11. Blauen-Südhang

		März	April	Mai	Juni	Juli	Aug	Sept
Zweigriffliger Weissdorn (*Crataegus laevigata*)	z							
Wald-Föhre (*Pinus sylvestris*)	s							
Mehlbeerbaum (*Sorbus aria*)	z							
Wolliger Schneeball (*Viburnum lantana*)	s							
Eingriffliger Weissdorn (*Crataegus monogyna aggr.*)	s							
Hunds-Rose (*Rosa canina*)	z							
Brombeere (*Rubus sp.*)	z							
Efeu (*Hedera helix*)	s							
Kräuter und Zwergsträucher								
Stinkende Nieswurz (*Helleborus foetidus*)	s							
Frühlings-Fingerkraut (*Potentilla neumanniana*)	z							
Frühlings-Schlüsselblume (*Primula veris s.str.*)	z							
Rauhhaariges Veilchen (*Viola hirta*)	z							
Echter Wundklee (*Anthyllis vulneraria s.l.*)	z							
Zypressen-Wolfsmilch (*Euphorbia cyparissias*)	z							
Wald-Erdbeere (*Fragaria vesca*)	z							
Gemeine Kugelblume (*Globularia punctata*)	z							
Hornklee (*Lotus corniculatus aggr.*)	z							
Stattliche Orchis (*Orchis mascula*)	z							
Spitz-Wegerich (*Plantago lanceolata*)	z							
Bittere Kreuzblume (*Polygala amarella*)	z							
Knolliger Hahnenfuss (*Ranunculus bulbosus*)	z							
Kleiner Wiesenknopf (*Sanguisorba minor s.str.*)	z							
Langhaariges Habichtskraut (*Hieracium pilosella*)	z							
Hufeisenklee (*Hippocrepis comosa*)	z							
Feld-Witwenblume (*Knautia arvensis*)	z							
Purgier-Lein (*Linum catharticum*)	z							
Hopfenklee (*Medicago lupulina*)	z							
Immenblatt (*Melittis melissophyllum*)	z							
Echtes Salomonssiegel (*Polygonatum odoratum*)	z							
Wiesen-Salbei (*Salvia pratensis*)	z							
Rot-Klee (*Trifolium pratense s.str.*)	z							
Schopfige Kreuzblume (*Polygala comosa*)	z							
Rauhhaarige Gänsekresse (*Arabis hirsuta s.str.*)	s/z							

Artenliste 11. Blauen-Südhang 407

		März	April	Mai	Juni	Juli	Aug	Sept
Flügelginster (*Genista sagittalis*)	h							
Niedriges Labkraut (*Galium pumilum*)	z							
Gamander-Sommerwurz (*Orobanche teucrii*)	s							
Grünliches Breitkölbchen (*Platanthera chlorantha*)	s							
Gamanderartiger Ehrenpreis (*Veronica teucrium*)	z							
Gemeine Schafgarbe (*Achillea millefolium aggr.*)	z							
Steinquendel (*Acinos arvensis*)	s/z							
Spitzorchis (*Anacamptis pyramidalis*)	z							
Quendelblättr. Sandkraut (*Arenaria serpyllifolia aggr.*)	z							
Gelber Fingerhut (*Digitalis lutea*)	z							
Weisses Labkraut (*Galium album*)	z							
Tauben-Storchschnabel (*Geranium columbinum*)	z							
Gem. Sonnenröschen (*Helianthemum nummularium s.l.*)	z							
Kriechende Hauhechel (*Ononis repens*)	z							
Bienen-Ragwurz (*Ophrys apifera s.l.*)	s							
Grossblütige Brunelle (*Prunella grandiflora*)	z							
Gemeine Skabiose (*Scabiosa columbaria s.l.*)	z							
Berg-Gamander (*Teucrium montanum*)	z							
Salbeiblättriger Gamander (*Teucrium scorodonia*)	s/z							
Mittlerer Klee (*Trifolium medium*)	z							
Schwalbenwurz (*Vincetoxicum hirundinaria*)	z							
Ästige Graslilie (*Anthericum ramosum*)	z							
Rundblättrige Glockenblume (*Campanula rotundifolia*)	z							
Golddistel (*Carlina vulgaris*)	z							
Natterkopf (*Echium vulgare*)	z							
Gelbes Labkraut (*Galium verum s.str.*)	z							
Gemeines Johanniskraut (*Hypericum perforatum s.str.*)	z							
Milder Mauerpfeffer (*Sedum sexangulare*)	z							
Aufrechter Ziest (*Stachys recta s.str.*)	z							
Edel-Gamander (*Teucrium chamaedrys*)	z							
Gemüse-Lauch (*Allium oleraceum*)	s/z							
Hügel-Waldmeister (*Asperula cynanchica*)	z							
Gebräuchliche Betonie (*Stachys officinalis s.str.*)	z							
Gemeines Tausendgüldenkraut (*Centaurium erythraea*)	s							

Artenliste 11. Blauen-Südhang

		März	April	Mai	Juni	Juli	Aug	Sept
Gemeine Flockenblume (*Centaurea jacea s.l.*)	z							
Möhre (*Daucus carota*)	z							
Dost (*Origanum vulgare*)	z							
Feld-Thymian (*Thymus serpyllum aggr.*)	h							
Sichelblättriges Hasenohr (*Bupleurum falcatum s.str.*)	z							
Dürrwurz (*Inula conyza*)	s/z							
Hirschwurz (*Peucedanum cervaria*)	z							
Kleine Bibernelle (*Pimpinella saxifraga*)	z							
Echte Bergminze (*Calamintha menthifolia*)	z							
Wirbeldost (*Clinopodium vulgare*)	z							
Berg-Aster (*Aster amellus*)	h							
Gräser								
Frühlings-Segge (*Carex caryophyllea*)	z							
Schlaffe Segge (*Carex flacca*)	z							
Zittergras (*Briza media*)	z							
Aufrechte Trespe (*Bromus erectus s.str.*)	z							
Gemeines Knäuelgras (*Dactylis glomerata*)	s							
Schaf-Schwingel (*Festuca ovina aggr.*)	z							
Fieder-Zwenke (*Brachypodium pinnatum*)	h							
Gemeine Kammschmiele (*Koeleria pyramidata aggr.*)	z							
Farne								
Mauer-Streifenfarn (*Asplenium ruta-muraria*)	lokal z							
Adlerfarn (*Pteridium aquilinum*)	lokal h							

Standort C – Fettweide								
Kräuter								
Hühnerdarm (*Stellaria media aggr.*)	z							
Massliebchen (*Bellis perennis*)	h							
Vielstengliges Schaumkraut (*Cardamine hirsuta*)	z							
Persischer Ehrenpreis (*Veronica persica*)	z							
Gemeines Hornkraut (*Cerastium fontanum ssp. vulgaris*)	z							
Hornklee (*Lotus corniculatus aggr.*)	h/z							
Spitz-Wegerich (*Plantago lanceolata*)	h							
Mittlerer Wegerich (*Plantago media*)	z							

Artenliste 11. Blauen-Südhang

	März	April	Mai	Juni	Juli	Aug	Sept
Scharfer Hahnenfuss (*Ranunculus acris s.l.*)	h						
Kleiner Wiesenknopf (*Sanguisorba minor s.str.*)	s/z						
Pfaffenröhrlein (*Taraxacum officinale aggr.*)	h						
Rot-Klee (*Trifolium pratense s.str.*)	h						
Feld-Ehrenpreis (*Veronica arvensis*)	s/z						
Futter-Wicke (*Vicia sativa s.l.*)	s						
Feld-Witwenblume (*Knautia arvensis*)	s						
Hopfenklee (*Medicago lupulina*)	h						
Gelber Acker-Klee (*Trifolium campestre*)	z						
Schlitzblättriger Storchschnabel (*Geranium dissectum*)	z						
Breit-Wegerich (*Plantago major s.l.*)	h						
Gemeine Brunelle (*Prunella vulgaris*)	h						
Kriechender Klee (*Trifolium repens*)	h						
Quendelblättr. Ehrenpreis (*Veronica serpyllifolia s.str.*)	z						
Zaun-Wicke (*Vicia sepium*)	s						
Quendelblättr. Sandkraut (*Arenaria serpyllifolia aggr.*)	s/z						
Wiesen-Platterbse (*Lathyrus pratensis*)	z						
Kriechende Hauhechel (*Ononis repens*)	s/z						
Gemeine Flockenblume (*Centaurea jacea s.l.*)	z						
Möhre (*Daucus carota*)	z						
Herbst-Löwenzahn (*Leontodon autumnalis*)	h						
Lanzettblättrige Kratzdistel (*Cirsium vulgare*)	s						
Herbstzeitlose (*Colchicum autumnale*)	s						
Gänsedistel (*Sonchus sp.*)	s						
Gräser							
Gemeines Ruchgras (*Anthoxanthum odoratum*)	z						
Wolliges Honiggras (*Holcus lanatus*)	z						
Wiesen-Rispengras (*Poa pratensis aggr.*)	z						
Aufrechte Trespe (*Bromus erectus s.str.*)	z						
Gemeines Knäuelgras (*Dactylis glomerata*)	h						
Wiesen-Schwingel (*Festuca pratensis s.l.*)	h						
Rot-Schwingel (*Festuca rubra aggr.*)	z						
Gemeines Rispengras (*Poa trivialis s.str.*)	h						
Goldhafer (*Trisetum flavescens*)	z						

Artenliste 13. Chilpen

		März	April	Mai	Juni	Juli	Aug	Sept
Gemeines Straussgras (Agrostis capillaris)	h							
Gemeines Kammgras (Cynosurus cristatus)	h							
Englisches Raigras (Lolium perenne)	h							
Farne								
Adlerfarn (Pteridium aquilinum)								
Entlang des Weges kommen hinzu:								
Kriechender Hahnenfuss (Ranunculus repens)	h							
Kriechendes Fingerkraut (Potentilla reptans)	z							
Stumpfblättriger Ampfer (Rumex obtusifolius)	s/z							
Pfirsichblättriger Knöterich (Polygonum persicaria)	s							
Wegwarte (Cichorium intybus)	z							
Einjähriges Rispengras (Poa annua)	z							

Exkursion 13: Chilpen

Standort A – Offener wechselfeuchter Magerrasen

Gehölze								
Filzige Steinmispel (Cotoneaster tomentosus)	z							
Gemeiner Wacholder (Juniperus communis s.str.)	z							
Trauben-Eiche (Quercus petraea)	s							
Berberitze (Berberis vulgaris)	z/s							
Wald-Föhre (Pinus sylvestris)	h							
Schwarzer Holunder (Sambucus nigra)	s							
Mehlbeerbaum (Sorbus aria)	z							
Wolliger Schneeball (Viburnum lantana)	z							
Hartriegel (Cornus sanguinea)	z/s							
Faulbaum (Frangula alnus)	z							
Liguster (Ligustrum vulgare)	z-s							
Kräuter und Zwergsträucher								
Kleine Spinnen-Ragwurz (Ophrys araneola)	z/h							
Bittere Kreuzblume (Polygala amarella)	z							
Gemeine Kugelblume (Globularia punctata)	s							
Kleiner Wiesenknopf (Sanguisorba minor s.str.)	z							

Artenliste 13. Chilpen

		März	April	Mai	Juni	Juli	Aug	Sept
Warzige Wolfsmilch (*Euphorbia verrucosa*)	z							
Herzblättrige Kugelblume (*Globularia cordifolia*)	z							
Wald-Habichtskraut (*Hieracium murorum*)	s							
Hufeisenklee (*Hippocrepis comosa*)	z							
Hornklee (*Lotus corniculatus aggr.*)	z/h							
Fliegen-Ragwurz (*Ophrys insectifera*)	z							
Helm-Orchis (*Orchis militaris*)	z							
Weisses Breitkölbchen (*Platanthera bifolia*)	z							
Schopfige Kreuzblume (*Polygala comosa*)	z							
Hain-Hahnenfuss (*Ranunculus tuberosus*)	z							
Gemeiner Tormentill (*Potentilla erecta*)	h							
Niedriges Labkraut (*Galium pumilum*)	z							
Florentiner Habichtskraut (*Hieracium piloselloides*)	z							
Gemeiner Löwenzahn (*Leontodon hispidus s.l.*)	h							
Purgier-Lein (*Linum catharticum*)	h							
Mittlerer Wegerich (*Plantago media*)	s							
Gemeine Simsenlilie (*Tofieldia calyculata*)	h							
Feld-Witwenblume (*Knautia arvensis*)	s							
Gemeine Brunelle (*Prunella vulgaris*)	h							
Langspornige Handwurz (*Gymnadenia conopsea*)	h							
Berg-Klee (*Trifolium montanum*)	s							
Ästige Graslilie (*Anthericum ramosum*)	z							
Hügel-Waldmeister (*Asperula cynanchica*)	h							
Weidenblättriges Rindsauge (*Buphthalmum salicifolium*)	h							
Braunrote Sumpfwurz (*Epipactis atrorubens*)	s							
Gemeine Sumpfwurz (*Epipactis palustris*)	h							
Rostkovs Augentrost (*Euphrasia rostkoviana s.l.*)	h							
Färber-Ginster (*Genista tinctoria*)	z							
Wohlriechende Handwurz (*Gymnadenia odoratissima*)	h							
Feinblättriger Lein (*Linum tenuifolium*)	s/z							
Grossblütige Brunelle (*Prunella grandiflora*)	h							
Schmalblättriger Klappertopf (*Rhinanthus glacialis*)	h							
Edel-Gamander (*Teucrium chamaedrys*)	z							
Gem. Flockenblume (*Centaurea jacea ssp. angustifolia*)	z							

Artenliste 13. Chilpen

		März	April	Mai	Juni	Juli	Aug	Sept
Skabiosen-Flockenblume (*Centaurea scabiosa s.l.*)	z							
Sichelblättriges Hasenohr (*Bupleurum falcatum s.str.*)	z							
Rundblättrige Glockenblume (*Campanula rotundifolia*)	h/z							
Silberdistel (*Carlina acaulis s.l.*)	s							
Golddistel (*Carlina vulgaris*)	s							
Gemeines Tausendgüldenkraut (*Centaurium erythraea*)	z							
Stengellose Kratzdistel (*Cirsium acaule*)	z							
Herzblatt, Studentenröschen (*Parnassia palustris*)	h							
Hirschwurz (*Peucedanum cervaria*)	z							
Kleine Bibernelle (*Pimpinella saxifraga*)	z							
Gemeine Skabiose (*Scabiosa columbaria s.l.*)	z							
Berg-Aster (*Aster amellus*)	z							
Abbisskraut (*Succisa pratensis*)	h							
Deutscher Enzian (*Gentiana germanica*)	h							
Gräser								
Blaugras (*Sesleria caerulea*)	z							
Berg-Segge (*Carex montana*)	z							
Hirse-Segge (*Carex panicea*)	z							
Schlaffe Segge (*Carex flacca*)	h							
Frühlings-Segge (*Carex caryophyllea*)	z							
Zittergras (*Briza media*)	h							
Aufrechte Trespe (*Bromus erectus s.str.*)	h							
Schaf-Schwingel (*Festuca ovina aggr.*)	z							
Gemeine Kammschmiele (*Koeleria pyramidata aggr.*)	z							
Fieder-Zwenke (*Brachypodium pinnatum*)	h							
Strand-Pfeifengras (*Molinia arundinacea*)	h							

Standort B – Geschlossener wechselfeuchter Magerrasen

Gehölze

Hänge-Birke (*Betula pendula*)	s							
Esche (*Fraxinus excelsior*)	s							
Gemeiner Wacholder (*Juniperus communis s.str.*)	z							
Wald-Föhre (*Pinus sylvestris*)	h							
Eingriffliger Weissdorn (*Crataegus monogyna aggr.*)	s							

Artenliste 13. Chilpen

		März	April	Mai	Juni	Juli	Aug	Sept
Berberitze (*Berberis vulgaris*)	z							
Rote Heckenkirsche (*Lonicera xylosteum*)	s							
Gemeiner Kreuzdorn (*Rhamnus cathartica*)	s							
Schwarzer Holunder (*Sambucus nigra*)	s							
Mehlbeerbaum (*Sorbus aria*)	z							
Wolliger Schneeball (*Viburnum lantana*)	z							
Gemeiner Schneeball (*Viburnum opulus*)	s							
Hartriegel (*Cornus sanguinea*)	z							
Faulbaum (*Frangula alnus*)	z							
Liguster (*Ligustrum vulgare*)	z							
Efeu (*Hedera helix*)								
Rose (*Rosa sp.*)	s							
Kräuter und Zwergsträucher								
Rauhhaariges Veilchen (*Viola hirta*)	s							
Massliebchen (*Bellis perennis*)	s							
Bittere Kreuzblume (*Polygala amarella*)	s							
Frühlings-Schlüsselblume (*Primula veris s.str.*)	z							
Pfaffenröhrlein (*Taraxacum officinale aggr.*)	s							
Wald-Erdbeere (*Fragaria vesca*)	s							
Gemeine Akelei (*Aquilegia vulgaris*)	s							
Warzige Wolfsmilch (*Euphorbia verrucosa*)	z							
Wald-Habichtskraut (*Hieracium murorum*)	z							
Grosses Zweiblatt (*Listera ovata*)	z							
Hornklee (*Lotus corniculatus aggr.*)	h							
Immenblatt (*Melittis melissophyllum*)	s							
Fliegen-Ragwurz (*Ophrys insectifera*)	s/z							
Helm-Orchis (*Orchis militaris*)	s/z							
Spitz-Wegerich (*Plantago lanceolata*)	s							
Weisses Breitkölbchen (*Platanthera bifolia*)	z							
Vielblütige Weisswurz (*Polygonatum multiflorum*)	s/z							
Echtes Salomonssiegel (*Polygonatum odoratum*)	lokal h							
Hain-Hahnenfuss (*Ranunculus tuberosus*)	z							
Kleiner Wiesenknopf (*Sanguisorba minor s.str.*)	s							
Gemeiner Tormentill (*Potentilla erecta*)	h							

Artenliste 13. Chilpen

	März	April	Mai	Juni	Juli	Aug	Sept
Östl. Bocksbart (*Tragopogon pratensis ssp. orientalis*)	z						
Hufeisenklee (*Hippocrepis comosa*)	z						
Gemeiner Löwenzahn (*Leontodon hispidus s.l.*)	z						
Purgier-Lein (*Linum catharticum*)	s/z						
Mittlerer Wegerich (*Plantago media*)	z						
Grünliches Breitkölbchen (*Platanthera chlorantha*)	z						
Gemeine Kreuzblume (*Polygala vulgaris s.str.*)	s						
Gemeine Simsenlilie (*Tofieldia calyculata*)	z						
Mittlerer Klee (*Trifolium medium*)	s						
Rot-Klee (*Trifolium pratense s.str.*)	z						
Bienen-Ragwurz (*Ophrys apifera s.l.*)	s						
Langspornige Handwurz (*Gymnadenia conopsea*)	z						
Breit-Wegerich (*Plantago major s.l.*)	s						
Berg-Klee (*Trifolium montanum*)	s						
Ästige Graslilie (*Anthericum ramosum*)	z/h						
Weidenblättr. Rindsauge (*Buphthalmum salicifolium*)	z/h						
Geflecktes Knabenkraut (*Dactylorhiza maculata*)	s/z						
Braunrote Sumpfwurz (*Epipactis atrorubens*)	s						
Gemeine Sumpfwurz (*Epipactis palustris*)	z						
Rostkovs Augentrost (*Euphrasia rostkoviana s.l.*)							
Färber-Ginster (*Genista tinctoria*)	z						
Wohlriechende Handwurz (*Gymnadenia odoratissima*)	z						
Schwärzliche Orchis (*Orchis ustulata*)	s						
Grossblütige Brunelle (*Prunella grandiflora*)	z						
Schmalblättriger Klappertopf (*Rhinanthus glacialis*)	h						
Vogel-Wicke (*Vicia cracca s.str.*)	s						
Feld-Witwenblume (*Knautia arvensis*)	z						
Gemeine Flockenblume (*Centaurea jacea s.l.*)	z						
Gelbes Labkraut (*Galium verum s.str.*)	z						
Skabiosen-Flockenblume (*Centaurea scabiosa s.l.*)	z						
Kriechende Hauhechel (*Ononis repens*)	s						
Raukenblättriges Kreuzkraut (*Senecio erucifolius*)	lokal z						
Edel-Gamander (*Teucrium chamaedrys*)	z						
Gebräuchliche Betonie (*Stachys officinalis s.str.*)	s						

Artenliste 13. Chilpen

		März	April	Mai	Juni	Juli	Aug	Sept
Sichelblättriges Hasenohr (*Bupleurum falcatum s.str.*)	z/s							
Rundblättrige Glockenblume (*Campanula rotundifolia*)	h/z							
Silberdistel (*Carlina acaulis s.l.*)	s							
Knollige Kratzdistel (*Cirsium tuberosum*)	z/s							
Möhre (*Daucus carota*)	z/s							
Herzblatt, Studentenröschen (*Parnassia palustris*)	z							
Hirschwurz (*Peucedanum cervaria*)	z							
Kleine Bibernelle (*Pimpinella saxifraga*)	z							
Herbstzeitlose (*Colchicum autumnale*)	z							
Gemeine Skabiose (*Scabiosa columbaria s.l.*)	s/z							
Abbisskraut (*Succisa pratensis*)	h							
Deutscher Enzian (*Gentiana germanica*)	z							
Gefranster Enzian (*Gentiana ciliata*)	s							
Gräser								
Berg-Segge (*Carex montana*)	s/z							
Frühlings-Segge (*Carex caryophyllea*)	s/z							
Schlaffe Segge (*Carex flacca*)	h							
Hirse-Segge (*Carex panicea*)	lokal h							
Aufrechte Trespe (*Bromus erectus s.str.*)	z							
Schaf-Schwingel (*Festuca ovina aggr.*)	z							
Zittergras (*Briza media*)	z							
Gemeine Kammschmiele (*Koeleria pyramidata aggr.*)	z							
Fieder-Zwenke (*Brachypodium pinnatum*)	h							
Strand-Pfeifengras (*Molinia arundinacea*)	h							

Standort C – Föhrenwald auf wechselfeuchtem Untergrund								
Baumschicht								
Esche (*Fraxinus excelsior*)	s							
Nussbaum (*Juglans regia*)	s							
Süsskirsche (*Prunus avium*)	s							
Wild-Birne (*Pyrus pyraster*)	s							
Stiel-Eiche (*Quercus robur*)	s							
Berg-Ahorn (*Acer pseudoplatanus*)	z							
Buche (*Fagus sylvatica*)	z							

Artenliste 13. Chilpen

		März	April	Mai	Juni	Juli	Aug	Sept
Trauben-Eiche (*Quercus petraea*)	h							
Stechpalme (*Ilex aquifolium*)	s							
Fichte (*Picea abies*)	h							
Wald-Föhre (*Pinus sylvestris*)	h							
Mehlbeerbaum (*Sorbus aria*)	h							
Elsbeerbaum (*Sorbus torminalis*)	s							
Strauchschicht								
Gemeiner Seidelbast (*Daphne mezereum*)	s							
Schwarzdorn (*Prunus spinosa*)	z							
Berg-Ulme (*Ulmus glabra*)	s							
Spitz-Ahorn (*Acer platanoides*)	s							
Berberitze (*Berberis vulgaris*)	h							
Filzige Steinmispel (*Cotoneaster tomentosus*)	s							
Feld-Ahorn (*Acer campestre*)	s							
Eingriffliger Weissdorn (*Crataegus monogyna aggr.*)	z							
Hartriegel (*Cornus sanguinea*)	h							
Faulbaum (*Frangula alnus*)	h							
Liguster (*Ligustrum vulgare*)	h							
Rote Heckenkirsche (*Lonicera xylosteum*)	h							
Felsenkirsche (*Prunus mahaleb*)	s							
Wolliger Schneeball (*Viburnum lantana*)	h							
Gemeiner Schneeball (*Viburnum opulus*)	z							
Gemeine Waldrebe (*Clematis vitalba*)	z							
Efeu (*Hedera helix*)	h							
Rose (*Rosa sp.*)	h/z							
Brombeere (*Rubus sp.*)	s							
Krautschicht								
Ausdauerndes Bingelkraut (*Mercurialis perennis*)	z/h							
Wald-Erdbeere (*Fragaria vesca*)	s/z							
Sanikel (*Sanicula europaea*)	s							
Pfaffenröhrlein (*Taraxacum officinale aggr.*)	s							
Wald-Habichtskraut (*Hieracium murorum*)	s							
Grosses Zweiblatt (*Listera ovata*)	s							
Immenblatt (*Melittis melissophyllum*)	s/z							

Artenliste 14. Schlossberg Waldenburg – Gerstelflue 417

		März	April	Mai	Juni	Juli	Aug	Sept
Spitz-Wegerich (*Plantago lanceolata*)	s							
Vielblütige Weisswurz (*Polygonatum multiflorum*)	z							
Hain-Hahnenfuss (*Ranunculus tuberosus*)	z/s							
Weissl. Waldvögelein (*Cephalanthera damasonium*)	s							
Ästige Graslilie (*Anthericum ramosum*)	s/z							
Gemeiner Hohlzahn (*Galeopsis tetrahit*)	s							
Wilde Brustwurz (*Angelica sylvestris*)	s/z							
Raukenblättriges Kreuzkraut (*Senecio erucifolius*)	s							
Echte Goldrute (*Solidago virgaurea s.str.*)	s							
Sichelblättriges Hasenohr (*Bupleurum falcatum s.str.*)	s							
Rundblättrige Glockenblume (*Campanula rotundifolia*)	s							
Hirschwurz (*Peucedanum cervaria*)	s							
Kleine Bibernelle (*Pimpinella saxifraga*)	s							
Abbisskraut (*Succisa pratensis*)	s							
Deutscher Enzian (*Gentiana germanica*)	s							
Berg-Segge (*Carex montana*)	h							
Schlaffe Segge (*Carex flacca*)	z							
Aufrechte Trespe (*Bromus erectus s.str.*)	s							
Fieder-Zwenke (*Brachypodium pinnatum*)	h							
Strand-Pfeifengras (*Molinia arundinacea*)	h							
Wald-Zwenke (*Brachypodium sylvaticum*)	z							

Exkursion 14: Schlossberg Waldenburg – Gerstelflue

Standort A – Flaumeichenwald am Südhang

Baumschicht

Berg-Ulme (*Ulmus glabra*)	s
Eibe (*Taxus baccata*)	z
Esche (*Fraxinus excelsior*)	z
Berg-Ahorn (*Acer pseudoplatanus*)	z
Flaum-Eiche (*Quercus pubescens*), inkl. Zwischenformen	h
Trauben-Eiche (*Quercus petraea*)	h/z
Wald-Föhre (*Pinus sylvestris*)	s

Artenliste 14. Schlossberg Waldenburg – Gerstelflue

		März	April	Mai	Juni	Juli	Aug	Sept
Mehlbeerbaum (Sorbus aria)	h							
Sommer-Linde (Tilia platyphyllos)	z							
Strauchschicht								
Hasel (Corylus avellana)	h							
Buchs (Buxus sempervirens)	h							
Felsenmispel (Amelanchier ovalis)	z							
Strauchwicke (Hippocrepis emerus)	h							
Felsenkirsche (Prunus mahaleb)	h							
Gewöhnliche Steinmispel (Cotoneaster integerrimus)	s							
Alpen-Heckenkirsche (Lonicera alpigena)	h/z							
Filzige Steinmispel (Cotoneaster tomentosus)	z							
Hartriegel (Cornus sanguinea)	h							
Gemeiner Kreuzdorn (Rhamnus cathartica)	z							
Berberitze (Berberis vulgaris)	z							
Eingriffliger Weissdorn (Crataegus monogyna aggr.)	s							
Faulbaum (Frangula alnus)	z							
Liguster (Ligustrum vulgare)	h							
Rote Heckenkirsche (Lonicera xylosteum)	h							
Alpen-Kreuzdorn (Rhamnus alpina)	h							
Wolliger Schneeball (Viburnum lantana)	h							
Gemeiner Schneeball (Viburnum opulus)	s							
Feld-Rose (Rosa arvensis)	s							
Hunds-Rose (Rosa canina)	z							
Alpen-Hagrose (Rosa pendulina)	s							
Filzige Rose (Rosa tomentosa)	s							
Efeu (Hedera helix)	h							
Brombeere (Rubus sp.)	s							
Krautschicht								
Stinkende Nieswurz (Helleborus foetidus)	s							
Rauhhaariges Veilchen (Viola hirta)	z							
Ausdauerndes Bingelkraut (Mercurialis perennis)	s							
Mandelblättrige Wolfsmilch (Euphorbia amygdaloides)	z							
Rauhhaarige Gänsekresse (Arabis hirsuta s.str.)	s							
Wald-Erdbeere (Fragaria vesca)	s							

Artenliste 14. Schlossberg Waldenburg – Gerstelflue

		März	April	Mai	Juni	Juli	Aug	Sept
Herzblättrige Kugelblume (*Globularia cordifolia*)	s							
Hufeisenklee (*Hippocrepis comosa*)	h							
Ährige Rapunzel (*Phyteuma spicatum*)	s							
Echtes Salomonssiegel (*Polygonatum odoratum*)	h							
Wald-Habichtskraut (*Hieracium murorum*)	z							
Purgier-Lein (*Linum catharticum*)	s							
Immenblatt (*Melittis melissophyllum*)	h							
Gemeiner Bergflachs (*Thesium alpinum*)	lokal h							
Schwalbenwurz (*Vincetoxicum hirundinaria*)	h							
Lachenals Habichtskraut (*Hieracium lachenalii*)	s							
Pfirsichblättrige Glockenblume (*Campanula persicifolia*)	z							
Weisses Labkraut (*Galium album*)	h							
Gemeines Leimkraut (*Silene vulgaris s. str.*)	z							
Ästige Graslilie (*Anthericum ramosum*)	h							
Hügel-Waldmeister (*Asperula cynanchica*)	h							
Rundblättrige Glockenblume (*Campanula rotundifolia*)	z							
Gelber Fingerhut (*Digitalis lutea*)	z							
Braunrote Sumpfwurz (*Epipactis atrorubens*)	s							
Breitblättrige Sumpfwurz (*Epipactis helleborine*)	s							
Berg-Johanniskraut (*Hypericum montanum*)	h							
Edel-Gamander (*Teucrium chamaedrys*)	h							
Berg-Gamander (*Teucrium montanum*)	h							
Gebräuchlicher Baldrian (*Valeriana officinalis aggr.*)	z							
Sichelblättriges Hasenohr (*Bupleurum falcatum s. str.*)	h							
Breitblättriges Laserkraut (*Laserpitium latifolium*)	h							
Dost (*Origanum vulgare*)	s							
Hirschheil (*Seseli libanotis*)	h							
Nesselblättrige Glockenblume (*Campanula trachelium*)	s							
Alpen-Ziest (*Stachys alpina*)	s							
Echte Goldrute (*Solidago virgaurea s. str.*)	h/z							
Berg-Aster (*Aster amellus*)	s							
Blaugras (*Sesleria caerulea*)	h							
Weisse Segge (*Carex alba*)	h							
Gefingerte Segge (*Carex digitata*)	z							

Artenliste 14. Schlossberg Waldenburg – Gerstelflue

		März	April	Mai	Juni	Juli	Aug	Sept
Schlaffe Segge (*Carex flacca*)	z		■	■				
Hallers Segge (*Carex halleriana*)	h		■	■				
Vogelfuss-Segge (*Carex ornithopoda*)	z		■	■				
Mauer-Streifenfarn (*Asplenium ruta-muraria*)	s					■	■	■

Standort C – Gratföhrenwald

Baumschicht

		März	April	Mai	Juni	Juli	Aug	Sept
Berg-Ahorn (*Acer pseudoplatanus*)	s			■	■			
Eiche (*Quercus petraea x pubescens*)	s			■	■			
Wald-Föhre (*Pinus sylvestris*)	h			■	■			
Mehlbeerbaum (*Sorbus aria*)	h			■	■			

Strauchschicht

		März	April	Mai	Juni	Juli	Aug	Sept
Gewöhnliche Steinmispel (*Cotoneaster integerrimus*)	s			■	■			
Strauchwicke (*Hippocrepis emerus*)	z			■	■	■		
Alpen-Heckenkirsche (*Lonicera alpigena*)	s			■	■			
Felsenmispel (*Amelanchier ovalis*)	h			■	■			
Filzige Steinmispel (*Cotoneaster tomentosus*)	h				■	■		
Alpen-Kreuzdorn (*Rhamnus alpina*)	h				■	■		
Vogelbeerbaum (*Sorbus aucuparia*)	s			■	■			•
Wolliger Schneeball (*Viburnum lantana*)	s			■	■			
Alpen-Seidelbast (*Daphne alpina*)	z			■	■			
Alpen-Hagrose (*Rosa pendulina*)	s				■	■		

Krautschicht

		März	April	Mai	Juni	Juli	Aug	Sept
Ausdauerndes Bingelkraut (*Mercurialis perennis*)	s	■	■					
Scheiden-Kronwicke (*Coronilla vaginalis*)	lokal h			■	■			
Clusius' Enzian (*Gentiana clusii*)	z			■	■			
Herzblättrige Kugelblume (*Globularia cordifolia*)	h			■	■			
Hufeisenklee (*Hippocrepis comosa*)	z			■	■	■		
Echtes Salomonssiegel (*Polygonatum odoratum*)	z			■	■			
Gemeiner Bergflachs (*Thesium alpinum*)	z				■	■	■	
Alpenmasslieb (*Aster bellidiastrum*)	s			■	■	■		
Langstielige Distel (*Carduus defloratus s.str.*)	h				■	■		
Wald-Habichtskraut (*Hieracium murorum*)	z				■	■	■	
Gem. Sonnenröschen (*Helianthemum nummularium s.l.*)	z			■	■	■	■	

Artenliste 14. Schlossberg Waldenburg – Gerstelflue

		März	April	Mai	Juni	Juli	Aug	Sept
Berg-Margerite (*Leucanthemum adustum*)	h							
Gamander-Sommerwurz (*Orobanche teucrii*)	s							
Ungleichblättriges Labkraut (*Galium anisophyllon*)	z							
Rundblättrige Glockenblume (*Campanula rotundifolia*)	z							
Braunrote Sumpfwurz (*Epipactis atrorubens*)	s							
Edel-Gamander (*Teucrium chamaedrys*)	z							
Berg-Gamander (*Teucrium montanum*)	z							
Feld-Thymian (*Thymus serpyllum aggr.*)	h							
Ästige Graslilie (*Anthericum ramosum*)	z/s							
Hügel-Waldmeister (*Asperula cynanchica*)	h							
Moosorchis (*Goodyera repens*)	lokal h							
Breitblättriges Laserkraut (*Laserpitium latifolium*)	z							
Niedrige Segge (*Carex humilis*)	h							
Blaugras (*Sesleria caerulea*)	h							
Mauer-Streifenfarn (*Asplenium ruta-muraria*)	z							

Standort E – Buchenwald in Kuppenlage

Baumschicht

Berg-Ahorn (*Acer pseudoplatanus*)	s
Buche (*Fagus sylvatica*)	h
Eiche (*Quercus petraea x pubescens*)	s
Fichte (*Picea abies*)	z
Wald-Föhre (*Pinus sylvestris*)	z
Stechpalme (*Ilex aquifolium*)	h
Mehlbeerbaum (*Sorbus aria*)	h

Strauchschicht

Strauchwicke (*Hippocrepis emerus*)	s
Alpen-Heckenkirsche (*Lonicera alpigena*)	s
Wolliger Schneeball (*Viburnum lantana*)	s
Gemeiner Schneeball (*Viburnum opulus*)	s
Alpen-Hagrose (*Rosa pendulina*)	h
Efeu (*Hedera helix*)	s

Krautschicht

Stinkende Nieswurz (*Helleborus foetidus*)	s

Artenliste 15. Weissenstein – Hasenmatt

		März	April	Mai	Juni	Juli	Aug	Sept
Ausdauerndes Bingelkraut (*Mercurialis perennis*)	z		■	■				
Fiederblättrige Zahnwurz (*Cardamine heptaphylla*)	z		■	■				
Heidelbeere (*Vaccinium myrtillus*)	lokal h			■				
Wald-Erdbeere (*Fragaria vesca*)	s			■	■			
Gemeiner Bergflachs (*Thesium alpinum*)	s				■	■	■	
Ährige Rapunzel (*Phyteuma spicatum*)	z				■			
Steinbeere (*Rubus saxatilis*)	z/h				■			
Berg-Baldrian (*Valeriana montana*)	z				■			
Wald-Habichtskraut (*Hieracium murorum*)	z				■	■		
Nestwurz (*Neottia nidus-avis*)	z				■			
Langblättriges Waldvögelein (*Cephalanthera longifolia*)	z				■			
Immenblatt (*Melittis melissophyllum*)	z				■	■		
Schwalbenwurz (*Vincetoxicum hirundinaria*)	z				■	■		
Braunrote Sumpfwurz (*Epipactis atrorubens*)	s					■		
Weisses Labkraut (*Galium album*)	z					■	■	■
Rundblättrige Glockenblume (*Campanula rotundifolia*)	s					■	■	■
Wald-Witwenblume (*Knautia dipsacifolia*)	z					■	■	
Salbeiblättriger Gamander (*Teucrium scorodonia*)	lokal h					■	■	
Breitblättriges Laserkraut (*Laserpitium latifolium*)	s					■	■	
Hasenlattich (*Prenanthes purpurea*)	z						■	■
Echte Goldrute (*Solidago virgaurea s.str.*)	z						■	■
Blaugras (*Sesleria caerulea*)	h	■	■					
Weisse Segge (*Carex alba*)	h		■	■				
Wald-Hainsimse (*Luzula sylvatica*)	lokal h			■	■			

Exkursion 15: Weissenstein – Hasenmatt

Standort A – Hochstauden-Buchenwald

Baumschicht

		März	April	Mai	Juni	Juli	Aug	Sept
Berg-Ahorn (*Acer pseudoplatanus*)	z			■	■			
Buche (*Fagus sylvatica*)	h			■				
Fichte (*Picea abies*)	z			■				
Vogelbeerbaum (*Sorbus aucuparia*)	z			■	■			

Artenliste 15. Weissenstein – Hasenmatt

	März	April	Mai	Juni	Juli	Aug	Sept
Strauchschicht							
Alpen-Johannisbeere (*Ribes alpinum*)	h						
Alpen-Heckenkirsche (*Lonicera alpigena*)	h						
Schwarze Heckenkirsche (*Lonicera nigra*)	z						
Himbeere (*Rubus idaeus*)	h						
Alpen-Hagrose (*Rosa pendulina*)	z						
Krautschicht							
Dotterblume (*Caltha palustris*)	lokal h						
Ausdauerndes Bingelkraut (*Mercurialis perennis*)	z						
Wald-Schlüsselblume (*Primula elatior s.str.*)	z						
Kriechender Günsel (*Ajuga reptans*)	z						
Gemeiner Sauerklee (*Oxalis acetosella*)	h						
Einbeere (*Paris quadrifolia*)	s						
Eisenhutblättr. Hahnenfuss (*Ranunculus aconitifolius*)	lokal h						
Wolliger Hahnenfuss (*Ranunculus lanuginosus*)	z						
Glänzender Kerbel (*Anthriscus nitida*)	h						
Echter Waldmeister (*Galium odoratum*)	z						
Ährige Rapunzel (*Phyteuma spicatum*)	z						
Quirlblättrige Weisswurz (*Polygonatum verticillatum*)	h						
Rote Waldnelke (*Silene dioica*)	z						
Hain-Sternmiere (*Stellaria nemorum s.str.*)	z						
Wald-Veilchen (*Viola reichenbachiana*)	z						
Grauer Alpendost (*Adenostyles alliariae*)	h						
Grüner Alpendost (*Adenostyles glabra*)	lokal z						
Bärlauch (*Allium ursinum*)	z						
Sumpf-Pippau (*Crepis paludosa*)	z						
Wald-Storchschnabel (*Geranium sylvaticum*)	h						
Bach-Nelkenwurz (*Geum rivale*)	s						
Wiesen-Bärenklau (*Heracleum sphondylium s.str.*)	h						
Jura-Bärenklau (*Heracleum sphondylium ssp. alpinum*)	h						
Berg-Goldnessel (*Lamium galeobdolon ssp. montanum*)	h						
Wald-Lysimachie (*Lysimachia nemorum*)	z						
Blauer Eisenhut (*Aconitum neomontanum*)	z						
Gelber Eisenhut (*Aconitum vulparia aggr.*)	z						

Artenliste 15. Weissenstein – Hasenmatt

		März	April	Mai	Juni	Juli	Aug	Sept
Alpen-Milchlattich (*Cicerbita alpina*)	h							
Ruprechtskraut (*Geranium robertianum s.str.*)	z							
Wald-Habichtskraut (*Hieracium murorum*)	z							
Berg-Sauerampfer (*Rumex alpestris*)	h							
Busch-Kreuzkraut (*Senecio hercynicus*)	h							
Fuchs-Kreuzkraut (*Senecio ovatus*)	h							
Hasenlattich (*Prenanthes purpurea*)	h							
Weisser Germer (*Veratrum album s.l.*)	s							
Gemeiner Hohlzahn (*Galeopsis tetrahit*)	z							
Echte Goldrute (*Solidago virgaurea s.str.*)	z							
Wald-Schwingel (*Festuca altissima*)	lokal h							
Gemeiner Waldfarn (*Athyrium filix-femina*)	h							
Gemeiner Wurmfarn (*Dryopteris filix-mas*)	h							
Auf der Krete kommen hinzu:								
Berg-Flockenblume (*Centaurea montana*)	h							
Berg-Weidenröschen (*Epilobium montanum*)	h							
Hain-Hahnenfuss (*Ranunculus tuberosus*)	z							
Wald-Witwenblume (*Knautia dipsacifolia*)	h							
Türkenbundlilie (*Lilium martagon*)	z							
Haargerste (*Hordelymus europaeus*)	h							

Standort B – Magerweide in höherer Juralage	
Gehölze	
Aufrechte Berg-Föhre (*Pinus mugo ssp. uncinata*)	z
Kräuter und Zwergsträucher	
Immergrünes Hungerblümchen (*Draba aizoides*)	lokal h
Rauhhaariges Veilchen (*Viola hirta*)	z
Frühlings-Enzian (*Gentiana verna*)[x]	z
Gemeines Katzenpfötchen (*Antennaria dioica*)[x]	lokal z
Echter Wundklee (*Anthyllis vulneraria s.l.*)	h
Bewimperte Gänsekresse (*Arabis ciliata*)[x]	s
Scheiden-Kronwicke (*Coronilla vaginalis*)	z
Crantz' Fingerkraut (*Potentilla crantzii*)[x]	h/z
Stattliche Orchis (*Orchis mascula*)	z

Artenliste 15. Weissenstein – Hasenmatt

		März	April	Mai	Juni	Juli	Aug	Sept
Weichhaariger Frauenmantel (*Alchemilla hybrida* aggr.)	h/z							
Rauhhaarige Gänsekresse (*Arabis hirsuta* s.str.)	s							
Quendelblättr. Sandkraut (*Arenaria serpyllifolia* s.str.)	z							
Hohlzunge (*Coeloglossum viride*)×	lokal z							
Niedriges Labkraut (*Galium pumilum*)	z							
Clusius' Enzian (*Gentiana clusii*)×	lokal z							
Herzblättrige Kugelblume (*Globularia cordifolia*)×	h							
Hufeisenklee (*Hippocrepis comosa*)	z							
Gemeine Margerite (*Leucanthemum vulgare* aggr.)	z							
Purgier-Lein (*Linum catharticum*)	z							
Hornklee (*Lotus corniculatus* aggr.)	h							
Spitz-Wegerich (*Plantago lanceolata*)	z							
Mittlerer Wegerich (*Plantago media*)	h							
Knolliger Hahnenfuss (*Ranunculus bulbosus*)	h/z							
Kleiner Wiesenknopf (*Sanguisorba minor* s.str.)	h							
Gemeiner Bergflachs (*Thesium alpinum*)	s							
Rot-Klee (*Trifolium pratense* s.str.)	h							
Berg-Baldrian (*Valeriana montana*)	z							
Verwachs. Frauenmantel (*Alchemilla conjuncta* aggr.)×	h							
Milchweisser Mannsschild (*Androsace lactea*)×	lokal h							
Ungleichblättriges Labkraut (*Galium anisophyllon*)×	h							
Gem. Sonnenröschen (*Helianthemum nummularium* s.l.)	h							
Langhaariges Habichtskraut (*Hieracium pilosella*)	h							
Gemeiner Löwenzahn (*Leontodon hispidus* s.l.)	z							
Rundköpfige Rapunzel (*Phyteuma orbiculare*)×	z							
Gebräuchlicher Ehrenpreis (*Veronica officinalis*)	s							
Zottiges Habichtskraut (*Hieracium villosum*)×	lokal z							
Quendel-Sommerwurz (*Orobanche alba*)	s							
Gemeines Leimkraut (*Silene vulgaris* s.str.)	s							
Gemeine Schafgarbe (*Achillea millefolium* aggr.)	z							
Knäuelblüt. Glockenblume (*Campanula glomerata* s.str.)	z							
Rundblättrige Glockenblume (*Campanula rotundifolia*)	z							
Scheuchzers Glockenblume (*Campanula scheuchzeri*)×	z/s							
Stengellose Kratzdistel (*Cirsium acaule*)	h							

Artenliste 15. Weissenstein – Hasenmatt

		März	April	Mai	Juni	Juli	Aug	Sept
Gelber Enzian (*Gentiana lutea*)ˣ	z							
Breitblättriges Laserkraut (*Laserpitium latifolium*)	s							
Glänzende Skabiose (*Scabiosa lucida*)ˣ	h							
Weisser Mauerpfeffer (*Sedum album*)	s							
Berg-Gamander (*Teucrium montanum*)	h							
Feld-Thymian (*Thymus serpyllum aggr.*)	h							
Kleine Bibernelle (*Pimpinella saxifraga*)	s							
Salzburger Augentrost (*Euphrasia salisburgensis*)ˣ	z							
Silberdistel (*Carlina acaulis s.l.*)ˣ	h/z							
Deutscher Enzian (*Gentiana germanica*)	z							
Gräser								
Blaugras (*Sesleria caerulea*)ˣ	h							
Frühlings-Segge (*Carex caryophyllea*)	z							
Schlaffe Segge (*Carex flacca*)	lokal h							
Vogelfuss-Segge (*Carex ornithopoda*)	s							
Vielblütige Hainsimse (*Luzula multiflora*)	s							
Gemeines Ruchgras (*Anthoxanthum odoratum*)	z							
Alpen-Rispengras (*Poa alpina*)ˣ	h							
Flaum-Wiesenhafer (*Helictotrichon pubescens*)	z							
Zittergras (*Briza media*)	h							
Gemeines Knäuelgras (*Dactylis glomerata*)	z							
Schaf-Schwingel (*Festuca ovina aggr.*)	h							
Rot-Schwingel (*Festuca rubra aggr.*)	z							
Gemeines Straussgras (*Agrostis capillaris*)	z							
Horst-Segge (*Carex sempervirens*)ˣ	h							
Gemeines Kammgras (*Cynosurus cristatus*)	z							
An nährstoffreicheren und feuchteren Stellen kommen vor:								
Wiesen-Schaumkraut (*Cardamine pratensis*)								
Gemeines Hornkraut (*Cerastium fontanum ssp. vulgare*)								
Pfaffenröhrlein (*Taraxacum officinale aggr.*)								
Gemeiner Frauenmantel (*Alchemilla vulgaris aggr.*)								
Kümmel (*Carum carvi*)								
Hain-Hahnenfuss (*Ranunculus tuberosus*)								
Gamander-Ehrenpreis (*Veronica chamaedrys*)								

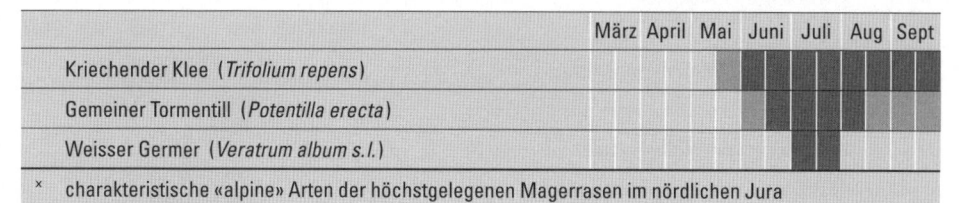

	März	April	Mai	Juni	Juli	Aug	Sept
Kriechender Klee (*Trifolium repens*)							
Gemeiner Tormentill (*Potentilla erecta*)							
Weisser Germer (*Veratrum album s.l.*)							

ˣ charakteristische «alpine» Arten der höchstgelegenen Magerrasen im nördlichen Jura

Exkursion 16: Rotläuble und Heiternwald

Standort C – Trockener Magerrasen auf saurem Sedimentboden

Kräuter und Zwergsträucher

		März	April	Mai	Juni	Juli	Aug	Sept
Hügel-Vergissmeinnicht (*Myosotis ramosissima*)	z							
Frühlings-Schlüsselblume (*Primula veris s.l.*)	z							
Rauhhaariges Veilchen (*Viola hirta*)	z							
Zypressen-Wolfsmilch (*Euphorbia cyparissias*)	h							
Sand-Fingerkraut (*Potentilla arenaria*)	h							
Frühlings-Fingerkraut (*Potentilla neumanniana*)	z							
Glattes Pfaffenröhrlein (*Taraxacum laevigatum aggr.*)	z							
Genfer Günsel (*Ajuga genevensis*)	z							
Acker-Hornkraut (*Cerastium arvense s.str.*)	z							
Gemeines Hornkraut (*Cerastium fontanum ssp. vulgare*)	s							
Wald-Erdbeere (*Fragaria vesca*)⁺	h							
Hügel-Erdbeere (*Fragaria viridis*)⁺	h							
Hufeisenklee (*Hippocrepis comosa*)	z							
Hornklee (*Lotus corniculatus aggr.*)	z							
Felsen-Fingerkraut (*Potentilla rupestris*)	z							
Knolliger Hahnenfuss (*Ranunculus bulbosus*)	z							
Kleiner Wiesenknopf (*Sanguisorba minor s.str.*)	h							
Heide-Veilchen (*Viola canina s.str.*)	z							
Blutroter Storchschnabel (*Geranium sanguineum*)⁺	h							
Langhaariges Habichtskraut (*Hieracium pilosella*)	s							
Purgier-Lein (*Linum catharticum*)	s							
Gemeine Kreuzblume (*Polygala vulgaris s.str.*)	h							
Echtes Salomonssiegel (*Polygonatum odoratum*)⁺	s							
Nickendes Leimkraut (*Silene nutans s.str.*)	z							

Artenliste 16. Rotläuble und Heiternwald

		März	April	Mai	Juni	Juli	Aug	Sept
Gelber Acker-Klee (*Trifolium campestre*)	s							
Schmalblättrige Wicke (*Vicia sativa ssp. nigra*)	z							
Rapunzel-Glockenblume (*Campanula rapunculus*)⁺	h							
Knollige Spierstaude (*Filipendula vulgaris*)⁺	s							
Deutscher Ginster (*Genista germanica*)⁺	s							
Flügelginster (*Genista sagittalis*)⁺	z							
Silber-Fingerkraut (*Potentilla argentea*)	z							
Graues Fingerkraut (*Potentilla inclinata*)	s							
Gewöhnliche Pechnelke (*Silene viscaria*)	s							
Kleine Wiesenraute (*Thalictrum minus s.l.*)	z							
Hügel-Klee (*Trifolium alpestre*)⁺	h							
Gebräuchlicher Ehrenpreis (*Veronica officinalis*)	z							
Schwalbenwurz (*Vincetoxicum hirundinaria*)⁺	z							
Diptam (*Dictamnus albus*)⁺	h							
Gem. Sonnenröschen (*Helianthemum nummularium s.str.*)	h							
Kartäuser-Nelke (*Dianthus carthusianorum s.str.*)	s							
Niedriges Labkraut (*Galium pumilum*)	z							
Gelbes Labkraut (*Galium verum s.str.*)	h							
Färber-Ginster (*Genista tinctoria*)⁺	h							
Weisse Brunelle (*Prunella laciniata*)	s							
Aufrechter Ziest (*Stachys recta s.str.*)	h							
Feld-Thymian (*Thymus serpyllum aggr.*)	h							
Gestreifter Klee (*Trifolium striatum*)	s							
Gemeine Schafgarbe (*Achillea millefolium aggr.*)	h							
Rundblättrige Glockenblume (*Campanula rotundifolia*)	z							
Quendel-Seide (*Cuscuta epithymum*)	z							
Gemeines Johanniskraut (*Hypericum perforatum s.str.*)⁺	h							
Bunte Kronwicke (*Securigera varia*)⁺	s							
Edel-Gamander (*Teucrium chamaedrys*)	z							
Gebräuchlicher Baldrian (*Valeriana officinalis aggr.*)⁺	h							
Gemeines Tausendgüldenkraut (*Centaurium erythraea*)	s							
Dost (*Origanum vulgare*)⁺	z							
Kleine Bibernelle (*Pimpinella saxifraga*)	s							
Gebräuchliche Betonie (*Stachys officinalis s.str.*)⁺	h							

Artenliste 16. Rotläuble und Heiternwald

		März	April	Mai	Juni	Juli	Aug	Sept
Ähriger Ehrenpreis (*Veronica spicata*)	z							
Echte Bergminze (*Calamintha menthifolia*)⁺	z							
Graue Skabiose (*Scabiosa canescens*)	z							
Färber-Scharte (*Serratula tinctoria s.str.*)⁺	s							
Hügel-Bergfenchel (*Seseli annuum*)	s							
Gräser								
Gemeine Hainsimse (*Luzula campestris*)	z							
Vielblütige Hainsimse (*Luzula multiflora*)	z							
Gemeines Ruchgras (*Anthoxanthum odoratum*)	z							
Zittergras (*Briza media*)	z							
Aufrechte Trespe (*Bromus erectus s.str.*)	h							
Gemeines Knäuelgras (*Dactylis glomerata*)	z							
Schaf-Schwingel (*Festuca ovina aggr.*)	h							
Rot-Schwingel (*Festuca rubra aggr.*)	z							
Gemeines Rispengras (*Poa trivialis s.str.*)	z							
Gemeines Straussgras (*Agrostis capillaris*)	h							
Nelken-Haferschmiele (*Aira caryophyllea*)	z							
Fieder-Zwenke (*Brachypodium pinnatum*)	h							
Grossblütige Kammschmiele (*Koeleria macrantha*)	z							
Glanz-Lieschgras (*Phleum phleoides*)	z							
Trespen-Federschwingel (*Vulpia bromoides*)	s							

⁺ Arten mit optimaler Entfaltung entlang der Gebüschsäume

Standort D – Trockener Magerrasen auf kalkhaltigem Sedimentboden

Kräuter und Zwergsträucher								
Frühlings-Adonisröschen (*Adonis vernalis*)	z							
Hellblaue Bisamhyazinthe (*Muscari botryoides*)	lokal h							
Sand-Fingerkraut (*Potentilla arenaria*)	h							
Frühlings-Fingerkraut (*Potentilla neumanniana*)	s							
Frühlings-Schlüsselblume (*Primula veris s.l.*)	z							
Rauhhaariges Veilchen (*Viola hirta*)	z							
Echter Wundklee (*Anthyllis vulneraria s.l.*)	z							
Acker-Hornkraut (*Cerastium arvense s.str.*)	z							
Zypressen-Wolfsmilch (*Euphorbia cyparissias*)	h							

Artenliste 16. Rotläuble und Heiternwald

		März	April	Mai	Juni	Juli	Aug	Sept
Blauer Steinsame (*Buglossoides purpurocaerulea*)	lokal h							
Hügel-Erdbeere (*Fragaria viridis*)	h							
Blaugrüner Waldmeister (*Galium glaucum*)	z							
Hufeisenklee (*Hippocrepis comosa*)	h/z							
Hornklee (*Lotus corniculatus aggr.*)	z							
Mittlerer Wegerich (*Plantago media*)	z							
Knolliger Hahnenfuss (*Ranunculus bulbosus*)	z							
Kleiner Wiesenknopf (*Sanguisorba minor s.str.*)	h							
Braunrote Orchis (*Orchis purpurea*)	s							
Affen-Orchis (*Orchis simia*)	z							
Langhaariges Habichtskraut (*Hieracium pilosella*)	s							
Purgier-Lein (*Linum catharticum*)	z							
Echtes Salomonssiegel (*Polygonatum odoratum*)	z							
Wiesen-Salbei (*Salvia pratensis*)	z							
Gamanderartiger Ehrenpreis (*Veronica teucrium*)	z							
Knollige Spierstaude (*Filipendula vulgaris*)	s							
Weisses Labkraut (*Galium album*)	z							
Flügelginster (*Genista sagittalis*)	z							
Kleine Wiesenraute (*Thalictrum minus s.l.*)	z							
Berg-Klee (*Trifolium montanum*)	s							
Schwalbenwurz (*Vincetoxicum hirundinaria*)	z							
Gem. Sonnenröschen (*Helianthemum nummularium s.str*)	h							
Aufrechter Ziest (*Stachys recta s.str.*)	h							
Gelbes Labkraut (*Galium verum s.str.*)	z							
Grossblütige Brunelle (*Prunella grandiflora*)	s							
Gemeines Leimkraut (*Silene vulgaris s.str.*)	s							
Feld-Thymian (*Thymus serpyllum aggr.*)	h							
Gemeine Schafgarbe (*Achillea millefolium aggr.*)	z							
Gemeiner Odermennig (*Agrimonia eupatoria*)	h							
Hügel-Waldmeister (*Asperula cynanchica*)	z							
Bunte Kronwicke (*Securigera varia*)	h							
Edel-Gamander (*Teucrium chamaedrys*)	h							
Feld-Mannstreu (*Eryngium campestre*)	lokal h							
Sichelblättriges Hasenohr (*Bupleurum falcatum s.str.*)	z							

Artenliste 17. Rouffach – Westhalten

		März	April	Mai	Juni	Juli	Aug	Sept
Dürrwurz (*Inula conyza*)	h							
Dost (*Origanum vulgare*)	h							
Gebräuchliche Betonie (*Stachys officinalis s.str.*)	s							
Echte Bergminze (*Calamintha menthifolia*)	z							
Elsässischer Haarstrang (*Peucedanum alsaticum*)	h							
Gräser								
Frühlings-Segge (*Carex caryophyllea*)	h							
Schlaffe Segge (*Carex flacca*)	z							
Zittergras (*Briza media*)	z							
Wiesen-Rispengras (*Poa pratensis aggr.*)	z							
Aufrechte Trespe (*Bromus erectus s.str.*)	h							
Gemeines Knäuelgras (*Dactylis glomerata*)	z							
Fieder-Zwenke (*Brachypodium pinnatum*)	h							
Echter Wiesenhafer (*Helictotrichon pratense*)	s							
Grossblütige Kammschmiele (*Koeleria macrantha*)	h							

Exkursion 17: Rouffach – Westhalten

Standort B – Trockener Magerrasen

Kräuter und Zwergsträucher

Frühlings-Hungerblümchen (*Erophila verna aggr.*)	z							
Steinkresse (*Hornungia petraea*)	lokal h							
Niedriges Hornkraut (*Cerastium pumilum*)	h							
Sand-Hornkraut (*Cerastium semidecandrum*)	z/s							
Gewöhnliche Küchenschelle (*Pulsatilla vulgaris*)	h							
Dreifingeriger Steinbrech (*Saxifraga tridactylites*)	h/z							
Gemeines Steinkraut (*Alyssum alyssoides*)	z/s							
Kleinblütiges Hornkraut (*Cerastium brachypetalum s.l.*)	z							
Sand-Fingerkraut (*Potentilla arenaria*)	h							
Stengelumfassendes Täschelkraut (*Thlaspi perfoliatum*)	s							
Zypressen-Wolfsmilch (*Euphorbia cyparissias*)	z							
Behaarter Ginster (*Genista pilosa*)	z							
Gemeine Kugelblume (*Globularia punctata*)	h							

Artenliste 17. Rouffach – Westhalten

	März	April	Mai	Juni	Juli	Aug	Sept
Kleine Orchis (*Orchis morio*)	z						
Glattes Pfaffenröhrlein (*Taraxacum laevigatum aggr.*)	z						
Feld-Ehrenpreis (*Veronica arvensis*)	z						
Echter Wundklee (*Anthyllis vulneraria s.l.*)	h						
Rauhhaarige Gänsekresse (*Arabis hirsuta s.str.*)	z						
Acker-Hornkraut (*Cerastium arvense s.str.*)	s						
Niederliegendes Heideröschen (*Fumana procumbens*)	lokal h						
Blaugrüner Waldmeister (*Galium glaucum*)	z						
Blutroter Storchschnabel (*Geranium sanguineum*)	z						
Langhaariges Habichtskraut (*Hieracium pilosella*)	h						
Hufeisenklee (*Hippocrepis comosa*)	z						
Hornklee (*Lotus corniculatus aggr.*)	z						
Zwerg-Schneckenklee (*Medicago minima*)	h						
Spitz-Wegerich (*Plantago lanceolata*)	z						
Knolliger Hahnenfuss (*Ranunculus bulbosus*)	z						
Kleiner Wiesenknopf (*Sanguisorba minor s.str.*)	h						
Leinblättriger Bergflachs (*Thesium linophyllon*)	z						
Faserschirm (*Trinia glauca*)	z						
Quendelblättr. Sandkraut (*Arenaria serpyllifolia aggr.*)	h						
Feld-Witwenblume (*Knautia arvensis*)	s						
Purgier-Lein (*Linum catharticum*)	z						
Mittlerer Wegerich (*Plantago media*)	z						
Gelbe Sommerwurz (*Orobanche lutea*)	z						
Wiesen-Salbei (*Salvia pratensis*)	z						
Nickendes Leimkraut (*Silene nutans s.str.*)	s						
Kleine Wiesenraute (*Thalictrum minus s.l.*)	lokal z						
Gelber Acker-Klee (*Trifolium campestre*)	z/s						
Berg-Klee (*Trifolium montanum*)	z/s						
Rauher Klee (*Trifolium scabrum*)	s						
Kartäuser-Nelke (*Dianthus carthusianorum s.str.*)	z						
Natterkopf (*Echium vulgare*)	z						
Gelbes Labkraut (*Galium verum s.str.*)	z						
Gem. Sonnenröschen (*Helianthemum nummularium s.l.*)	h						
Gemeiner Löwenzahn (*Leontodon hispidus s.l.*)	s						

Artenliste 17. Rouffach – Westhalten

		März	April	Mai	Juni	Juli	Aug	Sept
Feinblättriger Lein (*Linum tenuifolium*)	lokal h							
Gelbe Luzerne (*Medicago falcata*)	z							
Gamander-Sommerwurz (*Orobanche teucrii*)	z							
Aufrechter Ziest (*Stachys recta s.str.*)	h							
Schwalbenwurz (*Vincetoxicum hirundinaria*)	s							
Steinquendel (*Acinos arvensis*)	s							
Kugelköpfiger Lauch (*Allium sphaerocephalon*)	s							
Knäuelblüt. Glockenblume (*Campanula glomerata s.str.*)	z							
Quendel-Seide (*Cuscuta epithymum*)	z							
Weisses Labkraut (*Galium album*)	s							
Falzblume (*Micropus erectus*)	s							
Büschelige Miere (*Minuartia rubra*)	s							
Amethystblaue Sommerwurz (*Orobanche amethystea*)	s							
Grossblütige Brunelle (*Prunella grandiflora*)	h							
Gemeine Skabiose (*Scabiosa columbaria s.l.*)	z							
Edel-Gamander (*Teucrium chamaedrys*)	h							
Berg-Gamander (*Teucrium montanum*)	z							
Feld-Thymian (*Thymus serpyllum aggr.*)	h							
Hügel-Waldmeister (*Asperula cynanchica*)	h							
Rundblättrige Glockenblume (*Campanula rotundifolia*)	s							
Golddistel (*Carlina vulgaris*)	z							
Skabiosen-Flockenblume (*Centaurea scabiosa s.l.*)	z							
Rheinische Flockenblume (*Centaurea stoebe*)	z							
Möhre (*Daucus carota*)	s							
Heide-Augentrost (*Euphrasia stricta*)	z							
Gemeines Johanniskraut (*Hypericum perforatum s.str.*)	s							
Sprossende Felsennelke (*Petrorhagia prolifera*)	z							
Milder Mauerpfeffer (*Sedum sexangulare*)	s							
Sichelblättriges Hasenohr (*Bupleurum falcatum s.str.*)	lokal h							
Feld-Mannstreu (*Eryngium campestre*)	h							
Feld-Beifuss (*Artemisia campestris*)	z							
Scharfes Berufkraut (*Erigeron acer s.str.*)	s							
Kleine Bibernelle (*Pimpinella saxifraga*)	h							
Ähriger Ehrenpreis (*Veronica spicata*)	z							

Artenliste 18. Tiefenhäuserner Moos

	März	April	Mai	Juni	Juli	Aug	Sept
Herbst-Blaustern (*Scilla autumnalis*)						h	
Berg-Aster (*Aster amellus*)						z	
Goldschopf-Aster (*Aster linosyris*)						lokal h	
Gräser							
Niedrige Segge (*Carex humilis*)	h						
Frühlings-Segge (*Carex caryophyllea*)	h						
Gemeines Ruchgras (*Anthoxanthum odoratum*)			z				
Knolliges Rispengras (*Poa bulbosa*)		h					
Zittergras (*Briza media*)			h				
Flaum-Wiesenhafer (*Helictotrichon pubescens*)			s				
Aufrechte Trespe (*Bromus erectus s.str.*)			h				
Schaf-Schwingel (*Festuca ovina aggr.*)			z				
Schmalblättriges Rispengras (*Poa angustifolia*)			z				
Nelken-Haferschmiele (*Aira caryophyllea*)			z				
Grossblütige Kammschmiele (*Koeleria macrantha*)			h				
Glanz-Lieschgras (*Phleum phleoides*)			z				

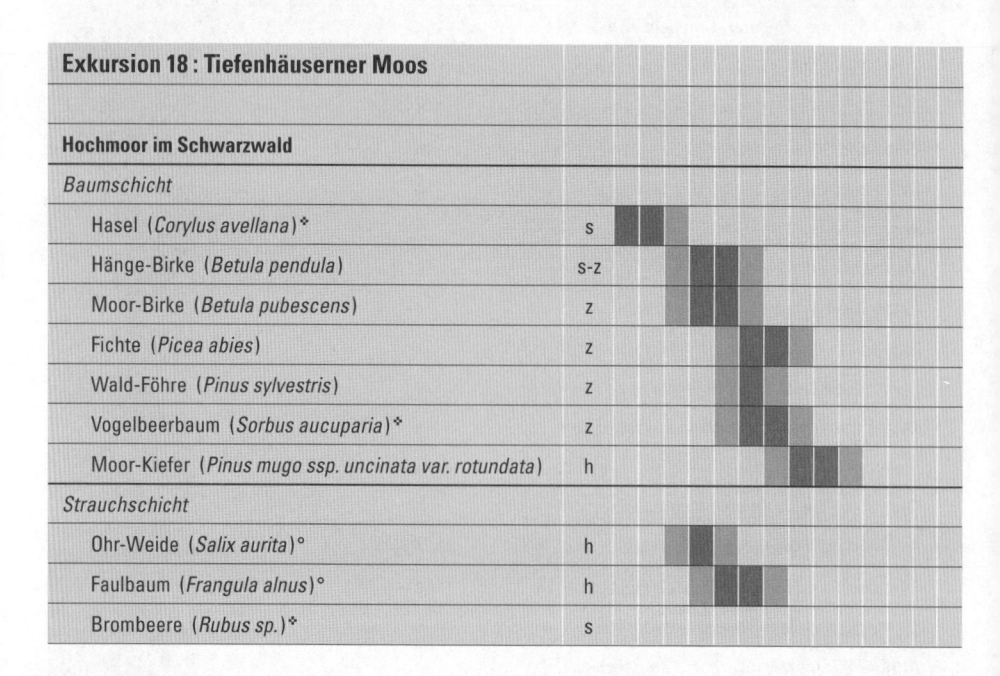

Exkursion 18: Tiefenhäuserner Moos

Hochmoor im Schwarzwald

Baumschicht							
Hasel (*Corylus avellana*)✲	s						
Hänge-Birke (*Betula pendula*)	s-z						
Moor-Birke (*Betula pubescens*)	z						
Fichte (*Picea abies*)	z						
Wald-Föhre (*Pinus sylvestris*)	z						
Vogelbeerbaum (*Sorbus aucuparia*)✲	z						
Moor-Kiefer (*Pinus mugo ssp. uncinata var. rotundata*)		h					
Strauchschicht							
Ohr-Weide (*Salix aurita*)°	h						
Faulbaum (*Frangula alnus*)°		h					
Brombeere (*Rubus sp.*)✲		s					

Artenliste 18. Tiefenhäuserner Moos

	März	April	Mai	Juni	Juli	Aug	Sept
Krautschicht							
Dotterblume (*Caltha palustris*)✧	lokal h						
Heidelbeere (*Vaccinium myrtillus*)✧	h						
Rosmarinheide (*Andromeda polifolia*)	h						
Echte Moorbeere (*Vaccinium uliginosum*)	h						
Sumpf-Veilchen (*Viola palustris*)°	z						
Fieberklee (*Menyanthes trifoliata*)°	lokal h						
Preiselbeere (*Vaccinium vitis-idaea*)	h						
Gemeine Moosbeere (*Vaccinium oxycoccos*)	h						
Gemeiner Tormentill (*Potentilla erecta*)°	lokal h						
Blutauge (*Potentilla palustris*)°	lokal h						
Moor-Sternmiere (*Stellaria alsine*)✧	s						
Sumpf-Labkraut (*Galium palustre*)✧	lokal h						
Besenheide (*Calluna vulgaris*)	h						
Rundblättriger Sonnentau (*Drosera rotundifolia*)	h						
Sumpf-Weidenröschen (*Epilobium palustre*)✧	s						
Scheiden-Wollgras (*Eriophorum vaginatum*)	h						
Braune Segge (*Carex nigra*)	h						
Alpen-Haarried (*Trichophorum alpinum*)	h						
Graue Segge (*Carex canescens*)°	z						
Igelfrüchtige Segge (*Carex echinata*)°	z						
Schnabel-Segge (*Carex rostrata*)°	lokal h						
Sumpf-Straussgras (*Agrostis canina*)°	z						
Drahtschmiele (*Avenella flexuosa*)✧	z						
Gelbe Segge (*Carex flava aggr.*)°	s						
Weisses Schnabelried (*Rhynchospora alba*)	h						
Knollen-Binse (*Juncus bulbosus*)	s						
Blaues Pfeifengras (*Molinia caerulea*)°	z						

✧ kommt nur im Randbereich vor
° kommt vorwiegend im Randbereich oder auf durch Eingriffe veränderten Stellen vor

Exkursion 19: Feldberg

	März	April	Mai	Juni	Juli	Aug	Sept

Standort A – Fichtenwald auf ruhendem Blockschutt

Baumschicht

Fichte (*Picea abies*)	h						
Vogelbeerbaum (*Sorbus aucuparia*)	h						

Strauchschicht

Alpen-Hagrose (*Rosa pendulina*)	s						

Krautschicht

Gemeiner Sauerklee (*Oxalis acetosella*)	z						
Kleines Zweiblatt (*Listera cordata*)	h						
Heidelbeere (*Vaccinium myrtillus*)	h						
Preiselbeere (*Vaccinium vitis-idaea*)	z						
Heide-Wachtelweizen (*Melampyrum pratense*)	h						
Schlangen-Knöterich (*Polygonum bistorta*)	z						
Knotenfuss (*Streptopus amplexifolius*)	s						
Gemeiner Tormentill (*Potentilla erecta*)	s						
Hasenlattich (*Prenanthes purpurea*)	z						
Wald-Hainsimse (*Luzula sylvatica*)	z						
Drahtschmiele (*Avenella flexuosa*)	h						
Gemeiner Waldfarn (*Athyrium filix-femina*)	z						
Wurmfarn (*Dryopteris dilatata/expansa*)	h						
Gemeiner Wurmfarn (*Dryopteris filix-mas*)	h						
Tannenbärlapp (*Huperzia selago*)	s						

Standort B – Lawinenrunse

Gehölze

Gemeiner Seidelbast (*Daphne mezereum*)	s						
Gebirgs-Weide (*Salix appendiculata*)	h						
Berg-Ahorn (*Acer pseudoplatanus*)	h						
Himbeere (*Rubus idaeus*)	h						
Vogelbeerbaum (*Sorbus aucuparia*)	h						
Heidelbeere (*Vaccinium myrtillus*)	z						

Kräuter

Gemeine Pestwurz (*Petasites hybridus*)	z						

Artenliste 19. Feldberg 437

		März	April	Mai	Juni	Juli	Aug	Sept
Dotterblume (*Caltha palustris*)	z							
Bärenwurz (*Meum athamanticum*)	z							
Schlangen-Knöterich (*Polygonum bistorta*)	h							
Eisenhutblättr. Hahnenfuss (*Ranunculus aconitifolius*)	h							
Grauer Alpendost (*Adenostyles alliariae*)	h							
Lederblättr. Frauenmantel (*Alchemilla coriacea aggr.*)	z							
Wald-Storchschnabel (*Geranium sylvaticum*)	z							
Ährige Rapunzel (*Phyteuma spicatum*)	s							
Quirlblättrige Weisswurz (*Polygonatum verticillatum*)	z							
Gemeiner Tormentill (*Potentilla erecta*)	z							
Wurzelnder Hahnenfuss (*Ranunculus serpens*)	z							
Platanenblättr. Hahnenfuss (*Ranunculus platanifolius*)	z							
Grosser Wiesenknopf (*Sanguisorba officinalis*)	z							
Rote Waldnelke (*Silene dioica*)	z							
Rot-Klee (*Trifolium pratense s.str.*)	z							
Geissbart (*Aruncus dioicus*)	s							
Alpen-Milchlattich (*Cicerbita alpina*)	h							
Sumpf-Pippau (*Crepis paludosa*)	h							
Geflecktes Johanniskraut (*Hypericum maculatum s.str.*)	s							
Wald-Witwenblume (*Knautia dipsacifolia*)	z							
Gemeine Margerite (*Leucanthemum vulgare aggr.*)	s							
Berg-Sauerampfer (*Rumex alpestris*)	z							
Fuchs-Kreuzkraut (*Senecio ovatus*)	h							
Busch-Kreuzkraut (*Senecio hercynicus*)	z							
Grasblättrige Sternmiere (*Stellaria graminea*)	s							
Blauer Eisenhut (*Aconitum neomontanum*)	z							
Wiesen-Bärenklau (*Heracleum sphondylium s.l.*)	z							
Hasenlattich (*Prenanthes purpurea*)	s							
Wald-Weidenröschen (*Epilobium angustifolium*)	z							
Gräser								
Wald-Hainsimse (*Luzula sylvatica*)	z							
Gemeines Straussgras (*Agrostis capillaris*)	z							
Horstbildende Schmiele (*Deschampsia caespitosa*)	z							
Rohr-Reitgras (*Calamagrostis arundinacea*)	s							

Artenliste 19. Feldberg

		März	April	Mai	Juni	Juli	Aug	Sept
Farne								
Alpen-Waldfarn (*Athyrium distentifolium*)	z							
Gemeiner Waldfarn (*Athyrium filix-femina*)	z							
Standort C – Hangflachmoor								
Kräuter								
Dotterblume (*Caltha palustris*)	z							
Wiesen-Schaumkraut (*Cardamine pratensis aggr.*)	z							
Geflecktes Knabenkraut (*Dactylorhiza maculata*)	z							
Breitblättriges Knabenkraut (*Dactylorhiza fistulosa*)	s/z							
Alpen-Liebstock (*Ligusticum mutellina*)	z							
Gemeines Fettblatt (*Pinguicula vulgaris*)	h							
Eisenhutblättr. Hahnenfuss (*Ranunculus aconitifolius*)	z							
Trollblume (*Trollius europaeus*)	s/z							
Sumpf-Baldrian (*Valeriana dioica*)	s/z							
Sumpf-Veilchen (*Viola palustris*)	z							
Heidelbeere (*Vaccinium myrtillus*)	z							
Bartschie (*Bartsia alpina*)	h							
Traunsteiners Knabenkraut (*Dactylorhiza traunsteineri*)	s							
Schweizerischer Löwenzahn (*Leontodon helveticus*)	s							
Schlangen-Knöterich (*Polygonum bistorta*)	z							
Sumpf-Pippau (*Crepis paludosa*)	h/z							
Gemeiner Tormentill (*Potentilla erecta*)	h							
Grosser Wiesenknopf (*Sanguisorba officinalis*)	z/h							
Herzblatt, Studentenröschen (*Parnassia palustris*)	z/h							
Moorenzian (*Swertia perennis*)	h							
Abbisskraut (*Succisa pratensis*)	h							
Gemeiner Frauenmantel (*Alchemilla vulgaris aggr.*)	s							
Gräser								
Scheiden-Wollgras (*Eriophorum vaginatum*)	z							
Igelfrüchtige Segge (*Carex echinata*)	z							
Braune Segge (*Carex nigra*)	z							
Hirse-Segge (*Carex panicea*)	z							
Schmalblättriges Wollgras (*Eriophorum angustifolium*)	h							

… *Artenliste 19. Feldberg* 439

		März	April	Mai	Juni	Juli	Aug	Sept
Gemeine Hainsimse (*Luzula campestris*)	h							
Rasen-Haarried (*Trichophorum cespitosum*)	h							
Schnabel-Segge (*Carex rostrata*)	s							
Sudeten-Hainsimse (*Luzula sudetica*)	z							
Ruchgras (*Anthoxanthum odoratum aggr.*)	z							
Gelbe Segge (*Carex flava aggr.*)	z							
Kälteliebende Segge (*Carex frigida*)	s							
Weissliche Hainsimse (*Luzula luzuloides*)	s							
Rot-Schwingel (*Festuca rubra aggr.*)	z/s							
Flatterige Binse (*Juncus effusus*)	z							
Fadenförmige Binse (*Juncus filiformis*)	z							
Borstgras (*Nardus stricta*)	s							
Kriechendes Straussgras (*Agrostis stolonifera*)	z							
Farnpflanzen								
Dorniger Moosfarn (*Selaginella selaginoides*)	s							

Standort D – Magerweide in oberer Schwarzwaldlage

Kräuter und Zwergsträucher

		März	April	Mai	Juni	Juli	Aug	Sept
Wiesen-Schaumkraut (*Cardamine pratensis aggr.*)	s							
Kriechender Günsel (*Ajuga reptans*)	s							
Weichhaariger Frauenmantel (*Alchemilla hybrida aggr.*)	s							
Gemeines Katzenpfötchen (*Antennaria dioica*)	z							
Alpen-Liebstock (*Ligusticum mutellina*)	s/z							
Bärenwurz (*Meum athamanticum*)	h							
Gemeine Kreuzblume (*Polygala vulgaris s.str.*)	z							
Schlangen-Knöterich (*Polygonum bistorta*)	z							
Gold-Fingerkraut (*Potentilla aurea*)	z/h							
Gemeiner Tormentill (*Potentilla erecta*)	h							
Heidelbeere (*Vaccinium myrtillus*)	h							
Niedriges Labkraut (*Galium pumilum*)	z							
Arnika (*Arnica montana*)	h/z							
Bartschie (*Bartsia alpina*)	s							
Geflecktes Knabenkraut (*Dactylorhiza maculata*)	s							
Herzynisches Labkraut (*Galium saxatile*)	h							

Artenliste 19. Feldberg

		März	April	Mai	Juni	Juli	Aug	Sept
Flügelginster (*Genista sagittalis*)	s							
Gelber Enzian (*Gentiana lutea*)	h/z							
Schweizerischer Löwenzahn (*Leontodon helveticus*)	h							
Weisszunge (*Pseudorchis albida*)	z							
Türkenbundlilie (*Lilium martagon*)	s							
Wald-Wachtelweizen (*Melampyrum sylvaticum*)	z							
Berg-Hahnenfuss (*Ranunculus montanus*)	z							
Kleiner Klappertopf (*Rhinanthus minor*)	lokal h							
Preiselbeere (*Vaccinium vitis-idaea*)	z							
Gemeine Margerite (*Leucanthemum vulgare aggr.*)	z							
Heide-Wachtelweizen (*Melampyrum pratense*)	h							
Ährige Rapunzel (*Phyteuma spicatum*)	s							
Quendelblättrige Kreuzblume (*Polygala serpyllifolia*)	h							
Gemeine Brunelle (*Prunella vulgaris*)	s							
Berg-Sauerampfer (*Rumex alpestris*)	s/z							
Kleiner Sauerampfer (*Rumex acetosella aggr.*)	s							
Grosser Wiesenknopf (*Sanguisorba officinalis*)	lokal z							
Rundblättrige Glockenblume (*Campanula rotundifolia*)	z							
Scheuchzers Glockenblume (*Campanula scheuchzeri*)	h							
Langhaariges Habichtskraut (*Hieracium pilosella*)	s							
Wald-Habichtskraut (*Hieracium murorum*)								
Feld-Thymian (*Thymus serpyllum aggr.*)	z							
Rot-Klee (*Trifolium pratense s. str.*)	z							
Kriechender Klee (*Trifolium repens*)	z							
Gebräuchlicher Ehrenpreis (*Veronica officinalis*)	z							
Gewöhnliches Hornkraut (*Cerastium fontanum s. l.*)	z							
Moor-Labkraut (*Galium uliginosum*)	s							
Echte Goldrute (*Solidago virgaurea s. l.*)	s							
Besenheide (*Calluna vulgaris*)	h							
Herbst-Löwenzahn (*Leontodon autumnalis*)	s							
Abbisskraut (*Succisa pratensis*)	z							
Gräser								
Gemeine Hainsimse (*Luzula campestris*)	h							
Ruchgras (*Anthoxanthum odoratum aggr.*)	h							

	März	April	Mai	Juni	Juli	Aug	Sept
Zittergras (*Briza media*)	z						
Bleiche Segge (*Carex pallescens*)	lokal h						
Pillentragende Segge (*Carex pilulifera*)	h						
Weissliche Hainsimse (*Luzula luzuloides*)	z/h						
Vielblütige Hainsimse (*Luzula multiflora*)	z						
Wald-Hainsimse (*Luzula sylvatica*)	z						
Borstgras (*Nardus stricta*)	h						
Läger-Rispengras (*Poa supina*)	z						
Dreizahn (*Danthonia decumbens*)	z						
Gelbe Segge (*Carex flava aggr.*)	s						
Rot-Schwingel (*Festuca rubra aggr.*)	z						
Gemeines Straussgras (*Agrostis capillaris*)	z						
Horstbildende Schmiele (*Deschampsia caespitosa*)	s						
Chaix' Rispengras (*Poa chaixii*)	h						
Drahtschmiele (*Avenella flexuosa*)	h						

Verzeichnis der Kastentexte

«Fremde» Pflanzen 25
Zonierung in der Aue 46
Die Rheinkorrektionen 49
Streu- oder Riedwiesen 61
Verlandung von stehenden Gewässern 75
Vergleich Trocken- und Feuchtstandort 95
Einfluss der Laubbäume auf die Krautschicht 103
Waldnutzungsformen 107
Die Buche (*Fagus sylvatica*) 114
Frühjahrsgeophyten 118
Farne im Olsberger Wald 137
Saure Böden 138
Moore – Spiegel der Vergangenheit 142
Das Schluchtklima des Chaltbrunnentals 153
Anpassungen der Felspflanzen an ihren Lebensraum 170
Lebensstrategien der Ackerwildkräuter 178
Einflüsse einer Beweidung auf die Vegetationsdecke 202
Der Tüllinger Hügel als Relikt
 einer traditionellen Kulturlandschaft 206
Wildkräuter der Rebberge 209
Orchideen 227
Sukzession 233
Schuttpflanzen 274
Lebensformen unserer Landpflanzen 317
Entstehung und Nutzung der Hochmoore 323
Anpassungen von Höheren Pflanzen
 an den Lebensraum «Hochmoor» 329
Eiszeitrelikte 352

Glossar

Ähre: Blütenstand, bei dem Blüten ungestielt in den Achseln der Tragblätter (Hochblätter, in deren Achseln sich eine Blüte oder ein Seitenspross befindet) sitzen
Ährenspindel: Blütenstandsachse der Ähre
alluviale Böden: Schwemmlandböden
alpin: Zwergstrauch- und Grasheidenstufe oberhalb der klimatischen Waldgrenze bis zur Grenze geschlossener Vegetationsflächen, bis ca. 2500 – 3000 m ü. M.
Annuelle: Einjährige Pflanze, die innerhalb eines Jahres von der Keimung bis zur Samenreife gelangt und ungünstige Jahreszeiten als Samen überdauert
Art: dazu gehören alle Individuen, die faktisch und potentiell kreuzbar und deren Nachkommen fertil sind (biologische Definition), oder alle Individuen, die in taxonomisch wesentlichen Merkmalen übereinstimmen und sich von allen anderen Arten hierin unterscheiden (morphologische Definition)
atlantisch: siehe «ozeanisch»
Auenlehme: lehmig-sandige bis schluffig-tonige Fluss-Ablagerungen (Sedimentation bei sehr träge fliessendem Wasser)
Auffriererscheinung: durch häufiges Gefrieren und Auftauen bewirkte Bodenbewegung und -umlagerung
Auflagehumus: bei unvollständigem Abbau der Streu entstehende (Roh-)-Humuspolster, die dem Boden aufliegen
Aufschluss: bergmännischer Ausdruck für natürlich entstandene oder künstlich angelegte Stelle der Erdoberfläche, die frei von Bewuchs ist und Einblick in die anstehende Gesteinsfolge gewährt
Ausläufer: horizontal auf Erdoberfläche oder unterirdisch wachsender Seitenspross mit verlängerten Sprossachsenabschnitten zwischen zwei übereinanderliegenden Blattansatzstellen und reduzierten Blättern
Base: Stoff, der in wässriger Lösung alkalische (basische) Reaktion zeigt, d. h. Hydroxidionen (OH^-) abspaltet, Protonen (H^+) anlagert, roten Lakmus blau färbt und farbloses Phenolphtalein rötet
Bastard: Nachkomme von Eltern mit erblich verschiedenen Merkmalen
Baumschicht: aus Bäumen bestehende Vegetationsschicht
Bestandesklima: Standortklima innerhalb der Vegetationsdecke
Bestäubung: Übertragung des Pollens auf die Narbe oder Samenanlage

bewimpert: Rand mit weichen Haaren besetzt

Biotop: Lebensraum einer Lebensgemeinschaft von Pflanzen und Tieren mit seinen typischen Umweltbedingungen

Blockschutt: aus kleinen Komponenten bestehender, beweglicher Schutt

Boden: oberste, lockere Schicht der Erdkruste, bestehend aus Gesteinsuntergrund (verwittertes Muttergestein), Humus, Wasser, Luft und Bodenorganismen

Bodenerosion: Bodenabtrag durch Wind oder Wasser

Brache: Schonung des Ackerlandes durch Einschalten einer oder mehrerer Vegetationsperioden ohne Anbau von Nutzpflanzen, wonach «gebracht» (umgebrochen) wird

Braunerden: dreischichtige Böden mit einer zusätzlichen braunen und lehmigen Verwitterungsschicht zwischen dem Oberboden und den Muttergesteinen

Bruchwald: Wald auf Böden, in denen das Grundwasser dauernd nahe der Oberfläche steht. Der Oberboden besteht aus mindestens 10–20 cm Bruchwaldtorf.

Bult: buckelige Erhebung im Hochmoor

Chlorophyll: in isolierter Form rötlich fluoreszierende Farbstoffe der grünen Pflanzen und der photosynthetisierenden Algen sowie bestimmter Bakterien

collin: siehe «planar-collin»

Cuticula: von der Epidermis nach aussen abgeschiedener Wachsüberzug, für Wasser und Gase weniger durchlässig als Zellwände

Deckenschotter: Schottersedimente des Alpenvorlandes, die den Schmelzwässern der Günz- und Mindel-Eiszeit zugeschrieben werden

Doline: durch Lösungsprozesse im Kalkgestein hervorgerufene kesselförmige Einsenkung

Drüsenhaar: Haarbildung der Epidermis, die als Drüse Sekrete wie ätherische Öle, Harze, klebrige Stoffe, Enzyme, Schleim oder zuckerhaltige Substanzen (Nektar) abgibt

Einkeimblättrige Pflanze: Pflanze mit nur einem Keimblatt und meist streifennervigen Blättern, Bsp. Orchideen, Gräser, Liliengewächse

Eiszeit: Periode der Erdgeschichte mit allgemeinem Temperaturrückgang, der zu einem kräftigen Vorstoss von Gletschern führte (von 2,5 Mio. bis 12 500 Jahren vor heute)

eiszeitliches Refugium: Zufluchtsgebiet der durch die Vereisung aus ihrem ursprünglichen Verbreitungsgebiet verdrängten Tiere und Pflanzen

Eiszeitrelikt: isoliertes, vom heutigen Hauptverbreitungsgebiet (arktischalpin) vollständig abgesprengtes Überbleibsel der ehemaligen Eiszeitvegetation und ihrer Tierwelt

Embryo: der aus der befruchteten (oder unbefruchteten) Eizelle hervorgehende junge Organismus, der sich im Schutze des weiblichen Organismus entwickelt

Epidermis: die den Pflanzenkörper als schützende Hülle nach aussen abschliessende Zellschicht

Epiphyt: nicht im Boden wurzelnde Pflanze, besiedelt andere Pflanzen, ohne diesen Nährstoffe oder Wasser zu entziehen

Exposition: Einfluss äusserer Faktoren, denen ein Organismus ausgesetzt ist und die je nach Qualität, Intensität und Häufigkeit fördernde, beeinträchtigende oder auch krankmachende Wirkungen haben können (Strahlungs-, Lärm- oder Staub-E. etc.)

Feinerde: Mineralkörner und organomineralische Teilchen des Bodens, die im Durchmesser ≤ 2 mm gross sind

Fettweide: intensiv beweideter und gedüngter Rasen

Fettwiese: gemähte und gedüngte Wiese

Fiederchen: die Teile der gegliederten Blattspreite

flachgründiger Boden: Boden mit nur dünner Humusschicht über dem Muttergestein

Flachmoor: der Geländeform angepasstes, vom Grundwasser gespeistes Moor

Frosttrocknis: durch die austrocknende Wirkung winterlicher Luftmassen bei gleichzeitig blockierter Wassernachlieferung aus dem Boden hervorgerufene Schädigung von Pflanzen

Fruchtblatt: Bezeichnung für das Blattorgan der Bedecktsamer-Blüte, das die Samenanlage hervorbringt

Gefässpflanze: Sammelbezeichnung für Farn- und Samenpflanzen, da sie für Stofftransport Gefässe (Leitbündel) besitzen (siehe auch «Höhere Pflanze»)

Geophyt: mehrjährige, nicht verholzte Pflanze, die die ungünstige Jahreszeit (Winter, Lichtmangel, sommerl. Dürre) mit Hilfe unterirdischer Erneuerungsknospen überdauert

Glazialrelikt: siehe «Eiszeitrelikt»

Gley: unter ständigem Grundwassereinfluss entstandene Böden. Im sauerstoffarmen Grundwasser reduzieren die Minerale und färben den Boden fahlblau. Im darüberliegenden Bereich der Wasserstandsschwankungen trocknet der Boden zeitweise aus: hier kann der Sauerstoff die Minerale oxidieren. Zuoberst liegt eine Humusschicht.

grundständig: an der Basis des Stengels entspringend

Grundwasser: Wasser, das die Hohlräume des Bodens lückenlos ausfüllt

Halbparasit: parasitäre Pflanze, die ihre Nährstoffe teilweise selbst über die Photosynthese gewinnen kann, teilweise von anderen Pflanzen bezieht

und dabei meist nur an die Wasserleitgefässe der Wirtspflanzen angeschlossen ist
Halbschmarotzer: siehe «Halbparasit»
Herbizid: chemisches Pflanzenvernichtungsmittel
hochmontan: siehe «montan»
Hochmoor: aufgewölbtes, vom Grundwasser unabhängiges, nur durch Regenwasser gespeistes Moor
Hochstaude: hochwüchsige, mehrjährige, nicht verholzte Pflanze, die ungünstige Zeiten (Winter, Trockenheit) mit unterirdisch bleibenden oder nur wenig über dem Boden sitzenden Organen überdauert
Höhere Pflanze: pflanzliche Organisationsstufe, gekennzeichnet durch Besitz von Wurzeln, Sprossachse und Blättern; umfasst Farn- und Samenpflanzen
Humifizierung: Abbau und Umwandlung tierischer und pflanzlicher Rückstände zu schwer zersetzbaren Huminstoffen
Huminstoffe: gelbbraune bis schwarzgefärbte hochmolekulare Verbindungen mit überwiegend saurem Charakter und negativer Ladung, die bei der Humifizierung entstehen und sich aufgrund ihrer Schwerzersetzbarkeit im Boden anreichern. Chemische Bauelemente sind teils stickstoff- oder sauerstoffhaltige Ringsysteme, die über Seitengruppen brücken- oder netzartig verbunden sind.
Humus: Gesamtheit der organischen Stoffe im Boden, die beim Ab- und Umbau pflanzlicher und tierischer Überreste entstehen
Kalk-Pflanze: Pflanze, die Böden mit hohem Kalkgehalt besiedelt und in der Lage ist, mit dem Überschuss an Calcium-Ionen fertig zu werden
Karsee: See von meist geringer Grösse, der sich während den Eiszeiten gebildet hat. Zuvor war bereits ein Talabschluss oder eine Muldenlage vorhanden, die eine isolierte Eisablagerung aufnehmen konnte. Der Gletscher schliff sich dann durch die Eisbewegung in die Geländeform ein.
Klimaxvegetation: hypothetische, vom Grossklima bestimmte Endstufe ungestörter Vegetationsentwicklung. Heute eher: potentielle oder reale natürliche Vegetation der grossflächig verbreiteten Standorte eines Gebietes (in menschlich überschaubaren Zeiten)
Krautschicht: bodennahe Vegetationsschicht mit Kräutern, Gräsern, Keimlingen und Zwergsträuchern
Lägerstelle: Ruhe- und Liegeplatz des Viehs in Weiden
Lehm: Korngemisch aus Sand, Schluff und Ton
Löss: gelblichgraues, staubfeines Lockergestein (60–80% Schluff, 10–20% Ton, 10–20% Feinsand); entstand während Eiszeiten, als starke Winde Feinmaterial aus vegetationsarmen Sand- und Schotterflächen der Urstromtäler ausbliesen und in glazialen Randgebieten ablagerten

Magerweide: ungedüngter, während kurzer Zeit intensiv oder längerer Zeit extensiv beweideter Rasen auf nährstoffarmen Böden
Magerwiese: ungedüngte, einmal gemähte Wiese auf nährstoffarmen Böden
Mantel(gebüsch): Gebüsch, das den Wald gegen das offene Land hin abgrenzt
mediterran: Klima mit trockenem, heissem Sommer und niederschlagsreichem, mildem, praktisch frostfreiem Winter
Mergel: brüchige ton- und kalkhaltige Sedimentsgesteine unterschiedlicher Zusammensetzung (Kalk-Mergel, Ton-M., Dolomit-M., Sand-M.)
Mikroklima: Klima der bodennahen Luftschicht
Mineralböden: überwiegend aus mineralischen Bestandteilen (Ton, Schluff, Sand) bestehende Böden, im Gegensatz zu Böden mit hohem Anteil an organischer Substanz (zum Beispiel Moor)
Mineralisierung: vollständiger Abbau organischer Stoffe hauptsächlich durch Mikroorganismen zu mineralischen (anorg.) Verbindungen, die dann den Pflanzen erneut als Nährstoffe verfügbar sind
Mineralstoff: mineralischer (anorganischer) Nährstoff
montan: Bergwaldstufe, bis ca. 1400–1600 (1800) m ü. M.; ursprünglich in ozeanischen Lagen untermontan noch Buchen-, obermontan Buchen-Tannen-Fichten-Bergmischwälder, hochmontan teilweise reine Nadelwälder (mit Fichte), in kontinentalen Lagen auch nur Fichten-Lärchen-Wälder; durch Forstkultur und Rodung (Grünland) mässig verändert
Moor: Ökosystem mit wenigstens teilweise torfbildender Vegetation an feuchten Standorten über Torf
Mull: Leicht abbaubare Streu; unter günstigen Abbau- und Klimabedingungen rasche Zersetzung und Einarbeitung in den Mineralkörper. Beim Abbau freiwerdende Säuren werden durch Basen neutralisiert (pH schwach sauer bis alkalisch)
Muschelkalk: Bezeichnung für carbonathaltige Gesteine, deren reicher Fossilieninhalt überwiegend aus Muschelschalen besteht
Mykorrhiza: Symbiose zwischen Pilzen und höheren Pflanzen via Wurzeln
Narbe: das für die Aufnahme der Pollenkörner aus Drüsengewebe aufgebaute und durch Sekrete schleimig-klebrige Organ der Fruchtblätter
Neophyt: Pflanze, die absichtlich oder unabsichtlich vom Menschen eingeschleppt wurde und bei uns erst seit ungefähr dem 16. Jahrhundert fester Bestandteil der Flora geworden ist
nival: Schneestufe, oberhalb der klimatischen Schneegrenze; nur an Graten und Felswänden letzte Pflanzen
Ökologie: die gesamte Wissenschaft von den Beziehungen eines Organismus zur umgebenden Aussenwelt

organische Verbindungen: Sammelbezeichnung für die von Kohlenstoff abgeleiteten Verbindungen mit Ausnahme von Kohlendioxid, Kohlenmonoxid, Carbonaten und Carbiden

ozeanisch: kühl-feuchtes Klima mit verhältnismässig geringen Temperaturschwankungen

Palisadenparenchym: ein- bis zweischichtiges Gewebe aus langgestreckten und chloroplastenreichen (Chlorophyll enthaltende Zellbestandteile) Zellen

pH-Wert: der negative Logarithmus (log) der Wasserstoffionenkonzentration; dient zur Angabe der Wasserstoffionen- oder Hydroxidionenkonzentration in wässrigen Lösungen und ist damit Mass für deren Säure- bzw. Basengehalt

Photosynthese: die Synthese energiereicher organischer Verbindungen aus ernergiearmen anorganischen (mineralischen) Molekülen mit Hilfe der Strahlungsenergie des Sonnenlichtes. Ausgangssubstanzen bei grünen Pflanzen sind Kohlendioxid und Wasser, aus denen unter Abgabe von Sauerstoff Zucker (Glucose) bzw. Stärke aufgebaut wird.

Pionierpflanze: Erstbesiedler vegetationsfreier Flächen, mit besonderen Anpassungen, zum Beispiel zahlreichen Verbreitungseinheiten mit guter Ausbreitungsfähigkeit, Ausläuferbildung, guter Regeneration aus Teilen der Pflanze

planar-collin: Ebenen- und Hügellandstufe, bis etwa 300–500 m ü. M.; ursprünglich mit wärmeliebenden Eichen-Mischwäldern, Eichen-Hagebuchenwäldern, Kiefernwäldern sowie lokalen Trockenrasen und Steppen; heute vorherrschend Kulturland, stellenweise Weinbau

Pollen: Blütenstaub

Pollinium: Vereinigung von Pollenkörnern zu einem Pollenpaket (zum Beispiel bei Orchideengewächsen)

Population: Alle an einem Ort vorkommenden Individuen einer Sippe (meistens auf Artniveau)

primäre Vegetation: vom Menschen nicht oder nur wenig beeinflusste Vegetation

Rendzina: dem karbonatreichen Gesteinsuntergrund ist eine Schicht aus humusreichem, mineralischem Boden überlagert

Rhizom: unterirdische oder dicht unter der Bodenoberfläche bald waagrecht, bald senkrecht wachsende Sprossachse zahlreicher ausdauernder Kräuter; dient zur Nährstoffspeicherung und Überdauerung schlechter Witterungsperioden in wechselfeuchten Klimaten

Riedwiese: einmal jährlich geschnittener Seggen-, Pfeifengras- oder Binsen-Bestand, der regelmässig überschwemmt wird

Rispe: Hauptachse mit mehrfach verzweigten Nebenachsen (Teilblütenständen), deren Verzweigung von oben nach unten zunimmt; Haupt- und Nebenachsen schliessen mit einer Endblüte ab

Rohboden: Anfangsstadium der Bodenbildung, lückenhafte, oft nur filmartige Lage aus noch kaum zu Humus zersetzter, abgestorbener pflanzlicher Substanz über dem noch weitgehend unverwitterten Festgestein. Von Gesteinseigenschaften geprägt.

Rohhumus: bei verlangsamtem Streuabbau (oft bei feucht-kühlem Klima) entstehende Anreicherung organischer Substanz auf dem Boden

Ruderalpflanze: Besiedler oft gestörter Stellen wie Wegränder, Schuttplätze, Bahnhöfe

Same: Bezeichnung für das der Arterhaltung und -verbreitung dienende, komplexe Organ der Samenpflanzen; in reifem Zustand aus Embryo, Nährgewebe und Samenschale bestehend

Saum: um Gehölze (Hecken, Wälder) wachsender Streifen von krautigen, meist mehrjährigen Pflanzen, der sich floristisch und somit auch strukturell von angrenzendem Nutzland und Wegen unterscheidet

Säurezeiger: Bezeichnung für auf saurem Substrat wachsende Pflanze

Schilftorf: aus Schilfresten entstandener Torf

Schlenke: unregelmässige Mulde im Hochmoor

Schluff: Bodenpartikel mit einer Korngrösse zwischen 2 und 63 Mikrometer

Schneeschimmel: durch Pilze hervorgerufene Nadel- und Triebkrankheit, die nur in höheren Gebirgslagen an Nadelbäumen (Kiefer, Fichte, Tanne, Wacholder) auftritt. Die Pilze gedeihen nur bei $-5C$ bis $+15°C$ und hoher Luftfeuchte, besonders gut unter einer Schneedecke.

Seggentorf: aus Seggenresten entstandener Torf

sekundäre Vegetation: natürliche Vegetation, die sich nach der Zerstörung der ursprünglichen Vegetation (im allg. durch Mensch) von selbst einstellt

Skelett-Böden: Stein-, Kies- oder Schuttböden, in denen der Skelettanteil (Korngrössendurchmesser ≥ 2 mm) über 75 Vol-% liegt

solitär: Bezeichnung für einzeln lebendes (nicht staaten- oder koloniebildendes) Tier

Spaltöffnung: der Wasserabgabe und dem Gaswechsel (Sauerstoff-Abgabe, Kohlendioxid-Aufnahme) dienende Paare meist bohnenförmig gestalteter Zellen mitsamt der zwischen ihnen freigelassenen Lücke in Epidermen der oberirdischen, von Luft umgebenen, grünen Teile von Pflanzen

Spelze: trockenhäutiges Blatt der Grasblüte

Spore: einzellige Fortpflanzungs- und Verbreitungseinheit bei Pflanzen

Spross: in botanischer Literatur nicht einheitlich: a) Sprossachse (ober- oder unterirdischer, stabförmiger Teil, der Blätter trägt); b) Sprossachse und Blätter

Staubblatt: das den Blütenstaub erzeugende Blattorgan der Blüte
Staude: ausdauernde, krautige Pflanze
Staunässe: über einer undurchlässigen Schicht stauendes Bodenwasser
Sternhaar: sternförmig verzweigtes Haar
Stock (auf den Stock setzen): unterster Teil des Stammes, der beim Fällen eines Baumes über den Wurzeln stehenbleibt
Strauchschicht: Vegetationsschicht der Sträucher und jungen Bäume
Streu: die gesamte anfallende tote, organische Substanz, die von einem Bestand produziert wird
subalpin: Kampfwald und Krummholzstufe, bis ca. 1900–2200 (2400) m ü. M.; ursprünglich mit Legföhren- und Grünerlengebüschen aufgelockerte Lärchen-Arvenvorposten; infolge Alpwirtschaft heute oft Zwergstrauchheiden und Viehweiden
subatlantisch: etwas weniger kühl-feuchtes Klima als im ozeanischen Raum, etwas stärkere Temperaturschwankungen
submediterran: Übergangszone zwischen mediterraner Zone und Laubwaldzone, Winterregen herrschen noch vor, aber Sommerdürre ist nicht mehr so ausgeprägt; Fröste treten in allen Wintermonaten regelmässig auf
submontan: unterste Bergwald-(Übergangs-)Stufe, bis ca. 500–1000 m ü. M.; ursprünglich Buchenwälder, aber an entsprechenden Standorten auch noch Eichen- und Hagebuchenwälder, gebietsweise auch Tannen; zum Teil in Fichtenforste umgewandelt, vielfach noch Ackerbau
Sukzession: gesetzmässige, zeitliche Abfolge verschiedener Pflanzen- und/oder Tiergesellschaften bzw. Lebensgemeinschaften am selben Ort nach Änderung wichtiger Standortfaktoren oder nach tiefgreifender Störung des Lebensraumes
Symbiose: gesetzmässige Vergesellschaftung artverschiedener Organismen, die für beide Symbiose-Partner von Vorteil ist
Talaue: Teil des Talbodens, der bei Hochwasser überflutet werden kann
Ton: mineralische Teile im Boden mit einer Körnung von < 2 Mikrometer
Torf: unter Luftabschluss entstandenes Zersetzungsprodukt vorwiegend pflanzlichen Ursprungs; Humus-Form der Moore; Bodenauflage aus wenig zersetzten, konservierten Pflanzenresten
Transpiration (Verdunstung): regulationsfähige Abgabe von gasförmigem Wasser (Wasserdampf) durch die Pflanze an die Umgebung
Übergangsmoor: siehe «Zwischenmoor»
Unterart: Systematische Kategorie unterhalb der Art, bei Kreuzungen entstehen fertile Nachkommen
Vegetationsperiode: Zeitabschnitt im Jahreszeitenklima, während dem die Pflanzen wachsen, blühen und fruchten

vegetative Vermehrung: Fortpflanzungskörper stammen nur von einem Mutterorganismus (dieselben genetischen Anlagen); zum Beispiel Zerfall oder Teilung, Sporenbildung

Zeigerart: Pflanze, deren Vorkommen auf bestimmte chemische oder physikalische Eigenschaften des Bodens schliessen lässt

Zonierung/Zonation: Nebeneinander von verschiedenen Lebensräumen entlang eines Umweltgradienten

Zweihäusigkeit: männliche und weibliche Blüten getrennt auf verschiedenen Individuen einer Art

Zweikeimblättrige Pflanze: Pflanze mit zwei Keimblättern und meist netznervigen Blättern, hierzu gehören die meisten Arten unserer Flora

Zwergstrauch: verholzte Pflanze mit niedrigem Wuchs

Zwischenmoor: Übergangsbereich zwischen Flach- und Hochmoor

Register Artnamen

Seitenhinweis **fett** = Abbildung
Seitenhinweis *kursiv* = Eintrag in den Artenlisten

A

Abbisskraut 61, 222, **226**, 230, 232, 347, *412, 415, 417, 438, 440*
Abies alba 16, 17, 142, 243, 264, 269, 278, 334, **335**, *385, 389, 390, 393*
Acer, campestre 100, 103, 232, 284, *376, 381, 385, 391, 393, 395, 405, 416*
– *opalus* 126
– *platanoides 375, 376, 385, 386, 391, 393, 395, 416*
– *pseudoplatanus* 16, 17, 42, 56, 118, 144, 145, 146, 149, 150, 232, 243, 252, 254, 260, 262, 337, 338, *376, 378, 385, 386, 387, 389, 390, 391, 393, 395, 415, 417, 420, 421, 422, 436*
Achillea millefolium aggr. 367, 372, 374, 403, 407, 425, 428, 430
Acinos arvensis 88, 314, *407, 433*
Ackerdistel 178, *380, 400*
Ackerfrauenmantel 179, **181**, *400*
– Kleinfrüchtiger 181
Ackersalat 88, 316
Aconitum, neomontanum 262, 338, *423, 437*
– *vulparia aggr.* 262, *423*
Adenostyles, alliariae 262, **263**, 338, *423, 437*
– *glabra* 253, 262, *423*
Adlerfarn 137, 189, *390, 405, 408, 410*
Adonis, aestivalis 181
– *vernalis* 282, 293, **294**, 295, 296, *429*
Adonisröschen, Frühlings- 282, 293, **294**, 295, 296, *429*
Adoxa moschatellina 101, **105**, *377, 382, 393*
Aegopodium podagraria 90, 150, *377, 379, 382, 394*
Aesculus hippocastanum 376
Agrimonia eupatoria 375, 404, 430
Agropyron repens 39, *364, 369, 401*
Agrostemma githago 178
Agrostis, canina 435
– *capillaris* 290, *384, 405, 410, 426, 429, 437, 441*
– *gigantea 370*
– *stolonifera* 23, 35, 41, 44, 94, *365, 381, 401, 439*
Ahorn, Berg- 16, 17, 42, 56, 118, 144, 145, 146, 149, 150, 232, 243, 252, 254, 260, 262, 337, 338, *376, 378, 385, 386, 387, 389, 390, 391, 393, 395, 415, 417, 420, 421, 422, 436*
– Feld- 100, 103, 232, 284, *376, 381, 385, 391, 393, 395, 405, 416*
– Schneeballblättriger 126
– Spitz- *375, 376, 385, 386, 391, 393, 395, 416*
Aira caryophyllea 292, *429, 434*
Ajuga, genevensis 189, **190**, *402, 427*
– *reptans* 190, 216, *382, 386, 390, 394, 402, 423, 439*
Akelei, Gemeine 199, 229, *413*
Alchemilla, conjuncta aggr. 266, **267**, *425*
– *coriacea aggr. 437*
– *hybrida aggr.* 425, *439*

– *vulgaris aggr. 278, 426, 438*
Alisma plantago-aquatica 65, *370*
Alliaria petiolata 26, 39, *365, 377, 379, 382*
Allium, carinatum s.str. **87**, 88, *372*
– *oleraceum 407*
– *rotundum* 316
– *scorodoprasum* 23, 24, *363*
– *sphaerocephalon* 312, *433*
– *ursinum* 112, 114, **115**, 117, 118, 149, 150, *377, 382, 385, 386, 392, 394, 423*
– *vineale* 207
Alnus, glutinosa 57, 68, 76, 100, 139, 140, *393*
– *incana* 45, 68, *378*
– *viridis* 339
Alopecurus myosuroides 178, *401*
Alpendost, Grauer 262, **263**, 338, *423, 437*
– Grüner 253, 262, *423*
Alpenlattich 270
Alpenmasslieb *420*
Alyssum, alyssoides 314, *402, 431*
– *montanum* 168, **170**, *397, 399*
Amarant 208
Amaranthus sp. 208
Amelanchier ovalis 161, **162**, 238, *395, 397, 418, 420*
Ampfer, Krauser 365
– Schildblättriger 272
– Stumpfblättriger 44, *365, 368, 379, 410*
Anacamptis pyramidalis **198**, 199, *403, 407*
Anagallis, arvensis 364, *367, 400*
– *minima* 183, *401*
Andromeda polifolia 326, **327**, 329, *435*
Androsace, lactea 251, 266, **268**, *425*
– *maxima* 316
Anemone, nemorosa 101, 114, 118, **119**, *377, 382, 385, 386, 387, 389, 390, 393*
– *ranunculoides* 90, **91**, *377*
– *sylvestris* 296
Angelica sylvestris 391, *417*
Antennaria dioica 266, *424, 439*
Anthericum, liliago 286, **288**
– *ramosum* 71, 161, 198, 232, 238, *372, 398, 407, 411, 414, 417, 419, 421*
Anthoxanthum, odoratum 405, 409, 426, 429, 434
– *odoratum aggr. 439, 440*
Anthriscus, nitida 262, *394, 423*
– *sylvestris 382*
Anthyllis vulneraria s.l. 189, **192**, *371, 402, 406, 424, 429, 432*
Apera spica-venti 179, **180**, *369, 401*

454 Register Artnamen

Apfelbaum, Kultur- 212
Aphanes, arvensis 179, **181**, *400*
— inexpectata 181
Aquilegia vulgaris 199, 229, *413*
Arabidopsis thaliana *366, 399*
Arabis, alpina s.str. **147**, *392*
— ciliata *424*
— hirsuta s.str. 88, *371, 373, 397, 403, 406, 418, 425, 432*
— turrita 29
Arctium lappa *364*
Arenaria, leptoclados 307, 314, *371*
— serpyllifolia aggr. *367, 374, 397, 407, 409, 425, 432*
Aristolochia clematitis 300, **302**
Arnica montana 344, **345**, 346, *439*
Arnika 344, **345**, 346, *439*
Arnoseris minima 181
Aronstab, Gemeiner 101, 113, 114, **115**, *377, 382, 385, 386, 392, 394*
Arrhenatherum elatius 189, 213, 215, *364, 372, 381, 405*
Artemisia, alba 310, 314
— campestris 72, *372, 433*
— vulgaris 24, 39, 300, *364, 368, 375, 380*
Arum maculatum 101, 114, **115**, 118, *377, 382, 385, 386, 392, 394*
Aruncus dioicus 253, *389, 392, 437*
Asarum europaeum *392, 393*
Asparagus officinalis 371
Asperula, cynanchica 167, 292, *372, 374, 398, 404, 407, 411, 419, 421, 430, 433*
Asplenium, fontanum 169, 250, *399*
— ruta-muraria 29, 137, 169, 241, *365, 392, 399, 408, 420, 421*
— trichomanes **28**, 29, 137, 169, 250, *365, 389, 392, 399*
— viride 137, 250
Aster, Alpen- 266
— Berg- 71, 189, **197**, 199, *372, 374, 398, 404, 408, 412, 419, 434*
— Goldschopf- 308, **309**, 317, *434*
Aster, alpinus 266
— amellus 71, 189, **197**, 199, *372, 374, 398, 404, 408, 412, 419, 434*
— bellidiastrum *420*
— linosyris 308, **309**, 317, *434*
Astragalus glycyphyllos 108, 288, 300
Athamanta cretensis 250
Athyrium, distentifolium 343, *438*
— filix-femina 137, 335, *384, 390, 391, 392, 424, 436, 438*
Atriplex patula *400*
Augentrost, Heide- 81, **82**, 88, *374, 433*
— Rostkovs *411, 414*
— Salzburger *426*
Augenwurz 250
Aurikel 169, 236, 250, **252**, 256
Avena sativa 172, **175**, 176
Avenella flexuosa 132, *389, 435, 436, 441*

B

Baldrian, Berg- 255, 272, *422, 425*
— Gebräuchlicher *394, 419, 428*
— Sumpf- 438

Ballota nigra s.l. 300
Barbarea vulgaris 44, *379*
Bärenklau 278
— Jura- *423*
— Wiesen- 215, 278, *378, 380, 423, 437*
Bärenschote 108, 288, 300
Bärenwurz 344, 346, **348**, *437, 439*
Bärlauch 112, 114, **115**, 117, 118, 149, 150, *377, 382, 385, 386, 392, 394, 423*
Bartgras, Gemeines 71, **81**, *373, 375*
Bartschie 341, **343**, 347, *438, 439*
Bartsia alpina 341, **343**, 347, *438, 439*
Bauernsenf, Felsen- 251
— Nacktstieliger 181
Beifuss, Feld- 72, *372, 433*
— Gemeiner 24, 39, 300, *364, 368, 375, 380*
Beinwell *369, 379*
Bellis perennis 216, *366, 402, 408, 413*
Berberis vulgaris 86, 161, 223, 232, 238, 284, 314, *375, 376, 395, 397, 405, 410, 413, 416, 418*
Berberitze 86, 161, 223, 232, 238, 284, 314, *375, 376, 395, 397, 405, 410, 413, 416, 418*
Bergfarn 137
Bergfenchel, Hügel- 54, 69, 71, **73**, 290, *372, 429*
Bergflachs, Gemeiner 165, 246, **249**, *398, 403, 419, 420, 422, 425*
— Leinblättriger 306, *432*
Bergminze, Echte 108, 189, *404, 408, 429, 431*
Berteroa incana 24, **37**, 38, 39, 300, *363, 368*
Berufkraut, Feinstrahliges **24**, *364, 368, 375, 383*
— Kanadisches 38, *364, 366, 368, 375, 383, 400*
— Scharfes *433*
Besenheide 17, 111, 132, 326, 344, 347, *389, 435, 440*
Betonie, Gebräuchliche 285, *398, 404, 407, 414, 428, 431*
Betula, pendula 68, 76, *369, 375, 389, 412, 434*
— pubescens 140, *434*
Bibernelle, Kleine *372, 374, 404, 408, 412, 415, 417, 426, 428, 433*
Bingelkraut, Ausdauerndes 118, **119**, 243, *386, 387, 392, 396, 416, 418, 420, 422, 423*
— Einjähriges 208, 209
Binse, Fadenförmige *439*
— Flatterige *384, 439*
— Glänzendfrüchtige 61, *370*
— Knollen- *435*
— Kröten- 183, *366, 401*
— Lössacker- 183
— Stumpfblütige 61, 66, *370*
Birke, Hänge- 68, 76, *369, 375, 389, 412, 434*
— Moor- 140, *434*
Birnbaum 212
Birne, Wild- *415*
Bisamhyazinthe, Gemeine 207, **208**, 213, 315
— Hellblaue 296, *429*
Bisamkraut 101, **105**, *377, 382, 393*
Bitterkraut 39, 300, *364, 368, 383*
Bitterling, Gewöhnlicher 189, **194**, *404*
Bittersüss 140, *383*

Register Artnamen 455

Blackstonia perfoliata 189, **194**, *404*
Blasenfarn, Gemeiner 137, 250
Blaugras 125, 164, 165, **166**, 169, 236, 238, 246, 253, 254, **256**, 266, 272, 274, *388, 396, 398, 412, 419, 421, 422, 426*
Blaustern, Herbst- 296, **307**, *434*
Blechnum spicant 137
Blumenbinse 330
Blutauge **326**, *435*
Bluthirse *401*
Blutströpfchen, Sommer- 181
Blysmus compressus 275
Bocksbart, Grosser 39
– Östlicher 215, *414*
Borstendolde, Gemeine *383*
Borstenhirse, Graugrüne 88, *401*
– Grüne *364, 401*
Borstgras 270, 344, **345**, 346, *439, 441*
Bothriochloa ischaemum 71, **81**, *373, 375*
Botrychium lunaria 270
Brachsenkraut, See- 350, **351**
– Stachelspöriges 350, 351
Brachypodium, pinnatum **197**, 199, 229, 295, *373, 375, 396, 405, 408, 412, 415, 417, 429, 431*
– *sylvaticum 378, 381, 384, 388, 394, 417*
Braunwurz, Hunds- 39, 273
– Jurassische 272, **273**, 274
– Knotige *378, 380, 383*
Breitkölbchen, Grünliches 195, *403, 407, 414*
– Weisses 195, *411, 413*
Brennessel, Grosse 23, 39, 45, 57, 90, 300, *364, 378, 380, 383*
Briza media 372, 374, 398, 405, 408, 412, 415, 426, 429, 431, 434, 441
Brombeere 218, *363, 377, 379, 381, 385, 387, 389, 390, 392, 393, 402, 406, 416, 418, 434*
– Filzige 284
– Hechtblaue 45, *378*
Bromus, erectus s.str. 71, 81, 189, **193**, 199, 201, 290, 295, 306, *372, 374, 396, 398, 405, 408, 409, 412, 415, 417, 429, 431, 434*
– *hordeaceus 369*
– *sterilis* 38, *364, 369, 378, 381, 384*
– *tectorum* 37, *369*
Bruchkraut, Behaartes *367*
– Kahles 31, 32, *366, 368*
Brunelle, Gemeine 194, 278, *383, 403, 409, 411, 440*
– Grossblütige 189, **194**, 199, *372, 398, 404, 407, 411, 414, 430, 433*
– Weisse 290, **291**, *428*
Brustwurz, Wilde *391, 417*
Bryonia dioica 26, *365*
Bryum argenteum 32
Buche 15, 16, 17, 18, 100, 105, 107, 110, 112, 113, 114, 117, 118, 123, 125, 128, 129, 132, 134, 135, 142, 144, 145, 146, 150, 154, 156, 158, 170, 232, 234, 236, 242, 243, 246, 253, 254, 255, 260, 261, 262, 264, 269, 278, 320, 334, 346, *376, 385, 386, 387, 388, 390, 391, 393, 395, 415, 421, 422*
Buchenfarn 137

Buchs 236, 238, **240**, *418*
Buglossoides purpurocaerulea 108, 126, **295**, 296, *430*
Bunium bulbocastanum 181
Buphthalmum salicifolium 222, **225**, 230, *411, 414*
Bupleurum falcatum s.str. 161, **163**, 198, 232, 308, *398, 404, 408, 412, 415, 417, 419, 430, 433*
Buxus sempervirens 236, 238, **240**, *418*

C

Calamagrostis, arundinacea 338, *437*
– *canescens* 65, *370*
– *epigeios* 370
Calamintha, menthifolia 108, 189, *404, 408, 429, 431*
– *nepeta aggr. 383*
Calendula arvensis 316
Callitriche obtusangla 55
Calluna vulgaris 17, 111, 132, 326, 344, 347, *389, 435, 440*
Caltha palustris 150, **151**, 262, 278, *369, 393, 423, 435, 437, 438*
Calystegia sepium 45, 57
Campanula, cochleariifolia 29, 250, 272, 274
– *glomerata* s.str. 189, *403, 425, 433*
– *persicifolia* **159**, 162, 238, 285, *396, 419*
– *rapunculus 428*
– *rhomboidalis* 277
– *rotundifolia* 255, *374, 396, 398, 404, 407, 412, 415, 417, 419, 421, 422, 425, 428, 433, 440*
– *scheuchzeri* 266, *425, 440*
– *trachelium 383, 388, 419*
Capsella bursa-pastoris 32, *363, 366, 399*
Cardamine, heptaphylla 117, 118, **119**, 120, 241, 243, *386, 422*
– *hirsuta* 45, *379, 399, 408*
– *pratensis 426*
– *pratensis aggr. 438, 439*
Cardaminopsis arenosa ssp. *borbasii* 147, *392*
Carduus defloratus s.str. 165, **166**, 167, 246, 275, *397, 420*
Carex, acutiformis 57, 58, 61, 65, 370
– *alba* **122**, 125, 159, 199, 238, 255, *388, 396, 419, 422*
– *bohemica* 184
– *brachystachys* 250
– *brizoides* 16, 128, 134, 135, **136**, *391*
– *canescens 435*
– *caryophyllea 372, 374, 405, 408, 412, 415, 426, 431, 434*
– *davalliana* 275, 342
– *digitata 387, 389, 392, 396, 419*
– *echinata 435, 438*
– *elata* 61, 64, 65, **67**, 75, 76, *370*
– *elongata* 140, **141**
– *flacca 388, 396, 405, 408, 412, 415, 417, 420, 426, 431*
– *flava 370*
– *flava aggr. 435, 439, 441*
– *frigida 439*
– *fritschii* 108
– *halleriana* 238, *420*
– *humilis* 160, 165, **166**, 246, 306, *396, 398, 421, 434*
– *limosa* 330
– *montana 388, 412, 415, 417*

– *muricata aggr.* 364
– *nigra* 322, **435**, *438*
– *ornithopoda* 420, *426*
– *pallescens* 441
– *panicea* 66, *370, 412, 415, 438*
– *pauciflora* 330
– *pilulifera* 132, *389, 441*
– *riparia* 57, **58**
– *rostrata* 140, 322, **435**, *439*
– *sempervirens* 266, **268**, *426*
– *sylvatica* *381, 386, 387, 391, 394*
– *umbrosa* 101, *384*
Carlina, acaulis s.l. 266, **268**, *412, 415, 426*
– *vulgaris* 88, *372, 374, 404, 407, 412, 433*
Carpinus betulus 15, 16, 98, 100, 103, 107, 142, 284, *375, 376, 378, 381, 385, 390, 391, 393*
Carum carvi 426
Caucalis platycarpos 181
Centaurea, cyanus 181
– *jacea s.l.* *374, 404, 408, 409, 414*
– *jacea ssp. angustifolia* 411
– *montana* 262, **263**, *424*
– *nemoralis* 108
– *scabiosa s.l.* 167, *372, 374, 398, 404, 412, 414, 433*
– *stoebe* 72, **73**, *368, 372, 433*
Centaurium, erythraea 195, *383, 407, 412, 428*
– *pulchellum* 183, *401*
Cephalanthera, damasonium 232, *417*
– *longifolia* **255**, *422*
– *rubra* **124**, 125, *388*
Cerastium, arvense s.str. *427, 429, 432*
– *brachypetalum s.l.* 307, 314, *431*
– *fontanum s.l.* 440
– *fontanum ssp. vulgare* *379, 402, 408, 426, 427*
– *glomeratum* 88, 179, *367, 373, 399*
– *glutinosum* 88, *373*
– *pumilum* 431
– *semidecandrum* 88, *366, 371, 431*
Chaenorrhinum minus *363, 380, 400*
Chaerophyllum, hirsutum 278
– *temulum* 26, *365*
Chelidonium majus 26, *365, 392*
Chenopodium, album 38, *364, 368, 400*
– *polyspermum* 45, 179, *400*
Chrysosplenium, alternifolium 150, **152**, *394*
– *oppositifolium* 150, 152, *394*
Cicerbita alpina 262, 338, **339**, *424, 437*
Cichorium intybus 39, 300, *368, 375, 410*
Circaea lutetiana 57, 101, *383, 391, 394*
Cirsium, acaule 189, **194**, 222, 266, *404, 412, 425*
– *arvense* 178, *380, 400*
– *oleraceum* 278, *380, 394*
– *palustre* 370
– *tuberosum* 61, 229, **230**, *415*
– *vulgare* *383, 404, 409*
Cladium mariscus 68

Clematis vitalba 90, *376, 377, 379, 381, 387, 416*
Clinopodium vulgare *383, 404, 408*
Coeloglossum viride 425
Colchicum autumnale 229, *409, 415*
Conium maculatum 300
Consolida regalis 181
Convallaria majalis **123**, 125, *382, 388*
Convolvulus arvensis 39, 178, **179**, *364, 368, 400*
Conyza canadensis 38, *364, 366, 368, 375, 383, 400*
Corallorhiza trifida 336
Cornus sanguinea 56, 218, 284, *376, 379, 387, 395, 397, 402, 396, 410, 413, 416, 418*
Coronilla, coronata 163, *396*
– *vaginalis* 167, 246, **247**, *420, 424*
Corydalis, cava 118, 150, **151**, 207, *377, 392, 393*
– *lutea* **28**, 29, *365*
– *solida* 26, 207, 213
Corylus avellana 56, 101, 243, *375, 376, 378, 381, 391, 393, 418, 434*
Cotoneaster, integerrimus 161, 238, *396, 418, 420*
– *tomentosus* 223, 232, *410, 416, 418, 420*
Crataegus, laevigata 101, 218, *377, 381, 391, 393, 395, 397, 402, 406*
– *monogyna aggr.* 85, 229, 284, *376, 379, 387, 395, 397, 402, 406, 412, 416, 418*
Crepis, aurea 269, **270**
– *biennis* 215, 277, *402*
– *capillaris* 88, *364, 368, 383, 400*
– *mollis* 277
– *paludosa* *423, 437, 438*
– *pulchra* 300
– *setosa* 39
Crocus albiflorus 277
Cuscuta epithymum *428, 433*
Cymbalaria muralis **29**, *365*
Cynodon dactylon 364
Cynosurus cristatus **201**, *405, 410, 426*
Cypripedium calceolus 227
Cystopteris fragilis 137, 250

D

Dactylis, glomerata 215, 277, *364, 369, 374, 378, 380, 384, 405, 408, 409, 426, 429, 431*
– *polygama* 101, *384*
Dactylorhiza, fistulosa 341, *438*
– *maculata* 229, 275, *414, 438, 439*
– *traunsteineri* **343**, *438*
Danthonia decumbens 441
Daphne, alpina 236, 246, 250, **251**, *420*
– *cneorum* 170
– *laureola* *386, 387, 395*
– *mezereum* *387, 416, 436*
Daucus carota 38, 300, *364, 368, 372, 374, 379, 404, 408, 409, 415, 433*
Deschampsia caespitosa *381, 384, 391, 437, 441*
Dianthus, carthusianorum s.str. *372, 428, 432*

Register Artnamen

- *gratianopolitanus* 170
- *superbus* 61, 108

Dictamnus albus 279, 282, 284, 286, **287**, 288, 289, 290, 308, 317, *428*

Digitalis lutea 407, *419*

Digitaria sanguinalis 401

Dinkel 174, 176

Diplotaxis tenuifolia 24, 39, *363, 368*

Diptam 279, 282, 284, 286, **287**, 288, 289, 290, 308, 317, *428*

Distel, Langstielige 165, **166**, 167, 246, 275, *397, 420*

Doppelsame, Schmalblättriger 24, 39, *363, 368*

Dost 161, 189, 198, 262, 278, 300, *364, 374, 380, 398, 404, 408, 419, 428, 431*

Dotterblume 150, **151**, *369, 393, 423, 435, 437, 438*

Draba, aizoides 168, 250, *399, 424*
- *muralis* 367

Drahtschmiele 132, *389, 435, 436, 441*

Dreizack, Sumpf- *369*

Dreizahn *441*

Drosera rotundifolia 326, **327**, 329, *435*

Dryas octopetala 250, 256

Dryopteris, affinis 137
- *carthusiana* 137
- *dilatata* 137, *390, 391, 392*
- *dilatata/expansa* 335, *436*
- *filix-mas* 101, 137, 335, *378, 384, 386, 387, 390, 391, 393, 424, 436*

Dürrwurz *408, 431*

E

Echinochloa crus-galli 401

Echium vulgare **37**, 38, 72, *367, 372, 374, 403, 407, 432*

Efeu 29, 90, *365, 377, 379, 381, 385, 386, 387, 389, 390, 392, 393, 406, 413, 416, 418, 421*

Ehrenpreis, Ähriger 71, **72**, 290, 306, *372, 429, 433*
- Berg- *394*
- Dreiteiliger 316
- Efeublättriger 208, *399*
- Feld- 37, 88, *367, 371, 373, 403, 409, 432*
- Fremder *399*
- Frühblühender 316
- Gamander- 216, 278, *377, 379, 382, 403, 426*
- Gamanderartiger 199, 296, *375, 407, 430*
- Gebräuchlicher 101, 111, 132, *383, 389, 391, 396, 425, 428, 440*
- Persischer 179, 209, *363, 399, 402, 408*
- Quendelblättriger *400, 409*
- Scheerers *403*
- Steinquendelblättriger **182**, 183, *401*

Eibe 243, *365, 376, 417*

Eiche 98, 100, 107, 142, 156, 170, 236, 282, *402, 405, 420, 421*
- Flaum- 16, 18, 158, 237, 246, 284, *395, 417*
- Stiel- 42, 56, 100, 103, 232, 254, *276, 381, 415*
- Trauben- 15, 16, 17, 90, 100, 103, 125, 158, 237, 284, *381, 387, 388, 390, 395, 405, 410, 416, 417*

Eichenfarn 137

Einbeere 114, **115**, 118, *385, 390, 392, 394, 423*

Einkorn 176

Eisenhut, Blauer 262, 338
- Gelber 262, *423*

Eisenkraut 39, 300, *364, 368, 375, 380, 404*

Elatine sp. 184

Eleocharis, ovata 184
- *uniglumis* 370

Elsbeerbaum 100, 158, 232, 284, *381, 387, 389, 395, 416*

Emmer 176

Enzian, Clusius' 247, **248**, 256, 266, *420, 425*
- Deutscher 222, **226**, 232, *412, 415, 417, 426*
- Frühlings- 266, *424*
- Gefranster 226, *415*
- Gelber 266, **267**, *426, 440*
- Lungen- 61, 63, 68

Epilobium, angustifolium 338, *383, 437*
- *dodonaei* 39, **40**
- *hirsutum* 380
- *montanum* 383, *424*
- *obscurum* 383
- *palustre* 435

Epipactis, atrorubens 238, **240**, *411, 414, 419, 421, 422*
- *helleborine* 240, *419*
- *palustris* 61, 222, **225**, *411, 414*

Equisetum arvense 178, *401*

Eragrostis minor 32, *366*

Eranthis hyemalis 207

Erdbeere, Hügel- 286, 296, *427, 430*
- Wald- *382, 388, 396, 406, 413, 416, 418, 422, 427*

Erdkastanie 181

Erdrauch, Gebräuchlicher 208, 316

Erigeron, acer s.str. 433
- *annuus s.l.* **24**, *364, 368, 375, 383*

Erinus alpinus 170

Eriophorum, angustifolium 438
- *latifolium* 61
- *vaginatum 435, 438*

Erle, Grau- 45, 68, *378*
- Grün- 339
- Schwarz- 57, 68, 76, 100, 139, 140, *393*

Erodium, cicutarium 208, 316, *366, 371*

Erophila, praecox 88
- *verna aggr.* 37, 314, *366, 371, 373, 397, 431*

Erucastrum gallicum 84, 306, *367, 430, 433*

Eryngium campestre **84**, 306, *430, 433*

Erysimum, cheiranthoides 400
- *ochroleucum* 275

Esche 16, 17, 42, 56, 90, 98, 100, 103, 107, 118, 144, 149, 150, 158, 169, 238, 284, *375, 376, 378, 385, 386, 387, 389, 390, 391, 393, 395, 405, 412, 415, 417*

Euonymus europaea 56, 86, 284, *376, 377, 381, 385, 391, 393, 395*

Eupatorium cannabinum 370, 380, 384

Euphorbia, amygdaloides 101, 112, *382, 386, 387, 418*
- *cyparissias 371, 373, 379, 397, 402, 406, 427, 429, 431*
- *dulcis 382, 388, 390*

- *exigua* 400
- *helioscopia* 399
- *humifusa* 366
- *palustris* 61, 65, 68, *369*
- *seguieriana* **71**, 72, *371*
- *stricta* 383
- *verrucosa* 70, *371, 373, 411, 413*
Euphrasia, rostkoviana s.l. *411, 414*
- *salisburgensis* 426
- *stricta* 81, **82**, 88, *374, 433*

F

Fadenkraut, Gewöhnliches 296
Fagus sylvatica 15, 16, 17, 18, 100, 105, 107, 110, 112, 113, 114, 117, 118, 123, 125, 128, 129, 132, 134, 135, 142, 144, 145, 146, 150, 154, 156, 158, 170, 232, 234, 236, 242, 243, 246, 253, 254, 255, 260, 261, 262, 264, 269, 278, 320, 334, 346, *376, 385, 386, 387, 388, 390, 391, 393, 395, 415, 421, 422*
Falzblume 307, 310, *433*
Faserschirm **305**, *432*
Faulbaum 57, 140, 232, *369, 410, 413, 416, 418, 434*
Federgras 314, **315**
Federschwingel, Mäuse- 38, 39, *369*
- Trespen- *429*
Felsenkirsche 85, 161, 232, 238, *376, 395, 397, 402, 405, 416, 418*
Felsenmispel 161, **162**, 238, *395, 397, 418, 420*
Felsennelke, Sprossende 307, 314, *372, 433*
Ferkelkraut *403*
Festuca, altissima 262, *381, 392, 424*
- arundinacea s.l. *378, 381*
- gigantea *378, 381, 391*
- heterophylla 101, *384*
- ovina aggr. 290, 312, *372, 374, 396, 398, 405, 408, 412, 415, 426, 429, 434*
- pratensis s.l. *375, 405, 409*
- rubra aggr. 277, *375, 409, 426, 429, 439, 441*
Fettblatt, Gemeines 275, 341, **342**, *438*
Fichte 16, 17, 100, 116, 128, 129, 134, 138, 142, 231, 242, 243, 260, 262, 264, 269, 278, 320, 332, 334, 335, 344, 346, *388, 390, 392, 416, 421, 422, 434, 436*
Fichtenspargel, Behaarter 132, **133**, *389*
Fieberklee 322, **326**, *435*
Filago vulgaris 296
Filipendula, ulmaria 57, 68, 278, 289, *394*
- vulgaris 288, **289**, *428, 430*
Fingerhut, Gelber *407, 419*
Fingerkraut, Crantz' 266, *424*
- Erdbeer- 101, **102**, *365, 382*
- Felsen- 108, 286, *427*
- Frühlings- 70, 81, 306, *363, 371, 373, 397, 402, 406, 427, 429*
- Gänse- 44
- Gold- 347, *439*
- Graues 290, *428*
- Hohes *363, 367*
- Kriechendes 44, *370, 410*
- Norwegisches *367*

- Rötliches 70, *371*
- Sand- 290, **306**, 312, *427, 429, 431*
- Silber- *367, 428*
- Weisses 108, **285**
Fioringras *370*
Flockenblume, Berg- 262, **263**, *424*
- Gemeine *374, 404, 408, 409, 411, 414*
- Rheinische 72, **73**, *368, 372, 433*
- Schwarze 108
- Skabiosen- 167, *372, 374, 398, 404, 412, 414, 433*
Flohkraut, Grosses *370*
Flügelginster **198**, 199, *398, 403, 407, 428, 430, 440*
Föhre, Aufrechte Berg- 247, 264, 265, 269, 271, *424*
- Wald- 16, 100, 225, 228, 229, 231, 232, 236, 238, 244, 245, 246, 247, 254, 282, 284, 326, *390, 406, 410, 412, 416, 417, 420, 421, 434*
Fragaria, vesca 382, *388, 396, 406, 413, 416, 418, 422, 427*
- viridis 286, 296, *427, 430*
Frangula alnus 57, 140, 232, *369, 410, 413, 416, 418, 434*
Frauenmantel, Gemeiner 278, *426, 438*
- Lederblättriger *437*
- Verwachsener 266, **267**, *425*
- Weichhaariger *425, 439*
Frauenschuh 227
Fraxinus excelsior 56, 90, 100, 103, 118, 150, 158, 169, 238, 284, *375, 376, 378, 385, 386, 387, 389, 390, 391, 393, 395, 405, 412, 415, 417*
Froschlöffel, Gemeiner 65, *370*
Fuchsschwanz, Acker- 178, *401*
Fumana procumbens 305, **306**, *432*
Fumaria officinalis s.l. 208, 316

G

Gagea villosa **316**
Galeopsis tetrahit *378, 383, 389, 391, 401, 417, 424*
Galinsoga ciliata *400*
Galium, album *363, 368, 374, 380, 388, 396, 403, 407, 419, 422, 430, 433*
- anisophyllon 246, *421, 425*
- aparine 39, 45, 179, *367, 377, 383, 400*
- glaucum 296, *430, 432*
- odoratum **120**, 135, 243, *385, 386, 388, 390, 392, 423*
- palustre 65, *369, 435*
- pumilum *398, 407, 411, 425, 428, 439*
- saxatile 346, *439*
- sylvaticum *383*
- uliginosum *440*
- verum s.str. *372, 403, 407, 414, 428, 430, 432*
Gamander, Berg- **167**, 266, 318, *372, 398, 404, 407, 419, 421, 426, 433*
- Edel- 81, 159, 238, **239**, 292, 312, *372, 374, 396, 398, 404, 407, 411, 414, 419, 421, 428, 430, 433*
- Salbeiblättriger 101, 255, *383, 407, 422*
- Trauben- 88, 312, **313**
Gänsedistel, Acker- 178, *364, 368*
- Gemeine *380, 401*

Register Artnamen

- Rauhe *401*
Gänsefuss, Vielsamiger 45, 179, *400*
- Weisser 38, *364, 368, 400*
Gänsekresse, Alpen- **147**, *392*
- Bewimperte *424*
- Rauhhaarige 88, *371, 373, 397, 403, 406, 418, 425, 432*
- Turm- 29
Gauchheil, Acker- *364, 367, 400*
Geissbart 253, *389, 392, 437*
Geissblatt, Wald- 284
Geissfuss 90, 150, *377, 379, 382, 394*
Gelbstern, Acker- **316**
Genista, germanica 428
- *pilosa* 167, *397, 431*
- *sagittalis* **198**, 199, *398, 403, 407, 428, 430, 440*
- *tinctoria* 288, **291**, *403, 411, 414, 428*
Gentiana, ciliata 226, *415*
- *clusii* 247, **248**, 256, 266, *420, 425*
- *germanica* 222, **226**, 232, *412, 415, 417, 426*
- *lutea* 266, **267**, *426, 440*
- *pneumonanthe* 61, 63, 68
- *verna* 266, *424*
Geranium, columbinum 375, 407
- *dissectum 409*
- *molle 367*
- *pratense* 216
- *pusillum 367*
- *robertianum s.str.* 377, *379, 382, 385, 392, 394, 424*
- *rotundifolium* 208, *363, 367*
- *sanguineum* 163, 286, 300, **308**, *427, 432*
- *sylvaticum* 262, **277**, 278, *423, 427*
Germer, Weisser **263**, 267, *424, 427*
Gerste 172, 175, 176, 207
- Mäuse- 38, *369*
- Saat- **175**
- Zweizeilige 175
Getreidemiere 183
Geum, rivale 394, 423
- *urbanum* 23, 57, *363, 377, 379, 382*
Gilbweiderich, Gewöhnlicher 57, 60, 65, *370*
Ginster, Behaarter 167, *397, 431*
- Deutscher *428*
- Färber- 288, **291**, *403, 411, 414, 429*
Gipskraut, Acker- 183, *401*
Glanzgras, Rohr- 23, 35, 41, **44**, 46, 47, 48, 65, 94, *365, 370, 381*
Glatthafer 189, 213, 215, *364, 372, 381, 405*
Glechoma hederacea s.str. 57, *377, 379, 382, 394*
Globularia, cordifolia 246, *411, 419, 420, 425*
- *punctata* 70, 81, **82**, 165, 223, 305, *371, 373, 397, 402, 406, 410, 431*
Glockenblume, Knäuelblütige 189, *403, 425, 433*
- Nesselblättrige *383, 388, 419*
- Niedliche 29, 250, 272, 274
- Pfirsichblättrige **159**, 161, 238, 285, *396, 419*
- Rapunzel- *428*
- Rautenblättrige 277

- Rundblättrige 255, *374, 396, 398, 404, 407, 412, 415, 417, 419, 421, 422, 425, 428, 433, 440*
- Scheuchzers 266, *425, 440*
Gnaphalium, sylvaticum 383
- *uliginosum* 183, **184**, *401*
Golddistel 88, *372, 374, 404, 407, 412, 433*
Goldhafer 215, 277, *409*
Goldnessel, Berg- 90, 114, **116**, *377, 385, 386, 390, 390, 392, 394, 423*
Goldrute, Echte *384, 396, 417, 419, 422, 424, 440*
- Kanadische 22, 23, **24**, *364, 369*
- Spätblühende 44, 45, 57, 64, 68, 94, *370, 380, 383*
Goodyera repens 247, **248**, *421*
Graslilie, Ästige 71, 161, 198, 232, 238, *372, 398, 407, 411, 414, 417, 419, 421*
- Astlose 286, **288**
Graukresse 24, **37**, 38, 39, *300, 363, 368*
Gundelrebe, Gemeine 57, *377, 379, 382, 394*
Günsel, Genfer 189, **190**, *402, 427*
- Kriechender 190, 216, *382, 386, 390, 394, 402, 423, 439*
Gymnadenia, conopsea 222, **224**, 275, *411, 414*
- *odoratissima* 224, *411, 414*
Gymnocarpion, dryopteris 137
- *robertianum* 272
Gypsophila muralis 183, *401*

H

Haargerste *424*
Haarried, Alpen- *435*
- Rasen- 340, 341, *439*
Haarstrang, Elsässischer 288, **289**, 296, 300, *431*
Habichtskraut, Florentiner 223, *411*
- Hasenohrähnliches 250
- Lachenals *419*
- Langhaariges *371, 373, 403, 406, 425, 427, 430, 432, 440*
- Niedriges 168, 250, *399*
- Öhrchen- 270
- Savoyer *384*
- Stengelumfassendes 168, **169**, 241, 250, *399*
- Wald- *382, 388, 389, 396, 411, 413, 416, 419, 420, 422, 424, 440*
- Zottiges 266, *425*
Hafer 172, **175**, 176
Haferschmiele, Nelken- 292, *429, 434*
Haftdolde, Möhren- 181
Hagebuche 15, 16, 98, 100, 103, 107, 142, 284, *375, 376, 378, 381, 385, 390, 391, 393*
Hagrose, Alpen- 254, 262, *418, 420, 421, 423, 436*
Hahnenfuss, Acker- *400*
- Berg- 347, *440*
- Eisenhutblättriger 262, 338, *423, 437, 438*
- Gefälliger Gold- 102
- Gold- 101, **102**, *382, 385*
- Hain- *402, 411, 413, 417, 424, 426*
- Knolliger 189, 199, *371, 373, 402, 406, 425, 427, 430, 432*
- Kriechender 44, 209, *379, 401, 410*
- Platanenblättriger *437*

- Scharfer *409*
- Sphinx-Gold- 102
- Wolliger *423*
- Wurzelnder *437*
Hainsimse, Behaarte 101, 111, **131**, 132, *384, 389*
- Forsters 101, *384*
- Gemeine *405, 429, 439, 440*
- Sudeten- *439*
- Vielblütige *384, 426, 429, 441*
- Wald- 111, **130**, 132, 253, 255, *389, 422, 436, 437, 441*
- Weissliche 101, 111, **131**, 132, *384, 389, 439, 441*
Handwurz, Langspornige 222, 224, 275, *411, 414*
- Wohlriechende **224**, *411, 414*
Hartriegel 56, 218, 284, *376, 379, 387, 395, 397, 402, 410, 413, 416, 418*
Hasel 56, 101, 243, *375, 376, 378, 381, 391, 393, 418, 434*
Haselwurz *392, 393*
Hasenlattich *387, 388, 389, 422, 424, 436, 437*
Hasenohr, Sichelblättriges 161, **163**, 198, 232, 308, *398, 404, 408, 412, 415, 417, 419, 430, 433*
Hauhechel, Dornige *372*
- Kriechende 201, *374, 404, 407, 409, 414*
Heckenkirsche, Alpen- 254, *418, 420, 421, 423*
- Rote 229, *376, 377, 387, 391, 395, 397, 413, 416, 418*
- Schwarze 262, *423*
Hedera helix 29, 90, *365, 377, 379, 381, 385, 386, 387, 389, 390, 392, 393, 406, 413, 416, 418, 421*
Heidelbeere 128, 132, 253, 325, **328**, 332, 333, 335, 344, 347, *389, 422, 435, 436, 438, 439*
Heideröschen, Niederliegendes 305, **306**, *432*
Helianthemum, canum 267
- nummularium s.l. 70, 81, 165, 266, *371, 374, 398, 403, 407, 419, 425, 432*
- nummularium s.str. 292, *428, 430*
Helianthus tuberosus 94, *380*
Helictotrichon, pratense *431*
- pubescens 189, 277, *374, 405, 426, 434*
Heliotropium europaeum 316
Helleborus foetidus **124**, 125, *377, 386, 387, 395, 406, 418, 421*
Heracleum, sphondylium s.l. 278, *437*
- sphondylium s.str. 215, *378, 380, 423*
- sphondylium ssp. alpinum *423*
Herbstzeitlose 229, *409, 415*
Herniaria, glabra 31, 32, *366, 368*
- hirsuta *367*
Herzblatt 222, **226**, 230,*412, 415, 438*
Hexenkraut, Gemeines 57, 101, *383, 391, 394*
Hieracium, amplexicaule 168, **169**, 241, 250, *399*
- bupleuroides 250
- humile 168, 250, *399*
- lachenalii *419*
- lactucella 270
- murorum *382, 388, 389, 396, 411, 413, 416, 419, 420, 422, 424, 440*
- pilosella *371, 373, 403, 406, 425, 427, 430, 432, 440*
- piloselloides 223, *411*

- sabaudum aggr. *384*
- villosum 266, *425*
Himantoglossum hircinum **308**
Himbeere 262, *423, 436*
Hippocrepis, comosa 81, 165, **166**, 238, *371, 373, 397, 403, 406, 411, 414, 419, 420, 425, 427, 430, 432*
- emerus 238, **239**, 254, *395, 396, 418, 420, 421*
Hippophaë rhamnoides **74**, 86
Hirschheil 238, *419*
Hirschwurz 161, 198, 308, *398, 408, 412, 415, 417*
Hirschzunge 137, 144, 145, **147**, 252, *378, 392*
Hirse 176
Hirtentäschchen, Gemeines 32, *363, 366, 399*
Hohlzahn, Gemeiner *378, 383, 389, 391, 401, 417, 424*
Hohlzunge *425*
Holcus lanatus *405, 409*
Holosteum umbellatum 316
Holunder, Schwarzer *377, 379, 390, 391, 393, 410, 413*
Holzapfel *405*
Homogyne alpina 270
Honiggras, Molliges *405, 409*
Honigklee, Gebräuchlicher 24, **38**, 300, *364, 368*
- Weisser 38, *364, 368, 375, 380*
Hopfen *380*
Hopfenklee 88, *363, 367, 373, 379, 402, 406, 409*
Hordelymus europaeus *424*
Hordeum, distichon 175
- murinum s.str. 38, *369*
- vulgare 172, **175**, 176, 207
Hornklee 199, *371, 373, 402, 406, 408, 411, 413, 425, 427, 430, 432*
Hornkraut, Acker- *427, 429, 432*
- Blasses 88, *373*
- Gemeines *379, 402, 408, 426, 427*
- Gewöhnliches *440*
- Kleinblütiges 307, 314, *431*
- Knäuelblütiges 88, 179, *367, 373, 399*
- Niedriges *431*
- Sand- 88, *366, 371, 431*
Hornungia petraea 307, 310, 314, *431*
Hufeisenklee 81, 165, **166**, 238, *371, 373, 397, 403, 406, 411, 414, 419, 420, 425, 427, 430, 432*
Huflattich *366, 379*
Hühnerdarm 179, 208, *399, 408*
Hühnerhirse *401*
Humulus lupulus *380*
Hundszahngras *364*
Hungerblümchen, Frühblühendes 88
- Frühlings- 37, 312, *366, 371, 373, 397, 431*
- Immergrünes 168, 250, *399, 424*
- Mauer- *367*
Huperzia selago 335, *436*
Hypericum, hirsutum *383*
- humifusum 183, **184**, *366, 401*
- maculatum s.str. *437*
- montanum 159, 238, **239**, *396, 419*
- perforatum s.str. 300, *364, 368, 372, 375, 380, 383, 398, 404,*

Register Artnamen

407, 428, 433
– *pulchrum* 132, 140, *389*
Hypochoeris radicata 403

I

Iberis saxatilis 251
Igelkolben, Schmalblättriger 350
Ilex aquifolium 232, 243, *385, 386, 387, 389, 390, 395, 416, 421*
Immenblatt **124**, 125, 159, 199, 299, *388, 396, 406, 413, 416, 419, 422*
Immergrün, Kleines 241
Impatiens, glandulifera 45, 94, *380*
– *noli-tangere* 135, **136**, *391*
– *parviflora* 90, *377, 391, 394*
Inula conyza 408, 431
Iris, pseudacorus 61, 65, *369*
– *sibirica* **66**, *369*
Isatis tinctoria 300, **301**, *367*
Isoëtes, echinospora 350, **351**
– *lacustris* 350, 351
Isolepis setacea 183

J

Johannisbeere, Alpen- 262, *423*
Johanniskraut, Behaartes *383*
– Berg- 159, 238, **239**, *396, 419*
– Geflecktes *437*
– Gemeines 300, *364, 368, 372, 375, 383, 398, 404, 407, 428, 433*
– Niederliegendes 183, **184**, *366, 401*
– Schönes 132, 140, *389*
Juglans regia 213, *376, 415*
Juncus, articulatus 61, *370*
– *bufonius* 183, *366, 401*
– *bulbosus* 435
– *capitatus* 183
– *effusus 384, 439*
– *filiformis 439*
– *subnodulosus* 61, 66, *370*
Juniperus communis s.str. *410, 412*

K

Kamille, Echte 172, **179**, *400*
– Strahlenlose *366, 367*
Kammgras, Gemeines **201**, *405, 410, 426*
Kammschmiele, Gemeine *405, 408, 412, 415*
– Grossblütige 71, 290, 306, *373, 375, 398, 429, 431, 434*
– Walliser 310, 314
Katzenpfötchen, Gemeines 266, *424, 439*
Kentranthus angustifolius 272, **273**, 275
Kerbel, Berg- 278
– Glänzender 262, *394, 423*
– Taumel- 26, *365*
– Wiesen- *382*
Kernera saxatilis **240**, 241, 250
Kickxia, elatine 400
– *spuria 400*

Kiefer, Moor- 326, *434*
Kirsche 15, 16, 85, 98, 100, 103, 212, 213, *375, 376, 381, 385, 386, 387, 389, 390, 395, 415*
Klappertopf, Kleiner *403, 440*
– Schmalblättriger *411, 414*
– Zottiger 189, 215, **216**, *403*
Klee, Berg- 189, **192**, *371, 403, 411, 414, 430, 432*
– Gelber Acker- 37, 88, *367, 371, 373, 403, 409, 428, 432*
– Gelblicher *396, 404*
– Gestreifter 292, *428*
– Hasen- 181
– Hügel- 108, 286, *428*
– Kriechender **200**, 201, *363, 366, 374, 379, 403, 409, 427, 440*
– Mittlerer 199, *407, 414*
– Purpur- **288**
– Rauher **87**, 88, 307, *432*
– Rot- *374, 379, 403, 406, 409, 414, 425, 437, 440*
Kleefarn 184
Kleinling 183, *401*
Klette, Grosse *364*
Klettenkerbel, Acker- 300
Knabenkraut, Breitblättriges 341, *438*
– Geflecktes 229, 275, *414, 438, 439*
– Traunsteiners *343, 438*
Knäuel, Einjähriger 181
Knäuelgras, Aschersons 101, *384*
– Gemeines 215, 277, *364, 369, 374, 378, 380, 384, 405, 408, 409, 426, 429, 431*
Knautia, arvensis 371, 373, 403, 406, 409, 411, 414, 432
– *dipsacifolia 394, 422, 424, 437*
Knoblauchhederich 26, 39, *365, 377, 379, 382*
Knopfkraut, Bewimpertes *400*
Knotenfuss *436*
Knöterich, Ampferblättriger 94, *380, 400*
– Milder *365, 400*
– Pfirsichblättriger *400, 410*
– Schlangen- 277, *436, 437, 438, 439*
– Vogel- 32, *363, 366, 367, 400*
– Wasserpfeffer- *400*
Koeleria, macrantha 71, 290, 306, *373, 375, 398, 429, 431, 434*
– *pyramidata* aggr. *405, 408, 412, 415*
– *vallesiana* 310, 314
Kohldistel 278, *380, 394*
Königskerze, Dunkle *368, 374, 380*
– Grossblütige *364, 368*
– Lampen- *368*
Korallenwurz 336
Kornblume 181
Kornrade 178
Kratzdistel, Knollige 61, 229, **230**, *415*
– Lanzettblättrige *383, 404, 409*
– Stengellose 189, 194, 222, 266, *404, 412, 425*
– Sumpf- *370*
Kresse, Feld- *367, 371, 375*
– Schutt- *366*
– Virginische *367*

462 Register Artnamen

Kreuzblume, Bittere *402, 406, 410, 413*
- Gemeine *414, 427, 439*
- Kalk- 296
- Quendelblättrige *440*
- Schopfige *406, 411*
- Voralpen- 267

Kreuzdorn, Alpen- 161, 238, 244, 246, **248**, 254, *395, 397, 418, 420*
- Gemeiner 86, 161, 229, 284, 314, *376, 377, 395, 397, 413, 418*

Kreuzkraut, Busch- 262, 338, 339, *424, 437*
- Gemeines *382, 399*
- Fuchs- 262, **339**, *424, 437*
- Jakobs- *374, 404*
- Raukenblättriges *375, 384, 404, 414, 417*
- Sumpf- 65, **67**, 68, *370*
- Wald- *383*

Krokus, Frühlings- 277
Kronwicke, Berg- 163, *396*
- Bunte 288, 300, 308, **309**, *368, 375, 404, 428, 430*
- Scheiden- 167, 246, **247**, *420, 424*

Küchenschelle, Gewöhnliche 54, 69, 70, **72**, 305, *371, 431*
Kugelblume, Gemeine 70, 81, **82**, 165, 223, 305, *371, 373, 397, 402, 406, 410, 431*
- Herzblättrige 246, *411, 419, 420, 425*

Kugelorchis 275
Kugelschötchen **240**, 241, 250
Kulturrebe 207
Kümmel *426*

L

Labkraut, Gelbes *372, 403, 407, 414, 428, 430, 432*
- Herzynisches 346, *439*
- Kletten- 39, 45, 179, *367, 377, 383, 400*
- Moor- *440*
- Niedriges *398, 407, 411, 425, 428, 439*
- Sumpf- 65, 369, 435
- Ungleichblättriges 246, *421, 425*
- Wald- *383*
- Weisses *363, 368, 374, 380, 388, 396, 403, 407, 419, 422, 430, 433*

Lactuca serriola 24, **38**, 300, *364, 368*
Lamium, album 300
- *galeobdolon ssp. montanum* 90, 114, **116**, *377, 385, 386, 390, 392, 394, 423*
- *maculatum* 39, 90, **91**, 150, *365, 377, 379, 393*
- *purpureum* 179, 209, *399*

Lämmerlattich 181
Lapsana communis 379, 383, 400
Lärche 100
Larix decidua 100
Laserkraut, Berg- 167
- Breitblättriges 238, *419, 421, 422, 426*

Laserpitium, latifolium 238, *419, 421, 422, 426*
- *siler* 167

Lathraea squamaria **144**
Lathyrus, aphaca 300
- *hirsutus* 300

- *linifolius* 101, 111, 132, *382, 389*
- *niger* 108
- *nissolia* 181
- *pratensis 403, 409*
- *tuberosus* 300, **301**
- *vernus s.str.* 112, *386, 388*

Lattich, Wilder 24, 38, 300, *364, 368*
Lauch, Gekielter **87**, *372*
- Gemüse- *407*
- Kugeliger 316
- Kugelköpfiger 312, *433*
- Schlangen- 23, 24, *363*
- Weinberg- 207

Leberbalsam 170
Legousia speculum-veneris 181
Leimkraut, Gemeines *363, 367, 372, 374, 380, 368, 404, 419, 425, 430*
- Nickendes *371, 398, 427, 432*

Lein, Feinblättriger 223, 305, **307**, *411, 433*
- Purgier- 88, *374, 398, 403, 406, 411, 414, 419, 425, 427, 430, 432*

Leinkraut, Alpen- 273
- Eiblättriges *400*
- Gemeines *368*
- Kleines *363, 380, 400*
- Pfeilblättriges *400*
- Stein- 272, **273**, 274

Lemna, minor 55, 140
- *trisulca* 55

Leontodon, autumnalis 201, *409, 440*
- *helveticus* 344, 346, 347, **348**, *438, 440*
- *hispidus s.l.* 278, *404, 411, 414, 425, 432, 404*

Lepidium, campestre 367, 371, 375
- *ruderale 366*
- *virginicum 367*

Lerchensporn, Festknolliger 26, 207, 213
- Gelber **28**, 29, *365*
- Hohlknolliger 118, 150, **151**, 207, *377, 392, 393*

Leucanthemum, adustum 398, 421
- *vulgare aggr.* 215, 278, *403, 425, 437, 440*

Leucojum vernum 147, **148**, 150, *392, 393*
Liebesgras, Kleines 32, *366*
Liebstock, Alpen- 347, *438, 439*
Lieschgras, Glanz- 290, *429, 434*
- Wiesen- 277

Liguster 86, 218, 238, 284, *376, 377, 385, 387, 395, 397, 402, 410, 413, 416, 418*
Ligusticum mutellina 347, *438, 439*
Ligustrum vulgare 86, 218, 238, 284, *376, 377, 385, 387, 395, 397, 402, 410, 413, 416, 418*

Lilium martagon 262, *424, 440*
Linaria, alpina ssp. alpina 273
- *alpina ssp. petraea* 272, **273**, 274
- *vulgaris 368*

Linde, Sommer- 17, 146, 154, 156, 238, 241, *385, 386, 391, 395, 418*

Register Artnamen 463

- Winter- 100, 103, 284, *381, 385, 389*
Linum, catharticum 88, *374, 398, 403, 406, 411, 414, 419, 425,*
427, 430, 432
- tenuifolium 223, 305, **307**, *411, 433*
Listera, cordata **334**, 335, *436*
- ovata 229, *413, 416*
Littorella uniflora 350
Lolium perenne 201, 215, *375, 381, 405, 410*
Lonicera, alpigena 254, *418, 420, 421, 423*
- nigra 262, *423*
- periclymenum 284
- xylosteum 229, *376, 377, 387, 391, 395, 397, 413, 416, 418*
Lotus corniculatus aggr. 199, *371, 373, 402, 406, 408, 411, 413,*
425, 427, 430, 432
Löwenzahn, Gemeiner 278, *404, 411, 414, 425, 432*
- Herbst- 201, *409, 440*
- Schweizerischer 344, 346, 347, 348, *438, 440*
Lunaria rediviva 148
Lungenkraut, Berg- 285
- Dunkelgrünes 101, 112, *377, 382, 385, 386, 392*
Luzerne 24, 25, *364, 368, 375*
- Gelbe 72, *368, 372, 433*
Luzula, campestris *405, 429, 439, 440*
- forsteri 101, *384*
- luzuloides 101, 111, **131**, 132, *384, 389, 439, 441*
- multiflora *384, 426, 429, 441*
- pilosa 101, 111, **131**, 132, *384, 389*
- sudetica *439*
- sylvatica 111, **130**, 132, 253, 255, *389, 422, 436, 437, 441*
Lycopus europaeus *370*
Lysimachia, nemorum 135, **136**, *390, 423*
- vulgaris 57, 60, 65, *370*
Lysimachie, Wald- 135, **136**, *390, 423*
Lythrum, hyssopifolia 183, *401*
- portula 183
- salicaria 57, *370, 380*

M

Maianthemum bifolium 132, 140, *389, 390*
Maiglöckchen **123**, 125, *382, 388*
Mais 172, 174, 176
Malus, domestica 212
- sylvestris *405*
Malva, alcea 300
- neglecta 300
- sylvestris 300
Malve, Kleine 300
- Wilde 300
Mannsschild, Acker- 316
- Milchweisser 251, 266, **268**, *425*
Mannstreu, Feld- **84**, 305, *430, 433*
Margerite, Berg- *398, 421*
- Gemeine 215, 278, *403, 425, 437, 440*
- Straussblütige 163, 308, 309
Marsilea quadrifolia 184
Märzenglöckchen 147, **148**, 150, *392, 393*

Massliebchen 216, *366, 402, 408, 413*
Mastkraut, Alpen- 270
- Kronblattloses 183
- Niederliegendes **31**, 32, 183, *366, 401*
Matricaria, discoidea *366, 367*
- recutita 172, **179**, *400*
Mauerlattich *365, 383, 386, 388, 392*
Mauerpfeffer, Felsen- 312
- Milder 312, *407, 433*
- Scharfer *368*
- Weisser 168, **169**, 312, *368, 398, 399, 426*
Mäuseschwanz 183
Medicago, falcata 72, *368, 372, 433*
- lupulina 88, *363, 367, 373, 379, 402, 406, 409*
- minima 88, 307, *367, 373, 432*
- sativa 24, **25**, *364, 368, 375*
Mehlbeerbaum 125, 156, 158, 232, 237, 244, 246, 254, 269, *387,*
395, 406, 410, 413, 416, 418, 420, 421
- Mougeots 256, 269
Melampyrum, arvense 181, 300, **301**
- cristatum 163
- pratense 101, 111, 132, **133**, *383, 389, 436, 440*
- sylvaticum *440*
Melde, Gemeine *400*
Melica, ciliata 167, 312, **313**, *399*
- nutans 101, *384, 388, 396*
Melilotus, albus 38, *364, 368, 375, 380*
- officinalis 24, **38**, 300, *364, 368*
Melittis melissophyllum **124**, 125, 159, 199, 229, *388, 396, 406,*
413, 416, 419, 422
Mentha, aquatica 65, *370, 380*
- longifolia **93**, 94, *380*
Menyanthes trifoliata 322, **326**, *435*
Mercurialis, annua 208, 209
- perennis 118, **119**, 243, *386, 387, 392, 396, 416, 418, 420,*
422, 423
Meum athamanticum 344, 346, **348**, *437, 439*
Micropus erectus 307, 310, *433*
Miere, Büschelige 307, *433*
- Zarte 314
Milchlattich, Alpen- 262, 338, **339**, *424, 437*
Milchstern, Doldiger 26, 207, 209, **210**, 213, 316
- Nickender 207
- Pyrenäen- 105
Milium effusum *384, 386*
Milzkraut, Gegenblättriges 150, 152, *394*
- Wechselblättriges 150, **152**, *394*
Minuartia, hybrida 314
- rubra 307, *433*
Minze, Ross- **93**, 94, *380*
- Wasser- 65, 93, *370, 380*
Moehringia, muscosa 147, **148**, 250, *392*
- trinervia *377, 382, 390, 392*
Mohn, Klatsch- 172, 179, **180**, *400*
Möhre 38, 300, *364, 368, 372, 374, 379, 404, 408, 409, 415, 433*
Molinia, arundinacea 59, 61, **62**, 66, 222, 228, 229, 230, 232,

370, 412, 415, 417
- *caerulea* 63, 322, *435*
Mondraute, Gemeine 270
Mondviole, Wilde 148
Moneses uniflora 336
Monotropa hypopitys 132, **133**, *389*
Montia fontana ssp. chondrosperma 183
Moorbeere, Echte 325, **328**, *435*
Moorenzian 17, 332, 341, **342**, *438*
Moorried 183
Moosauge 336
Moosbeere, Gemeine 325, **328**, 329, *435*
Moosfarn, Dorniger 270, *439*
Moosorchis 247, **248**, *421*
Muscari, botryoides 296, *429*
- *racemosum* 207, **208**, 213, 315
Mycelis muralis 365, *383, 386, 388, 392*
Myosotis, arvensis 179, *367, 382, 399, 402*
- *discolor* 181
- *ramosissima* 367, *427*
Myosoton aquaticum 45, **93**, 94, *378, 379*
Myosurus minimus 183
Myricaria germanica 48
Myriophyllum alternifolium 350

N

Nabelmiere, Dreinervige 377, *382, 390, 392*
- Moos- 147, **148**, 250, *392*
Nachtkerze, Gemeine 38, *364, 367*
Nachtschatten, Schwarzer 45
Nagelkraut 31, 32, *366*
Nardus stricta 270, 344, **345**, 346, *439, 441*
Natterkopf **37**, 38, 72, *367, 372, 374, 403, 407, 432*
Nelke, Grenobler 170
- Kartäuser- *372, 428, 432*
- Pracht- 61, 108
Nelkenwurz, Bach- *394, 423*
- Gemeine 23, 57, *363, 377, 379, 382*
Neottia nidus-avis 388, *422*
Nestwurz 388, *422*
Nieswurz, Stinkende **124**, 125, *377, 386, 387, 395, 406, 418, 421*
Nuphar pumila 350
Nussbaum 213, *376, 415*

O

Odermennig, Gemeiner 375, *404, 430*
Oenanthe lachenalii 61, 63, **66**, 68, *370*
Oenothera biennis aggr. 38, *364, 367*
Ononis, repens 201, *374, 404, 407, 409, 414*
- *spinosa s.str.* 372
Ophrys, apifera s.l. **234**, *404, 407, 414*
- *araneola* 222, **223**, *410*
- *holosericea s.str.* 71, 81, **83**, *234, 403*
- *holosericea ssp. elatior* 71
- *insectifera* 222, **223**, *411, 413*
- *sphegodes* 71

Orchis, Affen- **294**, 295, 296, *430*
- Braunrote **295**, 296, *430*
- Helm- 71, 81, **83**, 195, 294, *373, 411, 413*
- Kleine 70, 189, **190**, *371, 402, 432*
- Schwärzliche 71, 195, *414*
- Stattliche 195, *396, 406, 424*
Orchis, mascula 195, *396, 406, 424*
- *militaris* 71, 81, **83**, 195, 294, *373, 411, 413*
- *morio* 70, 189, **190**, *371, 402, 432*
- *purpurea* **295**, 296, *430*
- *simia* **294**, 295, 296, *430*
- *ustulata* 71, 195, *414*
Oreopteris limbosperma 137
Origanum vulgare 161, 189, 198, 300, *364, 374, 380, 398, 404, 408, 419, 428, 431*
Ornithogalum, nutans 207
- *pyrenaicum* 105
- *umbellatum* 26, 207, 209, **210**, 213, 316
Orobanche, alba 425
- *amethystea* 305, *433*
- *lutea* 432
- *teucrii* *398, 407, 421, 433*
Osterluzei 300, **302**
Oxalis, acetosella 132, **133**, 140, *385, 389, 390, 392, 394, 423, 436*
- *fontana* 179, *363, 400*

P

Papaver rhoeas 172, 179, **180**, *400*
Pappel, Hybrid- 56
- Schwarz- 43, 45, 48, 74, 94, *378, 393*
Paris quadrifolia 114, **115**, *385, 390, 392, 394, 423*
Parnassia palustris 222, **226**, 230, *412, 415, 438*
Pechnelke, Gewöhnliche 290, *428*
Perlgras, Bewimpertes 167, 312, **313**, *399*
- Nickendes 101, *384, 388, 396*
Pestwurz, Gemeine **93**, 94, *379, 436*
Petasites hybridus **93**, 94, *379, 436*
Petrorhagia prolifera 307, 314, *372, 433*
Peucedanum, alsaticum 288, **289**, 296, 300, *431*
- *cervaria* 161, 198, 308, *398, 408, 412, 415, 417*
Pfaffenhütchen 56, 86, 284, *376, 377, 381, 385, 391, 393, 395*
Pfaffenröhrlein 200, 213, 215, *363, 366, 367, 369, 375, 379, 382, 403, 409, 413, 416, 423*
- Glattes *371, 373, 397, 427, 432*
Pfeifengras, Blaues 63, *322, 435*
- Strand- 59, 61, **62**, 66, 222, 228, 229, 230, 232, *370, 412, 415, 417*
Pfirsichbaum 211, 213
Pflaumenbaum 213
Phalaris arundinacea 23, 35, 41, **44**, 46, 47, 48, 65, 94, *365, 370, 381*
Phegopteris connectilis 137
Phleum, phleoides 290, *429, 434*
- *pratense* 277
Phragmites australis 44, 55, 59, 60, 61, 63, 64, 65, 67, 74, 75, 76, *365, 370*

Register Artnamen 465

Phyllitis scolopendrium 137, 144, 145, **147**, 252, *378, 392*
Phyteuma, nigrum **106**, 108
- *orbiculare* 425
- *spicatum* 278, *382, 386, 388, 389, 392, 394, 419, 422, 423, 437, 440*
Picea abies 16, 17, 100, 116, 128, 129, 134, 138, 142, 231, 242, 243, 260, 262, 264, 269, 278, 320, 332, 334, **335**, 344, 346, *388, 390, 392, 416, 421, 422, 434, 436*
Picris hieracioides 39, 300, *364, 368, 383*
Pimpinella saxifraga 372, 374, *404, 408, 412, 415, 417, 426, 428, 433*
Pinguicula vulgaris 275, 341, **342**, *438*
Pinus, mugo ssp. uncinata 247, 269, *424*
- *mugo ssp. uncinata var. rotundata* 326, *434*
- *sylvestris* 16, 100, 225, 228, 229, 231, 232, 236, 238, 244, 245, 246, 247, 254, 282, 284, 326, *390, 406, 410, 412, 416, 417, 420, 421, 434*
Pippau, Borstiger 39
- Gold- 269, *270*
- Kleinköpfiger 88, *364, 368, 383, 400*
- Schöner 300
- Sumpf- *423, 437, 438*
- Weicher 277
- Wiesen- 215, 277, *402*
Plantago, lanceolata 363, 371, 374, *402, 406, 408, 413, 417, 425, 432*
- *major s.l.* 32, 201, *409, 414, 364, 366, 368*
- *major s.str.* 379
- *media* 201, 202, *402, 408, 411, 414, 425, 430, 432*
Platane 56
Platanthera, bifolia 195, *411, 413*
- *chlorantha* 195, *403, 407, 414*
Platanus orientalis 56
Platterbse, Behaartfrüchtige 300
- Berg- 101, 111, 132, *382, 389*
- Dunkle 108
- Erdnuss- 300, **301**
- Frühlings- 112, *386, 388*
- Gras- 181
- Ranken- 300
- Wiesen- *403, 409*
Poa, alpina 266, *426*
- *angustifolia* 434
- *annua* 32, *366, 369, 380, 384, 401, 410*
- *bulbosa* 372, *434*
- *cenisia* 275
- *chaixii* 101, **104**, 346, *384, 441*
- *compressa* 364, *369, 399*
- *nemoralis* 378, *381, 384*
- *pratensis aggr.* 373, 375, *380, 398, 405, 409, 431*
- *pratensis s.str.* 364
- *supina* 441
- *trivialis s.str.* 370, *378, 381, 384, 386, 401, 405, 409, 429*
Polycarpon tetraphyllum 31, 32, *366*
Polygala, alpestris 267
- *amarella* 402, *406, 410, 413*
- *calcarea* 296
- *comosa* 406, *411*
- *serpyllifolia* 440
- *vulgaris s.str.* 414, *427, 439*
Polygonatum, multiflorum 118, 229, *377, 382, 385, 386, 388, 390, 392, 394, 413, 417*
- *odoratum* 159, 162, 286, *396, 406, 413, 419, 420, 427, 430*
- *verticillatum* 423, *437*
Polygonum, aviculare aggr. 32, *363, 366, 367, 400*
- *bistorta* **277**, *436, 437, 438, 439*
- *hydropiper* 45, *400*
- *lapathifolium s.str.* 94, *380, 400*
- *mite* 365, *400*
- *persicaria* 400, *410*
Polypodium, interjectum 393
- *vulgare* 137
Polystichum, aculeatum 137, *392*
- *setiferum* 137
Populus, nigra s.str. 43, 45, 48, 74, 94, *378, 393*
- *x canadensis* 56
Portulaca oleracea s.str. 366, *400*
Portulak *366, 400*
Potentilla, alba 108, **285**
- *anserina* 44
- *arenaria* 290, **306**, 312, *427, 429, 431*
- *argentea* 367, *428*
- *aurea* 347, *439*
- *crantzii* 266, *424*
- *erecta* 403, *411, 413, 427, 435, 436, 437, 438, 439*
- *heptaphylla* 70, *371*
- *inclinata* 290, *428*
- *neumanniana* 70, 81, 306, *363, 371, 373, 397, 402, 406, 427, 429*
- *norvegica* 367
- *palustris* **326**, *435*
- *recta* 363, *367*
- *reptans* 44, *370, 410*
- *rupestris* 108, 286, *427*
- *sterilis* 101, **102**, *365, 382*
Preiselbeere 325, **328**, *435, 436, 440*
Prenanthes purpurea 387, *388, 389, 422, 424, 436, 437*
Primula, auricula 170, 236, 250, **252**, 256
- *elatior s.str.* 101, 114, *382, 385, 393, 423*
- *veris s.l.* 159, *396, 427, 429*
- *veris s.str.* 189, *402, 406, 413*
Prunella, grandiflora 189, **194**, 199, *372, 398, 404, 407, 411, 414, 430, 433*
- *laciniata* 290, **291**, *428*
- *vulgaris* 194, 278, *383, 403, 409, 411, 440*
Prunus, avium 15, 16, 85, 98, 100, 103, 212, 213, *375, 376, 381, 385, 386, 387, 389, 390, 395, 415*
- *domestica* 213
- *insititia* 213
- *mahaleb* 85, 161, 232, 238, *376, 395, 397, 402, 405, 416, 418*
- *padus s.str.* 16, 56, **57**, 100
- *padus ssp. petraea* 57

- *persica* 211, 213
- *spinosa* 85, 202, 218, 232, 284, *375, 387, 395, 396, 401, 405, 416*
Pseudorchis albida 270, 347, **348**, *440*
Pteridium aquilinum 137, 189, *390, 405, 408, 410*
Pulicaria dysenterica 370
Pulmonaria, montana s.l. 285
- *obscura* 101, 112, *377, 382, 385, 386, 392*
Pulsatilla vulgaris 54, 69, 70, **72**, 305, *371, 431*
Pyrola minor 336
Pyrus, communis 212
- *pyraster 415*

Q

Quecke, Kriechende 39, *364, 369, 401*
Quellkraut, Acker- 183
Quellried 275
Quercus, sp. 98, 100, 107, 142, 156, 170, 236, 282, *402, 405, 420, 421*
- *petraea* 15, 16, 17, 90, 100, 103, 125, 158, 237, 284, *381, 387, 388, 390, 395, 405, 410, 416, 417*
- *petraea x pubescens 405, 420, 421*
- *pubescens* 16, 18, 158, 237, 246, 284, *395, 417*
- *robur* 42, 56, 100, 103, 232, 284, *376, 381, 415*

R

Ragwurz, Bienen- **234**, *404, 407, 414*
- Fliegen- 222, **223**, *411, 413*
- Hummel- 71, 81, **83**, 234, *403*
- Kleinblütige Hummel- 71
- Kleine Spinnen- 222, **223**, *410*
- Spinnen- 71
Raigras, Englisches 201, 215, *375, 381, 405, 410*
Rainfarn, Gemeiner 368
Rainkohl *379, 383, 400*
Rampe, Französische 367
Ranunculus, aconitifolius 262, 338, *423, 437, 438*
- *acris s.l. 409*
- *arvensis 400*
- *auricomus aggr.* 101, **102**, *382, 385*
- *bulbosus* 189, 199, *371, 373, 402, 406, 425, 427, 430, 432*
- *ficaria* 101, *365, 377, 382, 385, 393*
- *gratiosus 102*
- *lanuginosus 423*
- *montanus* 347, *440*
- *platanifolius 437*
- *repens* 44, 209, *379, 401, 410*
- *serpens 437*
- *sphinx 102*
- *tuberosus 402, 411, 413, 417, 424, 426*
Raphanus raphanistrum 400
Rapunzel, Ährige 278, *382, 386, 388, 389, 392, 394, 419, 422, 423, 237, 440*
- Rundköpfige *425*
- Schwarze **106**, 108
Rebendolde, Lachenals 61, 63, **66**, 68, *370*
Reiherschnabel, Gemeiner 208, 316, *366, 371*

Reitgras, Gemeines *370*
- Graues 65, *370*
- Rohr- 338, *437*
Reseda, Gelbe 39, 300, *367, 371, 380*
Reseda lutea 39, 300, *367, 371, 380*
Rettich, Acker- *400*
Reynoutria japonica 379
Rhamnus, alpina 161, 238, 244, 246, **248**, 254, *395, 397, 418, 420*
- *cathartica* 86, 161, 229, 248, 284, 314, *376, 377, 395, 397, 413, 418*
Rhinanthus, alectorolophus 189, 215, **216**, *403*
- *glacialis 411, 414*
- *minor 403, 440*
Rhynchospora alba 326, **327**, *435*
Ribes, alpinum 262, *423*
- *uva-crispa 376, 391*
Riemenzunge, Bocks- *308*
Rindsauge, Weidenblättriges 222, **225**, 230, *411, 414*
Ringelblume, Acker- 316
Rippenfarn 137
Rispengras, Alpen- 266, *426*
- Chaix' 101, **104**, 346, *384, 441*
- Einjähriges 32, *366, 369, 380, 384, 401, 410*
- Gemeines *370, 378, 381, 384, 386, 401, 405, 409, 429*
- Hain- *378, 381, 384*
- Knolliges *372, 434*
- Läger- *441*
- Mont Cenis- 275
- Plattes *364, 369, 399*
- Schmalblättriges *434*
- Wiesen- *364, 373, 375, 380, 398, 405, 409, 431*
Rittersporn, Acker- 181
Robinia pseudoacacia 378
Robinie *378*
Roggen 172, **175**, 176
Rohrkolben, Breitblättriger 65, *370*
Rorippa, palustris 365
- *sylvestris* 44
Rosa, sp. 161, 202, 218, *377, 381, 385, 387, 393, 402, 413, 416*
- *agrestis 397*
- *arvensis 395, 418*
- *canina* 85, *376, 397, 406, 418*
- *micrantha 397*
- *pendulina* 254, 262, *418, 420, 421, 423, 436*
- *pimpinellifolia* 161, **162**, 314, *397*
- *tomentosa 397, 418*
- *vosagiaca aggr. 397*
Rose 161, 202, 218, *377, 381, 385, 387, 393, 402, 413, 416*
- Blaugrüne *397*
- Feld- *395, 418*
- Filzige *397, 418*
- Hohe Hecken- *397*
- Hunds- 85, *376, 397, 406, 418*
- Kleinblütige *397*
- Reichstachlige 161, **162**, 314, *397*
Rosmarin 327

Register Artnamen 467

Rosmarinheide 326, **327**, 329, *435*
Rosmarinus officinalis 327
Rosskastanie *376*
Rubus, sp. 218, *363, 377, 379, 381, 385, 387, 389, 390, 392, 393, 402, 416, 418, 434, 406*
– *caesius* 45, *378*
– *canescens* 284
– *idaeus* 262, *423, 436*
– *saxatilis* 422
Ruchgras *439, 440*
– Gemeines *405, 409, 426, 429, 434*
Ruhrkraut, Sumpf- 183, **184**, *401*
– Wald- *383*
Rührmichnichtan 135, **136**, *391*
Rumex, acetosa 402
– *acetosella aggr.* 440
– *alpestris* 262, *424, 437, 440*
– *crispus* 365
– *obtusifolius* 44, *365, 368, 379, 410*
– *scutatus* 272
– *thyrsiflorus* 39, *368*
Ruprechtsfarn 272
Ruprechtskraut *377, 379, 382, 385, 392, 394, 424*

S

Sägeried 68
Sagina, apetala s.l. 183
– *procumbens* 31, 32, 183, *366, 401*
– *saginoides* 270
Salbei, Wiesen- 215, **216**, *371, 373, 403, 406, 430, 432*
Salix, alba 43, 45, 48, 68, 92, 94, *376, 379*
– *appendiculata* 256, *338, 436*
– *aurita* 140, *434*
– *caprea 378*
– *cinerea* 57, 68, 76, *369*
– *daphnoides* 49
– *elaeagnos* 49, 74, *376, 378*
– *fragilis* 43, 45
– *purpurea* 43, 48, 74, 94, *369, 378*
– *triandra* 48
– *viminalis* 49, *378*
– *x rubens* 43, 45, 68, 94, *379*
Salomonssiegel, Echtes 159, 162, 286, *396, 406, 413, 419, 420, 427, 430*
Salvia pratensis 215, **216**, *371, 373, 403, 406, 430, 432*
Sambucus nigra 377, *379, 390, 391, 393, 410, 413*
Sanddorn **74**, 86
Sandkraut, Quendelblättriges *367, 374, 397, 425*
– Zartes 307, 314, *371*
Sanguisorba, minor s.str. 201, 213, *371, 373, 397, 402, 406, 409, 410, 413, 425, 427, 430, 432*
– *officinalis* 63, 347, *437, 438, 440*
Sanicula europaea 394, *416*
Sanikel *394, 416*
Saponaria officinalis 39, *368, 375, 380*
Sauerampfer, Berg- 262, *424, 437, 440*

– Kleiner *440*
– Rispen- 39, *368*
– Wiesen- *402*
Sauerklee, Aufrechter 179, *363, 400*
– Gemeiner 132, 133, 140, *385, 389, 390, 392, 394, 423, 436*
Saxifraga, paniculata 241, 250
– *stellaris* **336**
– *tridactylites* 314, *367, 371, 373, 431*
Scabiosa, canescens 290, **291**, *429*
– *columbaria s.l.* 189, *372, 398, 404, 407, 412, 415, 433*
– *lucida* 266, *426*
Scandix pecten-veneris 181
Schachtelhalm, Acker- 178, *401*
Schafgarbe, Gemeine *367, 372, 374, 403, 407, 425, 428, 430*
Scharbockskraut 101, *365, 377, 382, 385, 393*
Scharte, Färber- 285, *429*
Schattenblume 132, 140, *389, 390*
Schaumkraut, Vielstengliges 45, *379, 399, 408*
– Wiesen- *426, 438, 439*
Schaumkresse, Sand- 147, *392*
Scheuchzeria palustris 330
Schierling, Gefleckter 300
Schildfarn, Borstiger 137
– Gelappter 137, *392*
Schilf 44, 55, 59, 60, 61, 63, 64, 65, 67, 74, 75, 76, *365, 370*
Schlüsselblume, Frühlings- 159, 189, *396, 402, 406, 413, 427, 429*
– Wald- 101, 114, *382, 385, 393, 423*
Schmiele, Horstbildende *381, 384, 391, 437, 441*
Schnabelried, Weisses 326, **327**, *435*
Schneckenklee, Kleiner 307
– Zwerg- 88, 307, *367, 373, 432*
Schneeball, Gemeiner 56, *387, 413, 416, 418, 421*
– Wolliger 86, 161, 238, 284, *376, 377, 387, 393, 395, 406, 410, 413, 416, 418, 420, 421*
Schoenoplectus lacustris 370
Schöllkraut 26, *365, 392*
Schotenkresse *366, 399*
Schöterich, Acker- *400*
– Blassgelber 275
Schuppenwurz 144
Schwalbenwurz 125, 159, 162, **163**, 198, 238, 286, 308, *388, 396, 398, 407, 419, 422, 428, 430, 433*
Schwarzdorn 85, 202, 218, 232, 284, *375, 387, 395, 396, 401, 405, 416*
Schwarznessel 300
Schwertlilie, Gelbe 61, 65, *369*
– Sibirische **66**, *369*
Schwingel, Riesen- *378, 381, 391*
– Rohr- *378, 381*
– Rot- 277, *375, 409, 426, 429, 439, 441*
– Schaf- 290, 312, *372, 374, 396, 398, 405, 408, 412, 415, 426, 429, 434*
– Verschiedenblättriger 101, *384*
– Wald- 262, *381, 392, 424*
– Wiesen- *375, 405, 409*
Scilla, autumnalis 296, **307**, *434*

Register Artnamen

Scleranthus annuus s.str. 181
Scrophularia, canina, 39, 273
– *juratensis* 272, **273**, 274
– *nodosa* 378, 380, *383*
Secale cereale **175**
Securigera varia 288, 300, 308, **309**, *368, 375, 404, 428, 430*
Sedum, acre 368
– *album* 168, **169**, 312, *368, 398, 399, 426*
– *rupestre aggr.* 312
– *sexangulare* 312, *407, 433*
Seegras 16, 128, 134, 135, **136**, *391*
Seeried, Gemeines *370*
Seerose 76, 350
Segge, Berg- *388, 412, 415, 417*
– Bleiche *441*
– Böhmische 184
– Braune 322, *435*, 438
– Davalls 275, 342
– Dünnährige 250
– Fritschs 108
– Frühlings- *372, 374, 405, 408, 412, 415, 426, 431, 434*
– Gefingerte *387, 389, 392, 396, 419*
– Gelbe *370, 435, 439, 441*
– Graue *435*
– Hallers 238, *420*
– Hirse- 66, *370, 412, 415, 438*
– Horst- 266, **268**, *426*
– Igelfrüchtige *435, 438*
– Kälteliebende *439*
– Langährige 140, **141**
– Niedrige 160, 165, **166**, 246, *306, 396, 398, 421, 434*
– Pillentragende 132, *389, 441*
– Scharfkantige 57, 58, 61, 65, *370*
– Schatten- 101, *384*
– Schlaffe *388, 396, 405, 408, 412, 415, 417, 420, 426, 431*
– Schlamm- 330
– Schnabel- 140, 322, *435, 439*
– Stachelige *364*
– Steife 61, 64, 65, **67**, 75, 76, *370*
– Ufer- 57, **58**
– Vogelfuss- *420, 426*
– Wald- *381, 386, 387, 391, 394*
– Weisse **122**, 125, 159, 199, 238, 255, *388, 396, 419, 422*
– Wenigblütige 329
Seide, Quendel- *428, 433*
Seidelbast, Alpen- 236, 246, 250, **251**, *420*
– Flaumiger 170
– Gemeiner *387, 416, 436*
– Lorbeer- *386, 387, 395*
Seifenkraut, Gebräuchliches 39, *368, 375, 380*
Selaginella selaginoides 270, *439*
Selinum carvifolia 61
Senecio, erucifolius 375, *384, 404, 414, 417*
– *hercynicus* 262, *388, 424, 437*
– *jacobaea* 374, *404*
– *ovatus* 262, 338, **339**, *424, 437*

– *paludosus* 65, **67**, **68**, *370*
– *sylvaticus 383*
– *vulgaris 382, 399*
Senf, Acker- *400*
Serratula tinctoria s.str. 285, *429*
Seseli, annuum 54, 69, 71, **73**, 290, *372, 429*
– *libanotis* 238, *419*
Sesleria caerulea 125, 164, 165, **166**, 169, 236, 238, 246, 253, 254, **256**, 266, 272, 274, *388, 396, 398, 412, 419, 421, 422, 426*
Setaria, pumila 88, *401*
– *viridis 364, 401*
Sigmarswurz 300
Silberdistel 266, **268**, *412, 415, 426*
Silbermoos 32
Silberwurz 250, 256
Silene, dioica 150, **151**, 278, *394, 423, 437*
– *nutans* s.str. 371, *398, 427, 432*
– *pratensis 363, 367*
– *viscaria* 290, *428*
– *vulgaris* s.str. *363, 367, 372, 374, 380, 404, 419, 425, 430*
Silge 61
Simsenlilie, Gemeine 222, 224, 275, *411, 414*
Sinapis arvensis 400
Skabiose, Gemeine 189, *372, 398, 404, 407, 412, 415, 433*
– Glänzende 266, *426*
– Graue 290, **291**, *429*
Solanum, dulcamara 140, *383*
– *nigrum* 45
Soldanella alpina 17, 342
Soldanelle, Grosse 17, 342
Solidago, canadensis 22, 23, **24**, *364, 369*
– *gigantea* 44, 45, 57, 64, 68, 94, *370, 380, 383*
– *virgaurea* s.l. *440*
– *virgaurea* s.str. *384, 396, 417, 419, 422, 424*
Sommerwurz, Amethystblaue 305, *433*
– Gamander- *398, 407, 421, 433*
– Gelbe *432*
– Quendel- *425*
Sonchus, arvensis s.str. 178, *364, 368*
– *asper 401*
– *oleraceus 380, 401*
Sonnenröschen, Gemeines 70, 81, 165, 266, 290, *371, 374, 398, 403, 407, 420, 425, 428, 430, 432*
– Graufilziges 267
Sonnentau, Rundblättriger 326, **327**, 329, *435*
Sonnenwende, Europäische 316
Sorbus, aria 125, 156, 158, 232, 237, 244, 246, 254, 269, *387, 395, 406, 410, 413, 416, 418, 420, 421*
– *aucuparia* 260, 262, 338, *420, 422, 434, 436*
– *mougeotii* 256, 269
– *torminalis* 100, 158, 232, 284, *381, 387, 389, 395, 416*
Sparganium angustifolium 350
Spargel, Gemüse- *371*
Spergularia segetalis 183
Sphagnum sp. 140, 142, 321, 323, 324, **325**
Spierstaude, Knollige 286, **289**, *428, 430*

- Moor- 57, 68, 278, 289, *394*
Spiranthes spiralis **191**, 195
Spitzorchis 198, 199, *403, 407*
Spornblume, Schmalblättrige 272, **273**, 275
Springkraut, Drüsiges 45, 94, *380*
- Kleinblütiges 90, *377, 391, 394*
- Wald- 135, **136**, *391*
Spurre 316
Stachelbeere *376, 391*
Stachys, alpina 419
- *arvensis* 181
- *officinalis s.str.* 285, *398, 404, 407, 414, 428, 431*
- *palustris* 65, *370, 380*
- *recta s.str.* 189, **192**, *372, 374, 398, 404, 407, 428, 430, 433*
- *sylvatica 378, 380, 383, 394*
Staudenknöterich, Japanischer *379*
Stechpalme 232, 243, *385, 386, 387, 389, 390, 395, 416, 421*
Steinbeere *422*
Steinbrech, Dreifingeriger 314, *367, 371, 373, 431*
- Sternblütiger **336**
- Trauben- 241, 250
Steinkraut, Berg- 156, 168, **170**, *397, 399*
- Gemeines 314, *402, 431*
Steinkresse 307, 310, 314, *431*
Steinmispel, Filzige 223, 232, *410, 416, 418, 420*
- Gewöhnliche 161, 238, *396, 418, 420*
Steinquendel 88, 314, *407, 433*
Steinsame, Blauer 108, 126, **295**, 296, *430*
Stellaria, alsine 183, *435*
- *graminea 390, 437*
- *holostea* 98, 99, 101, **102**, *382*
- *media aggr.* 208, *399, 408*
- *media s.str.* 179
- *nemorum s.str.* 423
Sternmiere, Grasblättrige *390, 437*
- Grossblumige 98, 99, 101, **102**, *382*
- Hain- *423*
- Moor- 183, *435*
Stiefmütterchen, Acker- 172, 179, *399*
Stipa pennata 314, **315**
Storchschnabel, Blutroter 163, 286, 300, **308**, *427, 432*
- Kleiner *367*
- Rundblättriger 208, *363, 367*
- Schlitzblättriger *409*
- Tauben- *375, 407*
- Wald- 262, **277**, 278, *423, 437*
- Weicher *367*
- Wiesen- 216
Strandkamille, Geruchlose 33, 38, *367, 400*
Strandling 350
Strauchwicke 238, **239**, 254, *395, 396, 418, 420, 421*
Straussgras, Gemeines 290, *384, 405, 410, 326, 429, 437, 441*
- Kriechendes 23, 35, 41, 44, 46, 94, *365, 381, 401, 439*
- Sumpf- *367*
Streifenfarn, Braunstieliger **28**, 29, 137, 169, 250, *365, 389, 392, 399*

- Grünstieliger 137, 250
- Jura- 169, 250, *399*
- Mauer- 29, 137, 169, 241, *365, 392, 399, 408, 420, 421*
Streptopus amplexifolius 436
Succisa pratensis 61, 222, **226**, 230, 232, 347, *412, 415, 417, 438, 440*
Sumpfkresse, Echte *365*
- Wilde 44
Sumpfquendel 183
Sumpfried, Eiförmiges 184
- Einspelziges *370*
Sumpfwurz, Braunrote 238, **240**, *411, 414, 419, 421, 422*
- Breitblättrige 240, *419*
- Gemeine 61, 222, **225**, *411, 414*
Süsskirsche 15, 16, 85, 98, 100, 103, 212, 213, *375, 376, 381, 385, 386, 387, 389, 390, 395, 415*
Swertia perennis 17, 332, 341, **342**, *438*
Symphytum officinale 369, 379

T

Tamariske, Deutsche 48
Tanacetum, corymbosum 163, 308, **309**
- *vulgare 368*
Tanne, Edel- 16, 17, 142, 243, 264, 269, 278, 334, **335**, *385, 389, 390, 393*
Tännel 184
Tannenbärlapp 335, *436*
Taraxacum, laevigatum aggr. 371, 373, 397, 427, 432
- *officinale aggr.* 200, 213, 215, *363, 366, 367, 369, 375, 379, 382, 403, 409, 413, 416, 423*
Täschelkraut, Acker- *399*
- Berg- **159**, *396, 397*
- Stengelumfassendes 88, 314, *367, 371, 373, 402, 431*
Taubnessel, Acker- 179, 209, *399*
- Gefleckte 39, 90, **91**, 150, *365, 377, 379, 393*
- Weisse 300
Tausendblatt, Armblütiges 350
Tausendgüldenkraut, Gemeines 195, *383, 407, 412, 428*
- Kleines 183, *401*
Taxus baccata 243, *365, 376, 417*
Teesdalia nudicaulis 181
Teichrose, Kleine 350
Teucrium, botrys 88, 312, **313**
- *chamaedrys* 81, 159, 238, **239**, 292, 312, *372, 374, 396, 398, 404, 407, 411, 414, 419, 421, 428, 430, 433*
- *montanum* **167**, *266, 318, 372, 398, 404, 407, 419, 421, 426, 433*
- *scorodonia* 101, 255, *383, 407, 422*
Thalictrum, flavum 68, *370*
- *minus s.l.* 308, *428, 430, 432*
Thesium, alpinum 165, 246, **249**, *398, 403, 419, 420, 422, 425*
- *linophyllon* 306, *432*
Thlaspi, arvense 399
- *montanum* **159**, *396, 397*
- *perfoliatum* 88, 314, *367, 371, 373, 402, 431*
Thymian, Feld- **87**, *266, 318, 372, 374, 398, 404, 408, 421, 426, 428, 430, 433, 440*

- Garten- 87
Thymus, serpyllum aggr. **87**, 88, 266, 318, *372, 374, 398, 404, 408, 421, 426, 428, 430, 433, 440*
- vulgaris 87
Tilia, cordata 100, 103, 284, *381, 385, 389*
- platyphyllos 17, 146, 154, 156, 238, 241, *385, 386, 391, 395, 418*
Tofieldia calyculata 222, **224**, 275, *411, 414*
Topinambur 94, *380*
Torfmoos 140, 142, 321, 323, 324, **325**
Torilis, arvensis 300
- japonica *383*
Tormentill, Gemeiner *403, 411, 413, 427, 435, 436, 437, 438, 439*
Tragopogon, dubius 39
- pratensis ssp. orientalis 215, *414*
Traubenkirsche 16, 56, **57**, 100
- Felsen- 57
Traunsteinera globosa 275
Trespe, Aufrechte 17, 70, 81, 189, **193**, 199, 201, 290, 295, 306, 317, *372, 374, 396, 398, 405, 408, 409, 412, 415, 417, 429, 431, 434*
- Dach- 37, *369*
- Taube 38, *364, 369, 378, 381, 384*
- Weiche *369*
Trichophorum, alpinum 435
- cespitosum 340, 341, *439*
Trifolium, alpestre 108, 286, *428*
- arvense 181
- campestre 37, 88, *367, 371, 373, 403, 409, 428, 432*
- medium 199, *407, 414*
- montanum 189, **192**, *371, 403, 411, 414, 430, 432*
- ochroleucon *396, 404*
- pratense s.str. *374, 379, 403, 406, 409, 414, 425, 437, 440*
- repens **200**, 201, *363, 366, 374, 379, 403, 409, 427, 440*
- rubens **288**
- scabrum **87**, 88, 307, *432*
- striatum 292, *428*
Triglochin palustris 369
Trinia glauca **305**, *432*
Tripleurospermum perforatum 33, 38, *367, 400*
Trisetum flavescens 215, 277, *409*
Triticum, aestivum **174**
- durum 174
- spelta 174
Trollblume *438*
Trollius europaeus *438*
Tulipa sylvestris s.str. 204, 207, 209, **210**, 213, 316
Tulpe, Weinberg- 204, 207, 209, **210**, 213, 316
Tüpfelfarn, Gemeiner 137
- Gesägter *393*
Türkenbundlilie 262, *424, 440*
Tussilago farfara *366, 379*
Typha latifolia 65, *370*

U

Ulme, Berg- 90, *376, 391, 393, 416, 417*
- Feld- 23, 42, *363*

Ulmus, glabra 90, *376, 391, 393, 416, 417*
- minor 23, 42, *363*
Urtica dioica 23, 39, 45, 57, 90, 300, *364, 378, 380, 383*
Utricularia, sp. 65, 142
- australis 74

V

Vaccinium, myrtillus 128, 132, 253, 325, **328**, 332, 333, 335, 344, 347, *389, 422, 435, 436, 438, 439*
- oxycoccos 325, **328**, 329, *435*
- uliginosum 325, **328**, *435*
- vitis-idaea 325, **328**, *435, 436, 440*
Valeriana, dioica *438*
- montana 255, 272, *422, 425*
- officinalis aggr. *394, 419, 428*
Valerianella sp. 88, 316
Veilchen, Heide- *427*
- Rauhhaariges 159, *396, 397, 402, 406, 413, 418, 424, 427, 429*
- Rivinus' **105**, *382*
- Sumpf- *435, 438*
- Wald- 105, *382, 386, 388, 392, 423*
- Weisses 377
- Wunder- 296
Venuskamm 181
Venusspiegel, Gemeiner 181
Veratrum album s.l. **263**, 267, *424, 427*
Verbascum, densiflorum *364, 368*
- lychnitis 368
- nigrum 368, *374, 380*
Verbena officinalis 39, 300, *364, 368, 375, 380, 404*
Vergissmeinnicht, Acker- 179, *367, 382, 399, 402*
- Farbwechselndes 181
- Hügel- *367, 427*
Veronica, acinifolia **182**, 183, *401*
- arvensis 37, 88, *367, 371, 373, 403, 409, 432*
- chamaedrys 216, 278, *377, 379, 382, 403, 426*
- hederifolia s.l. 208, *399*
- montana 394
- officinalis 101, 111, 132, *383, 389, 391, 396, 425, 428, 440*
- peregrina 399
- persica 179, 209, *363, 399, 402, 408*
- praecox 316
- prostrata ssp. scheereri *403*
- serpyllifolia s.str. *400, 409*
- spicata 71, **72**, 290, 306, *372, 429, 433*
- teucrium 199, 296, *375, 407, 430*
- triphyllos 316
Viburnum, lantana 86, 161, 238, 284, *376, 377, 387, 393, 395, 406, 410, 413, 416, 418, 420, 421*
- opulus 56, *387, 413, 416, 418, 421*
Vicia, cracca s.str. *374, 380, 414*
- dumentorum 108
- hirsuta 179, *383, 400*
- sativa s.l. *373, 400, 403, 409*
- sativa ssp. nigra *428*
- sepium *382, 388, 406*

Register Artnamen

– tetrasperma 178, *400*
Vinca minor 241
Vincetoxicum hirundinaria 125, 159, 162, **163**, 198, 238, 286, 308, *388, 396, 398, 407, 419, 422, 428, 430, 433*
Viola, alba s.str. *377*
– arvensis 172, 179, *399*
– canina s.str. *427*
– hirta 159, *396, 397, 402, 406, 413, 418, 424, 427, 429*
– mirabilis 296
– palustris *435, 438*
– reichenbachiana 105, *382, 386, 388, 392, 423*
– riviniana **105**, *382*
Vitis, vinifera *363*
– vinifera var. sativa 207
– vinifera var. sylvestris 207
Vogelbeerbaum 262, 338, *420, 422, 434, 436*
Vogelmiere *408*
Vulpia, bromoides 429
– myuros 38, 39, *369*

W

Wacholder, Gemeiner *410, 412*
Wachtelweizen, Acker- 181, 300, **301**
– Heide- 101, 111, 132, **133**, *383, 389, 436, 440*
– Kamm- 163
– Wald- *440*
Waid, Färber- 300, **301**, *367*
Waldfarn, Alpen- 343, *438*
– Gemeiner 137, 335, *384, 390, 391, 392, 424, 436, 438*
Waldhirse *384, 386*
Waldmeister, Blaugrüner 296, *430, 432*
– Echter **120**, 135, 243, *385, 386, 388, 390, 392, 423*
– Hügel- 167, 292, *372, 374, 398, 404, 407, 411, 419, 421, 430, 433*
Waldnelke, Rote 150, **151**, 278, *394, 423, 437*
– Weisse *363, 367*
Waldrebe, Gemeine 90, *376, 377, 379, 381, 387, 416*
Waldvögelein, Langblättriges **255**, *422*
– Rotes **124**, 125, *388*
– Weissliches 232, *417*
Wasserdost 64, 68, *370, 380, 384*
Wasserlinse, Dreifurchige 55
– Kleine 55, 140
Wassermiere 45, **93**, 94, *378, 379*
Wasserschlauch 65, 142
– Südlicher 74
Wasserstern, Nussfrüchtiger 55
Wegerich, Breit- 32, 201, *364, 366, 368, 379, 409, 414*
– Mittlerer 201, 202, *402, 408, 411, 414, 425, 430, 432*
– Spitz- *363, 371, 374, 402, 406, 408, 413, 417, 425, 432*
Wegwarte 39, 300, *368, 375, 410*
Weide, Bastard-Bruch- 43, 45, 68, 94, *379*
– Bruch- 43, 45
– Gebirgs- 256, 338, *436*
– Grau- 57, 68, 76, *369*
– Hanf- 49, 378
– Lavendel- 49, 74, *376, 378*

– Mandel- 48
– Ohr- 140, *434*
– Purpur- 43, 48, 74, 94, *369, 378*
– Reif- 49
– Sal- *378*
– Silber- 43, 45, 48, 68, 94, *376, 379*
Weidenröschen, Berg- *383, 424*
– Dodonaeus' 39, **40**
– Dunkelgrünes *383*
– Sumpf- *435*
– Wald- 338, *383, 437*
– Zottiges *380*
Weiderich, Blut- 57, *370, 380*
– Ysop- 183, *401*
Weinrebe *363*
Weissdorn, Eingriffliger 85, 229, 284, *376, 379, 387, 395, 397, 402, 406, 412, 416, 418*
– Zweigriffliger 101, 218, *377, 381, 391, 393, 395, 397, 402, 406*
Weisswurz, Quirlblättrige *423, 437*
– Vielblütige 118, 229, *377, 382, 385, 386, 388, 390, 392, 394, 413, 417*
Weisszunge 270, 347, **348**, *440*
Weizen 172
– Hart- 174
– Saat- **174**, 177
Wendelähre, Herbst- **191**, 195
Wermut, Kampfer- 310, 314
Wicke, Futter- *373, 400, 403, 409*
– Hecken- 108
– Rauhhaarige 178, *383, 400*
– Schmalblättrige *428*
– Viersamige 178, *400*
– Vogel- *374, 380, 414*
– Zaun- *382, 388, 409*
Wiesenhafer, Echter *431*
– Flaum- 189, 277, *374, 405, 426, 434*
Wiesenknopf, Grosser 63, 347, *437, 438, 440*
– Kleiner 201, 213, *371, 373, 397, 402, 406, 409, 410, 413, 425, 427, 430, 432*
Wiesenraute, Gelbe 68, *370*
– Kleine 308, *428, 430, 432*
Wildrebe 207
Winde, Acker- 39, 178, **179**, *364, 368, 400*
Windhalm, Gemeiner 179, **180**, *369, 401*
Windröschen, Busch- 101, 114, 118, **119**, *377, 382, 385, 386, 387, 389, 390, 393*
– Gelbes 90, **91**, *377*
– Hügel- 296
Wintergrün, Kleines 336
Winterkresse, Gemeine 44, *379*
Winterling 207
Wirbeldost *383, 404, 408*
Witwenblume, Feld- *371, 373, 403, 406, 409, 411, 414, 432*
– Wald- *394, 422, 424, 437*
Wolfsfuss, Europäischer *370*
Wolfsmilch, Kleine *400*

- Mandelblättrige 101, 112, *382, 386, 387, 418*
- Niederliegende *366*
- Séguiers **71**, 72, *371*
- Sonnenwend- *399*
- Steife *383*
- Süsse *382, 388, 390*
- Sumpf- 61, 65, 68, *369*
- Warzige 70, *371, 373, 411, 413*
- Zypressen- *371, 373, 379, 397, 402, 406, 427, 429, 431*

Wollgras, Breitblättriges 61
- Scheiden- *435, 438*
- Schmalblättriges *438*

Wundklee, Echter 189, **192**, *371, 402, 406, 424, 429, 432*
Wurmfarn, Breiter 137, *390, 391, 392*
- Dorniger 137
- Gemeiner 101, 137, 335, *378, 384, 386, 387, 390, 391, 393, 424, 436*
- Schuppiger 137

Z

Zahnwurz, Fiederblättrige 117, 118, **119**, 120, 241, 243, *386, 422*
Zaunrübe, Zweihäusige 26, *365*
Zaunwinde 45, 57
Zea mais 172, 174, **176**
Ziest, Acker- 181
- Alpen- *419*
- Aufrechter 189, **192**, *372, 374, 398, 404, 407, 428, 430, 433*
- Sumpf- 65, *370, 380*
- Wald- *378, 380, 383, 394*

Zimbelkraut, Mauer- **29**, *365*
Zittergras *372, 374, 398, 405, 408, 412, 415, 426, 429, 431, 434, 441*
Zweiblatt, Grosses 229, *413, 416*
- Kleines **334**, 335, *436*

Zwenke, Fieder- **197**, 199, 229, 295, *373, 375, 396, 405, 408, 412, 415, 417, 429, 431*
- Wald- *378, 381, 384, 388, 394, 417*

Zwetschgenbaum 213